SOCIAL WELFARE THOUGHTS

(4th EDITION)

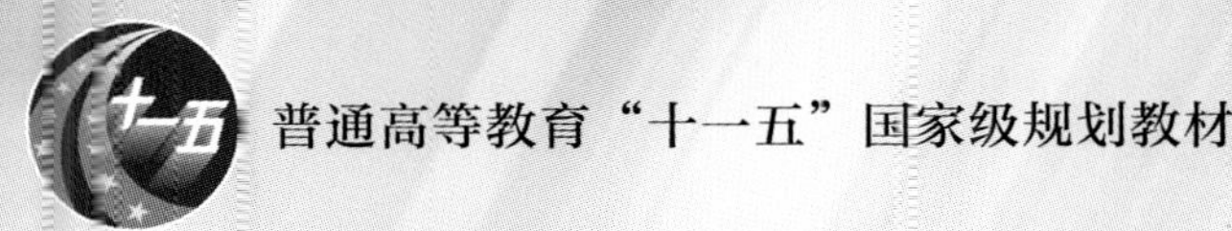

首批国家级一流本科课程配套教材

社会福利思想

（第4版）

丁建定 ◎ 著

华中科技大学出版社
http://press.hust.edu.cn
中国 · 武汉

内 容 提 要

本书是一本系统阐述西方社会福利思想及其主要流派发展与演进以及中国社会福利思想主要内容的教材。在简要阐述社会福利思想基本内涵的基础上，首先阐述从古希腊时期到启蒙运动时期西方社会福利思想的历史渊源。不仅系统阐述了古典自由主义、空想社会主义、新历史学派、凯恩斯主义、瑞典学派、社会民主主义、新自由主义、社会市场经济与“第三条道路”、福利经济学等西方社会福利思想主要流派的重要主张，而且阐述了从马克思、恩格斯到列宁时期，无产阶级社会福利思想的基本主张及其重大发展。对中国民生思想发展以及中国特色社会保障制度理论的阐述，构成了本书的重要内容和突出特征。

本书具有较强的教学适用性，可作为高等学校本科生与研究生教材，也可作为相关专业人员从事研究的基础参考资料。

图书在版编目(CIP)数据

社会福利思想 / 丁建定著. -- 4 版. -- 武汉 ：华中科技大学出版社，2025. 6. -- ISBN 978-7-5772-1935-6

Ⅰ. D632.1

中国国家版本馆 CIP 数据核字第 2025WV7957 号

社会福利思想（第 4 版） 丁建定 著

Shehui Fuli Sixiang（Di 4 Ban）

策划编辑：钱 坤 张馨芳

责任编辑：余晓亮

封面设计：赵慧萍

责任校对：唐梦琦

责任监印：曾 婷

出版发行：华中科技大学出版社（中国·武汉） 电话：(027) 81321913

武汉市东湖新技术开发区华工科技园 邮编：430223

录 排：华中科技大学出版社美编室

印 刷：武汉科源印刷设计有限公司

开 本：787mm×1092mm 1/16

印 张：18.5 插页：2

字 数：453 千字

版 次：2025 年 6 月第 4 版第 1 次印刷

定 价：59.80 元

第 4 版前言

《社会福利思想》（第 4 版）在保持前三版基本体系、风格、特点的基础上，主要进行内容方面的增补和结构方面的调整，主要增补和调整情况如下：

一、“导论”不再作为第一章。

二、第一章“社会福利思想的历史渊源”中增补加图及其《农业志》的内容，以及笛福的社会福利思想，并将“中国古代早期社会福利思想”调整到第十一章“中国民生思想的发展”。

三、第二章“空想社会主义社会福利思想”中增补“安德里亚的社会福利思想”“德萨米的社会福利思想”，并将“温斯坦莱的社会福利思想”调整到第一节，将“马布利的社会福利思想”调整到第二节。

四、第三章“自由主义社会福利思想”中，增补“斯迈尔斯的社会福利思想”“巴斯夏的社会福利思想”“托克维尔的社会福利思想”。

五、第七章“新古典学派与新自由主义社会福利思想”中增补第三节“现代自由主义社会福利思想”，并将原第二节哈耶克的社会福利思想和原第三节弗里德曼的社会福利思想合并为第二节“新自由主义社会福利思想”。

六、增补“中国民生思想的发展”，作为第十一章。

七、第十二章“中国特色社会保障制度思想的发展”中，第一节中增补“社会保障是治国安邦的大问题”。

此外，《社会福利思想》（第 4 版）还根据增补内容及主要调整，对部分章节的结构、引言、标题、参考文献以及文字表达等做了修订。

衷心感谢学界同行、使用该教材的师生以及华中科技大学出版社给予的有益意见、建议和大力支持！错讹与不足之处，恳请读者批评指正！

丁建定

2025 年 1 月

目　　录

导　论

社会福利思想是社会思想的重要组成部分，是社会福利制度建立和发展的基础。社会福利思想具有历史性、多元性、流派性与意识形态性等主要特征。西方社会福利思想的发展演变具有显著的阶段性，西方社会福利思想的阶段性使得西方社会在不同时期形成了不同的社会福利理念，进而选择了不同的社会福利制度模式。

第一节　社会福利思想的基本特点

一、社会福利的概念

1. 社会福利概念的多样性

社会福利在西方是一个十分广义的概念，它包括社会保险制度、社会救助制度与公共福利制度等多种内容。社会福利在中国的使用则不同，尽管中国学术界有时也会使用广义概念的“社会福利”一词，但在我国的现实制度中，社会福利是一种具体的社会保障制度之一，主要是针对老年人、妇女、儿童与残疾人所提供的相关福利。本书所使用的社会福利概念是广义的社会福利概念。

由于社会经济与历史文化发展的不同，各国对社会福利概念的理解和确定也存在很大差异。在英国，社会福利被确认为一种公共福利计划，目的在于保护个人及其家庭免除因失业、年老、疾病或死亡而在收入上所受的损失，并通过免费医疗等公益服务和家庭生活补贴以提高其福利，社会福利可以包括社会保险计划、保健、福利事业和各种维护收入的计划。[①] 美国的社会福利则指根据政府法规而建立的项目，给个人谋生能力中断或丧失以保险，还为个人结婚生育或死亡而需要某些特殊开支时提供保障，为抚养子女而发给的家属津贴也包括在这个定义之中。[②] 在日本，社会福利是指国民在生活上蒙受诸如高龄、失业、伤病等各种变故，而使其生活来源中断或减少，给国民生活带来困

---

① 《简明不列颠百科全书》第 7 卷，中国大百科全书出版社 1986 年版，第 117 页。

② 美国社会保障署：《全球社会保障制度：1995》，华夏出版社 1996 年版，第 1 页。

难时，通过社会福利机制，进行国民收入再分配，保障国民最低限度的收入所得，由国家来救济国民生活之损缺的制度。[①]

2. 社会福利的定义

上述各种社会福利概念尽管存在一定的差异性，但这种差异并非有关社会福利的本质的差别，只是在社会福利内容与实施等非本质方面的差别。各国关于社会福利概念的不同定义，反映出不同国家在不同社会经济和历史文化背景下对社会福利的需求和理解的差别，同时也反映出随着社会福利的发展，不同国家对社会福利理解和期望的不断变化。可见，社会福利的概念既包括一定的空间（即国别）差别，也包括一定的时间（即历史）的差别。

根据上述关于社会福利概念的各种表述，本书对社会福利给出如下定义：社会福利是社会发展与进步的要求与结果，是现代社会中政府职能的重要组成部分；它通过立法途径规定国家、企业和个人之间的权利与责任关系，筹集和发放社会福利基金，从而对国民因各种社会原因或特殊个人原因所导致的无收入或收入中断情况提供生活保障。正是由于社会福利制度对保障民众基本生活与正常发展具有重要影响，现代社会福利制度出现以后就成为世界各国最为重要的社会政策选择之一。

二、社会福利思想的基本特点

社会福利思想是关于社会福利的起源、发展与改革的各种系统观点与主张，是人类思想文化宝库的重要组成部分。社会福利思想与其他社会思想相比较具有以下基本特点：

社会福利思想具有历史性。它是人类社会长期以来形成的关于社会福利的各种思想主张的系统总结。人类社会从产生到现在的长期发展过程中，每一阶段都形成了各种思想，其中的一部分是关于社会福利的基本思想，这些不同历史阶段的社会福利思想，不仅构成同时代社会思想的复杂内容，而且成为整个社会福利思想发展历史的重要组成部分。社会福利思想的发展历史构成社会福利思想的基本内容。

社会福利思想具有多元性。与其他各种社会思想相比较，社会福利思想具有明显的多元性，社会福利主要是关于人的基本生活与正常发展的相关措施与政策，而人是一种复杂的生物，其需求也具有明显的复杂性，因此关于如何合理地满足人的基本生活与正常发展的社会福利思想不可能是单一的主张，而应该包含在政治、经济、社会、哲学、伦理等多种思想之中，社会福利思想的多元性使其较之其他一些社会思想更具复杂性与包容性。

社会福利思想呈现明显的流派性。社会福利思想在发展过程中形成了不同的思想流派，不仅不同的历史时期具有不同的社会福利思想流派，不同的社会福利思想流派也往往经历了一个较长的历史发展过程。本书所论述的主要社会福利思想流派包括空想社会

---

① 一番ケ瀬康子：《社会福利基础理论》，沈洁、赵军译，华中师范大学出版社 1998 年版，第 33 页。

主义、自由主义、激进自由主义、新历史主义、凯恩斯主义、瑞典学派、社会民主主义、新自由主义、社会市场经济、“第三条道路”、西方福利经济学，以及马克思列宁主义等。这些不同的社会福利思想流派基本上可以归纳为强调政府干预的国家干预理论与强调市场调节的自由市场理论两大流派。

需要指出的是，社会福利思想还具有强烈的意识形态性。在社会福利思想的发展过程中，始终存在着资产阶级社会福利思想与无产阶级社会福利思想这两大不同性质的意识形态派别，即使是同属于资产阶级社会福利思想的不同社会福利思想流派之间的区别有时也是非常显著的。实际上，各种社会福利思想之间的共同性应该成为我们关注的重点内容。

三、社会福利思想的研究方法

社会福利思想的基本特点决定了社会福利思想的研究方法。

首先，社会福利思想的研究应该关注历史的研究。应该说社会福利思想研究在一定程度上就是社会福利思想史的研究，社会福利思想整体上具有一个长期的历史发展进程，不同社会福利思想流派本身也都有一个产生、发展最后成为具有主导地位的主流思想派别的历史发展过程，乃至上述国家干预理论与自由市场理论两大宏观理论体系本身也是在各种社会福利思想流派的长期发展过程中逐渐概括而成的。历史研究的方法成为社会福利思想研究的基本方法。本书整体上以阐述社会福利思想的发展历史为主要内容。

其次，社会福利思想的研究应该注意从多角度进行研究。社会福利思想牵涉社会思想以及经济思想、政治思想、哲学思想、法律思想和伦理思想等多种思想，研究和阐述西方社会福利思想不应该仅从某一个思想方面展开，更不应该仅关注单一的福利思想的研究，而应该从多种角度、多个方面揭示某一历史时期的社会福利思想流派的整体情况，揭示人类关于社会福利思想的整体历史发展进程。本书在突出对社会福利思想研究的基础上，兼顾相关社会思想的内容，以体现研究和论述的全面性和综合性。

再次，社会福利思想的研究应该关注对主要社会福利思想流派的研究。如前所述，社会福利思想在发展过程中体现出强烈的流派性，这就要求我们在研究社会福利思想时，要注意以主要社会福利思想流派的发展为主线，通过系统研究和阐述主要社会福利思想流派的发展与演进来揭示整个社会福利思想的发展历史。本书正是在研究和阐述主要社会福利思想流派的基础上系统探讨整个社会福利思想的发展进程。

最后，社会福利思想的研究应该注意系统性和完整性。虽然社会福利思想的发展过程呈现出明显的阶段性与流派性，但是各种主要社会福利思想流派的发展则呈现明显的系统性与完整性，这就要求我们在研究和阐述主要社会福利思想流派时必须注意系统性和完整性，断章取义的理解或支离破碎的拼合是不利于准确地把握主要社会福利思想流派的基本思想主张的。本书对主要社会福利思想流派的阐述努力做到历史的连续性与体系的完整性。

四、社会福利思想研究的目的

社会福利思想是人类思想文化宝库的重要组成部分，是人类关于社会福利的基本思想主张，研究社会福利思想不仅有助于我们具体地把握人类关于社会福利的基本主张的发展演变，而且有助于我们更好地理解和把握人类社会各种社会思想的发展变化，还有助于探寻出各种社会思想的相互区别与内在联系。

社会福利思想是社会福利制度的重要理论基础，现代社会福利制度已经成为世界各国的一种重要的社会政策选择。但是，各国社会福利制度的建立、发展和完善既具有一致性更具有国别性，这无不与社会福利思想相联系，研究社会福利思想有助于我们更好地把握社会福利制度发展的一般规律，也有助于我们更好地揭示各国社会福利制度的国别特征。

社会福利思想还具有帮助人们正确认识社会发展进程以及个人社会责任与权利意识的功能，社会福利思想既揭示社会福利起源、发展与变革的一般规律，使得人们能够更好地认识社会发展的基本趋势，也包括关于社会福利中人的社会责任与权利的各种思想主张，对社会福利思想的研究和阐释使得人们树立起科学合理的责任与权利意识，从而在现实生活中既注意维护自己的社会福利权益，更能充分地履行自己在社会福利中的责任。

第二节　西方社会福利思想的发展阶段

一、近代以来西方社会发展的历史阶段

西方社会福利思想的发展是随着西方社会的发展而发展起来的。社会福利思想的核心内容应该是近代以来西方的社会福利思想主张。西方社会近代化过程从 15 世纪的新航路开辟和商业革命开始，15 世纪到 17 世纪中期，西方社会的发展表现为一个缓慢演变的过程，这一演变过程的主要内容是封建经济逐渐解体但依然是社会经济的主体，资本主义经济逐渐兴起却还未能成为社会经济的主体，宗教神学的精神统治地位受到动摇但依然具有很大影响，人文主义的核心地位开始确立但还需要一个长期的过程，这一切的直接结果是 17 世纪早期资产阶级革命的爆发，从而宣告了西方近代历史的开始。

17 世纪中期到 19 世纪中期是西方资产阶级革命与资本主义制度建立的时期。欧洲几乎所有的国家都相继爆发资产阶级革命，资产阶级政治革命的直接结果是在欧洲大部分国家相继建立起资产阶级政权，与此同时，欧洲国家也开始了一场经济革命，这就是最早发生于英国并迅速波及其他欧洲国家的工业革命，工业革命的经济意义是确立资本主义工业经济的地位，使资本主义经济最终取代封建经济成为社会经济的主体，工业革命的政治意义则是通过资本主义经济战胜封建经济最终巩固了资产阶级政治革命的成果。

19世纪末20世纪初是西方资本主义快速发展时期。第二次科学技术革命不仅导致资本主义经济组织方式的变化，使得垄断代替自由竞争成为资本主义经济组织的主要方式，而且推动了资本主义经济的快速发展，西方资本主义经济发展开始进入依靠科学技术的时代。与此同时，西方资本主义国家的政治生活也开始发生变化，各国政党制度逐步完善，工会等社会团体获得合法地位，议会制度逐步建立并完善起来，这使得西方的民主政治得以显著发展。

20世纪前期是西方资本主义面临新选择的时期。科学技术的快速发展使得资本主义经济以更快的速度发展，这导致了主要资本主义国家间激烈的经济竞争，也带来了主要资本主义国家内部的严重社会问题。如何化解资本主义经济发展中的各种主要社会问题与矛盾，成为西方资本主义国家所面临的主要问题，两次世界大战并没有化解资本主义经济与社会问题，却导致严重的人类灾难。于是，西方国家开始从自身经济社会发展的内部去寻找解决问题的办法，英国等国开始采取国家干预政策。从某种意义上说，这些都是西方国家所采取的某种社会经济自我调节手段，这种自我调节机制的建立，使得20世纪70年代以前的西方资本主义获得较之以前更快的发展。

20世纪70年代以来是西方资本主义的改革时期。持续了半个多世纪的各类国家干预主义的盛行，使得西方资本主义经济在20世纪中期获得快速发展，资本主义社会在快速发展的经济与全面建立的社会政策影响下呈现前所未有的繁荣与稳定。然而，20世纪70年代爆发的经济危机使得西方资本主义再次陷于困境，依靠国家干预主义所带来的长期经济发展与社会稳定，使人们对这种经济社会政策几乎达到迷信的程度，现实的经济危机却使人们开始对国家干预主义这只“有形的手”产生怀疑，又想起以前已被遗弃的市场调节这只“无形的手”。于是，在西方资本主义社会开始了一场新的社会改革。

二、西方社会福利思想发展的历史阶段

西方社会发展的阶段性决定了社会福利思想发展的阶段性。15世纪以来的西方资本主义社会经历了一个从萌芽到高度发展的历史过程，西方社会福利思想也经历了一个从开始萌发到繁荣发展的历史过程。15世纪到17世纪中期是西方社会从封建社会向资本主义社会缓慢转变的时期，这一时期也就成为西方社会福利思想开始出现的时期，文艺复兴使人文主义得以出现，从而为社会福利思想奠定基础，宗教改革实际上加速了西方社会的世俗化进程，有利于社会福利思想的发展，而启蒙运动时期的自然法学说、天赋人权与人民主权学说，分权制衡与代议制思想等成为西方近代社会福利思想的重要基础。

17世纪中期到19世纪中期是西方资产阶级革命与资本主义制度建立的时期。西方社会福利思想也进入形成时期，以古典政治经济学和功利主义为代表的自由主义社会福利思想快速兴起，与此同时，空想社会主义社会福利思想走向顶峰，马克思主义社会福利思想也开始出现。

19世纪末20世纪初是西方资本主义快速发展时期。西方社会福利思想也进入快速发展阶段。德国的新历史学派社会福利思想使德国成为最早建立社会保险制度的国家，

英国的激进自由主义社会福利思想、费边社会主义社会福利思想促进了英国社会保障的出现，德国、法国和瑞典等国的社会民主主义社会福利思想促进了社会保障制度在不同国家的建立，与此同时，新古典学派社会福利思想的出现则表明古典政治经济学的社会福利思想在新的历史时期的发展。

20世纪前期是西方资本主义面临新的选择的时期。西方国家的社会福利思想也在发生明显变化，凯恩斯主义与瑞典学派的国家干预主义社会福利思想发展迅速，与此不同的奥地利学派社会福利思想虽然存在却几乎被人遗忘，社会民主主义社会福利思想走向顶峰，法西斯主义社会福利主张在德国等国家出现。

20世纪70年代以来是西方资本主义的改革时期。各种社会福利思想在这一时期得以充分表现，新自由主义社会福利思想成为资本主义改革的理论武器，传统的国家干预主义社会福利思想仍然具有巨大影响，社会民主主义社会福利思想同样具有持续影响，“第三条道路”社会福利思想应运而生，并对当代西方社会改革产生直接影响。

值得指出的是，西方资本主义社会发展存在着时间上的不平衡性。总体来说，19世纪中期以前，西方资本主义社会发展缓慢，19世纪中期以后，西方资本主义社会发展迅速，20世纪成为西方资本主义社会快速发展的重要时期。西方社会福利思想的发展也表现出同样的不平衡性，19世纪中期以前，西方社会福利思想发展比较缓慢，19世纪中期以后，西方社会福利思想发展比较迅速，20世纪成为西方社会福利思想发展变化最快的历史时期。

三、不同阶段西方社会福利思想的主流派别

1. 不同阶段西方社会福利思想的主流派别

如前所述，西方资本主义社会经济发展的不同阶段，都出现了各种各样的社会福利思想，而在西方社会福利思想发展的每一个阶段，又都有一种主要的福利思想流派居于主导地位，这种居于主导地位流派的社会福利思想，被称为这一阶段的主流社会福利思想。西方社会不同阶段的主流社会福利思想发展变化的基本情况如下：

17世纪到19世纪中期，这是西方由封建社会向资本主义社会转变时期，西方国家通过资产阶级革命建立了资产阶级政治制度，通过工业革命建立了资本主义经济制度，在这种社会大转型时期。以强调个人责任为核心的自由主义社会福利思想，成为这一时期的主流社会福利思想。

19世纪末到20世纪初期，是科学技术革命进一步发展的时期，是西方资本主义经济组织方式开始发生新变化的时期，也是垄断资本主义迅速发展的时期，以体现国家干预为核心的激进自由主义与新历史学派的社会福利思想，成为这一时期的主流社会福利思想。

两次世界大战之间，是西方资本主义经济出现大萧条、社会生活出现大动乱时期，也是西方资本主义社会面临新的发展道路的选择时期。以强调政府宏观政策为核心的凯恩斯学派和瑞典学派社会福利思想，成为这一时期的主流社会福利思想。

第二次世界大战结束到20世纪70年代初期，是西方资本主义社会经济稳步发展时

期，也是西方社会政治相对稳定时期。以强调充分的国家责任、全面的国家福利为核心的社会民主主义社会福利思想，成为这一时期的主流社会福利思想。

20 世纪 70 年代以后，是西方资本主义社会面临新的严重危机的时期，也是西方资本主义开始进行新的改革时期。以强调市场的机制和作用、减少政府干预为核心的新自由主义社会福利思想，成为这一时期的主流社会福利思想。

20 世纪 90 年代以来，是当代西方资本主义进一步发生变化的时期，也是西方资本主义国家重建社会和谐、争取避免传统的左与右、激进改革与保守发展的两极化发展道路的时期，以强调市场机制和政府作用的协调，争取国家、个人与社会共同责任为突出特点的“第三条道路”社会福利思想，成为这一时期的主流社会福利思想。

2. 不同阶段西方社会福利思想流派的多样性

强调上述不同发展阶段西方社会福利思想不同主流派别的存在，并不是说在西方社会发展的某一时期只有一种社会福利思想存在。西方社会福利思想在不同发展阶段都具有以某种主流福利思想派别为主，多种社会福利思想派别并存的特点。

19 世纪中期西方自由资本主义发展阶段，既存在作为主流福利思想流派的自由主义社会福利思想，也存在空想社会主义社会福利思想，同时还出现了一种全新的马克思主义社会福利思想。

19 世纪末 20 世纪初的垄断资本主义发展阶段，既存在作为主流社会福利思想的激进自由主义与新历史学派的社会福利思想，也存在社会民主主义社会福利思想，还存在着集体主义社会福利思想。

两次世界大战之间的资本主义大萧条时期，既存在作为主流社会福利思想的凯恩斯学派和瑞典学派社会福利思想，也存在奥地利学派社会福利思想，同时还存在社会民主主义社会福利思想。

20 世纪中期的资本主义稳定发展时期，既存在作为主流社会福利思想的社会民主主义社会福利思想，也存在凯恩斯学派社会福利思想，同时新自由主义社会福利思想开始兴起。

20 世纪 70 年代以后的资本主义改革时期，既存在作为主流社会福利思想的新自由主义社会福利思想，也存在社会民主主义社会福利思想，同时还出现了“第三条道路”社会福利思想。

3. 西方社会福利思想流派发展的历史性

西方社会福利思想的各种流派都有一个发展和影响逐渐扩大，从而逐步成为某一时期的主流社会福利思想的历史发展过程。例如，社会民主主义社会福利思想出现于 19 世纪中期，其在当时西方社会福利思想中的地位相对不高，却对马克思主义社会福利思想产生了较大影响；社会民主主义社会福利思想兴起于 19 世纪末 20 世纪初，其在西方社会福利思想中的地位明显提高，英国费边社会主义与新自由主义和集体主义共同构成英国当时社会福利思想的重要内容；社会民主主义社会福利思想发展于两次世界大战之间，其对西方社会福利思想与政策的影响较之以前明显增强；这样，社会民主主义社会福利思想在经历上述发展变化以后，到 20 世纪中期成为影响西方社会福利思想和政策的主流派别。

第三节　社会福利基本理念与实践模式

一、不同历史时期的西方社会福利理念

1. 社会福利理念的基本含义

社会福利思想与社会福利理念之间既有联系也有区别。简单地说，社会福利思想的形成和发展是社会福利理念形成和发展的基础，社会福利思想往往明显地呈现出阶段性、具体性和微观性，而社会福利理念则明显地呈现出长期性、抽象性和宏观性。社会福利理念是指一个国家或地区在一个时期内社会福利制度的基本指导思想，它既受到社会历史发展状况的影响，更受到社会福利思想的影响。社会福利思想会对一个国家某个阶段的具体社会福利政策选择产生影响，而社会福利理念则将对一个国家整个社会福利制度的基本特征产生深远影响。

2. 西方社会福利理念的发展变化

西方社会福利思想发展变化下的社会福利理念变化经历了以下三个阶段。

第一个阶段是 15 世纪至 19 世纪中期，西方社会福利理念的基本特点是个人自助。这种理念认为资本主义尤其是工业化为每个人提供了充分的机会，个人理应依靠个人的努力为自己提供较好的生活与发展条件，个人的成败荣辱与自身的个人努力直接相关，个人生活中的各种问题主要是由于自身的过错而不是社会的过错造成的。因此，这些问题的解决应该是个人的责任而不是社会的责任，社会福利应该依靠个人自助而不是依靠社会或者政府帮助。这种个人自助的理念成为早期西方资本主义社会的基本社会福利理念。

第二个阶段是 19 世纪末到 20 世纪 70 年代，西方社会福利理念的基本特点是国家福利。尽管不同国家的国家福利在程度上有所差别，但是，其社会福利的基本理念都是强调国家的责任。这种理念认为，社会问题的出现主要不是个人的原因，而是社会的原因，社会问题的解决主要应该是社会或国家的责任，而不应该是个人的责任，社会福利应该依靠国家保障而不是依靠个人自助。国家福利理念在 20 世纪大部分时间内，一直是主导西方社会福利政策的基本理念。

第三个阶段是 20 世纪 70 年代以后，西方社会福利理念的基本特点是自助、互助与国家保障相结合的理念。这种理念认为，社会问题的出现和加剧，既有社会的原因，也有个人的原因；这些问题的解决既是政府的责任，也是社会的责任，还是个人的责任。社会福利不仅应该依靠国家福利，也应该依靠社会的力量，还应该发挥个人自助的作用。这不仅可以为民众提供充分的社会福利，还可以避免过分的国家福利制度所带来的弊端，同时还有利于个人责任心与进取心的发展，即社会道德的进步。国家、社会与个人共同责任理念正在成为主导当代西方社会福利制度和政策的基本理念。

二、不同时期的西方社会福利制度模式

西方社会福利基本理念的发展变化，影响着西方社会福利制度实践模式的发展变化，并使得西方社会福利制度实践表现出以下三个阶段的特点。

第一个阶段是19世纪末以前，由于西方社会福利基本理念是自助理念，这个时期西方社会福利制度实践比较强调个人自助的重要地位和作用，家庭保障成为这一阶段社会保障的重要内容，社会慈善机构提供的各种救助成为家庭保障的重要补充，只有在家庭保障与社会慈善救助无法满足需要时，政府才会通过济贫法等官方社会福利制度提供救助。但是，这种官方社会救助的基本目的和宗旨以促进个人自助为主，因此，这一阶段的西方济贫法制度往往规定严格的家庭经济情况调查，济贫院实行军事化管理，济贫院的生活条件极端恶劣，接受济贫法救济者要以牺牲部分政治权利为代价。

第二个阶段是19世纪末到20世纪70年代初，由于西方社会福利理念是国家福利理念，就使得这一阶段的西方社会福利制度实践十分强调国家福利的重要地位和作用，以国家为主体的各种福利制度成为这一阶段西方国家社会福利制度的核心内容。国家不仅建立起完善的社会保险制度，而且建立起有效的社会救助制度，同时还建立起充分的福利服务制度。社会福利制度的覆盖面不断扩大，社会福利津贴标准逐年提高，建立“福利国家”成为西方许多国家争相追求的目标。这种现象在促进西方社会福利提高的同时，导致福利病的出现并长期难以治愈。

第三个阶段是20世纪70年代中期以后，在自助、互助和国家保障的社会福利理念的影响下，西方社会福利制度实践开始出现明显的变化，这就是追求社会福利制度中国家责任、社会责任与个人责任的协调和平衡，实现这一目标的途径是进行大规模、深层次的社会福利制度改革。于是，20世纪70年代中期以后，西方各国都开始走上社会福利制度改革的道路，其基本改革政策和措施是，提高一些社会福利制度中的享受资格方面的要求，降低一些社会福利津贴的标准，提倡社会福利水平与社会经济发展水平的协调，推进一些社会福利项目的私营化，鼓励建立多层次的社会福利制度。这些改革措施旨在为国民提供合理的社会福利的同时，消除福利病的困扰，实现社会福利、社会经济与社会道德的全面和谐发展。

思　考　题

1. 简述社会福利思想的基本特点与研究目的。
2. 简述西方社会福利思想发展的阶段性特征。
3. 如何理解不同阶段西方社会福利思想的主流派别？
4. 简述西方社会福利理念的阶段性特征。
5. 简述西方社会福利实践模式的阶段性特征。

第一章　社会福利思想的历史渊源

社会福利思想具有悠久的历史渊源。西方社会福利思想的历史渊源可以追溯到古希腊和古罗马时期的社会福利思想，基督教的兴起与发展对西欧社会福利思想具有深远的影响。文艺复兴及其所确立的以人为核心的人文主义，奠定了西方社会福利思想出现的基础。宗教改革进一步明确了以人为核心的社会中宗教的地位与功能，进一步强化了西方社会福利思想出现的基础。尤其是启蒙思想家所表达的天赋人权、社会契约与人民主权思想等，成为西方近代社会福利思想的核心内容，标志着西方社会福利思想的出现。

第一节　古代社会福利思想的萌芽

一、古希腊时期的社会福利思想

1. 柏拉图的社会福利思想

古希腊时期的社会思想是西方社会福利思想的重要历史源流之一。柏拉图的社会思想具有重要历史地位。柏拉图（Plato，前427—前347）是古希腊著名的思想家，其主要著作有《理想国》《法律篇》《政治家》等，其中《理想国》是全面反映其社会思想的作品。柏拉图的社会福利思想主要包括以下方面。

柏拉图提出了关于城邦的起源的思想。他认为，城邦是人们为了各种需要而建立的聚居区。他说："我们每个人为了各种需要，招来各种各样的人。由于需要许多东西，我们邀集许多人住在一起，作为伙伴和助手，这种公共住宅区，我们叫它作城邦。"[①] 柏拉图认为，建立城邦是一种既要其本身的善，也要其后果的善。因为建立城邦满足了城邦创建者的自然需要，这是其本身的善；建立城邦以后可以达到城邦全体公民的最大幸福，这又是其后果的善。

鉴于柏拉图对城邦起源及其性质的看法，柏拉图十分强调城邦各种立法必须促进城邦成员整体的幸福与城邦的和谐。他指出："我们的立法不是为城邦任何一个阶级的特

① 柏拉图：《理想国》，郭斌和、张竹明译，商务印书馆1986年版，第58页。

殊幸福，而是为了造成全国作为一个整体的幸福。它运用说服或强制，使全体公民彼此协调和谐，使他们把各自能向集体提供的利益让大家分享。而它在城邦里造就这样的人，其目的就在于让他们不致各行其是，把他们团结成为一个不可分的城邦公民集体。”①

柏拉图提出了关于一种理想的国家的基本思想。首先，柏拉图在其《理想国》中提出按照不同等级施行不同的财产所有制度。他认为，一个理想的城邦，在作为第一等级的统治者和作为第二等级的保卫者中，应该实行财产共有的制度，不允许他们拥有私人财产。只有这样才能维护统治者与保卫者内部的团结与统一，避免在他们之中引发财产之争从而导致统治者内部分裂，并有助于防止统治者内部产生腐败行为。在第三等级的一般劳动者之中，则应该实行一定程度的土地与财产的私有，柏拉图认为，如果一般劳动者因私产而产生争议与内讧，则对统治者来说更为有利。

其次，在上述财产所有制思想的基础上，柏拉图主张实行共妻制度与子女共养制。他认为，固定婚配使得妻子实际成为如同其他财产一样的私有财产，为了防止统治者之间因为固定婚配所可能导致的内部纷争，应该实行抽签决定的不固定婚配制度，这种不固定婚配制度所生育的子女则实行集体养育制度，并按照年龄确定辈分。柏拉图提倡优生，即在男人和女人身体最为健康的时期生育，优者多生，作战勇敢者获得婚配的机会多于他人，那些出生时就存在身体或者智力缺陷者则采取人为的办法加以淘汰。

再次，柏拉图认为，教育是建立一个理想的国家所必不可少的。他认为，教育的目的有两个：一个是培养全体社会成员的敬神、孝亲与爱友的精神品德，一个是培养城邦的最高统治者，并据此将教育分为普通教育与高等教育两种类型。普通教育的对象是一般公民，目的是培养其道德意识；高等教育的对象是统治者及保卫者的子女，目的是将其培养成统治者或者保卫者。柏拉图还强调建立一种全民教育体制，使每一个公民都能够接受教育，在18岁以前学习音乐、文学，培养性格与想象力；18～20岁学习体育，增强体魄与信念。作为准统治者，20～30岁还要学习数学、物理并参加军事训练，培养其智慧；30～35岁则要学习辩证法，培养作为统治者所应有的手段。

上述包含在《理想国》中的柏拉图的基本社会思想主要是其前期的社会思想，柏拉图到了晚年开始对自己以前的思想加以反思，并将其体现在另一部著作《法律篇》中。在这部著作中，柏拉图改变了以往的关于财产所有制的观点，他不再认为在第一和第二等级中实行财产公有制可以避免统治者内部纷争，而是认为，在不同的等级中实行一定程度的财产私有制更有利于消除冲突与争斗，因为这可以使个人的利益范围更加清楚。为防止私有财产带来的贫富差距及其所引发的社会冲突，柏拉图还提出按照各自的等级拥有相应数量的私有财产的主张。他重新将社会成员划分为四个等级，最低等级的财产中的动产不能超过其不动产的1倍，依次向上一个等级推算，其相应的动产与不动产的比例分别不能超过2倍、3倍和4倍。

可见，柏拉图的社会思想中包含了一定程度的整体福利的社会福利思想，城邦的建立是为了全体城邦成员的幸福，立法必须有助于促进全体社会成员的福利，一定程

① 柏拉图：《理想国》，郭斌和、张竹明译，商务印书馆1986年版，第279页。

度的财产公有制与部分的财产私有制实际上都是为了杜绝社会财富占有方面的悬殊所可能导致的社会不安。柏拉图的社会福利思想在古代西方社会思想发展史上占有重要地位。

2. 亚里士多德的社会福利思想

亚里士多德（Aristotle，前 384—前 322）是古希腊时期的另一著名思想家，其主要社会思想集中体现在《政治学》一书中。亚里士多德也提出了人类为了共同的利益而组成城邦的思想，他指出："城邦的一般含义就是为了维持自给生活而具有足够人数的一个公民集团"[①]，"城邦本来是一种社会组织，若干公民集合在一个政治团体以内，就成为一个城邦"。[②] 亚里士多德同时指出，城邦必须促进人们向着善的方向发展，他说，城邦必须以促进善德为目的，应该指引人们去追求自足而至善的生活。建立城邦的目的主要是通过城邦政治机构来协调社会成员的关系，以实现一种优良的生活。他说："为了共同利益，当然能够合群，各如其本分而享有优良的生活。"[③]

亚里士多德主张建立一种理想的政体来促进人们分享优良的生活。他所设计的理想政体包含了以下几个方面的原则：第一是照顾公共利益的原则，理想的政体应该兼顾穷人和富人的利益，使其相互依赖又相互制约。第二是多数人的原则，即多数人的政体优于少数人或一个人的政体。第三是人人都能幸福生活的原则。他说："关于最优良的政体，有一点大家明白的，这必须是能使人人（无论其为专事沉思或重于实践的人）尽其所能而得以过着幸福生活的政治组织。"[④]他认为，真正能够做到这一点的城邦就是道德上最为优良的城邦，即"凡能成善而邀福的城邦必然是道德上最为优良的城邦"。[⑤] 第四是轮流执政的原则。

亚里士多德认为中产阶级对于一种理想的政体的建立及其稳定具有重要影响。他说："富人联合贫民来反对中产阶级的事情是不会发生的。贫富既极不相容，谁也不肯作对方的臣属；他们要是想在'共和政体'以外，另外创立一类更能顾全贫富两方利益的政体，这必然是徒劳的。两方也不会愿意做出轮番为政的安排；他们总是互不信任对方的。要取得两方最大的信任，必须有一个中性的仲裁，而在中间地位的人恰好是这样一个仲裁者。共和政体中的各个因素倘使混合得愈好愈平衡，这个整体就会存在得愈久。"[⑥] 当然，亚里士多德也很清楚，这种中产阶级具有重要地位的社会只是一种理想的社会状态，现实社会中很难达到这样一种社会状态，于是，他同时指出，中间性质的混合形式政体很难成立，或者至多在少数城邦中偶尔成立。

亚里士多德认为，平等对于社会的稳定具有重要影响，而社会冲突的主要原因则是由社会不平等所导致的。亚里士多德指出："所谓'公正'，它的真实意义，主要在于平

① 亚里士多德：《政治学》，吴寿彭译，商务印书馆 1965 年版，第 113 页。
② 亚里士多德：《政治学》，吴寿彭译，商务印书馆 1965 年版，第 118 页。
③ 亚里士多德：《政治学》，吴寿彭译，商务印书馆 1965 年版，第 130 页。
④ 亚里士多德：《政治学》，吴寿彭译，商务印书馆 1965 年版，第 342 页。
⑤ 亚里士多德：《政治学》，吴寿彭译，商务印书馆 1965 年版，第 88 页。
⑥ 亚里士多德：《政治学》，吴寿彭译，商务印书馆 1965 年版，第 211 页。

等。”[①]“按照一般的认识，正义是某些事物的‘平等’观念……简言之，正义包含两个因素——事物和应该接受事物的人；大家认为相当的人就该配给相等的事物。”[②] 亚里士多德进一步指出，社会冲突首先是由于社会不公平不公道所造成的，这种不公道与不公平主要表现在对财富、名位以及荣誉的不合理分配方面，而一个社会缺乏中产阶级的缓冲作用必将加剧这一社会的冲突，因此，亚里士多德提出了防止社会冲突的十项措施：“① 政府官员本身不得越轨违法；② 政府不得欺骗民众；③ 政府官员应该不断更迭，而不能长期为少数人所占有；④ 应提倡爱国主义，做到居安思危；⑤ 要防止贵族之间的争吵和内讧；⑥ 应不断调整政府官员任职资格上有关财产的规定，使贫民也有资格任职；⑦ 要防止特权的形成；⑧ 要平衡财富，加强中产阶级；⑨ 要依法行事，反对以权谋私；⑩ 在财富、名位、荣誉等方面对贫富阶级要平等。”[③]

亚里士多德提出了自己的理想社会的标准。他指出，理想城邦的各种条件中，最重要的是公民与土地的境界。公民因素既包括公民数量也包括公民质量，理想城邦中的公民数量应该保持适中，公民质量是指他们的禀赋与素质，理想城邦的地理范围也是大小适中的，只有这样才能使居民过上富裕而又有节制的生活。

亚里士多德还认为，一种理想的城邦应该实行财产私有制。财产私有制较之财产公有制具有许多优点：私有制可以产生自爱，爱护自身和自己的财产；私有制可以产生他爱，因为爱他人可以获得某种道义上的快乐；私有制可以产生自节，使人不去侵犯他人财产；私有制还可以产生宽宏与慷慨等优良品德。[④]

亚里士多德认为，理想的城邦中应该实行一夫一妻制度，家庭对于社会的稳定具有重要影响，由家庭所组成的村坊成为城邦的基本组织单位，婚姻制度应遵循优生原理；人们应该注意节制生育，因为人口过多很容易引起社会动乱。他指出：“倘使子女生育过多，家产不足以赡养，根据均产原则而制作的法律就不得不被毁弃。原来的小康家庭，现已沦落到无法自给的境遇；出身于这种不幸的人们，作奸犯科还是小事，这里已很难说他们不至于从事叛乱了。”[⑤]

亚里士多德同样注意教育对于建立一种理想的城邦的重要影响。他认为，教育的目的应该包括两个方面，一是政治教育，培养公民的政治性格，使其能够适应城邦的政治生活；二是职业教育，培养公民的技能，使其能够从事各种事业。城邦的教育应该是机会均等的教育，全体公民都能够获得受教育的机会，城邦的教育也应该是由城邦举办的。

可见，亚里士多德的社会福利思想同样是一种强调社会成员整体福利的思想，共和政体对实现公民福利具有重要影响，中产阶级对于社会稳定具有直接影响，平等与正义是社会的核心价值，不公平是导致社会冲突的主要原因，理想的城邦应该建立私有制、重视家庭的作用以及教育的地位。亚里士多德关于平等的思想对近代社会产生了重要影响。

① 亚里士多德：《政治学》，吴寿彭译，商务印书馆 1965 年版，第 148 页。
② 亚里士多德：《政治学》，吴寿彭译，商务印书馆 1965 年版，第 153 页。
③ 张传有：《西方社会思想的历史进程》，武汉大学出版社 1997 年版，第 61 页。
④ 张传有：《西方社会思想的历史进程》，武汉大学出版社 1997 年版，第 64 页。
⑤ 亚里士多德：《政治学》，吴寿彭译，商务印书馆 1965 年版，第 36 页。

3. 伊壁鸠鲁的社会福利思想

伊壁鸠鲁（Epicurus，前341—前270）是古希腊后期著名的社会思想家，其主要社会思想著作为“要义”以及《论自然》等。伊壁鸠鲁对西方社会思想的影响首先表现在对自由与责任的关系的阐释。伊壁鸠鲁把人的意志自由与按照自由意志而行动产生的结果联系起来，提出了自由与责任的关系问题。他指出，一个事物成为现实的结果的原因不外乎三种：一是受必然性的支配；二是由于偶然的机遇；三是人按照自由意志行动的结果。将原因归于必然性推卸了行为者的责任，将原因归于偶然机遇则导致消极等待机会，进而影响行动，只有第三种情况才是行动者的责任的体现，也是应该提倡的一种情况。[①]

伊壁鸠鲁所提出的自由与责任的关系，显然将人的主观能动作用放在了较为重要的地位，也就是说，伊壁鸠鲁同样承认社会成员在社会发展中的社会责任。与此同时，他又强调人们可以通过“知足”和“审慎”而实现快乐。他指出，知足就可以避免与人相争，不致产生强烈的欲望从而招致无边的烦恼；审慎可以避免冲突，不致产生不必要的事端。显然，伊壁鸠鲁关于人的主观能动性的思想具有两面性。

伊壁鸠鲁对西方社会思想史的重要贡献还体现在他的社会契约思想之中。伊壁鸠鲁通过讨论“公正”而提出了关于社会契约的思想。他说，“对于那些不能相约彼此不伤害的动物，是没有公正或不公正这种东西的”。显然，伊壁鸠鲁认为只有人类社会才存在公正一类的东西。人类社会的公正从何而来？伊壁鸠鲁指出：“公正没有独立的存在，而是相互约定而来，在任何地点，任何时间，只要有一个防范彼此伤害的相互约定，公正就成立了。”伊壁鸠鲁认为，公正实际上是相互利益的表现。他说：“一般地说，公正对于每个人都是一样的，因为它是相互交往中的一种相互利益。”

与此同时，伊壁鸠鲁还强调指出了公正是随着情况的变化而变化的。他说：“如果没有任何新的情况发生，一件事过去曾被宣布为公正，而现在表明在实践中并不符合于一般的理解，那么，这件事就不是公正的。但是，如果一件事曾被宣布为公正，因为发生了新的情形，不再表现为与利益相符合，那么，这件曾是公正的事（因为它曾有利于社会关系和人类交往）只要不再有用，就不再是公正的。”[②] 伊壁鸠鲁关于社会契约的思想得到马克思的高度评价。马克思说：“国家起源于人们相互之间的契约……这一观点就是伊壁鸠鲁最先提出来的。”[③]

二、古罗马时期的社会福利思想

1. 西塞罗的社会福利思想

西塞罗（Cicero，前106—前43）是古罗马时期著名的思想家，其主要政治著作为

---

① 张传有：《西方社会思想的历史进程》，武汉大学出版社1997年版，第69页。

② 北京大学哲学系外国哲学史教研室：《古希腊罗马哲学》，商务印书馆1961年版，第347-348页。

③ 马克思、恩格斯：《马克思恩格斯全集（第三卷）》，中共中央马克思恩格斯列宁斯大林著作编译局译，人民出版社1960年版，第147页。

《论共和国》和《论法律》。西塞罗的社会福利思想集中体现在他的关于国家的起源及其本质的理解方面。西塞罗阐述了他对于国家概念的认识。他认为，国家不是在某一个地域中的人们的偶然聚合，而是一个有机的共同体。西塞罗指出："国家乃是人民之事业，但人民不是人们某种随意聚合的集体，而是许多人基于法的一致和利益的共同而结合起来的集合体。这种联合的首要原因主要不在于人的软弱性，而在于人的某种天生的聚合性。"显然，西塞罗关于国家起源的思想不同于柏拉图关于城邦起源的思想。

正由于国家是人们为了共同的利益而结成的集合体，所以，国家的统治者必须具有正义感。他说："国家，即'人民的事业'，只有在同一位国王或少数贵族或人民整体良好地、公正地行事的时候才能存在。当国王行事不公正……或者贵族们行事不公正……或者人民本身行事不公正……那么国家不仅已经败坏……而且有如从引述的定义得出的结论表明的那样，已经不存在任何国家。"[①]

西塞罗认为，关心公共利益是人的天赋，人的美德不在于思想中，而在于运用之中。他指出："对美德的最好运用在于管理国家，并且在实际上，而不是在口头上实现那些哲学家们在他们的学派内争论的东西。"正义要求我们博爱，考虑到全人类的利益，应该不分贫贱地给每个人正当的报酬。

西塞罗还提出了自然法思想，并从自然法的角度阐述了人类社会中的正义以及人与人之间的关系。他指出，人类社会存在一种超越各种法律之上并适用于所有人民和各个时代的永恒不变的法，这就是自然法，这种法存在的基础是人们本性上对他人的爱。西塞罗说："如果不存在自然，便不可能存在任何正义。"这种自然实际上指的是自然法，既然正义决定于自然法，而自然法又是人们不可违背的，社会中的正义也就成为人们必须恪守的基本原则。

上述可知，西塞罗的社会福利思想更多包含在他的关于国家以及政体的基本主张之中，也更多地强调了作为"人民的事业"的国家在维护人们的共同利益中应该发挥作用。

2. 加图的社会福利思想

古罗马著名政治家马尔库斯·波尔基乌斯·加图（Marcus Porcius Cato，前 234—前 149）所撰写的《农业志》，不仅是一部重要的农业百科全书，而且其中还提出了许多关于社会支持、乐善好施等思想。这些思想构成古罗马社会思想的重要内容，也为西欧社会保障思想提供了重要遗产。

加图阐述了奴隶主对奴隶应尽的义务。奴隶主需要根据不同时期的劳动强度，向奴隶提供不同的衣食条件，甚至给予劳作奴隶的食物还会比从事管理的奴隶的食物多。关于给奴隶的食物，该书写道："给奴隶的口粮。做农活的，冬季每人小麦四斗，夏季四斗半；庄头、管家、监工、牧羊人三斗，带足枷的犯奴冬季每人面包四利布拉[②]；开始

① 浦兴祖、洪涛：《西方政治学说史》，复旦大学出版社 1999 年版，第 97 页。

② 利布拉（Libra），古罗马质量单位，合 12 盎司。

刨出葡萄树时五利布拉，直到无花果下来时为止，再恢复到四利布拉。”关于给奴隶提供的酒，该书第五十七章写道：“给奴隶的酒。葡萄收获一完，让他们喝三个月的次酒；第四个月每天喝一赫明那[①]，亦即每月喝两个半康吉乌斯[②]；第五、六、七、八月，每日一舍克斯塔里乌斯[③]，亦即每月五康吉乌斯；九、十、十一、十二月，一日三赫明那，亦即每月一安福拉[④]。此外，农神节和通衢神节，每人三个半康吉乌斯。一年内每人的全部酒量是七夸德兰塔尔[⑤]。带足枷的犯奴，要按他们所做的不管什么工作相应地增加；他们每年十夸德兰塔尔，也不算过多。”关于给奴隶提供的副食品，该书第五十八章写道：“给奴隶的副食品。要储藏尽量多的落地橄榄果。然后储藏那种可从中榨出很少油的成熟的橄榄果，妥加保存，使之尽量持久。橄榄果一用完，就给他们腌制品和醋。要每月每人给油一舍克斯塔里乌斯，每人每年给食盐一斗就够了。”关于给奴隶提供衣物，该书第五十九章写道：“给奴隶的衣服。短袖束腰紧身衣长三足半，粗布短外套隔年一换。每次发给任谁紧身衣和外套时，要先将旧衣收回，以便用之制作百结衣。应每隔一年发一双结实的木履。”[⑥]

加图在《农业志》中提倡乐善好施的德行。在阐述庄园的负责人的职责时，他写道：“庄头的职责如下。庄头应执行良好的纪律，应遵守节日习尚。不要染指别人的财物，要用心保护自己的东西。要审理家奴的纷争。如果谁犯了什么过错，要根据罪情，适当惩处。勿使家奴遭不幸，勿令受寒，勿令忍饥；要善于使他们忙于劳动，这样就容易使他们不做恶事，不染指别人的财物。如果庄头不愿损害人，家奴就不会损害人。如果他容忍损害人，主人就不要听任他不受惩罚。应嘉许善行，使其他人乐于做好事。庄头勿从事游荡，要常淡泊自持，不要去别处吃晚宴，要使家奴忙于工作，要注意使他们完成主人的命令。”[⑦]

加图还提倡庄园主人要合理地将土地所产生的收益分配给佃农。他写道：“应按以下条件与分益农[⑧]分成。在卡西努姆和维那弗鲁地区，上好土地，分给八分之一筐篮[⑨]；次好土地，七分之一；三等土地，六分之一；如以斗分配谷物，则为五分之一斗。在维那弗鲁地区，最好的土地，分给九分之一筐篮。如果分益农使用主人的磨，他应按所得份额的一定比例交纳使用费。以斗分大麦，给五分之一；以斗分蚕豆，给五分之一。”[⑩]

---

① 赫明那（Hemina），液体计量单位，相当于半品脱。

② 康吉乌斯（Congius），液体或干物计量单位，相当于六品脱。

③ 舍克斯塔里乌斯（Sextarius），液体或干物计量单位，相当于一品脱。

④ 安福拉（Amphora），液体计量单位，相当于六加仑。

⑤ 夸德兰塔尔（Quadrntol），容量单位，相当于六加仑。

⑥ M. P. 加图：《农业志》，马香雪、王阁森译，商务印书馆2011年版，第36-37页。

⑦ M. P. 加图：《农业志》，马香雪、王阁森译，商务印书馆2011年版，第6-7页。

⑧ 分益农（Sharecropper），分成制农民，相当于佃农。

⑨ 未脱粒的谷物，以筐篮计量；已脱粒的谷物以斗计量。

⑩ M. P. 加图：《农业志》，马香雪、王阁森译，商务印书馆2011年版，第62页。

三、西方中世纪的社会福利思想

1. 基督教的社会福利思想

基督教的思想对西方社会福利思想产生重要影响。原始基督教是一种反映被压迫被奴役的劳苦民众的希望的宗教。正如恩格斯所说：基督教“最初是奴隶和被释放的奴隶、穷人和无权者、被罗马征服或驱散的人们的宗教”①。

原始基督教的思想主要包括以下方面的内容：首先，抗议现实的苦难，谴责社会不平等。早期基督教将富人骂作“要吞吃贫乏人，使困苦人衰败”的坏人，高声疾呼“圣洁的主啊，你不审判住在地上的人，给我们伸流血的冤，要等到几时”。其次，幻想建立“千禧之国”。早期基督教提出建立一种“千禧之国”，在这样的社会中，罗马的统治将被颠覆，人间的一切将彻底改变，“地上的君王、尘宰、将军、富户、壮士”将变成奴隶，奴隶将变成主人。千禧之国中没有私有财产，没有压迫和剥削，人人平等，共同劳动，人们同为兄弟姐妹。再次，宣扬忍耐和顺从。早期基督教将希望寄托于耶稣（即上帝），宣扬人们通过在世上忍受痛苦而获得上帝的救赎，应该等待上帝降临人间，缔造天国，拯救众生。②

原始基督教最初为非法宗教并受到罗马统治者的禁止。随着原始基督教在民间的不断传播，罗马统治者逐渐意识到应该利用这种宗教达到实现其统治稳定的目的。于是，从公元2世纪开始，罗马统治者改变对原始基督教的态度，从禁止和迫害变为利用、支持与改造；公元3世纪，罗马帝国君士坦丁大帝皈依基督教；公元4世纪，狄奥多西皇帝颁布法令，将基督教确定为罗马帝国的国教，禁止其他一切宗教的传播和存在，其后的迦太基宗教会议将《旧约》与《新约》确定为基督教的基本教义，这就是流传至今的《圣经》。

《圣经》中的慈爱和行善思想对西方中世纪社会福利思想产生了直接影响。《圣经·旧约·利未记·第24章》中就这样写道：“你的弟兄在你那里若渐渐贫穷，手中缺乏，你就要帮补他，使他与你同住，象外人和寄居的一样。不可向他取利，也不可向他多要，只要敬畏你的神，使你的弟兄与你同住。你借钱给他，不可向他取利；借粮给他，也不可向他多要。”③

《圣经·旧约》中还特别指出，禁止任何人两手空空地回避贫民而不给予救济，甚至要求人们应该以一种坦诚和友好的表情、快乐和善意的心情向穷人提供慈善帮助。编写于公元500年左右的《犹太教法典》，也十分清楚地写明慈善善款的征集、分配和管理事宜，指出施舍的标准应该是能够满足不幸者的需求。如果一个人处于饥饿之中，就应该给他提供食物；如果他没有衣服，就应该给他提供衣服；如果他没有住处，就应该

① 马克思、恩格斯：《马克思恩格斯全集（第二十二卷）》，中共中央马克思恩格斯列宁斯大林著作编译局译，人民出版社1965年版，第525页。

② 陈红霞：《社会福利思想》，社会科学文献出版社2002年版，第71-72页。

③ 《圣经·旧约》，中国基督教协会印发，1996年版，第119页。

给他提供住处，每个人都应该得到满足。[①]《圣经·新约》更是十分强调仁慈、行善和怜悯，甚至主张施爱于敌。

2. 中世纪基督教神学社会福利思想

奥古斯丁（Augustine，354—430）是西欧中世纪基督教神学的著名思想家，其主要社会思想集中体现在《忏悔录》《论自由意志》《上帝之城》等作品中。奥古斯丁认为，上帝从无到有地创造了世界，他说："你创造天地，不是在天上，也不在地上，不在空中，也不在水中，因为这些都在六合之中。你也不在宇宙中创造宇宙，因为在宇宙之前，还没有创造宇宙的场所。你也不是手中拿着什么工具来创造天地，因为这种不由你创造而你借以创造其他的工具又是从哪里得来的呢？哪一样存在的东西不是凭你的实在而存在。"[②]

奥古斯丁提出了原罪说以解释人类社会所存在的奴役现象。他指出，人类之所以存在奴役现象，是因为人类犯了罪而要受到惩罚。他说："罪是奴役制度之母，是人服从人的最初原因。它的出现不是越过最高的上帝的指导，而是依照最高的上帝的指导，在最高的上帝那里是没有不公正的事的。只有最高上帝才最明白怎样对人的犯罪施行适当的惩罚。他自己说：'不论谁犯罪，它就是罪的奴仆。'"[③]

奥古斯丁认为，为了不招致新的惩罚，人们必须维护自然秩序，维护某种和平状态，而对这种秩序的遵循就构成一种和平，因为，一切事物的和平都是秩序的平衡的结果。他说："身体的和平在于各部分之间和比例的排列，非理性灵魂的和平是欲望的平静与和谐，理性灵魂的和平是知识与行动的和谐，身体与灵魂的和平是有序与和谐的生活以及生命物的健康，人与上帝的和平是信仰服从永恒律的秩序，人与人的和平是有序的合作，家庭和平是当权者与从属者的有序合作，社会和平是公民间类似的合作。"[④] 显然，奥古斯丁这里所说的和平实际上就是对秩序的维护和遵守。

奥古斯丁提出用上帝先定论来解释"人是否可以得救"这一问题，上帝先定论的基本思想是选民与弃民思想。奥古斯丁指出，人是否能够得救，这是由上帝事先已经决定了的，上帝在人群之中事先已经选定一部分人能够得救，这部分人死后可以进入天堂，他们就是上帝的选民。上帝还是先选定一部分人不能够得救，他们死后也不能够进入天堂，这部分人就是上帝的弃民。究竟谁是选民谁是弃民，那是上帝确定的，不是其他神职人员确定的，而上帝一般是不会偏袒于哪一种人的，即使上帝一定要偏袒哪一种人，那一定是偏袒现实生活中的弱者。他说："在你（上帝）的居处，绝对没有贫富贵贱的畛域，你反而'拣选'了世上的弱者，使那些强有力者自感羞愧，拣选了世上的贱者和

---

① Walter I. Trattner. *From Poor Law to Welfare State—A History of Social Welfare in American*. New York，1989：2-3.

② 奥古斯丁：《忏悔录》，周士良译，商务印书馆 1963 年版，第 235 页。

③ 北京大学哲学系外国哲学史教研室：《西方哲学原著选读（上）》，商务印书馆 1981 年版，第 222 页。

④ 赵敦华：《基督教哲学 1500 年》，人民出版社 1994 年版，第 176 页。

世上所认为卑不足道而视若无物者，使有名有实者归于乌有。”[①]

奥古斯丁还认为，即使在现世生活中，如果我们认定自己是选民，并对来世抱有希望，人们就可能得救，这种得救本身也就是人们的幸福之所在。他说：“我们得救了，我们乃是因希望而得幸福。如果我们还没有得到当前的解救，只有期乎未来的解救，那将是我们的幸福所在，我们只有忍耐。”“那解救，那有待于来世的解救，其本身将是我们的至福。”[②]

奥古斯丁还提出了“天上之城”与“世俗之城”的说法。他说：“两种爱组建了两座城，爱自己、甚至藐视上帝者组成地上之城，爱上帝、甚至藐视自己者组成天上之城，前者荣耀自己，后者荣耀上帝。”[③] 天上之城是奥古斯丁的理想所在，“这里有真正的和平，没有人会遭受冲突之苦，不论是他自己造成的还是来自旁人的……神都是个永福之地，地位低的人不会嫉妒任何地位高的人，就像天使们不会嫉妒大天使一样，因为没有人觊觎他不能得到的位置……因此，无论天分高低，每个人都会继续得到满足，但不会渴望得到他不该享有的东西”[④]。

可见，奥古斯丁的基督教神学社会思想既包含着基督教教义的基本思想，也是对基督教教义的一种阐发，他所提出的关于人类社会存在奴役制度的原因的思想，应该遵循秩序和维护和平的主张，人是否得到救赎主要决定于其是否上帝的选民的观点以及他所提出的“上帝之城”的美好希望，实际上都在一定程度上说明了人类社会所面临的各种社会问题的原因及解决途径，因而，对西方中世纪社会福利思想具有一定影响。

托马斯·阿奎那（Thomas Aquinas，1225—1274）是中世纪西欧基督教神学思想家的又一代表人物，被称为奥古斯丁之后西欧基督教神学领域的又一根台柱。阿奎那一生写下大量的著作，主要的有《亚里士多德著作注释》《反异教大全》《神学问题讨论》《神学大全》等，其中反映其社会福利思想的主要作品是《神学大全》一书。

阿奎那早期一直醉心于亚里士多德学说的研究和讲授，于是他的社会思想中比较明显地受到亚里士多德学说的影响。这首先表现在阿奎那关于社会起源的解释方面，他认为，社会起源于人们的合群性，“人天然是个社会的和政治的动物，注定比其他一切动物要过更多的合群生活”[⑤]。显然，阿奎那关于社会起源的思想既继承了亚里士多德的人是政治的动物的思想，也在此基础上进一步有所发展。阿奎那指出，人之所以喜欢过合群的生活，主要是因为，社会生活对人有帮助。从物质上说，社会提供给人们必需的生活品，这是单独的个人所不能做到的；从精神上说，社会通过分工，使人得到维持生存和推进发展所必需的知识，并帮助人们获得精神上的幸福，过上一种幸福生活。

阿奎那指出，在社会生活中，个人的利益之间存在很大的不同，要想建立一种合群的生活，就必须将大部分民众团结起来，而能够实现这种团结的力量则是关乎全体民众的公共利益或者公共幸福。公共利益或者公共幸福同样也需要赋予一个人以权利来管

---

① 奥古斯丁：《忏悔录》，周士良译，商务印书馆 1963 年版，第 143 页。

② 周辅成：《西方伦理学名著选辑（上册）》，商务印书馆 1964 年版，第 361 页。

③ 赵敦华：《基督教哲学 1500 年》，人民出版社 1994 年版，第 176 页。

④ 钱宁：《现代社会福利思想》，高等教育出版社 2006 年版，第 17 页。

⑤ 托马斯·阿奎那：《阿奎那政治著作选》，马清槐译，商务印书馆 1963 年版，第 44 页。

理，这个人就是社会权威。为了论证社会权威的权威性，阿奎那借助于自然秩序的说法，他认为，自然界的一切都是按照自然秩序运行，即接受某种处于控制地位的要素的控制，社会权威就是社会上居于控制地位的要素，服从社会权威就是服从自然秩序。阿奎那关于社会的起源以及社会权威的合理性的思想，似乎与上帝创造万物的基督教神学思想相冲突。对此，阿奎那这样解释：社会的出现是出于人的本性，而人以及人的本性都是由上帝创造的。因此，从本质上说，人类社会也是上帝创造的。

阿奎那认为，社会的起源决定了社会成员中必然存在个人与个人以及个人与整体的关系问题。他指出，个人与个人的关系存在两重性：首先，当个人把对别人的关系视为个人对个人的关系时，正义就表现为尊重人的个性的绝对价值，也就是尊重个人的个体性原则；其次，当个人把对别人的关系视为个人对整体的关系时，正义就表现为部分服从于整体，也就是个人幸福服从于公共幸福的整体主义原则。[①] 事实上，阿奎那更加倾向于强调整体的利益。他说："组成社会的一切人士同社会的关系，正如各部分同一个整体的关系一样。部分本身属于整体，因此任何局部的利益从属于整体的利益。从这个观点来看，无论就一个人对他自己或就人们之间的关系而言，任何有益的行动和善行都涉及到作为正义的目标的公共幸福。"[②]

在关于平等的认识方面，阿奎那明显不同于亚里士多德。阿奎那认为即使在自由民之间也不可能存在平等，实际上，阿奎那提倡建立一种等级社会，这种等级社会是自然秩序所决定的，也是自然秩序在社会中的反映和表现，人们应该接受自然秩序，安于现在的地位，服从比自己高的等级的统治。他说："像在上帝所建立的自然秩序中，低级的东西必须始终服从高级的东西的指示一样，在人类事务中，低级的人也必须按照自然法和神法所建立的秩序，服从地位比他们高的人。"[③]

此外，阿奎那还提倡私有制，认为私有权是人为的产物，是人们达成协议的结果，它不曾见诸自然法，但是，也不违背自然法，并在一定程度上补充了自然法。不过，他同时指出，私有权不应该妨碍人们对这种财富需要的满足，每个人都应该有私有权，富人应该按照基督教教义的要求去接济穷人。

可见，阿奎那的社会思想中不仅注意到人的政治性，更注意到人的社会性。在社会生活中，公共利益决定了社会成员之间应该建立一种团结合作的关系，社会权威符合自然秩序原理，也就应该受到社会成员的服从，个人利益应该服从整体利益，这些思想体现出阿奎那的神学思想体系中还包含了一些世俗社会公共福利的思想。因此，有学者在评价阿奎那的社会福利思想时指出："托马斯的福利观是一种将宗教福利与世俗幸福相调和的基督教福利观，是中世纪欧洲向近代欧洲转变时期的宗教福利思想。"[④]

西方中世纪社会福利思想具有以下两大特点：

首先是非系统性。社会福利思想并没有构成中世纪西欧早期思想家的主要思想内容，社会福利思想更多地隐含在主要思想家的政治思想、社会思想以及哲学思想之中，

① 张传有：《西方社会思想的历史进程》，武汉大学出版社1997年版，第101页。

② 托马斯·阿奎那：《阿奎那政治著作选》，马清槐译，商务印书馆1963年版，第139页。

③ 托马斯·阿奎那：《阿奎那政治著作选》，马清槐译，商务印书馆1963年版，第146页。

④ 钱宁：《现代社会福利思想》，高等教育出版社2006年版，第18页。

社会福利思想没有发展成为相对独立的思想内容体系，更谈不上如同后来工业化社会那样在不同阶段具有不同的社会福利主流观念。

其次是基督教深深影响了中世纪西方的社会福利思想。中世纪欧洲被称为基督教神学统治的欧洲，在以“神”为中心的中世纪欧洲，社会福利思想必须反映上帝的意志，甚至就是上帝有关仁慈和行善的主张，而不是以人为中心，反映人的意愿和主张。可以说，中世纪西欧社会福利思想更多地带有宗教性而不是社会性，其更有理由被称为宗教福利思想而不是社会福利思想。

中世纪西欧社会福利思想的上述特点，对西欧中世纪社会救济事业产生明显的影响，尤其是基督教所提倡的慈爱与行善的基本主张，使得中世纪社会救济深深打上了宗教的烙印，教会所举办的慈善和救济成为西欧中世纪最重要的社会救济，中世纪西欧个人慈善与社会慈善都有明显的发展。这为后来西欧社会福利制度的发展奠定了历史基础。

第二节　文艺复兴与人文主义的兴起

一、人文主义的兴起与特点

1. 人文主义的兴起

文艺复兴具有广泛的思想内容，但其核心思想则是人文主义。正如伯恩斯所指出的那样：“文艺复兴包括一些当时占统治地位的理想和看法，使文艺复兴印上了一个独特社会的标记。总的说来，在这些理想和看法中特别突出的是乐观主义、世俗主义和个人主义；但是它们中间最重要的是人文主义。就广义而论，人文主义的定义可以说是强调古希腊人和罗马人的著作中人的价值。”①

“人文主义”一词经过一个逐渐为人们认同和使用的过程，1808 年，德国教育家尼特哈迈在一次关于古代经典在中等教育中的地位的辩论中用德文创造了“人文主义”一词。1859 年，乔治·伏依格特在《古代经典的复活》中首先将人文主义一词用于文艺复兴的阐释之中；1860 年，布克哈特在其出版的《意大利文艺复兴时期的文化》一书中开始大量使用“人文主义”一词。

2. 人文主义的特点

人文主义主要有以下特点：第一，提倡以人为核心，探讨人的本性，歌颂人的美，促进人的幸福，培养完整人格。意大利人文主义者指出，人是万物之本，应该研究人的生活，揭示人的本性。彼特拉克（Petrarca，1304—1374）指出：“有的人对野兽飞禽和

---

① 伯恩斯、拉尔夫：《世界文明史（第二卷）》，罗经国、沈寿源、袁士槟等译，商务印书馆 1987 年版，第 119 页。

鱼类的事情知道得很多……我自问：知道飞禽、走兽鱼蛇的特性，而对人的本性无知，不知道我们从何而来，到何处去，以及为什么生活，这到底有什么好处?”莱昂纳多·布鲁尼（Leonardo Bruni，1370—1444）则提倡应该培养完整的人格，他指出：“之所以称文学为人文学，就是因为它的目的是培养完整的人。”文艺复兴时期提倡以人为核心和探讨人的本性还体现在许多绘画作品之中，列奥纳多·达·芬奇（Leonardo da Vinci，1452—1519）的《蒙娜丽莎》就是最为典型的人文主义作品。西方学者对此做出这样的评价：“谁能象莱奥纳尔多那样地描绘出……妇女最丰韵多姿年华时所具有的无穷无尽的魅力？……莱奥纳尔多当之无愧地属于这样的作家：‘他每一笔都勾画出了永恒的美。’”① 此外，桑德罗·波提切利（Sandro Botticelli，1445—1510）的《维纳斯的诞生》《春》，拉斐尔（Raffaello，1483—1520）的《西斯廷圣母》等都是借助宗教人物反映人的本性和人的美丽的代表作品。

第二，反对禁欲主义，提倡享受尘世生活。人文主义者对封建禁欲主义坚决反对，尤其是对宗教神学对人性的禁锢批判有加，提倡人们放弃禁欲主义以及将全部期望都寄托于来世的想法，勇敢面对现实生活，努力追求现实的幸福与快乐，并在现实生活中逐渐使自身得以发展和完善。萨卢塔蒂（Salutati，1331—1406）指出：“当你想从世界上逃走的时候，你就会从天堂里掉下来；而当你生活在尘世中的时候，你的心就可以进入天国。关心、爱护你的家庭、孩子、亲戚、朋友，以及包容一切的祖国，并为他们效劳吧！”② 布鲁尼则指出，人的完善离不开现实社会的交往。他说：“人是弱小的动物，仅靠个人的力量还不足以弥补自身的缺陷，只有置身于文明社会中才会使自己完善起来。”③

第三，提倡理性，崇尚知识，反对迷信，强调修养。人文主义者坚决反对宗教神学的神秘主义，提倡探讨和揭示自然奥秘与社会机制，提升人类理性，摒弃愚昧无知，他们认为“争论是真理的筛子”，鼓励人们追求真理与科学。人文主义者重视、整理并鼓励人们阅读古希腊时代的各种优秀作品，希望人们从中发现新的启示与前进的动力，从而提高自身修养。文艺复兴时期的著名史学家劳伦佐·瓦拉（Lorenzo Valla，1407—1457）指出：“这些作品之所以神圣，并不在于它们永远关闭了人们前进的道路，而是打开了人们前进的道路。”布鲁尼也指出：“非凡的才华只能从渊博的知识中产生。因此，需要广涉时事，博览群书。要研究哲学、诗歌、演说、历史以及其他方面的著作，从中汲取各方面的知识……此外，还必须进行不可忽视的文学方面的修养。”

3. 人文主义在欧洲的传播

意大利人文主义从15世纪末开始向欧洲北部传播。其传播的途径主要包括三个方面：一是意大利人文主义者到欧洲北部传播人文主义思想，二是欧洲北部的思想家到意大利学习和接受人文主义思想，三是通过书籍与艺术品的流通而传播到欧洲北部。由于

---

① 伯恩斯、拉尔夫：《世界文明史（第二卷）》，罗经国、沈寿源、袁士槟等译，商务印书馆1987年版，第134页。

② 加林：《意大利人文主义》，李玉成译，生活·读书·新知三联书店1998年版，第27页。

③ 加林：《意大利人文主义》，李玉成译，生活·读书·新知三联书店1998年版，第40页。

意大利与欧洲北部各国在社会条件、文化背景等方面存在差异，其所表现出的人文主义的特点也各有不同。意大利人文主义的主流是市民人文主义，它强调人性中的意志与情操，提倡积极活跃的世俗生活，并表现出一定程度的鲜明的个人主义；而欧洲北部的人文主义却与基督教密切地联系在一起，欧洲北部的人文主义者把人文主义的治学方法用于对《圣经》以及早期基督教的研究之中，努力把人文主义研究与基督教研究协调起来，这样，在意大利以外的地方，人文主义与经院哲学相互渗透，使得那里的人文主义在文艺复兴的外衣下依然保持着中世纪经院哲学的一些传统，西方学者将这种人文主义称为"基督教人文主义"。

二、西方社会价值观念与生活方式的变化

1. 西方社会价值观念的变化

在人文主义思想影响下，西方社会价值观念从15—16世纪开始发生变化。这些变化表现在文艺复兴时期的各类作品之中，关注现实生活的幸福与快乐越来越受到提倡。人文主义者反对人们将希望寄予来世的天堂，而是告诉人们关注和把握现实的幸福与快乐。伊拉斯谟（Desiderius Erasmus，1469—1536）指出："如果你把生活中的快乐去掉，那么生活成了什么？它还配得上称作生活吗？"佛罗伦萨的洛伦佐·德·美第奇（Lorenzo de' Medici，1449—1492）的一首诗生动反映了人们这种生活观念的转变，诗中写道：

多么美妙的青春啊！
然而只是一瞬间。
让我们唱吧！笑吧！
祝要求幸福的人幸福，
不要期待明天！①

对金钱和财富的追求的观念逐渐被社会认同。人文主义者莱昂·巴蒂斯塔·阿尔伯蒂（Leon Battista Alberti，1404—1472）写道：人的欢乐不在于过无所事事的生活，而在于进行工作和活动。一个人应当有三种重要的东西，这就是房子、土地和商店；他认为财富是友谊、名誉与权力的源泉，财富的增长是家庭幸福的来源。波焦·布拉乔利尼（Poggio Bracciolini，1380—1459）甚至指出："金钱是国家的力量所在，赚钱应视为国家的基础和根本。"② 16世纪英国戏剧中无不充斥着对金钱与财富追求的台词，如：

金钱，这是大家的宠儿，一切欢乐的源泉，
金钱，这是医治一切苦闷的良药，

---

① 张椿年：《从信仰到理性——意大利人文主义研究》，浙江人民出版社1993年版，第110页。

② 裔昭印：《世界文化史》，华东师范大学出版社2000年版，第327-328页。

金钱，这是世人所珍藏的珠宝，
金钱，这是妇女所拜倒的偶象。[①]

对禁欲主义的批判使得对爱情的歌颂逐渐得到社会认同。大量的人文主义作品通过各种途径对宗教神学禁欲主义进行批判，指出教会在要求人们禁欲的同时，教士却过着荒淫的生活。乔万尼·薄伽丘（Giovanni Boccaccio，1313—1375）在其《十日谈》中以故事的形式向人们痛陈宗教禁欲主义的危害以及僧侣人员的虚伪与贪婪。薄伽丘同时指出：性爱是人类的天性，教会所宣扬的禁欲主义不可能泯灭这种天性，人们应该大胆追求爱情。彼得拉克则是歌颂和追求爱情的著名人文主义者，他曾经爱上一名叫劳拉的女子，但劳拉却死于黑死病，这使得彼得拉克伤心不已，彼得拉克将其对劳拉的爱全部诉诸诗歌，为劳拉写下了 366 首抒情诗，并结集为《歌集》，成为文艺复兴时期歌颂爱情的著名作品。

2. 西方社会生活方式的变化

西方社会生活方式也开始发生变化。世俗生活的文明化是西方社会生活方式变化的第一个表现。人文主义者认为，一个全面发展的人除了具有各种专门知识外，还应该具有高雅的举止、整洁的服装、文明的谈吐与礼貌的社交。于是，他们开始提出一些改变传统生活方式的社会生活指导手册，如伊拉斯谟的《男孩的礼貌教育》在出版后的 6 年中再版 30 多次，对日常生活中的每一个方面都提出礼貌要求。如："坐在椅子上不要摇来摇去"，"人的目光应该柔和、真诚、宁静"，不应该当着人们的面用衣服、帽子擦鼻涕，等等。更多的礼仪手册则对饮食礼仪提出要求。如：不应乱坐座位，不能把胳膊肘放在餐桌上，不能说话太多，进餐前必须洗手，不能用手抓食物，进餐时不能摸鼻子、搔痒、抓耳朵，等等。当时的文献在记载社会生活方式的变化时写道：

旧习已弃，新风日开。
是是非非，颠倒转换。
彼时是是，今日非是。
今之新事，人其非之。[②]

宗教生活的世俗化是西方社会生活方式变化的第二个重要表现。尽管文艺复兴时期的思想家对宗教神学提出批评，但这种批评的目的并不是建立一种无宗教的社会，从某种意义上说，文艺复兴时期的思想家更多地希望将宗教生活世俗化，从而使宗教更好地服务于社会生活。因此，文艺复兴时期，受到人文主义思想冲击的宗教生活不再具有纯粹宗教的色彩，宗教生活的神圣与神秘性逐渐淡化，各种宗教活动实际上成为社会生活的组成部分，而不再像以往那样是社会生活的核心和目标，宗教节日具有更多的世俗内容，宗教仪式具有了更多的生活色彩，宗教组织具有了更多的世俗功能，人们对宗教教

---

① 施脱克马尔：《十六世纪英国简史》，上海外国语学院编译室译，上海人民出版社 1958 年版，第 87 页。

② 埃利亚斯：《文明的进程：文明的社会起源和心理起源的研究（第一卷）》，袁志英译，生活·读书·新知三联书店 1998 年版，第 159 页。

义也具有了更多的服务于世俗生活幸福化的阐释。正如赫伊津哈所指出的那样："所有生活中都充斥着宗教，这种情形达到了如此的程度，以致人们时常会有看不到精神之物与俗世之物的区分的危险。如果，一方面日常生活的所有细节可以提升到一个神圣的水平，那么另一方面，神圣之物由于和日常生活搅到一起而沦为平庸。"①

3. 文艺复兴对西方社会福利思想的影响

文艺复兴对西方社会思想产生重要影响。它结束了欧洲长期的封建宗教神学的统治地位，确立了以人为核心的人文主义的基础地位。社会的发展不再以宗教的标准来评判，而以人的现实生活的幸福与快乐来评判；人的发展不再以是否受到上帝的认同为目的，而是以人自身的幸福与快乐为目的。宗教虽然存在但已经失去昔日的辉煌与地位，世俗生活变得逐渐成为社会成员关注的核心。禁欲主义被人摒弃，幸福快乐受人追求。文艺复兴确立了人文主义的地位，也确立了资产阶级社会价值观念的基础，并成为西方资产阶级第一次思想解放运动。

文艺复兴对西方社会福利思想产生了直接影响。现代社会保障制度是关系人的生活及其幸福的一种制度，现代社会保障制度的核心是人的生活及其幸福。如果一个社会尚不能将其成员及其现实生活放在首要位置，也就不可能建立某种制度以保障人的现实生活及其幸福；只有将人作为社会的核心，将社会成员的现实生活及其幸福置于重要位置，才有可能去设计某种制度以体现人的核心地位，并满足人的现实生活及其幸福。文艺复兴确立了以人为核心的人文主义，也就为社会福利制度的出现奠定了重要基础。应该说，没有文艺复兴所确立的人文主义，现代社会福利思想及社会福利制度就成了无源之水。

第三节　宗教改革及其对社会福利思想的影响

一、德国宗教改革的基本内容

1. 马丁·路德的宗教改革

宗教改革运动波及大部分欧洲国家，但具有显著影响的改革则是德国马丁·路德（Martin Luther，1483—1546）的宗教改革和托马斯·闵采尔（Thomas Münzer，1489—1525）领导的农民战争及其改革思想。

马丁·路德的宗教改革是在整个宗教改革时期具有重要影响的事件。马丁·路德是德国宗教改革的著名领袖，其宗教改革思想集中体现在他于1520年发表的《致德意志贵族书》《论教会的堕落》《论基督教徒的自由》等三部著作。马丁·路德对罗马教廷进

① 赫伊津哈：《中世纪的衰落》，刘军、舒炜、吕滇雯等译，中国美术出版社1997年版，第164页。

行了揭露和批判。他指出，如果有地狱的话，那么，罗马便是地狱，“基督徒愈接近罗马，就愈变坏。谁第一次往罗马去，他去找骗子。第二次，他染着骗子习气。第三次，他自己就成为骗子了”①。他指出，普通人所犯的罪很容易得到挽救，而教会人士所犯的罪则十恶不赦。他说：“一个贫困的穷苦汉所犯的罪，尽管这罪按照法律应当受到绞刑，或者是一个穷苦低贱的妓女所犯的罪，与一个整天都在从事着摧残那些穷苦汉的、并且扼杀他们肉体和心灵的、那样一个冒牌的传教士所犯的罪比起来，那又算得什么呢？”②

马丁·路德认为，宗教权力应该服务于世俗权力而不是凌驾于世俗权力。他指出：“我们应当让世俗权力在整个的基督教世界中执行它的任务，不要加以任何阻碍。无论什么人，不管他是教皇、主教、传教士，或是修士、修女，世俗权力都有权来管他。”基督之所以来到人间，只不过是为了承担传话的任务，使徒、主教、教士等之所以被任命，只是为了传道的任务，从而否定了中世纪以来教会所拥有的政治、经济与思想统治权力。马丁·路德还提出：“教皇须让我们不再受他们的劫掠和搜刮，教皇须交还我们的自由、权利、财产、荣誉、身体和灵魂，教皇须让皇权成为名副其实的皇权。”③

马丁·路德提出了“因信称义”的观点，反对传统的“行为称义”说教。“因信称义”的基本内容是：“灵魂能得到拯救的人在上帝面前被称为义，这个‘义’不在于本人自己的善行所积下的功德，而在于上帝的恩典和人对上帝的笃诚信仰。”④ 也就是说，在马丁·路德看来，个人不必再拘泥于各种善功戒律，可以通过个人信仰直接与上帝交流，从而摆脱传统宗教生活的繁文缛节，更多地从事有益的工作和活动。他在 1517 年发表的《九十五条论纲》中指出，教士不是人与上帝之间的中介，教徒只要凭着信仰和灵魂就可得救，而不必借助于由教士主持的各种宗教仪式，从而实际上宣布了宗教力量对世俗生活的全面和广泛干预的不合理。

2. 闵采尔的宗教改革主张

德国宗教改革的另一著名领袖是闵采尔，他不仅领导了一场席卷全国的农民战争，而且提出了一些具有重要影响的宗教改革思想。他认为，人们的信仰主要不是来自阅读《圣经》，而在于领会上帝的启示，即“在心灵的深处所听到的内在的言语”。他认为，教士和王公贵族在穷人中间传布上帝的训诫，而他们却恰恰是无恶不作的恶徒，“他们压迫所有的老百姓，破坏、抢劫穷苦的农民、手工艺者和整个世界”。闵采尔提出了“千年王国”的说法。他认为，神就是自然界，神性就是人性，即人的理性。既然人人都有理性，人就必须过上合乎理性的生活，这种合乎理性的生活就是千年王国，人们应该根据神性的需要去建立千年王国。恩格斯对此做出如下评论：“闵采尔的纲领，与其说是当时平民要求的总汇，不如说是对当时平民中刚刚开始发展的无产阶级因素的解放

---

① 全增嘏：《西方哲学史》，上海人民出版社 1983 年版，第 411 页。

② 全增嘏：《西方哲学史》，上海人民出版社 1983 年版，第 412 页。

③ 裔昭印：《世界文化史》，华东师范大学出版社 2000 年版，第 327-328 页。

④ 张绥：《基督教会史》，上海三联书店 1992 年版，第 293 页。

条件的天才预见。这个纲领要求立即在地上建立天国，建立早经预言的千载太平之国……闵采尔所了解的天国不是别的，只不过是没有阶级差别，没有私有财产，没有高高在上和社会成员作对的国家政权的一种社会而已。”①

二、瑞士和英国的宗教改革

1. 瑞士的宗教改革

宗教改革还在其他国家和地区展开，其中约翰·加尔文（Jean Calvin，1509—1564）的宗教改革以及英国国教的建立具有重要影响。

早在加尔文的宗教改革思想提出前，胡尔德利希·茨温利（Huldrych Zwingli，1484—1531）就已经提出一些宗教改革思想。茨温利的宗教改革思想主张主要包括以下内容：否认罗马教皇的权威，否认赎罪券的功效；主张废除神职人员的独身制，修女应该还俗；废除天主教礼仪中的烦琐仪式，取消祭台和祭衣，改弥撒为圣餐仪式。他认为，人们只有依靠上帝才能得救，基督是上帝和人之间的中保，人在圣灵导引下就能取得救赎之道。他还主张，牧师应该由信徒选举产生，反对圣像崇拜与圣地朝拜等不必要的仪式。②

加尔文的宗教改革思想集中体现在其《基督教信仰典范》一书中。他认为，《圣经》是绝对真理，是基督教教义和基督教教徒生活的准则，人只要按照《圣经》所要求的去做就行了，并不需要教会的介入与教士的训诫，更不需要向教会人士去忏悔。上帝接纳信徒并使其成为“义人”，这只是上帝拯救人的开始；上帝圣灵在人心中发挥作用，使人的内心变得圣洁，这才是上帝所真正要实现的结果。

加尔文还认为，上帝应当统治一切政府，世俗政府是按照上帝的意志建立起来的，它代表着上帝的意志。教会也是上帝所建立的，它也是代表上帝意志的产物。关键的问题是，加尔文的上述主张旨在表达他的如下观点：人们不仅应该服从世俗政权的统治，也应该服从教会的统治，而人们服从世俗政权的统治，在一定意义上也就是服从了宗教的统治。这使得加尔文的思想能够成为早期资产阶级所能够接受的精神工具。

加尔文强调宗教生活民族化和世俗权力神圣化。加尔文设计一种直辖于市政会议的“长老制”教会组织，不仅强调了宗教权力应服务于世俗生活，更重要的是表明了世俗权力的同样神圣不可侵犯。加尔文强调严格控制社会生活，禁止一切民间娱乐活动，却提倡公民通过勤奋创业和节制的生活来积累财富，认为只有这样的人才能够成为上帝的“选民”从而得到救赎。显然，加尔文的宗教思想成为新兴资产阶级的思想武器。

2. 英国国教的建立

英国的宗教改革不同于其他欧洲国家，其他欧洲国家的宗教改革一般是通过自下而

① 恩格斯：《德国农民战争》，载《马克思恩格斯全集（第七卷）》，人民出版社1959年版，第414页。

② 刘文龙、袁传伟：《世界文化史（近代卷）》，浙江人民出版社1999年版，第78页。

上的途径展开的，而英国的宗教改革则是由国王领导并通过自上而下的途径展开的，因而，英国的宗教改革表现出某种程度的彻底性与世俗性，也具有更加明显的社会效果，最终成为17世纪英国资产阶级革命的精神工具。1535年，英国国王亨利八世没有通过罗马教皇的认可或指派而自行任命坎特伯雷大主教，开始了英国宗教改革的进程，第二年，亨利八世授意国会通过《至尊法案》，宣布英国国王是英国教会在世间唯一的最高领袖，罗马教皇对英国教会没有任何管辖权，神职人员必须向英国国王而不是教皇宣誓。亨利八世的宗教改革标志着英国宗教改革的开始。此后，英国宗教改革不断向前发展。1549年，英国国会通过《教会同一法案》，规定英国教会使用同一本《公祷书》；1553年又通过《四十二条信纲》；1558年，伊丽莎白女王主持制定了《三十九条信纲》；1571年，英国国会通过《三十九条信纲》，该信纲成为英国教会的基本信条。从此英国实现以世俗权力为核心的教会权力与世俗权力的结合，改革后的英国教会（英格兰圣公会或安立甘教会）被称为英国国教，英国国教成为强化英国中央集权的精神工具。

3. 宗教改革对西方社会福利思想的影响

宗教改革是近代西方又一次思想解放运动。它将人们从传统的宗教繁文缛节中解放出来，树立一种仅凭个人的内心的信仰及勤奋与笃诚即可得到上帝认同的朴素简单的宗教观；它将宗教从传统的核心与支配地位转变为附属于服从世俗生活的地位；它阐明了以人为核心的现实社会中宗教的地位及功能问题，从而进一步确立了人文主义的核心地位。因而，人们一般把文艺复兴和宗教改革看作人文主义兴起时期的两个不同阶段。宗教改革不是为了废除宗教并建立一种完全世俗化的社会，而是要建立一种使宗教世俗化的社会，但是，毫无疑问，宗教改革促进了西方社会的世俗化，也有利于西方社会福利思想的出现。

第四节　启蒙运动与西方社会福利思想的出现

一、启蒙运动时期的社会思想

1. 自然法思想

自然法思想是启蒙思想的基本内容。荷兰启蒙思想家胡果·格劳秀斯（Hugo Grotius，1583—1645）是西方近代以自然法学说为基础的法治思想的奠基人，也是近代西方国际法理论的奠基人。格劳秀斯认为，自然法来源于自然和人的理性，从而否定了自然法的神性，这就使得社会上的一切法律得以建立在人的基础上。自然法是一切法律的基础，是最基本的法律，它决定着其他法律是否合乎人的理性。据此，格劳秀斯将法律分为自然法和意定法两大类型，并且指出，自然法既然来自自然和人的理性，那么它就是永恒的，意定法是人制定的，因此是可变的。

格劳秀斯对法律的划分反映了他两重性的法律观，一方面他认为自然法来自自然和人的理性，另一方面他又认为存在着神意法。格劳秀斯对近代西方法治思想的贡献受到西方学者的高度评价。英国法学家劳特派特指出，“如果没有自然法体系和自然法先知者的学说，近代宪法和近代国际法都不会有今天这个样子。在自然法的帮助下，历史教导人类走出中世纪的制度进入近代的制度。格劳秀斯采取了使自然法世俗化并把它从纯粹神学学说里解放出来的决定性步骤”[①]。

另一个荷兰启蒙思想家巴鲁赫·斯宾诺莎（Baruch Spinoza，1632—1677）也将法律划分为自然法和人定法两种，并且指出，在一个民主的国家中，法律是全民意志的体现，因此每一个人都必须无条件服从。法律的执行者更应该做到公平执法，合法公平地保护每一个社会成员的权利。

英国启蒙思想家托马斯·霍布斯（Thomas Hobbes，1588—1679）十分强调法律的强制性和命令性，认为法律是主权者意志的体现，是必须服从的命令和规定。他给法律所下的定义是，法律是国家以口头、文字或其他形式体现出的各种规则，这种规则的目的是区分正确与错误，这些规则与命令是每一个人都必须服从的。霍布斯将法律划分为自然法与实在法，自然法是主权者制定法律的依据而不是真正的法律，实在法是主权者根据自然法制定的具体的法令，它必须与自然法保持一致。霍布斯还根据实在法的内容，把实在法分为基本法和非基本法。基本法也就是通常所说的宪法，这是最基本的法律，它规定国家的基本结构及公民的基本权利以及义务；非基本法是其他一些具体的法律。

约翰·洛克（John Locke，1632—1704）认为，只有实行法治，才能有效地保护人民的权利。国家应该制定法律并依照法律进行治理，不但普通民众要服从和遵守法律，法律的制定者和执行者也应该遵守和服从法律。他说：“统治者应该以正式公布的和被接受的法律，而不是以临时的命令和未定的决议来进行统治。”“法律一经制定，任何人也不能凭他自己的权威逃避法律的制裁，也不能以地位优越为借口，放任自己或任何下属胡作非为，而要求免受法律的制裁。”洛克认为自由必须以法律的规定为前提，法律也必须是保障人民的自由的手段。“法律的目的不是废除或限制自由，而是保护和扩大自由。这是因为在一切能够接受法律支配的人类状态中，哪里没有法律，哪里就没有自由。”[②]

法国启蒙思想家孟德斯鸠（Montesquieu，1689—1755）关于法治的思想对西方近代法治思想产生了重要影响。孟德斯鸠认为，所谓法就是事物之间的本质联系，法律的制定受到各种因素的制约。他指出，“法律应该和国家的自然状态有关系；和寒、热、温的气候有关系；和土地的质量、形势与面积有关系；和农、猎、牧各种人民的生活方式有关系。法律应该和政治所容忍的自由程度有关系；和居民的宗教、性癖、财富、人口、贸易、风俗、习惯等相适应。最后，法律和法律之间也有关系，法律和它们的渊源，和立法者的目的，以及和作为法律建立的基础的事物的秩序也有关系。应该从所有

---

① 劳特派特：《奥本海国际法（上卷）：第一分册》，王铁崖、陈体强译，商务印书馆 1971 年版，第 63 页。

② 洛克：《政府论（下篇）》，叶启芳、瞿菊农译，商务印书馆 1964 年版，第 35-59 页。

这些观点去考察法律”[1]。此外，孟德斯鸠还认为在一个有法律的社会中，自由仅仅是做法律所许可的一切事情的权利。

让-雅克·卢梭（Jean-Jacques Rousseau，1712—1778）认为，法是人民的公意的表现，是主权者的意志的体现，是用于保护人民的意愿和社会成员的利益的。法律的制定必须反映人民的公意，法律的执行者也必须遵守法律，这是人民公意要求，任何人都必须遵守作为人民公意的体现的法律。卢梭主张建立一种法治社会，并认为，做好立法工作是建立法治社会的必要条件。卢梭提出了做好立法工作应该遵循的原则：第一是谋求人民的最大幸福原则；第二是人民掌握立法权原则；第三是专门人员制定法律的原则；第四是顾及各种自然和社会因素的原则；第五是立法的稳定性和灵活性相统一的原则。[2]

2. 天赋人权学说

胡果·格劳秀斯是第一个运用近代自然法理论提出天赋人权学说的学者。格劳秀斯给人的自然权利做了如下的定义：“自然权利是正当理性的命令，它根据行为是否和合理的自然相谐和，而断定其为道德上的卑鄙，或道德上的必要。”与自然相和谐的行为就是符合道德的，否则就是不道德的。格劳秀斯认为，“自然法是固定不变的，甚至神本身也不能改变”。这就否定了中世纪封建神学的自然法理论，并将自然法理论建立在世俗的人的基础之上。格劳秀斯强调自然法的理性和道德的一面，它既不依靠权威，更与强制不相容。在格劳秀斯的天赋人权观中，财产权已经成为人的主要的自然权利，是不可侵犯的人权之一。他说，“自然法规定，不得侵犯他人的财产，应归还不属于自己的东西和由此而来的利益；应履行自己的诺言，应赔偿因自己的过错所引起的损害等”；“自然法指示我们，违反任何人的意志而拿走他人的东西就是坏事”。

英国启蒙思想家霍布斯的天赋人权观明显强调了人的平等权利。他认为，在自然状态下，人是平等的也是自由的，但这仅仅是一种自然的自由，这种自由往往会给他人带来不自由。因此，霍布斯对自然法的解释，十分强调保护人的平等权利。他指出，“所谓自然法，乃是理性所发现的一种箴言，或普遍的规则。这自然法是用来禁止人去做伤害他自己生命的事情，或禁止人放弃保全生命的手段，并且命令他去做他所认为最可以保全生命的事情”。

英国另一个启蒙思想家洛克发展了天赋人权的思想和内容，在洛克的天赋人权思想中，生命权利、自由权利、财产权利和惩罚权利已经成为人的天赋权利的主要内容。他指出，“自然法教导着有意遵从理性的人类：人既然是平等的和独立的，任何人就不得侵害他人的生命、健康、自由或财产”。洛克尤其重视自由权利和财产权利，认为财产权是人的自然权利，这种权利不但不能被剥夺，反而应该受到有效的保护。

法国启蒙思想家卢梭的天赋人权观更加强调人的自由权利、平等权利和反抗的权利。他认为，人生来是平等的，平等权是人的自然权利。卢梭揭示了人类不平等的起源，认为私有财产的出现是人类不平等的起源和基础，并且论述了人类不平等的三个发展阶段，这就是财富的不平等，导致政治不平等，进而出现暴君统治下的最不平等。卢

① 孟德斯鸠：《论法的精神（上册）》，张雁深译，商务印书馆1995年版，第1-7页。

② 刘全德：《西方法律思想史》，中国政法大学出版社1996年版，第78-79页。

梭指出，既然平等是人的天赋权利，那么人就有权利保护自己的平等权利。为了保护自己的平等权利，人们可以使用一切手段包括暴力的手段。因此，反抗的权利成为卢梭的天赋人权学说的一大特征。在《论人类不平等的起源和基础》一书中，卢梭明确指出，"暴力支持他，暴力也推翻他，一切事物都是这样按照自然的顺序进行着"。[①]

启蒙思想家的天赋人权理论明确指出，自由权利、平等权利、财产权利、反抗权利以及生命权利是人生来就有的自然权利，是不可剥夺的天赋权利。天赋人权理论的提出，奠定了西方社会福利思想的基础。

3. 社会契约与人民主权学说

西方启蒙思想家提出了社会契约学说，试图通过社会契约学说说明国家的真正目的及国家主权究竟归谁所有。在这方面，启蒙思想家们存在明显的意见分歧。格劳秀斯认为，自然状态下的人们"觉得孤立的家庭不足以抵抗暴君的侵逼，于是由于他们自己的同意（不是由上帝的命令）组成政治社会；因此就产生了政府的权力"。可见，格劳秀斯的社会契约学说具有两个特点，一是他认为国家的出现是人们为了抵抗暴君的侵害，二是政治社会是人为了自己的目的建立的，它不是所谓的上帝建立的。国家的目的是维护自由人的权利，"国家是一群自由人为着享受公共的权力和利益而结合起来的完善的团体"。格劳秀斯认为，国家主权应该归君主而不能归多数人所有，否则就会造成无休止的祸患。但是，他同时还认为，人民对君主具有反抗的权利。"那些依赖人民的王侯，如果违反了法律和国家利益，人民不但可以用武力反抗他们，而且在必要时还可以处他们以死刑。"

霍布斯指出，人从本性上说是恶的，因此在自然状态下人与人之间经常处于战争状态，为了结束这种对立和战争状态，保障人们的生命和财产安全，人们订立了契约，从而建立了国家。霍布斯主张国家的主权应该归君主所有，并且认为，国家权利神圣不可侵犯。这些权利主要包括：对一切发表的意见和学说有最后的裁定权；对人民的财产有决定权；对人民的诉讼和争议有判决权；对战争与媾和有决定权；对人民有征税权；对官吏有任免权；对爵位、荣誉和特权有授予权；对书报有检查权；对教士和牧师有任命权；对宗教教义有规定权。[②]

斯宾诺莎的社会契约学说具有两面性：一方面斯宾诺莎主张，即使在民主社会中，人民也应该尽量地将自己的权利交给国家，使国家拥有绝对的权利。他说，每一个人都应当"把他的权利全部交付给国家，国家就有统御一切事物的天然之权；就是说，国家就有唯一绝对统治之权，每个人必须服从，否则就要受最严厉的处罚"。另一方面他又认为，人们在订立社会契约出让自己的权利时，并没有将自己的所有权利交给国家，而只是将自己的一部分权利交给了国家。他认为，人民如果将自己的全部权利都交给了国家，那就等于支持建立专制统治。斯宾诺莎指出，"在民主政治中，每人把他的天赋之权绝对地转付于人，以致对事物他再不能表达意见"，这样的话，暴政就有可能出现。

① 应克复等：《西方民主史》，中国社会科学出版社 1997 年版，第 125-136 页。

② 应克复等：《西方民主史》，中国社会科学出版社 1997 年版，138-142 页。

因此，在民主政体中就要“每人保留他的权利的一部分，由其自己决定，不由别人决定”。[①] 可见，斯宾诺莎的社会契约学说中已经带有一定的人民主权的成分。

洛克也认为国家是人们订立社会契约的结果，但是他的社会契约学说不同于上述三位启蒙思想家的社会契约学说。洛克同样认为在国家出现之前，人类生活于自然状态，但是洛克更加强调人在自然状态下是自由平等的，并且认为，人们在订立社会契约时只是出让了自己的一部分权利。洛克指出，这种自然状态存在一些缺陷，这些缺陷给人们带来许多不利的影响，并时常危及人们的生命和财产的安全。为了克服这些缺陷，确保人们的各种安全，人们开始订立社会契约，将自己的一部分权利让渡出来。人们出让的权利主要有两种，一种是保护自己和他人做其认为合适的事情的权利，另一种是对违反自然法的处罚的权利，并把这两种权利交给他们所指定的人来实施，并要求受指定的人必须按照社会一致同意的目的来实施。洛克指出，“这就是立法权利和行政权力的原始权利和这两者所产生的缘由，政府和社会本身的起源也在于此”。

洛克对西方民主理论的最重要的贡献是明确提出了人民主权的思想。洛克指出，国家的主权属于人民，人民在出让自己的权利时并没有将自己所有的权利交给政府，而是保留了一些重要的权利，这些权利包括财产权、对政府的监督权和反对权。政府只是得到人们委托的一部分权利，因此它并没有绝对的权威，人民才是国家主权唯一拥有者，不管是立法机关或是行政机关，如果违背人民的意志，人民就没有必要再服从这样的政府，更应该起来推翻这种政府，订立新的契约，建立新的政府，以便更好地保护人民的权利并促进社会福利的发展。人民是政府的立法和行政工作是否合乎民众的利益的最终的裁定者，一旦他们认为政府违背了人民的意志，就有权起来推翻它。洛克指出，“当立法者们图谋夺取和破坏人民的财产或贬低他们的地位使其处于专断权力下的奴役状态时，立法者们就使自己与人民处于战争状态，人民因此就无须再予服从……人民享有恢复他们原来的自由的权力，并通过建立他们认为合适的新立法机关以谋求他们的安全和保障”[②]。

如同洛克那样，卢梭也认为人们在自然状态下是自由、平等和独立的，只是由于私有制的出现才破坏了这种平等、自由和独立，才出现了不平等。卢梭同样认为国家是人们订立社会契约的结果，是人们“要寻找出一种结合的形式，使它能以全部共同的力量来卫护和保障每个结合者的人身和财富，并且由于这一结合而使得每一个与全体相联合的个人又只不过是在服从其本人，并且仍然像以往一样地自由”[③]。可见，在卢梭看来国家只是人们订立社会契约的结果，它的主要目的是维护和保障个人的权利和自由。

卢梭认为，国家是人民通过订立契约建立的，因此人民才是国家权力的最终体现者，国家只是接受了人民的委托，国家的权力最终还是属于人民，国家的行为必须符合人民的意志。卢梭提出公意和众意的概念，并根据公意来判断国家和政府是否合乎人民的意志，认为公意就是代表全体民众的共同利益和愿望的意见和要求，众意则只是代表私人的眼前利益的意见和要求，是个人意见的总和。民主国家应该以实现公意为基本的

---

① 斯宾诺莎：《神学政治论》，温锡增译，商务印书馆1963年版，第216-219页。

② 洛克：《政府论（下篇）》，叶启芳、瞿菊农译，商务印书馆1964年版，第78-80页。

③ 卢梭：《社会契约论》，何兆武译，商务印书馆1980年版，第25页。

目的。卢梭认为，人民主权必须通过立法权属于人民来保证。“立法权是属于人民的，而且只能属于人民。”[①] 由于立法权是人民主权的保证，因此它应该是国家一切权力的中心，行政权只能从属于立法权。

卢梭还认为，既然国家主权属于人民，那么，人民主权就是不可转让的，一旦转让了这种权力，人民就会失去这种权力，也就失去了对政府的约束力，就有可能导致专制的出现，人民的意志就无法实现，更无法得到有效的保护。为了保证人民主权的实际有效性，卢梭甚至认为人民主权是不能代表的，认为议员并不能代表人民，他们只是为人民办理各种事务的。卢梭还认为，既然国家主权属于人民，那么人民主权也是不能分割的。因此，卢梭反对将国家主权分割为立法权、行政权和司法权的主张。卢梭还认为，既然国家主权属于人民，那么，人民就拥有对国家行为的评判权和反对权，当国家权力被滥用并危害到人民的意志和愿望时，人民就有权起来反对它，甚至可以通过革命推翻它，于是，卢梭提出了“暴力支持它，暴力也推翻它”的政治口号。

社会契约学说表明，国家是人们为了更好地维护和保障自己的各种权力和利益而出让自己的权利的结果，因此，国家的首要目标应该是维护和保障人民的权利并促进人民的福利的发展。人民主权学说明确指出国家主权属于人民，人民是国家权力的真正所有者，国家只是人民的意志的执行组织，从而说明了国家权力的来源问题。

二、启蒙运动时期的政治思想

1. 启蒙思想家的自由观

对自由的呼吁和要求是启蒙运动的主要内容，几乎所有的启蒙思想家都曾经提出了自己对自由的认识和主张。英国启蒙思想家洛克将自由看作人类的自然权利之一，认为“自由是其余一切的基础”。洛克把自由分为自然自由和社会自由，认为“人的自然自由，就是不受人间任何上级权利的约束，不处在人们的意志或立法权之下，只以自然作为它的准绳”。在洛克看来，自由高于一切，因此，“法律按其真正的含义而言与其说是限制还不如说是指导一个自由而有智慧的人去追求他的正当权利”，“法律的目的不是废除或限制自由，而是保护和扩大自由”。但是，洛克并不提倡毫无条件的自由，个人的自由不能妨害他人的自由，自由也必须以一定的法律为基础，自由就是在“法律许可的范围内，随其所欲地处置或安排他的人身、行为、财富和他的全部财产的那种自由，在这个范围内他不受另一个人的任意支配，而是可以自由地遵循他自己的意志”[②]。

卢梭将自由看作人的天赋权利之一。卢梭更加强调个人的自由，尤其是个人不受他人压迫和支配。他指出，“自由不仅在于实现自己的意志，而尤其在于不屈服于别人的意志。自由还在于不使别人的意志屈服于我们的意志”。他说，一个人一旦做了主人也就失去了自由，因为“奴役别人的人是不会有真正的自由的”。卢梭认为，人们通过社

① 卢梭：《社会契约论》，何兆武译，商务印书馆1980年版，第75页。

② 洛克：《政府论（下篇）》，叶启芳、瞿菊农译，商务印书馆1964年版，第16-36页。

会契约所建立的国家不是用于限制和破坏自由，而是为了更好地保护自由。为了实现和保护真正的广泛的自由就必须制定法律，换句话说，卢梭也认为自由是有限的，法律既是实现自由的保证，也是对自由的一种必要的限制，“惟有服从人们自己为自己所规定的法律，才是自由”①。

斯宾诺莎不仅认为自由是天赋人权之一，而且主张思想和言论自由，并认为思想和言论自由是社会发展和科学进步的必要途径。斯宾诺莎指出，“天意赋予每个人以自由……任何人不应别人让他怎么样就怎么样，他是自己的自由权的监护人”。在一个民主的国家里“应该容许思想言论自由”，“政治的真正目的是自由”。斯宾诺莎认为，“自由比任何事物都为珍贵”，为了保护自由人们应该做出一切努力，甚至牺牲生命，在他看来，“为自由而死是一种荣耀”②。

法国启蒙思想家孟德斯鸠更加强调自由的有限性。他说：“在民主国家里，人们仿佛愿意做什么就做什么，这是真的。然而，政治自由并不是愿意做什么就做什么。在一个国家里，也就是说，在一个有法律的社会里，自由仅仅是：一个人能够做他应该做的事情，而不被强迫去做他不应该做的事情。”③

上述启蒙思想家的自由观具有如下的特点，这就是：自由是人的天赋权利，因此，人们应该时刻关注、要求并保护自己的自由权利；对自由的追求和向往就是对封建专制制度的否定和批判，因此启蒙思想家的自由观既是一种思想，又是一种武器；但是，启蒙思想家在一开始就十分注意和强调自由的有限性，这是为了防止由于自由的无限性带来新的专制从而实际上丧失自由。

2. 三权分立思想

英国启蒙思想家洛克是西方分权制衡学说的奠基人。洛克认为，国家的权力应该分为三种，即立法权、执行权和外交权。执行权和外交权实际上可以合并为一种权力即行政权，因此，洛克的分权学说实际上是两权分立。洛克认为，国家的主权属于人民，立法应该体现人民的意志，也是为了保护人民的权利和自由，所以，在民主国家中，立法权是最重要的权力。为了更好保证人民的利益，洛克认为，立法权和执行权应该分立。他说：“如果同一批人同时拥有制定和执行法律的权力，就会给人们的弱点以极大的诱惑，使他们动辄要攫取权力，借以使他们自己免于服从他们所制定的法律，并且在制定和执行法律时，使法律适合于他们自己的私人利益，因而他们就与社会的其余成员有不同的利益，违反了社会和政府的目的。”

在洛克的分权制衡学说中，除了将立法权与执行权分开以达到相互制衡的目的外，他还十分强调人民对国家权力的制约作用，他认为，在建立国家时，人民并没有将全部的权利交给国家，人民是国家权力的最终拥有者，立法权和执行权无非都是人民委托给某些人的，因此，人民拥有对政府权力的制约权，当立法权违背人民的意志时，人民就有权罢免或推翻这种立法机构，并建立新的立法机构。洛克明确指出，

① 卢梭：《社会契约论》，何兆武译，商务印书馆 1980 年版，第 23-30 页。

② 斯宾诺莎：《神学政治论》，温锡增译，商务印书馆 1963 年版，第 16、270-276 页。

③ 孟德斯鸠：《论法的精神（上册）》，张雁深译，商务印书馆 1995 年版，第 154 页。

"当人民发现立法行为与他们的委托相抵触时，人民仍然享有最高的权力来罢免或更换立法机关"[①]。

孟德斯鸠是西方分权制衡学说的完成者。孟德斯鸠将国家权力科学地划分为三种权力，并明确划分了三种权力的职能范围。他指出，"每一个国家有三种权力：（一）立法权力；（二）有关国际法事项的行政权力；（三）有关民政法规事项的行政权力。""依据第一种权力，国王或执政官制定临时的或永久的法律，修正或废止已制定的法律。依据第二种权力，他们媾和或宣战，派遣或接受使节，维护公共安全，防御侵略。依据第三种权力，他们惩罚犯罪或裁决私人讼争。我们将称后者为司法权力，而第二种权力则简称为国家的行政权力。"这就是立法权、行政权和司法权三种权力。

孟德斯鸠阐述了三权分立的原因。他说："当立法权和行政权集中在同一个人或同一个机关之手，自由便不复存在了；因为人们将要害怕这个国王或议会制定暴虐的法律，并暴虐地执行这些法律。""如果司法权不同立法权和行政权分立，自由也就不存在了。如果司法权同立法权合而为一，则将对公民的生命和自由施行专断的权力，因为法官就是立法者。如果司法权同行政权合而为一，法官便将握有压迫者的力量。""如果同一个人或是由重要人物、贵族或平民组成的同一个机关行使这三种权力，即制定法律权、执行公共决议权和裁判私人犯罪或争讼权，则一切便都完了。"

孟德斯鸠不仅主张三权分立以便相互制衡，而且认为立法权这一项权力也要分立。"贵族团体和由选举产生的代表平民的团体应同时拥有立法权。二者有各自的议会、各自的考虑，也各有自己的见解和利益"。在三种权力中，孟德斯鸠认为，"司法权在某种意义上可以说是不存在的。所以，其余的只有两权了"。在立法权和行政权之间，孟德斯鸠更加强调行政权，并且认为行政权应该充分地制约立法权，而立法权则不应该过多地制约行政权。他指出："如果行政权没有制止立法机关越权行为的权利，立法机关将要变成专制；因为它会把它所能想象到的一切权力都授予自己，而把其余二权毁灭。""但是，立法权不应该对等地有钳制行政权的权利。因为行政权在本质上是有范围的，所以用不到再对它加上什么限制。"[②]

3. 代议制政府思想

美国启蒙思想家托马斯·潘恩（Thomas Paine，1737—1809）较早提出了代议制政府理论。潘恩推崇的政体是共和政体，并且认为，共和政体应该和代议制形式自然地结合起来。潘恩将古代的民主制称为简单民主制，这是一种直接民主制，这种民主制只能在人口较少、面积较小的国家实施，一旦人口和面积增加，这种简单民主制就不能适应社会的需要，这时，代议制就成为实现民主制度的有效途径。潘恩指出，"简单民主制是社会不借助辅助手段而自己管理自己。把代议制同民主制结合起来，就可以获得一种能够容纳和联合一切不同利益和不同大小的领土与不同数量的人口的政府体制，而这种体制在效力方面也胜过世袭政府"。

---

① 洛克：《政府论（下篇）》，叶启芳、瞿菊农译，商务印书馆1964年版，第89-92页。

② 孟德斯鸠：《论法的精神（上册）》，张雁深译，商务印书馆1995年版，第155-161页。

潘恩还进一步阐述了代议制的优越性，他说，“代议制集中了社会各部分和整体的利益所必需的知识。它使政府始终处于成熟状态”，“它永远不年青，也永远不老。它既不年幼无知，也不老朽昏聩。它从不躺在摇篮里，也从来不拄拐杖。它不让知识和权力脱节，而且正如政府所应当的那样，摆脱了一切的个人偶然性，因而比所谓的君主制优越”。[①]

托马斯·杰斐逊（Thomas Jefferson，1743—1826）也提出了自己的代议制理论。他认为，人民是国家主权的最终拥有者，资产阶级政权应该是人民统治，但不是人民亲自来行使，而是由他们的代表来行使，即由每个成年的、精神正常的男子选出的代表进行统治。可见，杰斐逊主张建立资产阶级代议制政府。杰斐逊指出，为了使代议制政府充分体现人民的意志，应该采取三个方面的措施：第一是应该尽量扩大选举权，使大多数成年男子都有选举权；第二是规定并缩短议员的任期；第三是充分地发挥人民对政府的控制和监督作用。

三、西方社会福利思想的出现

1. 笛福的年金保险思想

丹尼尔·笛福（Daniel Defoe，1660—1731）是启蒙运动时期英国著名的思想家，其主要社会思想体现在《穷人的呼吁》《计划论》等论著之中。笛福对英国贫困及其引发的社会问题提出批评。他指出，“在探求一种传染病的适当治疗方法时，医生告诉我们，首先必须知道疾病的起因，它是从身体的哪一部分产生的、由哪种恶习引起的，等到找出了原因，就得把它排除掉，这样疾病的影响才会自行消灭；但如果排除病因的手段不能奏效，医生自然就要对于疾病本身和感到病痛的那一部分，着手采用适当的治疗办法了”；“道德败坏无疑是目前英国最流行的疾病”。[②]

笛福认为，诚实的劳动者应该享有通过自己的劳动所得到的财富。他说：“对于诚实地劳动和诚实地占有的国民们，作为结果应该默许其享受他们所拥有的东西；这是我们所称之为法律、自由和财产权的基础……这是世上秩序的真正基础所在。”[③] 但是，他坚决反对救济院这样的机构救济，指出：“那些救济院表面上看好像是很有用处的，实际上却有许多极为恶劣的消极影响，因为它们混淆好坏，而且导致许多堕落者。”[④]

笛福主张实施一些重要的计划以改变社会贫困的现实。他指出：“我所讨论的各种计划的性质都是有利于公众的，因为它们有助于贸易的改进和穷人的就业以及王国公共资本的流动与增加。不过，这种计划都是假定建立在发明才能和提出改进的诚实基础之

---

① 潘恩：《潘恩选集》，马清槐等译，商务印书馆 1981 年版，第 244-246 页。

② 笛福：《笛福文选》，徐式谷译，商务印书馆 1960 年版，第 41-42 页。

③ 安东尼·阿巴拉斯特：《西方自由主义的兴衰》，曹海军等译，吉林人民出版社 2004 年版，第 227 页。

④ Raynes H. E. *Social Security in Britain, A History*. London，1960：103.

上的。尽管我承认创造者主要是为自己谋利益，然而，同时也必须符合于公众的利益。”①

笛福提出通过实施一系列的计划来防止和缓解贫困，这些计划包括保险制度、建立互助会以及年金制度等。他指出：“我将开始讨论一个造福人群的计划，实行了这个计划，一切决非这样卑鄙、贫穷和无能的人，如果他是由于年老或遭逢意外而需要利用这笔钱的话，都有正当的权利领取一份安慰自己的生活费。有一种贫穷不但不是可耻的，而且是清白的，这就是：人们遭到飞来的横祸、突然的天灾，譬如火灾、船只失事、丧失四肢等，变得一贫如洗，需要依靠别人救济，他们自己并没有过错。”②

笛福呼吁人们接受、建立并积极参与他所提出的上述保险、互助与年金计划。“我盼望大家想一想我国的现状，然后告诉我：假使全英格兰的人，不论贫富老幼，每人每年都向一个公共银行缴纳四先令，同时，这四先令如果能够得到适当的和诚实的管理（不论是一个个死了的人，或者是从不需要救济的人所缴款项的余额都在内），这笔钱岂不是就可能养活了所有的穷苦无助的人，因而永远消除了王国中的行乞和贫困现象了吗？”③ 笛福的思想成为西欧互助保险乃至社会保险制度出现的思想渊源之一。

2. 西方社会福利思想的出现

启蒙运动对西方社会福利思想的出现具有直接影响。启蒙运动通过对人类社会是如何组织、管理与正常运行等一系列现实问题的论述，向人们揭示了一整套人类世俗社会的运行机制，社会、政府、国家不再是上帝意志的产物，而是世俗的人们为谋求自身的幸福通过一定的社会契约组织起来的，在这样的社会中，上帝不再是核心，民众才是真正的核心，上帝的意志不再拥有至高无上的地位，民众的利益才具有至高无上的地位，关注人及其现实的生活与幸福构成世俗社会中一切政府与国家的重要职责，启蒙运动真正完成了人文主义的确立，也为近代西方社会福利思想的诞生奠定了基础。

启蒙运动时期的社会思想主张构成西方社会福利思想的基础内容。天赋人权思想确立了人人都有平等享有社会生活的权利的基本理念，公民有权享受必要的社会保障，政府有责任提供必要的社会保障；社会契约思想和人民主权学说树立了政府权力来自人们订立某种社会契约让渡自己部分权利的基本观念，从而为政府必须提供社会福利以满足人们的现实生活的需要奠定了理论基础，政府权力来自民众权利的让渡，政府执行权力的过程实际上也就是为民众提供各种社会服务的过程，政府权力来自民众并受制于民众，因此，政府权力必须服务于民众并依据民众的满意度做出评判，这种社会思想构成了近代以来西方社会福利思想的基本内容。

启蒙运动时期的政治思想主张进一步强化和捍卫了社会思想方面的内容，人生来是平等的因此也应该是自由的，自由不仅包括人身自由，还应该包括社会生活的自由，而社会福利则是保证社会生活自由的基础。分权制衡理论试图通过权力间的相互制衡来实现全体社会成员的利益的最大化与普遍化，从而避免各社会群体利益的过分差别化。代

① 笛福：《笛福文选》，徐式谷译，商务印书馆1960年版，第69页。

② 笛福：《笛福文选》，徐式谷译，商务印书馆1960年版，第123页。

③ 笛福：《笛福文选》，徐式谷译，商务印书馆1960年版，第134页。

议制政府理论为建立一种民众合理表达其基本要求的有效机制，从而有助于各种社会群体及时表达民意，以便为政府所知，并及时反映在政府社会福利政策之中。这种政治思想主张也成为近代以来西方社会福利思想的重要组成部分。

文艺复兴、宗教改革与启蒙运动是西方近代初期的三次思想解放运动，不仅确立了人文主义的地位，而且确立了近代西方社会、政治思想的基础，标志着近代西方社会福利思想的出现。

思　考　题

1. 简述古希腊罗马时期社会福利思想的特点。
2. 简述基督教对西方社会福利思想的影响。
3. 简述人文主义的基本特征及其对社会福利思想的影响。
4. 简述宗教改革对西方社会福利思想的影响。
5. 简述启蒙运动对社会福利思想的影响。

第二章　空想社会主义社会福利思想

空想社会主义社会福利思想是近代西方社会福利思想的早期流派。空想社会主义具有历史继承性和不断发展性，16—17世纪空想社会主义注重对封建社会转变为资本主义社会时期的各种弊端的揭露和批判，其所提出的解决社会问题的办法因明显缺乏社会基础而表现出更加鲜明的空想性；18—19世纪空想社会主义者在继续揭露和批判资本主义社会弊端的同时，开始提出一些更加具体的解决社会问题的办法，并从事一些关于理想社会的尝试，这使他们的空想社会主义思想表现出一定的实践性；空想共产主义者在对资本主义社会的批判和揭露方面超过了其他空想社会主义者，在提出解决社会问题的途径方面更加强调从根本上铲除资本主义制度，但他们同样没能发现要铲除的资本主义制度的社会经济基础和阶级基础，因而其思想依然体现出非常明显的空想性。

第一节　16—17世纪空想社会主义社会福利思想

一、莫尔的社会福利思想

1. 社会问题的原因及其解决办法

托马斯·莫尔（Thomas More，1478—1535）是空想社会主义的鼻祖，英国杰出的人道主义者、文学家和历史学家，他的主要著作为《乌托邦》和《查理三世史》。莫尔生活的时代正是西欧封建社会向资本主义社会转变的时代，农奴制的瓦解，资本主义经济因素的不断发展，阶级关系的变化和社会生活的动荡，使得民众处于艰难困苦之中。尤其是在英国，由于圈地运动的展开，资本主义经济因素发展更快，社会问题也更加突出。在这种社会变革面前，人们期望能够出现一种美好的平等富裕的社会生活，于是，以莫尔的《乌托邦》为代表的空想社会主义思想应运而生。

托马斯·莫尔对英国当时的主要社会问题即贫困问题和流民问题进行了剖析。他认为，英国社会普遍存在的贫困问题有以下三个方面的原因。

第一，频繁的战争。他指出，英国连年的对内和对外战争尤其是对法国的争霸战争等，造成大量的战争伤残人员，他们因伤失去劳动能力，再也不可能重新从事以前的职业。同时，由于年纪已大，他们也不可能学习和更换新的职业，因此陷于贫困之中。

第二，大量不劳而获者的存在。莫尔指出："有大批贵族，这些人象雄蜂一样，一事不做，靠别人的劳动养活自己，例如，靠在自己田庄上做活的佃农，尽力剥削这些佃农，以增加收入，而且带着大批从未学过任何糊口技艺的游手好闲的随从。"

第三，圈地运动使大批人口失去土地，从而失去生活来源。莫尔指出："佃农从地上被撵走，为的是一种确是为害本国的贪食无厌者，可以用一条栏栅把成千上万亩地圈上。有些佃农则是在欺诈和暴力手段之下被剥夺了自己的所有，或是受尽冤屈损害而不得不卖掉本人的一切。这些不幸的人在各种逼迫之下非离开家园不可——男人、女人、丈夫、妻子、孤儿、寡妇、携带儿童的父母，以及生活资料少而人口众多的全家……他们离开啦，离开他们所熟悉的唯一家乡，却找不到安身的去处。"①

莫尔认为，严重的贫困问题是英国当时存在大量流民和盗窃问题的根本原因。他指出："他们在流浪中花完这半文一钱之后，除去从事盗窃以致受绞刑外……或是除去沿途讨饭为生外，还有什么别的办法？何况即使讨饭为生，他们也是被当做到处浪荡不务正业的游民抓进监狱，而其实他们非常想就业，却找不到雇主。他们是对种田素有专长的，可是找不到种田的活，由于已无供耕种的田……请问，这些被解雇的人，不去乞讨，或不去抢劫（有胆子的人更容易走的一条路），还有什么办法呢？"②

莫尔提出了解决问题的办法。他指出：首先，要解决英国严重存在的盗窃和流民问题，最好的办法是"给以谋生之道，使任何人不至于冒始而盗窃继而被处死的危险"。其次，通过法律恢复被圈占的土地，使得失去土地的人口重新回到土地上从事耕作。"用法律规定，凡破坏农庄和乡村者须亲自加以恢复，或将其转交给愿意加以恢复并乐于从事建设的人。"最后，控制囤积居奇。"对富有者囤积居奇的权利以及利用这项权利垄断市场，须严加控制。"此外，还要少养活好吃懒做者，振兴农业，恢复纺织业，吸收劳动者。莫尔明确指出："毫无疑问，除非你们医治这些弊病，光是夸口你们如何执法惩办盗窃犯，那是无用的。"③

2. 未来社会的理想状态

在剖析和批判英国社会现实的同时，莫尔提出了未来美好社会的各种理想状态。其中与人类社会福利的发展和进步相关的内容主要包括以下几个方面。

第一，反对私有制，主张建立公有制和平等的社会。莫尔指出："我觉得，任何地方私有制存在，所有的人凭现金价值衡量所有的事物，那么，一个国家就难以有正义和繁荣。""达到普遍幸福的唯一道路是一切平均享有。我怀疑当个人所有即是私人财产时，一切平均享有能否达到。""如不彻底废除私有制，产品不可能公平分配，人类不可能获得幸福。私有制存在一天，人类中绝大的一部分也是最优秀的一部分将始终背上沉

① 莫尔：《乌托邦》，戴镏龄译，商务印书馆 1982 年版，第 21-22 页。
② 莫尔：《乌托邦》，戴镏龄译，商务印书馆 1982 年版，第 22-23 页。
③ 莫尔：《乌托邦》，戴镏龄译，商务印书馆 1982 年版，第 23-24 页。

重而甩不掉的贫困灾难担子。”[①] 因此，莫尔主张未来的理想社会“乌托邦”中应该实行公有制和按需分配。他指出，乌托邦中的每一户人家都可以到存放货物的仓库中，觅取自己及其家人所需要的货物，不付现金，也无任何补偿。无须担心有些人的所求超出自己所需。乌托邦中实行集体用餐制度，烹调工作由各户妇女轮流担任。

第二，主张人人劳动、没有剥削。莫尔指出，乌托邦人不分男女都以务农为业，每一个人除了从事农业生产外，还要学会一门手艺，虽然男女都要劳动，但是男女分工存在不同，妇女身体较弱，因而做纺织一类的轻便工作，男人承担其余的繁重劳动。工作时间应给予明确的规定，一昼夜24小时中用于劳动的时间不超过6小时，其余用于促进身心健康的娱乐活动或其他精神活动。每一个城市及其附近地区中所有适龄劳动者都要参加劳动。乌托邦中，人们在完成必要的生产生活资料的劳动外，还提倡从事一些修桥铺路等公益劳动，但是，政府并不强迫公民从事多余无益的劳动。乌托邦宪法规定：在公共需要不受损害的范围内，所有公民应该除了从事体力劳动，还有尽可能充裕的时间用于精神上的自由及开拓。[②]

第三，主张追求幸福快乐的生活，提倡人道主义。莫尔指出，并非每一种快乐都可以构成幸福，只有正当高尚的快乐才构成幸福的基础，德行引导我们的自然本性趋向正当高尚的快乐。人们追求什么生活受到理性的支配，理性首先在人们身上燃起对上帝的敬和爱，然后劝告我们尽量过一种充满快乐的生活，同时也提倡从爱我同胞出发帮助其他所有的人达到上述目标。乌托邦人在人道主义的原则下，认为照顾到别人的康乐和幸福是值得提倡和赞扬的，减轻别人的痛苦，使他们去掉悲哀恢复快乐尤其是合乎人道主义的。

莫尔指出，自然号召人们相互帮助以达到更愉快的生活，自然也教你留意不要在为自己谋利益的同时损害别人的利益。人们不仅应该遵守私人间的合同，而且应该遵守关于生活物资分配上的公共法令，只有在这种公共法令不遭破坏的前提下照顾个人利益才是明智的。莫尔进一步指出，个人义务的标志是关心公众的福利。为了自己得到快乐而使他人失去快乐，这是不公平的；相反，将自己的部分所有转让给他人，是具有人道主义和仁慈意义的。[③]

第四，未来的理想社会应该是人类社会福利得以充分发展和进步的社会。莫尔指出，在乌托邦社会中，家庭构成主要的社会单位，家庭福利成为社会福利的重要组成部分；在家庭中，年纪最老的人当家，妻子伺候丈夫，儿女服侍父母，一般来说，年轻人赡养和照顾年老的人。在乌托邦社会中，儿童福利受到大家普遍重视，有专门供婴儿和保姆用餐的房间，设有摇篮和火炉，婴儿一般由母亲喂养，如果婴儿母亲去世，则为其找一个保姆，所有能够对此胜任的妇女无不自愿承担。这种慈善行为得到人人赞扬，在这种情况下受到抚养的婴儿视保姆如生母一般。

在乌托邦社会中，身体健康被视为快乐的重要方面，几乎所有乌托邦人都把健康看作最大的快乐，看成所有快乐的基础和根本。因此，医疗卫生福利在乌托邦中受到特别

---

① 莫尔：《乌托邦》，戴镏龄译，商务印书馆1982年版，第43-44页。

② 莫尔：《乌托邦》，戴镏龄译，商务印书馆1982年版，第55-60页。

③ 莫尔：《乌托邦》，戴镏龄译，商务印书馆1982年版，第73-75页。

重视。每一个城市都建有四所宽敞的公共医院，一方面为了避免病人增多时带来的不舒适，另一方面也为了隔离的目的以防止一些疾病的传染。医院中设施良好，应有尽有，医生医术高明，护士护理体贴，各种治疗认真负责，供应的食品精美可口，市民染病无不愿意前往医院治疗。

二、康帕内拉的社会福利思想

1. 公有制与共同劳动主张

托马斯·康帕内拉（Tommas Campanella，1568—1639）是意大利著名空想社会主义思想家、文学家和哲学家，也是意大利著名的自由斗士。他曾经参加 1598 年在意大利南部爆发的反对西班牙统治的斗争，被捕后被判处无期徒刑，在监狱服刑达 25 年之久。在此期间，他写下大量著作，一方面继续进行反对西班牙统治的斗争，另一方面开始对人类社会未来发展目标进行描绘。他的《太阳城》《西班牙君主国》《论最好的国家》《胜利的无神论》等著作都是在监狱中完成的，其中《太阳城》是最充分地反映其空想社会主义思想的重要著作。在《太阳城》中，康帕内拉为人类设计了一个理想的社会状态。

康帕内拉主张实行公有制。他指出，太阳城的居民实行一切公有，一切产品和财富都由公职人员来分配，因为大家都能掌握知识、享有荣誉和过着幸福生活，所以，谁也不会将任何东西据为己有。大家都认为："不论对于现在或将来的生活来说，财产公有制是一种最好的制度。"① 康帕内拉指出，各种自私自利的社会弊害是由于私有制带来的，因为人们都想使自己的儿子得到很多的财富和光荣的地位，都想把大批的遗产留给自己的后代，每一个人为了成为富人或者显贵人物，总是不顾一切地掠夺国家财产，在他们还没有势力和财产时，因而也还没有成为显贵之前，都是吝啬鬼、叛徒和伪君子。

康帕内拉提倡平均主义的社会分配。他指出，太阳城中的人认为，极端贫困使人卑贱、狡猾、圆滑、盗窃、阴险、虚伪和作假，财富则使人傲慢、自负、无知和背信。太阳城中则没有这种情况，因为"他们的公社制度使大家都成为富人，同时又都是穷人；他们都是富人，因为大家共同占有一切；他们都是穷人，因为每个人都没有任何私有财产；因此，不是他们为一切东西服务，而是一切东西为他们服务"。②

康帕内拉指出，现实社会之所以出现各种各样的灾难，是由于存在各种社会腐败现象。他说，太阳城中的居民清楚地认识到，"极端的腐败现象笼罩着全世界；人们并没有根据真正的最高的目的来行动；应受尊敬的人受着痛苦；得不到人们的重视，而且受恶人的统治……由此他们得出结论说，由于某种未知的原因，人类已产生极端的混乱"③。

---

① 康帕内拉：《太阳城》，陈大维、黎思复、黎廷弼译，商务印书馆 1980 年版，第 74 页。

② 康帕内拉：《太阳城》，陈大维、黎思复、黎廷弼译，商务印书馆 1980 年版，第 24 页。

③ 康帕内拉：《太阳城》，陈大维、黎思复、黎廷弼译，商务印书馆 1980 年版，第 52-53 页。

康帕内拉提倡一种共同劳动的社会。他指出，在太阳城中，大家都参加军事工作、农业工作和畜牧养殖业工作，太阳城中的每个人都愿意从事这些方面的劳动，他们认为这些劳动是最光荣的。每一个人都可以从事自己最能够发挥专长的工作，其中精通更多艺术和手工业者格外受到尊重，从事各种最繁重工作的人同样受到人们的尊重，谁也不会逃避这些工作，因为在进行劳动分工中已经考虑到个人禀赋，每个人所从事的劳动不但不会危害身体健康，反而有助于发展他们的体魄。[①]

康帕内拉指出，太阳城中的居民中没有仆人，不仅因为他们自己可以为自己服务，更因为他们认为使用仆人的结果会使人养成懒惰和腐败行为。太阳城中居民的劳动时间为每天不超过4小时，体力劳动之余的时间，可以从事其他精神活动，但绝不允许从事赌博等不良活动。

2. 自然和谐的理想社会

康帕内拉提倡一种互帮互助、和谐自然、注重人类福利的社会。他为此专门在掌管太阳城的三位领导中让一位领导负责社会福利与社会发展事务，以利于太阳城中各种社会福利事业的发展以及居民生活的和谐与进步。这三个领导人分别为“蓬”即“威力”，负责掌管和平与战争事务；“信”即“智慧”，负责掌管自由艺术部门、手工业部门及科学部门；“摩尔”即“爱”，负责掌管生育、医疗、制药、播种、收获、农业、牧业、伙食等工作。太阳城中的居民之间存在十分紧密的互助关系。康帕内拉指出，我们应该注意这样的事实：因为实行公有制和共同劳动，虽然他们彼此之间没有什么馈赠，但是，他们之间的互帮互助却表现在一切活动方面。在太阳城中，一切同岁的人称为兄弟，比自己年长22岁者称为父亲，比自己小22岁者称为儿子，在这个集体中谁也不能欺负别人。

太阳城中的居民认为首先应该注意整个集体的生活，然后才应该注意部分人的生活。居民不仅共同劳动，而且共同生活，实行集体食堂制度，集体作息制度，集体生育制度，实行统一服装，统一住房。尤其是居民饮食生活受到特别的关注，食物要根据医学要求来决定，每天用餐时间与次数都要由“物理学家”决定，饮酒受到明确限制，各种身体疾病不仅按照时令不同加以预防，而且提供符合自然规律的治疗，同时积极倡导锻炼身体。

太阳城中的居民对母婴福利和老年福利十分重视。妇女怀孕后在两周之内不必从事体力劳动，此后，可以做一些轻微劳动，以便胎儿通过母体汲取营养和健康成长，并促进母亲身体的健康发展。分娩以后，她们就可以在一所特制的公共大厦休养并照顾婴儿，婴儿哺乳期为两年，但是可以适当予以延长。一切青年人都要服侍40岁以上的人，在晚上快要睡觉以前及早晨，都有两位男女领导人带领一些青年人轮流到宿舍服务。年轻人都将此事作为自己义不容辞的责任，如果逃避这些责任，就会造成自讨没趣的后果。

① 康帕内拉：《太阳城》，陈大维、黎思复、黎廷弼译，商务印书馆1980年版，第32-33页。

康帕内拉指出，太阳城中的生活是一种理想的社会生活，如果能够实现这样的理想社会发展目标，就可以带来非常合理、和谐的社会。他指出，在这种理想的社会中，由于贫富对立而产生的一切恶习如违约、盗窃、撒谎、劫掠、游手好闲等将会消灭，一切因自私自利而产生的恶习如吝啬、高利贷、憎恨与嫉妒等也会完全被消灭，一切因穷人过度劳动、富人游手好闲而产生的肉体和精神恶习也会同样消灭，作为愚蠢无知的后果的恶习也同样会消灭，法律将得以维护，一切都有节制，美德也得以弘扬。因此，“你就不能想象出一个更幸福的和对人民更宽大的国家”[①]。

三、安德里亚的社会福利思想

1. 公有与共享

约翰·凡拉丁·安德里亚（Johann Valentin Andrea，1586—1654）是德国著名的空想社会主义思想家，其代表作为《基督城》。安德里亚笔下的基督城是一个和谐有序的城市空间。人们共同劳动、共同分享劳动成果。居民更加亲密地为上帝劳动，没有人挨饿过，他们在物质方面总是丰富的，因为这里根本没有饕餮和贪杯之徒。所有的事情都做得很干净利落，而且对上帝所赐予的一切也表示了应有的感激。那些平常不得不干重活的人并没有变得粗俗和暴戾，而是仍然和蔼可亲。政府的管理措施对各个方面都是有利的，所以，老百姓都能够怀着一种相当美好的、无须掩饰的喜悦心情，去享受所有这些权利。[②] 所有的人都是自管每日三餐，但是，食物却是从公共仓库里取得的。没有一个人有金钱，即使私人有钱，也没有什么用处。然而，这个共和国却拥有财富，这里的居民对此特别高兴，因为没有一个人会在占有财富的数量上超过别人。所有的事情都会做得更有力量，更有热情，更加容易，更加准确。[③]

2. 关爱与尊重

基督城中的老弱病残者以及妇女儿童受到全体成员的尊重并可以得到特别的照顾。城里所有的妇女都无愧于自己所负担的家务职责，而且也乐于关心她们丈夫的各种需要。不管做丈夫的从事什么样的职业，没有一个男人会认为他自己高过其妻子劳动的荣光。孀居者与孤儿备受尊重、理解和关爱。假使丈夫去世，其遗孀就离开原来的家，移居到专供孀妇用的住地去，并且按照她的某种能力为国家服务，只要她愿意，还可以再嫁。假如女方去世，其鳏夫就在公共食堂和邻居或者别人同吃，他也可以再娶。孤儿不会受到影响，因为所有的孩子都是在一视同仁关怀下成长的。在基督城中，人们不仅只有自己的父母，可以说，国家本身就是所有人的嫡亲。人们对寡妇的尊重不下于母亲，人们把她们请来教育女儿们。[④]

---

① 康帕内拉：《太阳城》，陈大维、黎思复、黎廷弼译，商务印书馆 1980 年版，第 66-67 页。

② 安德里亚：《基督城》，黄宗汉译，商务印书馆 1991 年版，第 21-23 页。

③ 安德里亚：《基督城》，黄宗汉译，商务印书馆 1991 年版，第 29-31 页。

④ 安德里亚：《基督城》，黄宗汉译，商务印书馆 1991 年版，第 129-131 页。

老弱病穷的人可以得到关爱、尊重和帮助。老年人都深受人们最大的尊敬，得到特别照顾，指定人员护理他们，安慰他们，尊敬他们，并且遇事和他们商量。人们节俭地招待客人食宿，对流亡者长期给予支持，对于有病的人加以无微不至的关怀。给予穷人以足够的帮助，不让他们离开时空无一物。人们知道怎样去关心和抚慰灵魂、精神和受尽折磨的身体。人们都努力学会自己的事自己做，有必要的时候才接受别人的帮助。病人可以一视同仁地随意享用医药、诊所和厨房，所有的人都会立刻给予帮助。社会上地位高的人不愁医药供应短缺，地位卑微的人也不至于因缺药而挨苦。医生没有围着大人物团团转，普通老百姓也没有感到冷落的痛苦。[①]

四、温斯坦莱的社会福利思想

1. 公有制的主张

杰腊德·温斯坦莱（Gerrard Winstanley，1609—1676）是17世纪英国空想共产主义者，英国资产阶级革命时期掘地派的著名领袖。他留下的大部分文献是以公告、宣言、书信或者呼吁书的形式出现的。主要作品是1652年发表的《以纲领形式叙述的自由法或恢复了的真正的管理制度》。

作为早期空想共产主义代表人物，温斯坦莱与早期空想社会主义者有所不同。由于直接受到英国资本主义发展特别是英国资产阶级革命的影响，温斯坦莱的空想共产主义思想不仅更多地强调土地所有制变革的重要性，而且强调建立真正的共和国和真正的自由制度的重要性。

温斯坦莱对英国土地私有制表示强烈反对。他认为，土地私有制度是一种应该受到诅咒的社会制度，因为，那些买卖土地和身为地主的人，不是依靠压迫就是依靠杀戮或者依靠偷窃获得土地的。英国资产阶级革命不仅没有解决土地私有制问题，从而满足英国民众的土地要求，而且使各种社会问题更加严重化。温斯坦莱指出，“人们等待幸福，等待解放，但是幸福和解放都没有到来。当他们期待自由的时候，却遭到了更沉重的奴役……”[②] 这些奴役包括沉重的负担、各种新的和旧的压迫、各种税收以及各种军队的骚扰和掠夺。温斯坦莱得出结论：“英国是一座监狱。”

温斯坦莱认为，土地私有制度违背了造物主最初的旨意，因此，必须铲除这种私有制度，重新建立土地公有制。他指出：“按照造物主的本意，土地被创造出来，是为了成为一切动物的共同财富，而现在却被买卖，被少数人所霸占，这是对伟大的造物主的一个极大侮辱，似乎伟大的造物主崇拜个别的人，似乎他很乐意让少数人过丰衣足食的生活，而对其余的人的饥寒交迫则表示庆幸。原先事情并不是这样的”；“土地将会重新成为它本应该成为的共同财富……人类将重新恢复自己心中已经想好的正义的法律，一切都将尽心竭力去做，那时，这种敌对状态将在一切国家绝迹，因为谁都不敢再强求统

① 安德里亚：《基督城》，黄宗汉译，商务印书馆1991年版，第138-141页。

② 温斯坦莱：《温斯坦莱文选》，任国栋译，商务印书馆1965年版，第21页。

治别人……也不敢再希求得到比别人更多的土地”。[①]

温斯坦莱指出，不仅土地应该实行公有制，土地上的生产物如牛羊、五谷和果实也应该实行公有制。既然这些东西是大家公有的，这些东西就不能在人们之间相互买卖，而是可以储存起来作为我们自己和子女的食物，但可以征求大家的同意拿出一部分，去换取我们自己需要却无以生产的东西。

温斯坦莱认为，实行公有制度可以带来良好的社会效果，它不仅可以促进国家繁荣和人民幸福，而且可以避免战争和各种纠纷。他指出，如果土地不再属于某些人而是属于所有人的财产，那它就是自由的，是大家所共有的，是为了让大家一起工作和吃饭。无论哪里的人们，只要他们实行生活资料公有制，那里就成了世界上最强大的国家，那里也就有幸福、和平与自由。与此相反，争夺财产和私利使得人民、国家与世界划分成若干集团，由于集团利益的冲突而不断引发战争和流血。[②]

2. 平等社会的主张

温斯坦莱将建立一个人人平等的社会作为未来社会的目标。他指出，“我们应该本着正义去工作，为把土地变成一切人（既包括富人，也包括穷人）的共同财富奠定基础，使在本国出生的每一个人都能够靠对自己有养育之恩的土地母亲而生活；根据支配创造物的理智，不把某一部分人交给另一些人去支配，而是所有的人都像一个人一样，一起工作，一起吃饭，像一个父亲的儿子一样，像一个家庭的成员一样，没有哪一个人将统治另一个人，大家彼此都把对方看作上帝创造出来与自己平等的成员”[③]。

在这种平等社会中，人和人之间应该充满互助互爱的精神，每一个人的幸福都会受到人们的关心，每一个家庭充满天伦之乐，社会弥漫一种和谐的气氛，人世间充满了幸福、满足与恬静。“我们心中感觉到对一切人——不论他们是敌人还是朋友——都有一股热爱的泉源；我们希望没有一个人生活在贫穷、困苦或侮辱之中，每个人都能享受到自己所创造的一切物质财富。我们心中充满和平，以及从我们的劳动中产生的平静的幸福，充满甜蜜的满足心情”[④]。在这种平等社会中，每个家庭都像现在这样单独生活，一切事情都比现在完善得多；所有的孩子都受到良好的教育，所有的土地将得以合理耕种，生产的所有粮食将由每一个家庭合力送进仓库，全国将再不会有寄生虫，也不会有乞丐。

但是，温斯坦莱所提倡的平等的公有制社会不同于莫尔和康帕内拉所提出的公有制社会。在温斯坦莱所提出的公有制社会中，每个人的住宅和其中的一切设备还是他的私有财产，他从仓库中领到的东西也只属于他个人所有。每个男人的妻子和每个女人的丈夫，都只属于他们自己，他们的孩子在长大成人以前也是受他们支配的。谁想强占他的住宅、设备、粮食、妻子和孩子，说这些东西都是公有的，从而破坏和平的法令，那

---

① 温斯坦莱：《温斯坦莱文选》，任国栋译，商务印书馆1965年版，第6、8页。

② 温斯坦莱：《温斯坦莱文选》，任国栋译，商务印书馆1965年版，第18-19页。

③ 温斯坦莱：《温斯坦莱文选》，任国栋译，商务印书馆1965年版，第12-13页。

④ 温斯坦莱：《温斯坦莱文选》，任国栋译，商务印书馆1965年版，第19页。

么，这个人就是破坏分子，就将受到政府和法律的制裁和严惩。[①] 此外，温斯坦莱也没有提出如统一劳动、统一居住、统一服装、统一进餐等主张。

3. 社会革命的主张

温斯坦莱将英国民众的物质生活福利与政治生活自由紧密联系在一起。他指出，正义的权力要求我们力求别人也和我们一样得到生活资料的保障。我们应该为我们自己和我们的儿女在我们死后留有一些储蓄，以便耕种土地，获取生活资料。“如果改革必须根据上帝的意旨来完成，那么，每个人就都应该毫无例外地根据自己的创造来享受福利和自由。”[②] 当穷苦民众不能自由享用土地及其所产生的各种利益的时候，英国就不能成为一个真正的自由共和国，因为，如果不给人们这种使用土地的自由，他们中的贫穷者就会处于较之以前更加糟糕的生活处境。因此，当普通民众没有得到一点土地，不能够过上自由生活的时候，就不可能有共和国。

为了实现自由平等和公有制的社会，温斯坦莱认为必须实行社会革命。要立即打碎私有财产的枷锁，消灭压迫和剥削，禁止土地买卖，废除地主土地私有权和地租，停止圈地运动，把土地变成公有财产，以便人们在土地上得到有保障的生活。温斯坦莱进一步指出，“如果一切法律都以平等和理智为基础，整个英国的土地一定会成为在这里出生的每一个人的共同宝库。但是，如果这些法律以自私自利的原则为基础，给少数人以自由，而给其余的人以沉重的负担，这些法律就应该与国王的头一起被砍掉”[③]。

为了维护自由、平等、公有的社会制度，温斯坦莱提出实行共和管理制度的主张。他指出在共和管理制度下，土地没有买卖现象，它是早已丧失的一切自由的真正恢复者，因此，它将成为人们快乐和幸福的来源。共和管理制度的基础就是普遍自由的法律，这些法律使所有的人都能够得到生活所需的资料，都能够丰衣足食、自由平等。共和管理制度的法律制定者具有普遍正义精神，这种精神要求每个人应该像他希望别人对待他自己那样对待别人。[④]

为此，温斯坦莱在《自由法》中占用大量的篇幅，为人类社会设计一套共和管理制度的体系。对公职人员的种类、人员构成、选举途径、分工职责做出明确划分，对议会、法院、教会、邮政、军队的分工和职责进行了明确的规定，对学校教育和工艺培训提出系统要求，对土地耕种、公共仓库建设和管理等提出严格的规章制度，对法律的制定和实施，特别是对各种专门法令如耕种法、仓库法、监督人法、买卖惩治法、金银法、航海法、公职人员选举法、背叛惩治法、自由法、婚姻法的原则、内容和作用等也都做出了全面系统的阐述。

---

① 温斯坦莱：《温斯坦莱文选》，任国栋译，商务印书馆 1965 年版，第 117-118 页。

② 温斯坦莱：《温斯坦莱文选》，任国栋译，商务印书馆 1965 年版，第 33 页。

③ 温斯坦莱：《温斯坦莱文选》，任国栋译，商务印书馆 1965 年版，第 47 页。

④ 温斯坦莱：《温斯坦莱文选》，任国栋译，商务印书馆 1965 年版，第 125-127 页。

第二节　18—19 世纪空想社会主义社会福利思想

一、马布利的社会福利思想

1. 对现实社会的批判

加布里埃尔·博诺·德·马布利（Gabriel Bonnot de Mably，1709—1785）是 18 世纪法国空想社会主义的代表，也是当时著名的哲学家、历史学家和政治学家。他一生写下大量论述政治、历史、社会的著作，主要有《希腊史要》《论历史研究》《论法制或法律的原则》《论公民的权利和义务》《道德原理》《哲学家经济学家对政治社会的自然的和必然的秩序的疑问》等，其中最能够充分表达其社会福利与社会发展思想的是《论法制或法律的原则》和《论公民的权利和义务》。

由于时代的发展变化，尤其是 18 世纪启蒙运动的深刻影响，马布利的空想社会主义思想具有新的特点。在空想社会主义思想的内容方面，马布利尽管依然对现实社会弊端进行批判，但其重点是对各种弊端出现的原因进行分析，在解决社会问题的途径方面，马布利更多强调政治自由与法制建设的作用，在空想社会主义思想基础方面，马布利更加强调自然界的作用和影响，强调人的理性的重要影响与意义，马布利所谓的“自然界”就是启蒙思想家所提出的“自然法”。

马布利对现实社会的弊端进行了尖锐的批判。他指出，根据自然界中存在的秩序，人们本应该相互团结。“但由于我们的政治制度所建立的秩序，更正确地说，由于我们的政治制度所造成的混乱，而只产生了分离我们的作用。如果社会是由一些嫉妒、贪婪和嫉妒他人的公民构成的，他们因为一部分人只能依靠另一部分人来满足自己的需要，所以无论如何都想损害他人，那末，立法者在这种社会中公布一纸只能刺激我们欲念的法律，就可以有希望建立联盟、和平和幸福吗?”[①]

马布利指出，现实社会存在两种贪婪。一种是保守性贪婪，只要私有财产制度存在，人们就会存在贪婪的欲望，立法者的任务是将这种欲望限制在最小的状态，也就是最保守的状态，人类就会趋向接近自然界的意图。另一种是征服性贪婪，也就是将他人财产据为己有的欲望，这种欲望越成功越会加剧这种贪婪，立法者应该采取一切措施消灭这种贪婪，否则，不仅这种贪婪会越来越强，而且那些保守性贪婪也会逐渐转变为征服性贪婪。

马布利认为，正是由于现实政府没有制定良好的法律限制保守性贪婪，消灭征服性贪婪，才使贪婪已经到处蔓延，并带来严重的社会后果。他指出，“现在，我们贪得无厌地要求豪华奢侈和游手好闲，而这种要求却在不断地折磨着不幸的、被迫为我们耕田

① 马布利：《马布利选集》，何清新译，商务印书馆 1960 年版，第 18 页。

种地的人们。……我们的贪婪使他们处于贫困状态；在他们用自己的血汗为我们培育的果实中，他们所得到的那一部分只是很少的一点食物；他们都贫困不堪，对未来感到恐惧”①。

马布利号召人们祛除自私和贪婪的恶习，发扬互助互爱的美德。他指出，造物主以自己惊人的本领给人间安排了各种各样的不同需要，并使人们服从于这种不同的需要，以便把我们变成彼此都感到相互需要的人。造物主同时还赋予我们的心灵以某种本能的社会品质，这种社会品质使我们珍视他人的幸福，并号召我们亲近、团结、互助、互爱和互相牺牲，发扬这些社会品质，否则，“这些品质也同样地能够变成恶习”。马布利强调指出，利己主义的自私使人产生恐惧，它就像一头凶猛的怪物和一座壁垒，阻挡人们相互亲近和相互帮助。②

2. 平等社会的理想

马布利认为，私有制是财产和地位不平等的起因，也是我们的一切罪恶的基本原因。首先，不平等是现实社会弊端的主要原因。他指出：“请您观察一下我们的恶习的整个锁链，它的第一环就与财产的不平等连在一起。”其次，不平等导致社会产生分化，并改变着人心的自然趋向，“因为无益的需要使人产生对他的真正幸福没有用处的愿望，使他的脑袋充满最不公正和最不合理的偏见或谬见”。再次，不平等还使人们轻视各种社会美德，而去重视许多无益而有害的事物。马布利明确指出：“不平等将为人们带来一切不幸，降低人们的品格，在人们中间散布不和与憎恨。”③

因此，马布利坚决主张消灭私有制。他指出：“自然界多么明智地准备了一切条件来引导我们实行财产公有，制止我们坠入建立私有制的深渊。”他说，最合理的办法是“使每个公民都同样参加劳动。只有一种消灭懒惰和惩治懒人的方法，即规定从今以后，土地的产品只归耕者所有，即只归那些所谓赋给土地以新的存在的人们所有”④。马布利还提出了实行公有制和按需分配的共和国的设想。在这个共和国里，“人人都是富人，人人都是穷人，人人平等，人人自由，人人是兄弟，这个共和国的第一条法律就是禁止财产私有。我们把我们的劳动果实都送到公共仓库去；这些果实都是国家的珍宝和每个公民的财产。家长们每年选出家政管理员，这些人员的职责是按照每个人的需要分配必需品，按照公有制对每个人的要求分配工作”⑤。

马布利还认为应该建立平等的社会。他指出，平等是自然界赋予人类的基本权利。我们来自大自然时是平等的，自然界给所有的人以同样的器官、同样的需要和同样的理性，自然界赐予大地的一切财富属于每一个人，自然界没有创造不平等，没有给予任何人特殊领地，没有创造富人和穷人，没有给予任何人特殊权利，它既没有创造伟人，也

① 马布利：《马布利选集》，何清新译，商务印书馆 1960 年版，第 21-22 页。
② 马布利：《马布利选集》，何清新译，商务印书馆 1960 年版，第 16-17 页。
③ 马布利：《马布利选集》，何清新译，商务印书馆 1960 年版，第 24-25 页。
④ 马布利：《马布利选集》，何清新译，商务印书馆 1960 年版，第 35、38 页。
⑤ 马布利：《马布利选集》，何清新译，商务印书馆 1960 年版，第 154 页。

没有创造小人，它并没有预先规定谁是谁的主人。[①] 马布利因此得出结论："人们来自大自然的怀抱时都是完全平等的，因此没有一些人统治另些人的权利，而且都是完全自由的。显而易见，自然界没有创造国王、统治者、庶民和奴隶，它给我们制定了一条规律：为了成为幸福的人而工作。只要人们处于这种状态，他们就可以尽多少义务而享多少权利。"[②]

马布利认为，既然平等是自然赋予的权利，社会和政府行为就不能有悖于这种权利，而应该采取一切有效措施维护公民的平等权利。他指出，每一个公民都有权要求并用一切可能与合理的办法建立最能使社会幸福的政府，而建立政府的目的就在于保护人们的生命、自由、财产和安居乐业，它无权剥夺公民享有平等和幸福的权利，却应该通过合理的途径特别是立法途径保护公民的平等与幸福权利。

二、圣西门的社会福利思想

1. 社会发展的思想

圣西门（Claude Henri de Saint-Simon，1760—1825）是19世纪法国著名空想社会主义思想家。他出身于贵族之家，后因经营不善，生活陷于贫困，转而专事学术研究，提出一套自己的空想社会主义学说。其主要代表作有《一个日内瓦居民给当代人的信》《人类科学概论》《论实业体系》《新基督教》等。

圣西门的社会观是一种发展的社会观。他认为，人类社会的发展和人的成长一样，有一个从童年到成年的过程，新的社会体系不断代替旧的社会体系，社会就是这样进步的。圣西门指出，每一种社会制度要想完美无缺，必须满足下列两个条件：首先，这种社会制度要有利于社会，即要给社会带来实际效益；其次，这种社会制度要同社会现状协调。虽然第二个条件远不如第一个条件那样为人所理解，但是它同样不可缺少，只有具备这一条件，一种社会制度才能被人接受，因为只有与当时社会状况相适应的社会制度才能长期存在下去。[③]

圣西门提出了社会进步的四条标准。他指出："优良的社会制度是这样的制度：首先，它要尽可能使社会上的大多数人过着幸福的生活，拥有最多的资料和可能来满足他们的最切身的需要；其次，在这个社会制度中，要使内心修养高尚的最有德行的人，拥有最多的机会获得较高的地位，而不管他们出身于什么样的家庭；再次，这种社会制度要把人数最多的人团结在一个社会里，使他们拥有最多的手段来抵御外敌；最后，这种社会制度要鼓励劳动，因而促进重大的发明，导致文明和科学的最大进步。"[④] 圣西门就是按照上述标准判断人类社会不同发展阶段的。

---

① 马布利：《马布利选集》，何清新译，商务印书馆1960年版，第24-28页。

② 马布利：《马布利选集》，何清新译，商务印书馆1960年版，第104页。

③ 圣西门：《圣西门选集（第一卷）》，王燕生、徐仲年、徐基恩等译，商务印书馆1979年版，第216-217页。

④ 圣西门：《圣西门选集（第三卷）》，董果良、赵鸣远译，商务印书馆1985年版，第213-214页。

圣西门提倡通过社会改革实现人类精神福利和物质福利的改善。他指出，社会现实局面是可以而且应当完全加以改变的，最重要的应当是改进我们的精神福利和物质福利。最能够直接促进和提高大多数居民的精神和物质福利的手段，就是使国家的重要开支只包括这些方面的内容：① 使一切身体健康的人能够有工作以保证他们的生存所需的费用；② 以尽快地在无产阶级中间普及现有的实证知识为目的的费用；③ 为帮助这个阶级的成员可以得到有助于他们智力的发展、享乐和消遣所需的费用。圣西门指出，如果实现上述改革措施，就可以把社会组织得最能够满足社会的一切阶级的通情达理人士的要求。那时，就不必再害怕人民造反了，也不需要用常备军镇压了，更不需要大笔的用于维持警察的开支了。[①]

2. 为民造福的思想

圣西门认为，为民造福应是国家、政府和各种社会组织唯一的目的。他指出："可以让人们吃得好、住得好和穿得好的国家……就是一个让人们在物质方面感到十分幸福的国家。"道德家们的主要任务是探索组织社会的方法，以使社会倾注最大的热心让其成员获得精神幸福和物质幸福。[②]"政府的经常的和唯一的职责，就是为社会造福。"他指出，为社会造福的一般手段是科学、艺术和工艺，除此之外再无其他手段，因为人们只有在满足自己的身心需要以后才能成为幸福的人，而满足这些需要正是科学、艺术和工艺的唯一宗旨和直接目的。一切对社会真正有益的工作，都与这三个部门有关。圣西门由此得出结论："在新的政治制度下，社会组织的唯一而长远的目的，应当是尽善尽美地运用科学、艺术和工艺的现有知识来满足人们的需要"[③]。

圣西门指出，为了实现为社会造福的目标，必须解决所有制问题。他说："我们认为，应当解决的最重要的问题，是应当如何规定所有制，使它既兼顾自由和财富，又造福于整个社会。"[④] 同时，还应该实行平等制度。他指出，"一切特权都将废除，而且也不能让他们恢复"[⑤]。圣西门还指出，为了实现造福社会的目标，必须尊重生产劳动者。"生产有益的物品，是政治社会能为自己规定的唯一合理和正确的目的，所以尊重生产和生产者的原则，要比尊重占有和占有者的原则有益得多"[⑥]。

3. "实业体系"的蓝图

圣西门对法国的社会现实给予了尖锐批判。他指出，法国的政治机构已经病入膏肓，它已失去了自己的能力、和谐和作用，只不过是压在法国人民身上的一堆废物罢

① 圣西门：《圣西门选集（第二卷）》，董果良译，商务印书馆 1982 年版，第 288-289 页。

② 圣西门：《圣西门选集（第二卷）》，董果良译，商务印书馆 1982 年版，第 14 页。

③ 圣西门：《圣西门选集（第一卷）》，王燕生、徐仲年、徐基恩等译，商务印书馆 1979 年版，第 241-243 页。

④ 圣西门：《圣西门选集（第一卷）》，王燕生、徐仲年、徐基恩等译，商务印书馆 1979 年版，第 188 页。

⑤ 圣西门：《圣西门选集（第二卷）》，董果良译，商务印书馆 1982 年版，第 46 页。

⑥ 圣西门：《圣西门选集（第一卷）》，王燕生、徐仲年、徐基恩等译，商务印书馆 1979 年版，第 167 页。

了。它已经使人无法忍受，因为它的整体和各个部分都同时受到了危害。法国的社会组织也存在严重弊端，因为它所依据的学说是错误的，这些学说已经不以改善社会的最下等阶级和人数最多的阶级的命运为目的，整个社会都被极端的利己主义所支配。[①]

圣西门提出著名的“实业体系”计划作为改造社会的理想蓝图。他指出，一切思想和努力所应该追求的唯一目标，就是最合理地组织实业。广义的实业包括一切有益的工作。换句话说，最合理地组织实业就是建立这样的政府：① 政权只具有必须使有益的工作不致紊乱的效能和作用；② 要把一切工作安排得使劳动者能够自己学会组成真正的社会，能够彼此直接地和完全自由地交换各种劳动产品；③ 只有社会能够知道什么东西对自己有用，社会是评定工作的优点与好处的唯一裁判者。[②]

圣西门指出，在实业体系中，实业家阶级占有首要地位，是最重要的阶级，没有其他阶级，实业家阶级可能生存下去，而没有实业家阶级，其他阶级就难以生存。“一切都是实业所为，所以一切也都应当为实业而为。”圣西门指出，实业家就是从事生产或者向各种社会成员提供物质财富以满足他们需要的人，播种谷物和养殖家禽家畜的农民是实业家，马车制造匠、制鞋匠和木匠是实业家；商人、车夫和海员同样是实业家。[③]

圣西门提出的实业体系计划具有空想性。他反对用暴力推翻现实社会制度，主张用社会改革的办法建立实业体系，从而使建立实业体系的计划沦为空谈。他明确指出：“我决不鼓励起义和造反；恰恰相反，我要提出唯一能够阻止暴力行动的方法”，这是因为“暴力行动可能威胁社会”。[④] 圣西门认为，促成社会变革和实现实业体系计划的主要力量是道德感的力量和博爱思想。“相信一切政治原则都必然导源于神赐给人的一般原则，则是这种力量的主要动因。”人人都应当兄弟相待，互爱互助是圣西门博爱思想的核心。博爱者用什么改造社会呢？圣西门指出，“博爱者可以运用的唯一手段就是宣传”，甚至认为“博爱者应当利用王权来改造社会”。[⑤]

三、傅立叶的社会福利思想

1. 社会发展理论与工业社会的弊端

傅立叶（Charles Fourier，1772—1837）是 19 世纪法国又一重要空想社会主义者，其主要学术著作为《四种运动和普遍命运的理论》《经济的新世界或符合本性的协作的行为方式》《论经济中和科学中的无政府状态》。

---

① 圣西门：《圣西门选集（第一卷）》，王燕生、徐仲年、徐基恩等译，商务印书馆 1979 年版，第 290 页。

② 圣西门：《圣西门选集（第一卷）》，王燕生、徐仲年、徐基恩等译，商务印书馆 1979 年版，第 156 页。

③ 圣西门：《圣西门选集（第二卷）》，董果良译，商务印书馆 1982 年版，第 51-52 页。

④ 圣西门：《圣西门选集（第二卷）》，董果良译，商务印书馆 1982 年版，第 53 页。

⑤ 圣西门：《圣西门选集（第一卷）》，王燕生、徐仲年、徐基恩等译，商务印书馆 1979 年版，第 300-304 页。

傅立叶空想社会主义思想的理论基础是他所提出的有关宇宙运动的观点。傅立叶认为，宇宙运动可以分为四个主要种类，这就是社会运动、动物运动、有机运动和物质运动。没有任何一种运动的作用能够超出这四种运动的范围。这四种运动具有两个依存性：第一个依存性是，四种运动的规律都按照数学而配合起来，没有这种依存性，大自然就不会有协调，上帝也就谈不上公正；第二个依存性是，社会运动是其他三种运动的模型，这三种运动同社会运动互相配合，而社会运动处于第一位。如果能够认识社会运动的规律，就能够同时发现其他运动的规律，因为其他各种运动只是社会运动的表现形式。

傅立叶提出了有关社会运动的阶段理论。他指出，社会进步的历程大约有 8 万年，它可以分为 4 个阶段 32 个时期：第一个阶段是童年或者分散的上升阶段，历时约 5000 年；第二个阶段是成长期或者协调的上升阶段，历时大约 3.5 万年；第三个阶段是衰退期或者协调的下降阶段，历时大约 3.5 万年；第四个阶段是没落期或者分散的下降阶段，历时大约 3000 年。傅立叶指出，两个分散性阶段或者社会失调阶段包括人类的不幸时期，两个协调阶段或者社会统一阶段代表人类的幸福时代，其时间长度超过不幸时期的 6 倍。可见，整个人类社会的发展历程就像一个人的人生历程一样，其苦难时期在头尾两端。

傅立叶认为，自有史可考以来，人类社会一直处于不幸时期，总是从苦难走向苦难。但是，只要我们发现社会运动的规律，人类社会一定会走向社会运动的第二个阶段即协调上升阶段，从而进入幸福时代。傅立叶指出："人们即将懂得一个最重要的真理：即幸福时代的长度将超过不幸的时代……社会运动的理论会向你们证明：你们的灵魂会在未来的世纪里，以某种方式分享那时活着的人的命运；在七万年期间，你们将分享地球上正在酝酿着的幸福。正是从这个角度考虑，你们应该关心社会运动在地球上将要遭遇的种种变革的图景。"[①]

傅立叶指出，19 世纪初的西方社会处于社会运动的第一个阶段，也就是分散性上升时期。这一时期的人类充满苦难和不幸，尤其是近代工业制度的确立更是带来诸多弊端。

首先，工业制度导致贫困人口的大量出现。在工业制度中，生产毫无秩序，分配非常不合理，丝毫难以保证生产者即雇佣劳动者从增加的财富中获得自己应该得到的部分。因此，人们可以看到在工业占优势的区域，贫困问题同样严重。

其次，工业制度造成集体利益与个人利益的冲突。傅立叶指出，在工业制度中，任何一个劳动者都由于个人利益而和群众利益处于对立状态。医生希望自己的同胞都患病，律师希望每个家庭都发生诉讼，建筑师希望有一把大火将一个城市烧毁一部分，安装玻璃的工人希望一场冰雹打碎所有的窗玻璃，裁缝和鞋匠希望公众用坏料子做衣服、坏皮子做鞋子，以便人们多买几件衣服、几双鞋子。在文明制度的经济体系中，每个人都这样处于蓄意与群体战斗的状态。

再次，工业制度加剧分配的不合理。在工业制度下，分配只朝着有利于富有阶级的

① 傅立叶：《傅立叶选集（第一卷）》，赵俊欣、吴模信、徐知勉等译，商务印书馆 1979 年版，第 31 页。

一方增长，而作为另一方的贫困阶级的财富增长缓慢，他们获得的份额永远少于维持生活所必需的份额。正如傅立叶所言："贫苦阶级，简直得不到财富增加后应得的份额，而只是越来越贫困。他们眼见各种各样的财富日益增多，而自己却无法享受。他们甚至连获得令人厌倦的工作也没有把握，虽然这种工作会折磨他们，除了使他们不致饿死外，不会给他们带来任何好处。"

傅立叶指出："文明制度的工业只能创造幸福的因素，而不能创造幸福。相反，事实将会证明，如果不能发现循着社会发展阶梯真正前进的办法，则工业的过分发展会给文明制度带来极大的不幸。"如果文明制度能够向前发展，进入下一个阶段，这将是一种极为有利的转折。"我们便会接近下一个时期，社会保障时期，即同文明制度连接的最高阶段。保障乃是一切哲学家所幻想的幸福。可是，他们在任何方面都无法达到这种幸福。为了获得保障，必须越出文明时期，上升到下一个阶段。"①

2. 劳动协作与"法郎吉"

为了消除工业文明制度带来的种种弊端，以便使全人类获得真正的幸福，傅立叶根据自己的社会运动理论，提出了建立劳动协作组织的基本主张，他把这种劳动协作组织称为"法郎吉"。傅立叶指出，劳动协作组织建立和发展必须坚持三个原则，这就是"劳动引力，比例分配，人口平衡"。傅立叶解释说，文明制度的生产十分令人厌恶，根除游手好闲和其他各种恶劣弊害的办法是探求和发现劳动引力结构。这种"劳动引力"将使工作变成一种乐趣，同时保证人民能够持久努力从事劳动以偿还预付给他们的最低限度的生活资料。也就是说，劳动协作制度下的劳动必须成为诱人的劳动，偿还预付的最低限度的丰足生活的费用，是依靠劳动引力来保证的，或者说是依靠人们对于非常愉快和非常有利可图的工作的欲望来保障的。这种劳动欲望之所以能够保持，是因为在每个人中间实行公正的分配制度，这种分配按照资本、劳动和才能确定，分配数额对每个人来说都足以够用。但是，公共福利无论怎样好，如果人口大量繁殖，他们就会很快陷于极端贫困之中。因此，必须想一个好办法来阻止人口的无限制增长。

傅立叶认为，协作制度是一种全方位的协作，不仅使许多富裕程度不同家庭的经济能力和劳动能力协作起来，也使情欲、性格、嗜好和本能协作起来，个人情欲、性格和本能的发展不触犯群体欲望、性格与本能，把每个人都安排在符合他的本性的不同工作岗位上，经常变换工作和用劳动引力来维持工作。傅立叶指出，真正的协作"是社会方面和经济方面的新世界"②。

傅立叶认为，人类社会要想摆脱贫困与灾难的状态，必须实现两个条件：第一，要创造大规模的生产与高度发展的科学和艺术，这些是建立与贫困和愚昧水火不容的协作制度所必需的，这个条件已经做到；第二，发明与分散经营相反的协作结构，即经济的新世界，这个条件还没有做到，这应该是人类目前努力实现的目标。

---

① 傅立叶：《傅立叶选集（第一卷）》，赵俊欣、吴模信、徐知勉等译，商务印书馆 1979 年版，第 124-125 页。

② 傅立叶：《傅立叶选集（第一卷）》，赵俊欣、吴模信、徐知勉等译，商务印书馆 1979 年版，第 86-95 页。

傅立叶指出，劳动“法郎吉”具有各方面的优点。在经济上，由于劳动协作制度将用集体的、团结的、诚实的、简单的和有保障的竞争代替个人的、不团结的、欺骗的、杂乱的和任意的竞争，这种协作制度占用的劳动力和资本，将几乎不到无政府状态的商业所占用的劳动力和资本的1/20，同时，可以比文明制度下的人在强迫劳动制度下生产更多的产品，协作制度下所获得的产量将比我们现在的产量提高3倍多。在社会方面，公益事业的改进将是巨大的，儿童将得到更好的照顾，公共卫生与居民身体健康受到高度重视，婴儿死亡率将从现在的1/8降低到1/20，人们的实际收入和享受将明显改善。在政治方面，协作制度将使议会选举所需的时间由现在的5天减低到40秒，各种事务的管理将会井井有条，甚至从一开始建立协作制度就可以采用一种临时性的统一的语言，人们不必学习任何外国语言，就可以与各国人交流。

为了实现这种被其称为经济和社会的新世界的理想社会，傅立叶写下了《经济的新世界或符合本性的协作的行为方式》，全面系统地论述了与劳动协作制度相关的各个方面。例如，建立实验性法郎吉所需的种种措施，包括物质方面和人员方面的预备措施，法郎吉的分类、管理和预算安排，农作物生产方式，房屋统一安排，工业生产部门的选择，各种人口的教育，如何保持劳动对民众的吸引力，如何实现自愿协调、公正合理的分配制度以及完整的保障制度等。

3. 社会保障主张

傅立叶在《经济的新世界或符合本性的协作的行为方式》这部著作中提出了自己独特的社会保障的观念。他认为，完整的保障制度是社会进一步发展的必然阶段。在这里，他又将文明制度分为六个阶段：第一个阶段即童年期，第二个阶段即青少年期，第三个阶段即壮年期，第四个阶段即衰老期，第五个阶段即过渡期，第六个阶段即保障制度时期。

傅立叶提出了一种综合性保障观点。他认为正规的保障制度有12种，保障要适用到12种情欲方面，或多或少地保证每一种情欲自由发挥作用。不过，他指出，通常可以把保障分为两种，即作为贫苦劳动阶级生存与福利的劳动保障，以及对于中产阶级与富有阶级在社会关系上的真理保障；与此相应，实现保障的办法也就有两种，一种办法为穷人建立福利的保障，另一种办法为富人在经济利害关系上建立安全和诚实的保障。

傅立叶指出，保障制度具有明显的政治性。政治保障是一种重要的保障，政治对保障予以深深的影响。他指出，我们的政治不把有益与愉快联系起来，还把自然体系分裂开来，为凶狠的共和人士的权利建立保障，而对不大凶狠的阶级则不建立保障制度。[①]

傅立叶还主张实行一些具体的社会保障制度项目。例如，建立卫生检疫隔离所，实行个人或者互助保险，推行预扣养老费的办法为老年人提供保障，建立储蓄银行，建立官办农场和收容农场，接纳失业者和贫困者，等等。

傅立叶的社会福利思想只是其全部思想体系的一部分。他的全部思想是一个庞杂的体系，其中既包括哲学思想、宗教思想和伦理思想，也包括经济思想、社会思想与政治

① 傅立叶：《傅立叶选集（第二卷）》，赵俊欣、吴模信、徐知勉等译，商务印书馆1981年版，第302-304页。

思想。他的思想体系中既具有科学合理的一面，如关于社会发展进步的思想，对工业社会各种弊端的批判以及关于劳动协作制度的思想；也有不合理的内容，例如，他提出的关于社会发展阶段的划分标准就具有很大的主观性。他过分强调情欲的决定性影响，并把一些难以解决的问题归结为上帝的安排。

傅立叶对劳动协作制度的设计尽管非常详细，但是许多方面只是凭借自己的主观想法，还存在自相矛盾的地方。例如，尽管他强调协作制度是消除社会弊端的唯一良策，却认为法郎吉之中应为私有财产保留一席之地。这些都使得傅立叶的社会福利思想表现出空想社会主义的基本特征。

四、欧文的社会福利思想

1. 社会问题及其解决办法

罗伯特·欧文（Robert Owen，1771—1858）是 19 世纪英国著名的空想社会主义大师。他毕生致力于社会主义制度的理论研究和宣传鼓动，而且积极从事社会主义新制度新组织的实验。他发表了大量有关社会发展与进步的著作，主要有《新社会观，或论人类性格的形成》《致工业和劳动贫民救济协会委员会报告书》《新道德世界》《人类思想和实践中的革命或将来从无理性到有理性的过渡》。

剖析现行社会制度、探讨社会问题加剧的原因是欧文社会福利思想的基本内容。欧文认为，英国现在的主要社会问题与工业化的发展直接相关。他指出，工业化不仅给英国带来巨大的社会财富，同时也带来许多社会恶果，这些社会恶果的影响如此之大，以致人们对前者是否超过后者产生怀疑。更重要的是，工业化使得民众产生一种新的性格，这种性格非常不利于个人或者一般的幸福，除非通过社会立法加以干涉来遏止其发展趋势，否则会产生可悲和顽固的恶果。

贫困问题是欧文首先关注的社会问题。他指出，英国贫困问题的加剧与工业化的发展不可分割。“目前贫困现象的直接原因，是人类劳动不值钱。而人类劳动不值钱，又是由于欧洲和美洲工业中普遍使用机械、主要是不列颠工业中使用机械的结果。”[①] 英国现在存在大量贫民的唯一原因是一部分人尽管愿意从事劳动，却没有为他们安排有用的和生产性的劳动。

欧文认为，社会问题存在的真正原因在于私有制度存在。他指出，私有财产过去和现在都是人们所犯的无数罪行和所遭遇的无数祸害的根源，它往往把富人变成两脚兽，其最大乐趣就是消灭四脚兽和两脚禽，私有制度对人的性格产生重要影响，使人们的思想彼此疏远，从而成为社会经常产生仇视、欺骗、讹诈甚至战争的原因。私有制度还是贫困的唯一根源，并且经常阻挠和妨碍实行对人有利的社会措施。

欧文呼吁社会关注普通民众的生活问题。他指出，社会不仅应该关注农业和商业利益，英国成百万民众衣不蔽体、食不果腹、未受培养、未受教育，而且人数与日俱增的

---

① 欧文：《欧文选集（第一卷）》，柯象峰、何光来、秦果显译，商务印书馆 1979 年版，第 178 页。

情况已经形成极为严重的贫民的福利问题，同样也应该引起人们的密切关注。他在 1817 年 8 月 14 日的演讲词中明确指出：英国有许多贫民和劳动者目前无法获得劳动以维持生活，他们的生活只能靠各种社会救济机关来维持，而各个教区很难承担这笔开支，他们的贫困和灾难是历史上前所未有的。社会应该做出其他安排，使得所有能够劳动并愿意劳动的人获得生产性工作，这对于解决贫民的生活具有现实意义，对社会幸福和福利也有根本影响。为此，应该降低济贫税，成立一个专门委员会对英国贫民状况进行调查并提出解决问题的报告。①

欧文提出了一些解决问题的具体办法。针对贫困问题，欧文认为，国家应该采取措施通过向失业者提供工作，帮助他们摆脱失业和贫困。他指出，为了防止由于劳动需求发生的变化而造成的罪恶和苦难，“真心诚意地关心国民生活的每一个政府的首要职责应该是不断地安排对国家真正有用的职业，使申请各种职业的人马上可以受雇”②，“必须为失业劳动阶级找到有益的职业，并使机器服从他们的劳动，而不要象现在这样用机器来代替他们的劳动。”③ 欧文还指出，为了使申请国家安排工作者只限于从私人方面得不到工作的人，这种由国家安排工作的工资应该略低于私人劳动应得工资的平均水平，但决不能低于劳动者节俭生活所需的费用。国家安排的工作首先应该是修建和养护道路，如果有必要，还可以安排修筑运河、港口、船坞等方面的工作。同时，欧文还要求政府通过立法，依法收集有关劳动力价值与需求的信息，包括劳动者所在地区体力劳动的平均价格，该地区依靠自己劳动为生者的人数、依靠救济为生者人数以及失业并愿意工作的劳动者人数，该地区半失业人数和半失业范围等。

针对英国当时严重存在的童工问题、女工问题、劳动时间问题，欧文提出颁布工厂法加以解决的建议。他指出，工厂法应该做出以下规定：① 机器厂房的正规劳动时间每天限于 12 小时，其中包括一个半小时的进餐时间；② 10 岁以下的儿童不得受雇于机器厂房内工作，10～12 岁的儿童每天工作时间不得超过 6 小时；③ 男女儿童在阅读和写作能力还不能实际应用、女孩还不能独立缝制衣服以前，不得受雇于任何工厂工作。④

欧文还对当时英国的济贫法制度提出批评。他指出，制定济贫法制度的动机无疑是正确和善良的，但是，济贫法制度的直接作用和影响毫无疑问与其最初出现时的动机相悖，它最大限度地伤害了贫民并因此伤害了国家。它表面上是在救济贫民，实际上在帮助贫民养成最坏的习惯，它使贫民的人数不断增加，也使贫民的苦难不断加重。每年用于济贫法制度的款项非常之大，却在丝毫不考虑社会公平原则或者节俭原则下白白浪费掉，结果是这笔开支越来越大，贫困和苦难也越来越大。

---

① 欧文：《欧文选集（第一卷）》，柯象峰、何光来、秦果显译，商务印书馆 1979 年版，第 247-248 页。

② 欧文：《欧文选集（第一卷）》，柯象峰、何光来、秦果显译，商务印书馆 1979 年版，第 95-96 页。

③ 欧文：《欧文选集（第一卷）》，柯象峰、何光来、秦果显译，商务印书馆 1979 年版，第 180 页。

④ 欧文：《欧文选集（第一卷）》，柯象峰、何光来、秦果显译，商务印书馆 1979 年版，第 139 页。

欧文提出了改革济贫法制度的具体建议。他指出，对贫民提供现金救济不但毫无益处而且只有害处，我们应当提供条件让贫民通过自己的劳动赚得一种可靠而舒适的生活，不但要指导他们如何以最有效的方式进行劳动，同时还要把他们安置在最有利于增加幸福感和培养道德的环境中。欧文还指出，必须采取坚决的措施来消除现行济贫法制度所造成的各种不良影响和后果。由于现行济贫法制度在英国民众中已经根深蒂固，立即取消这种制度并不是现实的办法，应该用一种性质与之完全相反的制度逐步削弱济贫法制度，并最终使其完全失去效应。欧文将取代济贫法制度的制度称为“预防犯罪和培养人类性格的制度”，并认为，“在稳定的、善良的政府之下，这种制度用来为公众谋福利比任何现存法律都更有效”。①

2. 社会改革计划与“理性的社会制度”

全面系统地提出一种新的社会改革计划是欧文空想社会主义福利思想的核心内容。欧文关于新的社会制度的思想体系在19世纪初已经形成。1820年以前，欧文不仅在新拉纳克自己的工厂中开始了有关新社会制度的实验，而且已经比较全面地提出了一整套思想体系。1816年，欧文已经提出建立一种新的“公社”制度的思想。在这种公社中，人们将养成高尚的习惯，他们眼界开阔，判断正确；人们将在美好社会中生活，那里将有可靠的办法防止各种不良欲望和行为，老人将得到关怀和尊敬，任何有害的区分将被避免；人们的健康水平、活力和智慧不断提升，他们的劳动永远将用于有利的方面，也将获得一切合理的享受。欧文指出：“在一定的时候，就将组成许多具有以上特点的公社。”②

1817年，欧文进一步提出了“新村”制度，并详细描述了这种新村的空间布局以及各种建筑设施的功能、各种人员的职责与生活条件、新村建设所需费用及其来源以及举办方式。欧文指出了新村制度具有诸多优点，其中主要包括：① 这是迄今为止一切救济贫民制度中最经济的一种制度；② 它可以帮助克服贫民的愚昧和恶习；③ 它有利于促使人类团结，并为了共同利益去追求共同目标；④ 它将有助于使贫民得到更加实在和持久的享受；⑤ 它有助于防止人们陷于贫困或沦为贫民；⑥ 它有助于使工业和劳动贫民摆脱目前深重的灾难；⑦ 社会的每一部分都将由于贫民生活的变化而获得实际好处。欧文得出结论：这一新村计划“对于保证社会福利来说是绝对必要的。同时，成千成万的人现在正在贫困之中挣扎，而我们目前的资源却至少可以绰绰有余地使四倍于目前的人口获得良好的教育和职业，并维持安适的生活；为了清除这种令人痛心的现象，这一计划似乎也是绝对必要的”③。

---

① 欧文：《欧文选集（第一卷）》，柯象峰、何光来、秦果显译，商务印书馆1979年版，第76页。

② 欧文：《欧文选集（第一卷）》，柯象峰、何光来、秦果显译，商务印书馆1979年版，第126页。

③ 欧文：《欧文选集（第一卷）》，柯象峰、何光来、秦果显译，商务印书馆1979年版，第193页。

在19世纪20—30年代一系列新社会制度计划实验基础上，欧文进一步对自己有关新社会制度的思想进行总结和系统化，并在19世纪40年代的一系列著作中提出了理性社会制度的思想。他指出：在理性社会制度中，人与人之间是一种联合的关系。“只有人与人联合起来，民族与民族联合起来，人类才会获得高度而持久的繁荣和幸福，或者成为有理性的人类。”

在理性的社会制度中，社会是一种有机统一体，其中整体利益高于个体利益。“理性的社会制度，在原理和实践方法上，都是统一和不可分割的；它的每个部分都是为整体而存在的。这个统一的、长久的和内部协调的制度，以培养一切人的性格和管理他们的事务为宗旨。”因此，对社会进行的改革必须是全面的而不能是局部的，这种新的社会制度一旦完全实现，也就会使全人类获得世世代代的永久幸福，并使这种幸福一代代提高，永远不会倒退。

在理性的社会制度中，生活中的主要事情将是生产财富，享用财富，培养合乎理性的性格。人们也将只知道一种工作和快乐，那就是经常增进世界上的欢乐和美丽。

在理性的社会制度中，不合理的分配制度将不复存在，每一个人都公平地取其所需，并且对一切人都公平行事。财富的分配将是一切生活问题中最简单的问题。

在理性的社会制度中，社会成员是一种平等的关系，社会成员划分的标准是按照其年龄和经验，维持社会成员关系的基本原则是“任何一个人不曾为别人服务，也就没有权利要求别人为他服务”。换句话说，就是“一切人生下来就有平等的权利”。欧文认为，这种理性社会制度的出现是必然的。“推行理性的制度和以亲睦、和平、不断完善、普遍幸福的精神改造人的性格与管理世人的方法的时期即将到来；任何人力都抗拒不了这一变革。”①

欧文进一步指出，理性的社会制度需要一种理性的政府，理性的政府应该一心谋求它所管理的居民的幸福。为了实现这一目的，政府首先需要知道：人的本性是什么？什么能够让人们幸福？实现目标的最佳手段是什么？这种政府要创造各种秩序和环境，以便使全体民众可以得到获得幸福所需的条件。这种政府的法律一定很少，却为民众所理解并与人性发展规律相符合。它也会了解人的幸福所必需的条件，并采取措施帮助民众获得这种条件。这种条件包括：良好的身体；生产和分配生活资料的合理办法；发展自己的天赋、知识和能力；享受社会快乐；最大的言论和行动自由，但符合公共利益；生活在和谐有序的社会秩序中；等等。

3. 社会福利思想的空想性

欧文提出了有关新的社会制度的系统的思想主张和计划，并进行过各种各样的实验和尝试。这使他的空想社会主义思想学说表现出更加明显的实践性，但这并没有从实质上改变他的学说的空想性质。欧文认为人类社会现存各种弊害与人类性格不健全有关，他甚至将自己的新社会观称为“论人类性格的形成”。他承认人类这种性格问题与社会制度密不可分，并且指出，就目前表现出罪恶的种种性格而言，错误显然不在于个人，

① 欧文：《欧文选集（第二卷）》，柯象峰、何光来、秦果显译，商务印书馆1981年版，第49页。

而在于培育个人的社会制度有缺点，消除使人性产生罪恶的环境，罪恶就会随之消除。但是，欧文在这里并没有深入揭示如何消除产生人性罪恶的社会制度环境，而是将主要精力用于寻找如何通过教育途径改善人类性格，从而避免各种社会弊害的出现和发展，建立起一种符合理性的新的社会制度。

欧文指出："具有最优良的教育制度的国家，便是治理得最好的国家。"他提出国家教育主张，并且指出，英国政府对于千百万没有受到教育的贫民没有建立任何国家教育制度，英国民众思想和习惯的培养是放任自流，交给最不胜任的人手中，结果自然到处充满愚昧和纠纷。他认为，这种愚蠢事情再也不能继续下去，"我们应当立即为劳动阶级安排一种国家教育制度。只要计划得宜，这种制度可以给我们带来从未实现过的最有价值的改良"[①]。同时，在有关新的社会制度的设想中，都将教育作为实现理想社会制度的基本步骤。

与此同时，欧文还把建设新的社会制度的希望寄托于雇主的合作方面，并处处考虑如何使雇主的利益不受损害。他在提出实行工厂法的同时指出，这些改革纵使从可能最不利于工业利益的方面来看也都是有利的；在论述新拉纳克实验时他又指出，我们在采取每一种谋求人类生活舒适与幸福的措施时，必须考虑企业主的不同看法，必须想方设法使每种改良都能产生金钱利益，足以满足他们经商的兴致，并夸耀自己的实验以前所未能达到的程度兼顾了工厂雇工的实际享受和工厂所有主的金钱利益。同时，欧文提出的一些改革办法也不现实。例如，为了保证消费不落后于生产，从而避免劳动过剩带来的失业问题，欧文甚至提出"用锹而不用犁耕地"，并且要求"实现用锹耕作所要求的变革，使得用锹耕作对个人有利而易行，同时又能造福国家"[②]。

第三节　空想共产主义社会福利思想

一、布朗基的社会福利思想

1. 社会革命的政治与福利目标

奥古斯特·布朗基（Auguste Blanqui，1805—1881）是 19 世纪法国工人运动著名活动家，也是法国空想共产主义的著名思想家。他一生信奉斗争哲学，始终坚持同资产阶级进行顽强的斗争，写下大量号召法国工人进行革命斗争以及揭露和批判法国资产阶级统治的文章，这些文章后来被结集出版，主要有《社会批判》《祖国在危机中》等，其中《社会批判》集中表述了布朗基空想共产主义思想的基本主张。

① 欧文：《欧文选集（第一卷）》，柯象峰、何光来、秦果显译，商务印书馆 1979 年版，第 89-90 页。

② 欧文：《欧文选集（第一卷）》，柯象峰、何光来、秦果显译，商务印书馆 1979 年版，第 313 页。

布朗基对法国统治阶级财富的来源进行了无情揭露。他指出，财富本来应该是智慧和劳动、人类的心灵和生命的产物，没有劳动就没有社会。但是，法国统治阶级的财富却来源于不正当的途径。“在我们历史的初期，财富是通过征服得来的；后来，是通过没收、抢劫、国王的恩赐得来的；中产阶级的财富是通过高利贷和背信弃义得来的；革命时期，是靠收买国家财产、买卖股票、供应军用物资得来的；帝国时期，是靠战争，靠帝王的赏赐得来的；1814 年以来，是靠投机取巧、证券交易和破产骗局得来的。现在的暴发户中，第一代是高利贷者，第二代是荡子和赌徒。”①

这样的财富来源意味着法国广大民众不得不遭受残酷的剥削，整个法国剥削制度就像一台抽压机。“这台无情的机器一个一个地压碎二千五百万农民和五百万工人，吸出他们最纯洁的鲜血，把它输送到特权分子的血管里去。这台机器的齿轮是用一种奇妙的方法装配而成的，它每天每时每刻地都压榨穷人，连他们最简朴的生活必不可少的东西都不放过，对他们的最微薄的收入和最可怜的享受，它都要吸取一半”，布朗基指出，“已经有这么多钱从无产者的口袋里经过国库的无底洞流到富人的口袋里，但特权分子还嫌不够，还要通过管理工商业的法律直接从群众身上榨取更多的钱”。②

残酷的政治压迫和经济剥削使法国工人难以喘息，贫困和饥饿已经使他们不再有力气对法国统治阶级表示愤慨，他们甚至连自己的眼泪都准备留下，为的是为自己以及他们的孩子哭泣。布朗基指出，法国工人阶级的状况甚至不如美洲庄园中的黑奴，工人不像黑奴那样是要爱惜的资本，工人的惨死对资本家并不是一种损失，总会有人竞争着来代替他们。

布朗基认为，只有通过革命的手段推翻法国资本主义制度，才能够使民众摆脱贫困和被压迫的局面，布朗基在这方面表现出与空想社会主义者截然不同的坚定性。他认为：“不断地斗争，不顾一切地斗争，一直斗争到死为止，这是一个革命者的天职。”③他指出，社会主义就是革命，革命也就是社会主义，而革命者的责任就是唤起群众团结起来摧毁贫困与压迫的枷锁。当革命者的背后有着为了自己的福利和自由而奋斗的伟大人民的时候，他们就应该勇敢地跳进面前的战壕，用自己的身体来为人民的解放开辟一条道路。

布朗基指出，人民革命不是为了得到一些施舍，也不需要什么恩赐，他们要依靠自己的斗争来谋求自己的幸福。他们要求自己制定维护他们利益的法律，他们要求进行彻底的社会改革，取消各种有利于富人的捐税，通过实行新的税收将那些有钱人的财富分给赤贫者，打击各种投机行为，建立国家银行并对勤劳的人提供资金帮助。

布朗基认为，革命的政治目标与物质福利目标是紧密相连的，如果一种革命不能够改善民众的物质生活条件，那就不是革命，人民就是为了自己的利益而进行革命的。他指出：“呼吁自由同样是利己主义的呼吁，因为自由是一种物质福利，而奴役是一种痛苦。为面包而斗争，换句话说，为孩子们的生活而斗争，是比为自由而斗争更加神圣的

① 奥古斯特·布朗基：《布朗基文选》，皇甫庆莲译，商务印书馆 1979 年版，第 107-108 页。

② 奥古斯特·布朗基：《布朗基文选》，皇甫庆莲译，商务印书馆 1979 年版，第 3 页。

③ 奥古斯特·布朗基：《布朗基文选》，皇甫庆莲译，商务印书馆 1979 年版，第 154 页。

事情。何况，这两种利益是难分彼此的，实际上是一个利益。饥饿就是奴役。……自由就是福利！”①

2. 共产主义社会的理想

布朗基提出了实现共产主义的美好理想。他指出，共产主义具有必然性。“仔细地研究一下地理和历史，就会发现人类开始孤立生活，绝对个人主义的，经过长期的一系列的改进之后，人类最终会达到共产社会。……对一系列事实的观察和从事实中得出的不可辩驳的推论，一步一步地证明了人类历史发展的这一不变的进程。”共产主义是人类社会发展的目标，实现共产主义是解决人类社会各种问题的必然选择。“人类的需求在历史上相继提出的全部问题都有一个共产主义的解决办法。”

共产主义社会当然应该实行公有制，首先应该实行的是土地公有制，尽管财富来自智慧与劳动，但智慧和劳动必须通过土地才能转变为财富。“在公有制度下，好事对一切人都有利，坏事对任何人都不利。丰收是幸福，歉收是灾难。损害他人的事对任何人都没有好处，有利于他人的事对任何人都没有坏处。一切事物都按照规律公平合理地发展。”

布朗基对共产主义必然性的论述建立在观察和推论的基础上，他所采用的方法是19世纪流行于欧洲的实验方法，而且并非建立在对资本主义社会经济与政治发展的剖析基础上，因此，他提不出实现共产主义的切实可行的办法。布朗基提出的实现共产主义的主要途径有两个。

一个途径是通过协作实现共产主义。他指出，普遍协作是拯救当前社会弊病的唯一良药，只有协作才能解决产生贫困、混乱和内战的各种社会问题，平分土地不是一种有效的办法，反而会造成贫困和痛苦更加普遍化，将公共财产全部分配也是一种不好的紧急办法，因为从长远来说，它同样会给劳苦大众带来巨大灾难。他说：“协作这个时代的宠儿，全世界的万应药，人们对它齐声歌唱，没有一声反对，如果这不是同时通向共产主义康庄大道和它的最后胜利，那又是什么？”

另一个途径是通过教育实现共产主义。他认为，“教育是共产社会的空气和工具，要求建立没有教育的共产社会，就如同要求我们在真空中进行轻松的呼吸一样困难。教育和共产主义之间的关系是如此紧密，以致其中的一个缺少了另一个就既不能前进一步，也不能后退一步。……无知和共产社会是不相容的。没有共产社会的普遍教育和没有普遍教育的共产社会都是同样不可能的。”②

布朗基认为自己的共产主义学说并不是一个乌托邦，也与各种五花八门的空想社会主义体系没有任何血缘关系。他指出，共产主义与革命紧密相连。“共产主义本身就是革命，不应该做出乌托邦的姿态，共产主义永远不能和政治分开。以前共产主义在政治之外，而今天它却处在政治的最中心。政治不过是共产主义的服务员。”他抨击圣西门主义者和傅立叶主义者与政府采取妥协立场，甚至乞求政府能够做出一些让步，而不是进行坚决彻底的斗争。他指出：“共产主义者从来就是民主主义最勇敢的先锋队，而追

---

① 奥古斯特·布朗基：《布朗基文选》，皇甫庆莲译，商务印书馆1979年版，第69页。

② 奥古斯特·布朗基：《布朗基文选》，皇甫庆莲译，商务印书馆1979年版，第79页。

求空想者却在所有反动政府面前竞相献媚，用侮辱共和国来乞求政府的恩赐，这一明显的事实就足够说明二者的区别了。”[①]

二、魏特林的社会福利思想

1. 对社会病态的揭露

威廉·魏特林（Wilhelm Weitling，1808—1871）是19世纪德国无产阶级著名政治家，空想共产主义著名思想家，德国早期无产阶级组织——正义者同盟的创建者。魏特林的主要著作有：1838年出版的《现实的人类和理想的人类》，这是魏特林为正义者同盟起草的纲领；1842年出版的《和谐与自由的保证》，这是全面集中表述其空想共产主义思想和社会改革计划的著作；1843年出版的《一个贫苦罪人的福音》，这是魏特林以《圣经》为资料进一步阐明自己的社会主张的著作。

他对德国社会各种弊病的批判、对社会改革目标的设计等，都是围绕着建立和谐这一核心的。魏特林认为，现实人类的各种安排是十分不合理的，在这种安排下建立的社会制度当然就是非常不和谐的。他指出：“在凡有人类聚居的地方，你且用一种研究的眼光看一看你的周围，你走进穷人的茅屋草舍，富人的豪华宅第，登上商人们的船舶，走下矿工的坑穴，你详细检视一下你自己的家庭生活，追溯一下其中每一个烦恼和不幸、欢畅和快乐的经历，直到它的细微末节，你就会在每一个这些不同的居住和工作场所，随处听到那同样的怨恨的声音，埋怨事物安排得不当，埋怨社会上这个或那个行业的恶劣的经营状况。”[②]

由于这种不合理的安排，各种社会病态就不可避免。这些社会病态包括：私有制的出现，不断爆发的战争，奴隶制度的产生，各种商业活动的不合理，金钱的决定作用，各种爵位、官职制度带来的等级之分，军事专制统治以及宗教和各种社会风俗的败坏。在所有这些社会病态中，最主要的是私有制度，他认为“私有财产是一切罪恶的根源”。

魏特林指出，在一个存在病态的社会中，人类是不可能有幸福可言的。必须建立和实现一些社会原则，以便为人类带来真正的幸福，魏特林提出这样一些原则：① 自然法则与基督之爱的法则是社会制定一切法律的基础；② 把整个人类团结成一个巨大的家庭联盟，清除一切狭隘的民族和宗教派别；③ 对所有的人实行平等的劳动分配和平等的生活福利享受；④ 根据自然法则实行男女平等的教育以及平等的义务和权利；⑤ 废除一切继承权和个人财产；⑥ 通过普选产生领导机关，这种机关实行责任制并可以被罢免；⑦ 这些机关在平均分配生活资料时不得享有特权；⑧ 在不侵犯他人权利的条件下，每个人都享有最大限度的言论和行动自由；⑨ 为每个人提供充分发挥其天赋的自由和手段。魏特林指出：“没有这些原则和不实现这些原则，就别想有人类的真正幸福。”[③]

---

① 奥古斯特·布朗基：《布朗基文选》，皇甫庆莲译，商务印书馆1979年版，第93页。

② 威廉·魏特林：《和谐与自由的保证》，孙则明译，商务印书馆1960年版，第55页。

③ 威廉·魏特林：《现实的人类和理想的人类》，胡文建、顾家庆译，商务印书馆1984年版，第18-19页。

2. 和谐社会的主张

魏特林空想共产主义思想主张的核心是提倡建立一种和谐的社会。他认为，和谐发展的社会可以消除所有上述社会病态，而在一个和谐发展的社会中，秩序是必不可少的，同时，个人利益应该融合于社会福利之中。他指出，“在一个秩序良好的社会里只有一个规律是永久不变的，那就是进步的规律，它是社会的自然法则，其余的一切法律以及一切刑罚都是和个人的自由以及社会的福利不相容的，并且，为了使这样一个秩序成为可能，必须把一切个人的利益溶化在一个公共的一般的利益中”[①]。

魏特林认为，和谐的社会还必须是一种全体人的欲望与能力平衡协调的社会。一切社会组织都有一个共同的原始要素，这就是人的欲望，每一次社会变更都会回到这一要素，而用于满足欲望的手段称为能力。他指出，虽然就整个社会来说存在着人类欲望与能力之间的最美妙的平衡，但是对于个人来说则很难达到这种平衡，特别是在现代文明国家中，没有一个人能够仅仅通过自己来实现欲望与能力的平衡，或者仅仅依靠自己的能力来实现自己的欲望，而是必须把自己的能力与其他人的能力交换，以满足他在社会进步中所产生的各种欲望。由于每一个个体为了实现自己的欲望必须与其他个体进行交换，那么，凡是与进步的自然规律抵触最少的不同个体能力的交换方式，就是最好的社会组织。如果不同个体之间能力交换的方式违背自然进步规律，就会影响个体能力交换的效果，导致各种不良社会病态的出现，这样的社会组织不是最好的社会组织，这样的社会也不是和谐的社会。

魏特林指出，一个社会组织的好坏，个人的幸福与否，在于人们如何去组织这些欲望的满足以及如何去组织一切人的能力的交换。在一个好的社会组织里，不容许一些人的欲望为了另一些人的利益而遭受压制，而必须使每一个人听任另一个人在事物发展的自然秩序中自由地满足自己的欲望，只要这些欲望的满足并不损害别人的自由和全体的和谐。“从全体人的欲望和能力的自由与和谐中，产生出一切好的东西，反之，由于为了若干少数人的利益而压抑和克制这种欲望和能力，则产生出一切坏的东西。”[②] 因此，人类社会追求的目标应该是一种和谐的社会。

3. “大家庭联盟”的目标

魏特林提出建立共享共有的、和谐自由的“大家庭联盟”目标，并提出了实现这一目标的社会改革计划。魏特林指出，这种大家庭联盟中，管理的目的就是按照自然规律引导个人的能力和欲望的交换，并且给予这种交换一种对于全体民众的福利与和谐来说是非常必要的自然趋向，也就是按照自然规律平等地分配劳动和享受，救治和消灭那些破坏这种自然趋向的人类缺点和病态。魏特林强调指出，为了全社会的福利，管理机关必须负起调度一切人的欲望和能力并使之相和谐的责任。

魏特林指出，在大家庭联盟中。为了实现自由和谐的社会发展目标，平均分配的办法不是最好的办法，最好的办法是将产品分为必要产品和有益产品，并据此将劳动分为

① 威廉·魏特林：《和谐与自由的保证》，孙则明译，商务印书馆1960年版，第159页。

② 威廉·魏特林：《和谐与自由的保证》，孙则明译，商务印书馆1960年版，第163页。

必要劳动和有益劳动。为了保持一切必要产品和有益产品，必须为每一个人规定一个必要劳动时间。一切超过必要劳动时间以上的劳动时间称为交易劳动时间。通过这种交易劳动时间，就有可能使每个人得以满足他的特别欲望，而不至于因此妨害全体的欲望与能力的和谐。这样，“劳动将不再是一种负担，劳动时间的缩短和工种的变换将使劳动变成一件愉快的事情。……我们劳动不再仅仅是为了得到必需品，而且是为了生活得丰富多彩”①。

此外，魏特林还在社会福利方面提出一些具体的主张。他指出，人们应该对老弱病残给予照顾，这是自然规律的要求。如果社会不照顾那些需要帮助的成员，大自然就使生命的刺激减退，并把社会推向解体。妇女儿童福利受到魏特林的特别注意。他指出，妇女不仅应该具有与男子一样的劳动权，而且应该享有优先选择最轻便劳动的权利，对于有幼儿的母亲任何行业都不能拒绝，并应该为她们提供最轻便的劳动，以便她们更好地照顾孩子，国家还应该负担贫困儿童的教育。

魏特林赞同应该对贫困民众提供救济，但是对于当时欧洲各国实行的救济制度却表示反对。他认为，那些救济制度不但没有有效地改善贫民的生活，而且加重了其他贫民的负担，因为富人总是将用于对贫民提供救济的费用转嫁到贫民身上。如果要真心对贫民实施救济，那就不是当时救济院所能办到的，而应该通过社会革命，建立起各种劳动部门的联合组织，并剥夺富人剥削穷人的一切机会来实现。

三、德萨米的社会福利思想

1. “社会共同体”

泰奥多尔·德萨米（Theodore Dézamy，1803—1850）是19世纪中期法国著名的空想共产主义思想家，其代表作为《公有法典》。德萨米的理想社会是完全符合人的天性的、个人利益与公共利益完全统一的社会，这样的社会基于“人的需要、能力和欲念的知识。”②

德萨米提出理想的社会共同体的基本准则。“幸福。——这是一个目标，是所有人的愿望和行动都倾向于实现的最终目标。”他指出，幸福社会的基本准则包括：① 所有人都将像兄弟一样生活，无论他们可能是或曾经是什么种族、肤色和其身处什么气候；② 除了实际使用的东西外，任何东西都不属于任何人；③ 社区中只有一个唯一的领地，那就是由所有商品的整体构成的公社；④ 中央行政当局将非常小心地监督所有公社始终处于同等丰饶的状态；⑤ 所有的产品和社区的所有财富将不间断地由每个人支配；⑥ 一切以公共事业为目的的工作都是社会活动；⑦ 邀请每一个健全的人自由地参加工作，以便将其努力和才华贡献给社会；⑧ 社区不承认任何个人，但承认平等。③

---

① 威廉·魏特林：《现实的人类和理想的人类》，胡文建、顾家庆译，商务印书馆1984年版，第12-13页。

② 德萨米：《公有法典》，黄建华、姜亚洲译，商务印书馆1982年版，第9页。

③ Paul E. Corcoran. *Before Marx, Socialism and Communism in France*, 1830—1848. The Macmillan Press Ltd., 1983: 191-192.

他德萨米还提出了在社会共同体中共同生活的准则：① 将所有人划分到各个公社，公社的领土应尽可能平等、有序和和谐；② 当一个公社位于贫瘠地区时，所有的技术都将应用于它的改良；③ 所有公社都将通过公共活动进行交流和友好相处；④ 支离破碎的家庭将被社区家庭取代。[①]

2. 通过革命改造社会

德萨米认为，应该通过革命改造现存社会。他指出，消灭犯罪现象，消除种种反社会活动，不在于消灭人的欲望，而在于对形成有害欲望的社会环境进行根本改造。社会革命的目的就在于摧毁资本主义的残暴统治，建立人民自治的共和国。“在公有制条件下，人们不分肤色，种族和国别，都将像兄弟一样地生活。”“共产主义是把各国人民联合起来的手段。”[②]

德萨米支持无产阶级反抗资本主义的革命行动。他指出，革命可能由于缺乏理性的苗子难以产生伟大的人物，但它将“唤起在事物通常进程中湮没无闻的人”。无产阶级是“被你们用贫困的铁项圈锁在那里的无辜的奴隶”[③]。但是，“这些受贫困和绝望激发的不幸者（直至最胆怯的公民）有时狂怒地摇撼自己沉重的锁链，凄厉地高喊：‘不是活着工作，就是战斗而死！’这种情况又有什么奇怪呢？”[④] 为了使无产阶级得到幸福和取得解放，必须用顽强的反抗来对付不公平，要使人民前进，就必须冲破现存特权制度。[⑤]

思　考　题

1. 简述16—17世纪空想社会主义社会福利思想的基本特征。
2. 比较圣西门、傅立叶与欧文的社会福利思想。
3. 简述19世纪空想社会主义思想家建立理想社会尝试的意义。
4. 简述空想社会主义思想家关于社会和谐的基本主张。
5. 简述空想共产主义思想家社会福利思想的特点。
6. 如何理解空想社会主义社会福利思想的历史地位？

---

① Paul E. Corcoran. *Before Marx, Socialism and Communism in France*, 1830—1848. The Macmillan Press Ltd., 1983: 192.

② 德萨米：《公有法典》，黄建华、姜亚洲译，商务印书馆1982年版，第250-256页。

③ 德萨米：《公有法典》，黄建华、姜亚洲译，商务印书馆1982年版，第59页。

④ 德萨米：《公有法典》，黄建华、姜亚洲译，商务印书馆1982年版，第56页。

⑤ 德萨米：《公有法典》，黄建华、姜亚洲译，商务印书馆1982年版，第218-220页。

第三章　自由主义社会福利思想

自由主义社会福利思想是西方近代社会福利思想的重要流派。古典政治经济学家关于劳动价值的学说奠定了西方社会福利思想的经济学基础，他们关于自由的观点深深地影响了西方社会福利思想的基本内容，即社会问题是个人责任缺乏的结果，它的解决当然应该依靠自己而不是社会和政府，这种社会福利思想观念全面系统地反映在他们关于济贫法制度的态度上。功利主义思想家关于社会有机体的学说奠定了西方社会福利思想的社会理论基础，他们提出的“最大多数人的最大幸福”的主张成为促使西方社会福利发展的重要观念，功利主义思想家对个人自由和政府职能有限性的强调，又使功利主义社会福利思想符合自由主义社会福利思想的一般特点。

第一节　古典政治经济学社会福利思想

一、亚当·斯密的社会福利思想

1. 劳动价值与工资理论

亚当·斯密（Adam Smith，1723—1790）是英国古典政治经济学的奠基人和杰出代表。亚当·斯密最重要的著作是《国民财富的性质和原因的研究》（简称《国富论》）和《道德情操论》。

劳动价值学说构成亚当·斯密经济学思想的核心内容。分析亚当·斯密的社会福利思想必须从其劳动价值学说开始。亚当·斯密认为，劳动是社会收入的主要来源之一。他指出，不论是谁，只要自己的收入来自自己的资源，他的收入就一定来自他的劳动、资本或者土地。来自劳动的收入称为工资；将资本转借他人以便取得收入，这种收入称为利息；完全来自土地的收入称为地租。“一切以赋税为来源的收入，一切俸金、恩恤金和各种年金，归根到底都是来自这三个根本的收入源泉，都直接间接从劳动工资、资本利润或土地地租支出。”[①]

---

① 亚当·斯密：《国民财富的性质和原因的研究（上卷）》，郭大力、王亚南译，商务印书馆1972年版，第47页。

亚当·斯密指出，社会财富在所有国家都不是完全用于劳动阶级。他说："无论哪一个国家，都不是用全部年产物来维持勤劳阶级。无论哪一个国家，每年都有大部分生产物归游惰阶级消费。一国年产物的普通或平均价值是逐年增加，是逐年减少，还是不增不减，要取决于这一国家的年产物每年是按照什么比例分配给这两个阶级的人民。"① 可见，亚当·斯密将社会贫富不均归因为社会财富分配的不合理。亚当·斯密对此进一步指出，一个人是贫是富，就看他能在什么程度上享受人生的必需品、便利品和娱乐品。但是，自从分工完全确立以来，个人所需的物品只有很小一部分依赖于自己的劳动，最大部分却依赖于他人的劳动。因此，一个人是贫是富要看他能够支配多少劳动，也就是看他能够购买多少劳动。②

有关工资的理论构成亚当·斯密社会福利思想的基本内容之一。亚当·斯密指出，依靠劳动生活者的工资至少必须维持其生活所需，在大部分情况下，工资还应该能够超过维持劳动者自己所需，否则劳动者就难以赡养自己的家人。他说："至少有一点似乎是肯定的：为赡养家属，即使最低级普通劳动者夫妇二人劳动所得，也必须能够稍稍超过维持他俩自身生活所需要的费用。"

亚当·斯密指出，工资不仅与劳动者生活资料所需直接相关，更与国民财富的不断增加直接相关。他指出，工资状况决定于对工资劳动者需求的状况，对工资劳动者需求大，工资就可能提高；反之，就会降低。亚当·斯密还明确指出，影响劳动工资的主要因素不是现有国民财富，而是不断增长的国民财富。"使劳动工资增高的，不是庞大的现有国民财富，而是不断增加的国民财富。因此最高的劳动工资不在最富的国家出现，而却在最繁荣，即最快变得富裕的国家出现。"③ 他举例指出，北美殖民地劳动工资高于英国的主要原因，不是由于北美现有国民财富数量巨大，而是由于北美国民财富处于不断增长状态。

亚当·斯密对英国的工资情况进行了分析。他指出，英国各地的劳动工资不是以符合人道标准的最低工资为标准的。这主要表现在下列几个方面：第一，英国几乎所有地方的工资甚至是最低级劳动的工资都存在夏季工资与冬季工资的区别，夏季生活费最低时，工资却很高，而冬季生活费最高时，工资却很低；第二，英国的劳动工资不随食品价格变动而变动；第三，就不同年度来说，食品价格的变动大于劳动工资的变动，而就不同地方来说，劳动工资的变动却大于食品价格的变动；第四，劳动价格的变动，无论就时间或者地方来说，不与食品价格的变动相一致，反而与食品价格的变动正好成反比。④

---

① 亚当·斯密：《国民财富的性质和原因的研究（上卷）》，郭大力、王亚南译，商务印书馆1972年版，第49页。

② 亚当·斯密：《国民财富的性质和原因的研究（上卷）》，郭大力、王亚南译，商务印书馆1972年版，第26页。

③ 亚当·斯密：《国民财富的性质和原因的研究（上卷）》，郭大力、王亚南译，商务印书馆1972年版，第63页。

④ 亚当·斯密：《国民财富的性质和原因的研究（上卷）》，郭大力、王亚南译，商务印书馆1972年版，第67-69页。

2. 社会财富与社会福利

亚当·斯密指出，社会财富的增长必须服务于人类繁荣与幸福的需要，社会尤其应该关注普通劳动者生活状况的改善。他说，各种佣人、劳动者以及普通职员在任何社会都占绝大部分。社会大部分成员生活境况的改善决不能被认为对社会全体不利，大部分成员陷于贫困状况的社会决不能说是繁荣幸福的社会。供给社会全体以衣食住的人，在自己的劳动生产物中分享一部分，使自己得到过得去的衣食住等方面的条件，这样才算是公正的社会。

亚当·斯密同时指出，人口的增长必须与社会财富的增长保持协调，必须与对劳动者需求的状况保持一致。他说："象对其他商品的需求必然支配其他商品的生产一样，对人口的需求也必然支配人口的生产。生产过于迟缓，则加以促进；生产过于迅速，则加以抑制。""充足的劳动报酬，既是财富增加的结果，又是人口增加的原因。对充足的劳动报酬发出怨言，就是对最大公正繁荣的必然结果与原因发出悲叹。"①

亚当·斯密以发展的眼光认识社会财富和收入的增长与人类幸福之间的关系。他指出："劳动报酬优厚，是国民财富增进的必然结果，同时又是国民财富增进的自然征候。反之，贫穷劳动者生活维持费不足，是社会停滞不进的征候，而劳动者处于饥饿状态，乃是社会急速退步的征候。"② 他还指出："不是在社会达到绝顶富裕的时候，而是在社会处于进步状态并日益富裕的时候，贫穷劳动者，即大多数人民，似乎最幸福、最安乐。在社会静止状态下，境遇是艰难的；在退步状态下，是困苦的。进步状态实是社会各阶级快乐旺盛的状态。静止状态是呆滞的状态，而退步状态则是悲惨的状态。"③

3. 自由放任政策主张

作为古典政治经济学的奠基人，亚当·斯密坚决主张实行自由放任政策。他认为，个人自己做主较之政府干预能发挥更好的作用。关于可以把资本用在哪些产业上其生产物才会有最大价值这一问题，每一个人处于他自己的位置，显然能判断得比政治家或者立法者好很多。如果政治家企图指导私人应如何运用他们的资本，那就是自寻烦恼地去注意最不需要注意的问题，这种做法"是再危险也没有了"。

他还指出，由于政府所实行的经济管制，一些特定行业有时能够比没有这种管制时更加迅速地发展起来，社会劳动由于这种管制也可能更迅速地流入有利的特定用途。但是，劳动和收入总额不能因这种管制的实行而增加。社会资本增加多少，只看社会能够在社会收入中节约多少，政府管制的结果减少了社会收入，社会资本不能增加。而听任资本和劳动自由寻找用途，就可以使社会资本迅速增加。同时，尽管没有管制时一些特

---

① 亚当·斯密：《国民财富的性质和原因的研究（上卷）》，郭大力、王亚南译，商务印书馆1972年版，第73-74页。

② 亚当·斯密：《国民财富的性质和原因的研究（上卷）》，郭大力、王亚南译，商务印书馆1972年版，第67页。

③ 亚当·斯密：《国民财富的性质和原因的研究（上卷）》，郭大力、王亚南译，商务印书馆1972年版，第74-75页。

定行业不能在这个社会迅速确立起来，但社会在其发展的任何时期内都没有因此而更加贫乏。[①]

二、大卫·李嘉图的社会福利思想

1. 人口增长与财富的关系

大卫·李嘉图（David Ricardo，1772—1823）是英国古典政治经济学的奠基人之一，其经济社会思想集中体现在《政治经济学及赋税原理》中。李嘉图很少直接论述社会福利问题，他的社会福利思想更多表现在古典政治经济学所关注的主要问题，如人口与财富的关系、工资的基本意义、自由放任主张以及对济贫法制度的态度方面。

李嘉图认为，人口的发展受到生产力发展水平、社会经济与财富增长状况的制约。他将当时的世界分成三部分来阐述这一问题。他指出，新开拓的殖民地在采用先进国家的生产技艺后，资本有一种较之人口增长更快的趋势，如果劳动者的不足不能由人口更多的国家补充，这种趋势就会带来劳动价格的增长。但是，随着地区人口的增加、土地的开垦利用，资本增加趋势就会成比例下降。因为，在满足现有人口的需要以后，剩余产品必然会和生产上雇佣人数的减少程度成比例。因此，在最有利的条件下，生产力可能仍然大于人口的繁殖力，但是这种情况不会延续下去，因为土地数量有限，质量也各不相同，土地上所使用的资本每增加一份，生产率就会下降，而人口的繁殖率却是始终持续不变的。

李嘉图指出，有些国家肥沃土地很多，但是，由于居民愚昧而遭受着贫困与饥饿等灾难，这就是人们常说的人口对生活资料产生了压力。还有一些国家则由于农产品供给率递减而遭受着人口稠密带来的灾难。这两种情况应该采取的补救措施是不同的。在前一种情况下，灾害起因于政治不良、财产不安全以及人民缺乏教育，只要革新政治、改良教育，就可以促进他们的幸福。在后一种情况下，人口增加比维持人口所必需的基金的增加更快，每一种努力除非伴随着人口繁殖率的减退，否则只能助长灾害的程度，因为生产赶不上人口的增长。

李嘉图明确指出，当人口对生活资料产生压力时，补救办法只有两种，或者减少人口，或者更加迅速地积累资本。在比较富庶的国家，一切肥沃土地都已投入耕种，积累资本的补救办法既不太可行，也不太有好处，因为这种办法如持续下去就会使所有阶级陷于贫困之中。但在那些贫困的国家，由于存在未耕种的肥沃土地以及生产资料，积累资本的办法就是唯一安全有效的祛除灾害的办法，它将直接提高所有阶级的生活水平。[②]

2. 关于工资的理论

李嘉图认为，工资作为劳动的自然价格应该让劳动者大体上能够生活下去，并能够

① 亚当·斯密：《国民财富的性质和原因的研究（下卷）》，郭大力、王亚南译，商务印书馆1974年版，第26-29页。

② 李嘉图：《政治经济学及赋税原理》，郭大力、王亚南译，商务印书馆1962年版，第82-83页。

满足延续劳动力再生产的需要。劳动者维持自身生活以及供养家庭的能力，不应取决于他的工资的货币数量，而应该取决于这笔货币所能购买的食物和必需品的数量，包括由于习惯而成为必不可少的享用品的数量，即货币工资的实际购买力。李嘉图指出："劳动的自然价格便取决于劳动者维持其自身与其家庭所需的食物、必需品和享用品的价格。"①

劳动的市场价格是根据供求比例的自然作用实际支付的价格，劳动稀少时就昂贵，充足时就便宜。当劳动的市场价格超过其自然价格时，劳动者的生活状况就会得到明显改善，但是，当较高的工资刺激人口增长并使劳动者人数增加时，工资又会降到自然价格水平；当劳动的市场价格低于其自然价格时，劳动者的生活状况就会十分困苦，只有当贫穷已经使劳动者人数减少，或者劳动的需求已经增加之后，劳动的市场价格又会逐渐上升到自然价格水平，劳动者的生活水平才会得以改善。②

3. 对济贫法的否定

李嘉图也提倡实行自由放任的政策，主张国家不要对社会与经济生活施加不必要的干预。李嘉图指出，劳动力供求状况影响劳动自然价格与市场价格的变动，这就是支配工资的法则，也就是支配每一个社会绝大多数人的幸福的法则。"工资正象所有其他契约一样，应当由市场上公平而自由的竞争决定，而决不应当用立法机关的干涉加以统制。'③

李嘉图的社会福利思想与自由放任主张鲜明地反映在他关于济贫法的态度方面。李嘉图指出，济贫法具有人人皆知的弊端，与立法机关的善良的意图正好相反，济贫法不能改善贫民的生活状况，而只能使贫富双方的状况都趋于恶化。它不能使贫者变富，却能使富者变穷。当现行济贫法继续有效时，维持这种救济的基金就会越来越多，直到将国家的全部纯收入耗尽为止，至少也要把国家在满足必不可少的公共支出需要以后，留给我们的那部分纯收入全部耗尽为止。李嘉图还指出，如果贫民自己不注意，立法机关也不设法限制他们人数的增加或者浪费行为，那么，他们的幸福与享受就不可能得到保障。济贫法所起的作用正好相反，由于将勤勉谨慎的人们的一部分工资给予贫民，就使得节制的思想不再为人们注意，从而实际上鼓励了不谨慎与不勤勉的行为。

李嘉图指出，如果根据法律，每一个缺少生活维持费的人都保证能够获得救济，且救济水平程度足以使接受救济者的生活相当舒适，那么，迟早有一天，所有的其他税收加起来都会不及济贫税一项重。济贫法的趋势是使富强变为贫弱，使劳动操作除提供最低生活资料外不做任何其他事情，使一切智力上的差别混淆不清，使人们的精神忙于满足肉体需要，直到最后使所有阶级和人口染上普遍贫困的瘟疫为止。他说："这种趋势比引力定律的作用还要肯定。"④

---

① 李嘉图：《政治经济学及赋税原理》，郭大力、王亚南译，商务印书馆 1962 年版，第 77 页。

② 李嘉图：《政治经济学及赋税原理》，郭大力、王亚南译，商务印书馆 1962 年版，第 78 页。

③ 李嘉图：《政治经济学及赋税原理》，郭大力、王亚南译，商务印书馆 1962 年版，第 88 页。

④ 李嘉图：《政治经济学及赋税原理》，郭大力、王亚南译，商务印书馆 1962 年版，第 91 页。

李嘉图坚决主张废除济贫法。他指出："修改济贫法的任何计划，如果不以废除它为最终目标，都是不值一顾的。"[①] 当然，他知道要改变济贫法的现状存在一定困难。他指出，每一个同情贫民的人必然都殷切地希望废除济贫法，不幸的是，这种济贫法由来已久，贫民已经习惯于依靠这一制度，以致要将其废除而不引起问题，就需要十分谨慎地采取行动，采取渐进的办法废除济贫法成为所有赞成废除该法的人们一致同意的办法。

李嘉图对当时一些人提出的实行全国统一征收济贫税的办法表示反对。他说，如果实行全国统一征收的方式，我们所要消除的灾难不但不会减轻反而还会增加。济贫基金的征集与使用方式还有一定的减轻其有害影响的作用，不同教区独立征集用于维持本教区济贫事业的基金，和全国统一征集用于救济全国贫民的基金的方式相比，前者更受到人们的关心，也更能保持较低的济贫税率。李嘉图指出："当全部款项都将用来为一个教区本身谋福利时，和几百个其他教区共享这种利益时相较，一个教区对于经济地征收济贫捐款和节约地分配救济金问题，会远远地更为关心。"[②]

李嘉图强调贫民应该通过个人努力摆脱自己的困难状态。他指出，灾害的性质指出了补救的方法，只要逐渐缩小济贫法的范围，使贫民深刻认识自立的价值，并教导他们决不可指靠惯常或临时的施舍，而只可依靠自己的努力维持生活，使他们认识到谨慎和远虑绝非不必要和无益的品德，我们就可以逐步接近更为合理和更为健康的状态。

三、马尔萨斯的社会福利思想

1. 人口增长与贫困理论

托马斯·罗伯特·马尔萨斯（Thomas Robert Malthus，1766—1834）是英国近代著名自由主义经济学家和功利主义者，他的《人口原理》对近代西方经济学说和社会福利学说都产生了深远影响。

工业革命既推动英国社会经济的发展，也带来社会问题的不断严重化。当时，一些人就主张进行社会改革，推行有效的社会政策，解决英国社会问题。葛德文将英国社会的所有罪恶和贫困归因为社会制度。他指出，英国贫穷的真正原因不在于民众身体的欠缺，而在于缺乏财富，机器工业的发展延长了穷人的工作时间，加强了对工人的奴役，富人并没有给穷人应得的报酬，因而加重了穷人的痛苦。孔多塞也指出："不平等、依赖、甚至贫困等现象……的发生有其必然的原因。"[③] 他提出建立一种社会基金，以便对老年人提供资助，这种基金部分依靠老年人以前的储蓄，部分依靠其他人的一些储蓄，它还可以用来帮助失去丈夫或者父亲的妇女儿童，并向达到成人年龄者提供创业资本。这种基金以社会名义筹集，并由社会加以保护。对于这些社会改革主张，自由主义者坚决反对，马尔萨斯的《人口原理》就是针对社会改革论者而写成的。

---

① 李嘉图：《政治经济学及赋税原理》，郭大力、王亚南译，商务印书馆1962年版，第90页。
② 李嘉图：《政治经济学及赋税原理》，郭大力、王亚南译，商务印书馆1962年版，第90页。
③ 马尔萨斯：《人口原理》，朱泱、胡企林、朱和中译，商务印书馆1992年版，第58页。

马尔萨斯认为，人口增长和生活资料的增长具有不同的模式，人口增长以 1、2、4、8、16、32、64、128、256、512……这样的几何级数增长，而生活资料的增长则以 1、2、3、4、5、6、7、8、9、10……这样的算术级数增长。根据这样的增长模式，225 年以后，人口和生活资料之比将为 512 ∶ 10，300 年后，人口和生活资料之比将为 4096 ∶ 13。[①]

马尔萨斯指出，人口增殖力与土地生产力天然地不相等，当人口增长超过生活资料增长所能允许的范围时，就必然出现贫困，这是一个自然法则，这一法则制约着整个生物界。他指出，一个国家的幸福指数并非绝对取决于其贫富程度、历史的长短和人口的疏密，而取决于其发展的速度，取决于每年食物的增加与每年人口无限制的增加相接近的程度。马尔萨斯因此得出结论，人口的增加必然受生活资料的限制，当生活资料增加时，人口总是增加的，较强的人口增殖力为贫困和罪恶所抑制，因而实际人口同生活资料保持平衡。[②]

马尔萨斯认为，按照上述人口原理，贫困的存在不仅是必然的。而且也是有意义的。他指出，在人口原理的作用下，缺吃少穿者将永远存在，任何时候都不会使每一个人吃饱穿暖，富人对穷人的给予不仅将导致富人产生权利危机感，还导致穷人产生依赖感，这两者对人类的心灵都是有害的。生活上的困难有助于使人具有才能，男人必须为养家糊口而付出努力，由此而唤醒他们身体的一些机能，当形势发生新的特殊变化时，就会造就一些富有才智者来应付新形势带来的困难。马尔萨斯进一步指出，虽然我们不能指望消除社会中的贫富现象，但是，如果我们能够找到一种政治制度，借以减少贫富两极人数，扩大中产阶级人数，我们无疑应该采用这种制度，不过，大量减少两极人数必然会减弱整个中产阶级的活力。[③]

2. 现行济贫法的弊端

基于上述思想和主张，马尔萨斯坚决反对当时英国以家庭人口数量为基本单位的济贫法。他指出，英国当时施行的济贫法存在以下弊端。

第一，济贫法往往使人口趋于增长，而养活人口的食物却不见增加。穷人明知无力养家糊口，还要结婚生子，因此，在某种程度上可以说，是济贫法在产生它所养活的人。由于人口的增长必然使分配给每个人的食物减少，那些在生活上不依靠救济者所能得到的食物将比以前减少，从而必将有更多的劳动者要求救济。

第二，济贫院的人一般都不是最有价值的社会成员，但是，他们所消费的食物将会减少更为勤劳者、更有价值的社会成员本应享有的份额，因而同样会迫使更多的人依赖救济而生。如果让济贫院中的穷人比现在生活得还好，将会更为明显地使济贫院外的穷人的生活境况恶化。

第三，济贫法影响人们自立意识的发挥。马尔萨斯指出，英国的济贫法正在根除民众的自立精神。英国社会应该形成一种风气，把没有自立能力而陷于贫困看作一种耻

① 马尔萨斯：《人口原理》，朱泱、胡企林、朱和中译，商务印书馆 1992 年版，第 12 页。
② 马尔萨斯：《人口原理》，朱泱、胡企林、朱和中译，商务印书馆 1992 年版，第 54-55 页。
③ 马尔萨斯：《人口原理》，朱泱、胡企林、朱和中译，商务印书馆 1992 年版，第 142 页。

辱，尽管这对个人来说是残酷的，但是，对于促进全人类的幸福来说，这种刺激似乎是绝对必要的。任何削弱这种刺激的企图，不论其用意多好，总是会产生事与愿违的结果。

第四，济贫法助长了一些人的浪费行为，不利于勤俭节约意识的发展。马尔萨斯指出，济贫法大大助长了穷人的那种漫不经心和大手大脚的习气，这与勤俭节约形成鲜明对比。英国的济贫法削弱了普通人储蓄的能力和意愿，从而削弱了人们节俭勤勉、追求幸福的动机。

第五，济贫法对民众自由构成影响。马尔萨斯指出，为了使一些穷人得到救济，英国全体普通民众不得不忍受整个济贫法制度的限制，这种救济即便是就当时所做修改的方法而言，也是与自由思想格格不入的。济贫法还经常对劳动力市场产生障碍，给那些不依靠救济的自谋生计者增添许多麻烦。①

马尔萨斯总结指出："济贫法的弊害也许太大了，无法予以消除，但我确信，如果根本就没有颁布济贫法，虽然非常贫穷的人也许要多一些，但从总体上看，普通人却要比现在幸福得多。"

马尔萨斯提出了解决社会问题的三种措施：首先，完全废除既有的济贫法；其次，鼓励人们开垦新地，尽最大可能鼓励农业而不是制造业，鼓励耕种而不是畜牧；最后，各郡可以为极端贫困者建立济贫院，由全国统一征收的济贫税提供经费，收容各郡贫民。济贫院中的生活应该是艰苦的，凡能够工作者都应该强迫他们工作。不应该把济贫院看作困难时期过舒服生活的避难所，只应该将其视为可以暂时缓解一下严重困难的地方。可以把这种济贫院的一部分分离出来，或者另外建立一些济贫院，其中的所有人都必须全天工作，并按照市价得到报酬。马尔萨斯指出，这种计划似乎最能增加英国普通人的幸福总量，而实施这种计划的第一步就是废除当时施行的所有济贫法。②

四、斯迈尔斯的社会福利思想

1. 自助思想

塞缪尔·斯迈尔斯（Samuel Smiles，1812—1904）是19世纪英国著名的自由主义思想家，他经典性阐述了关于自助观念的社会价值。他指出，"天助自助者"是一句屡被证实的格言。它在一定范围上体现了广泛的人类实践经验的结果，自助的精神是个人所有真正成长的动力，它体现在许多人的生活之中，并构成了民族精神与力量的真正源泉。来自外部的帮助使人趋于衰落，而来自个人的内在自助则一定使人强壮并且充满活力。从一定程度上说，对个人或者对阶层所做的任何事情都将削弱他们自己行动的动力以及欲望。只要人们受制于过分的保护或者过度的政府行为，他们就会不可避免地使自己处于相对无助之中。

斯迈尔斯认为："即使是最好的机构也不能给一个人积极的帮助。也许他们最能做

① 马尔萨斯：《人口原理》，朱泱、胡企林、朱和中译，商务印书馆1992年版，第33-36页。

② 马尔萨斯：《人口原理》，朱泱、胡企林、朱和中译，商务印书馆1992年版，第37-39页。

的就是让他自由地发展自己，改善他的个人状况。但在任何时候，人们都倾向于相信，他们的幸福和福祉是通过制度而不是通过自己的行为来获得的。因此，立法作为人类进步的推动者的价值通常被高估了很多。”①

2. 政府功能的有限性

斯迈尔斯论述了政府功能的有限性。他指出，人们每天都越来越清楚地认识到，政府的职能是消极和限制性的，而不是积极和无限的，主要可以理解为保护生命、自由和财产。法律如果执行得当，将确保人们以相对较小的个人牺牲来享受他们的劳动成果，无论是精神上的还是身体上的。但是，无论法律多么严格，都不能使游手好闲的人勤劳，不节俭的人有远见，或者醉酒的人清醒。这样的变化只能通过个人行动、节约和自我克制来实现，通过更好的习惯，而不是通过更大的权力来实现。

斯迈尔斯强调通过个人的努力来改变自己，而不是通过政府改变法律和制度来提供救济。“正如国家的衰败是个人的懒惰、自私和堕落的结果，国家的进步是个人勤奋、努力和正直的总和。”“最高的爱国和慈善事业并不是修改法律和修改制度，而是帮助和激励人们通过自己的自由和独立来提升和完善自己的个人行动。”②

第二节　功利主义社会福利思想

一、边沁的社会福利思想

1. 功利主义思想的产生

杰里米·边沁（Jeremy Bentham，1748—1832）是英国著名哲学家、法学家和经济学家，也是功利主义学说的奠基人。他的主要学术著作包括1776年匿名发表的《政府片论》，1787年出版的《为高利贷辩护》和1789年出版的《道德和立法原理引论》等。

边沁生活的时代特点对其功利主义学说的创立具有直接影响。18世纪末19世纪初，英国资产阶级政治革命基本完成，工业革命正在进行，英国封建势力的政治经济地位基本丧失，工业资产阶级的经济政治地位如日中天，工业资产阶级需要一种新的社会理论来诠释其基本社会价值观念与政治权利要求。而欧洲其他国家却处于启蒙运动时期，建立在自然法学说和社会契约学说基础上的资产阶级自由、民主思想正在兴起。

这样的时代背景无疑影响着当时社会思想的发展，作为英国新兴工业资产阶级的思想代表，边沁需要为英国工业资产阶级找到确认其经济地位、政治权利和社会价值观念

① Morris R. J. *Samuel Smiles and the Genesis of Self-Help. The Retreat to a Petit Bourgeois Utopia*. The Historical Journal，1981（1）.

② Eric J. Evans. *Social Policy 1830—1914，Individualism，Collectivism and the Origins of the Welfare State*. Routledge Kegan Paul，London，Henley and Boston，2017：30-31.

的理论。这种理论不是建立在如同启蒙思想那样有关自然法和社会契约的假定的基础上，而应该是一种具体体现和反映新兴工业资产阶级利益与要求的学说。这就决定了边沁思想学说中必然否定启蒙思想的一些主张，提出符合和满足工业资产阶级利益和要求的思想主张。

正因为如此，尽管边沁认为启蒙思想家提出的自然法学说和社会契约学说曾经发挥过重要的影响和作用，但他同时认为这些学说已经过时。他指出，“关于原始契约和其他的虚构，也许在过去有过一段时期，它们有它们的用途。我并不否认，借助这种性质的工具，某些政治工作可能已经完成了；这种有用的工作，在当时的情况下，是不可能用其他工具完成的。但是虚构的理由现在已经过时了”[①]。

自然法和社会契约既然并不是人类让渡权利以组织社会和政府的原因，那就应该寻找促使人类这样做的最终原因，边沁认为这种最终原因就是功利。他指出：“现在，这个我们要重新提起的另一个原则，除了功利的原则外，又能够是别的什么呢？这种原则为我们提供了我们需要的理由，只有这个原则不用依赖任何更高的理由。这个原则本身就是解决任何实践问题的唯一和完全充分的理由。”[②]

边沁认为，主宰整个人类社会的是痛苦和快乐。他说：“自然把人置于两个最高主宰——痛苦和快乐的统治之下。只有它们才能指明我们应当做什么，以及决定我们将要做什么。一方面正确和错误的标准，另一方面因果链条都紧紧缚在它们的宝座上。我们所做、所说和所想的一切都受它们的支配。”边沁还认为，人类的行为一般都具有趋向性和背离性，人们总是趋向一种共同的目标，而这种共同的目标就是幸福。“任何行动中导向幸福的趋向性我们称之为它的功利；而其中的背离的倾向则称之为祸害。”可见，边沁所谓的功利就是人们这种避害趋利的倾向。

2. 最大多数人的最大幸福

边沁认为，功利是一种事实而不是虚构。“它是一切美德的验证和尺度，是忠诚的验证和尺度。”在边沁看来，幸福并不是个别人的幸福，而是全体社会大多数人的幸福。他明确指出：“最大多数人的最大幸福是正确与错误的衡量标准。”他把幸福分为四个具体的目标，这就是生存、充裕、平等和安全。他认为在这四个目标中，生存和安全是最基本的，也是最重要的。“要是没有安全，平等就不能持续一天；要是没有生存，充裕就根本不可能存在。”值得指出的是，随着时间的推移，边沁对“最大多数人的最大幸福”越发强调，甚至认为用这种说法比用“功利”一词更能够全面充分地表达自己的真实意思。他在 1822 年曾经指出：“功利这个词不能如幸福和福气那样明白地表达快乐和痛苦的观念：它也不能把我们引向对所涉及的利益的数的考虑。”[③]

如何实现最大多数人的最大幸福是边沁关心的重要问题之一。边沁认为，人类应该努力做好自己的各种事情，并积极探求实现幸福的办法。他指出：“如果认识遥远的国家对我们来说是重要的和有用的，那么肯定地说，把工作做得更好，并更好地认识那些

---

① 边沁：《政府片论》，沈叔平等译，商务印书馆 1995 年版，第 150 页。

② 边沁：《政府片论》，沈叔平等译，商务印书馆 1995 年版，第 158 页。

③ 索利：《英国哲学史》，段德智译，山东人民出版社 1992 年版，第 226 页。

使我们在自己的国家中能够生活得更幸福的主要方法，其重要性和用途也不会小于前者。”

他还认为应该对现存事物进行不断的批判，同时进行社会改革，这是实现人类幸福的重要途径。他指出：“一种制度如果不受到批判，就无法得到改进；任何东西如果永远不去找出毛病，那就永远无法改正；如果我们作出一项决定，对每件事物不问好歹一味赞成，而不加任何指责，那么将来一旦实行这项决定，它必然会成为一种有效的障碍，妨碍我们可以不断期望的一切追加的幸福。”①

边沁指出，在追求幸福的过程中存在个人利益与社会全体利益之间的矛盾，为了实现最大多数人的最大幸福，就应该注意协调好个人利益与全体利益，社会要关心个人利益，个人要服从社会利益。他指出：“整体必须保护它所有的各个部分，而各个部分又都要服从整体的意志。换句话说，这个社会组织必须捍卫它的每个成员的权利，而每个成员（作为对这种保护的回报）都应该服从这个社会组织的法律，如果没有全体的服从，这种保护就不可能切实地对任何个人起作用。”②

边沁还指出，为了更好地协调个人利益与社会利益的关系，国家、政府尤其是法律是必不可少的，是实现幸福的四个具体目标的重要保证。但是，国家、政府和法律所施加的干预必须尽可能限制在最低限度，不能妨碍个人最大限度地追求自己的幸福与快乐。据此，边沁对当时大部分由政府颁布实施的社会立法表示反对。例如，对强调个人责任与义务的新济贫法制度表示支持，而对工厂法却表示反对，认为这些社会立法尽管是趋向社会幸福，但它们牺牲或者限制了个人行动的自由，因而妨碍了个人最大限度地追求自己幸福的自由。

边沁的功利主义社会思想进一步清洗了当时残存的各种旧的社会价值观念，直接将追求幸福与民众福利作为指导人们各种行为的目标，这就将以追求财富积累为主要目标的工业资产阶级的价值观念社会化和合理化，从而为已经获得经济地位的工业资产阶级进一步取得相应的政治地位找到了理论依据，这正是边沁功利主义学说在 19 世纪备受工业资产阶级推崇的根本原因。

二、穆勒的社会福利思想

1. 有限自由思想

约翰·穆勒（John Stuart Mill，又译密尔，1806—1873）是英国著名自由主义经济学家、社会学家，功利主义学说的重要代表人物。他的主要著作有《论自由》《功利主义》《政治经济学原理》，其中《政治经济学原理》一书集中体现了穆勒的经济与社会福利思想。

作为自由主义的著名代表，穆勒将自由放在十分重要的位置，他指出：“自由放任主义将成为最普遍的原则，除非为了某些特殊的利益，否则，凡是背离这一原则的，都

① 边沁：《政府片论》，沈叔平等译，商务印书馆 1995 年版，第 99-100 页。

② 边沁：《政府片论》，沈叔平等译，商务印书馆 1995 年版，第 128 页。

是有害的。”但是，穆勒所生活时代的社会现实，使他认识到不可能存在完全的自由主义，因此，他一方面坚持传统自由主义的原则，同时又努力使传统自由主义的原则与新的社会现实结合起来。一方面，他强调个人对自己的一切所拥有的充分自由——“在仅只涉及本人的那部分，他的独立性在权利上则是绝对的。对于本人自己，对于他自己的身和心，个人乃是最高主权者”①；另一方面，他又强调自由的有限性，认为个人自由“必须不使自己成为他人的妨碍”②。

鉴于自己的政治主张，穆勒坚持认为社会利益不能与个人利益发生矛盾，同时又指出，在某些情况下，公众的当前利益会通过忽视个人权利来实现。穆勒还认为，个人利益必须以理性的个人的负责任的生活为基础，公众的永久利益是与个人权利结合在一起的。他相信，“凡是能促进最大多数人的最大幸福的行动就是正义的行动”。他认为，“作为终极标准的功利必须是以人类的永久利益为基础的最广泛意义上的功利”。可见，穆勒在坚持个人主义这一自由主义最高准则的同时又注意到公共利益。

2. 有限干预思想

穆勒指出，在自由放任学派与政府干预学派之间，他本人不想填补一般理论上的空白，而只想考察一下政府干预的利弊得失，以便有助于问题的解决。他指出，必须区分以下两种性质不同的政府干预：一种是命令式政府干预，这种干预是对个人自由加以限制，政府可以禁止所有人做某些事情，或规定没有它的允许就不能做某些事情；也可以规定所有人必须做某些事情，或规定必须以某种方式做那些可做可不做的事情。另一种是非命令式政府干预，政府不发布命令或法令，而是给予劝告和传播信息，或者政府允许个人自由地以自己的方式追求具有普遍利益的目标，但并不是把事情完全交给个人去做，同时也设立自己的机构做同样的事情。③

穆勒提出了反对政府干预的主要理由：① 政府干预本身是强制性的，课征用于进行干预所需的税款也是强制性；② 实施政府干预必然增加政府职能，每增加一项政府职能，都会增加一项政府权力和影响；③ 政府干预的实施和政府职能的增加，会增加政府的工作和责任；④ 私人经营因为对所经营的对象具有较大的利害关系而效率更高；⑤ 反对政府干预可以使人民养成共同行动的习惯。因此，穆勒明确指出：“一般应实行自由放任原则，除非某种巨大利益要求违背这一原则，否则，违背这一原则必然会带来弊害。”④

但是，穆勒同时指出：“不干预原则在一些情况下不一定适用，或不一定普遍适用。”穆勒指出了不干预原则不一定适用的几种主要情况：① 初等教育，“自由放任这个一般原则，尤其不适用于初等教育”，政府可以运用自己的权利，规定父母在法律上负有使子女接受初等教育的职责；② 社会弱势群体，虽然个人可以对自身利益做出最好的判断，但个人却也可能不具有判断和行动的能力，可能是疯子、幼儿等，或者个人虽并

---

① 密尔：《论自由》，许宝骙译，商务印书馆 1959 年版，第 11 页。

② 密尔：《论自由》，许宝骙译，商务印书馆 1959 年版，第 66 页。

③ 穆勒：《政治经济学原理（下卷）》，胡企林、朱泱译，商务印书馆 1991 年版，第 530 页。

④ 穆勒：《政治经济学原理（下卷）》，胡企林、朱泱译，商务印书馆 1991 年版，第 539-540 页。

非完全没有判断能力，却可能尚未达到能够做出成熟的判断的年龄，“在这种情形下，不干预原则的基础便完全崩溃了”；③永久性契约，听凭人们自由签约这一自由放任原则，在应用于永久性契约时，应该加以很大的限制，法律应该对签订这种契约采取非常谨慎的态度；④规定劳动时间等，政府在这方面的干预对于实现当事人的愿望是必不可少的；⑤利他行为，政府在有关涉及有益于他人的利益方面应该实行干预；⑥公益服务与社会事务，对于适宜于私人去做却没有人去做的事情，政府便有必要进行干预。①

可见，穆勒的政治主张已经明显不同于大部分自由主义思想家，他不仅主张有限的自由，而且主张有限的政府干预。他指出：“被普遍承认的政府职能具有很广的范围，远非任何死框框所能限定，而行使这些职能所依据的共同理由除了增进普遍的便利外，不可能再找到其他任何理由；也不可能用任何普遍适用的准则来限制政府的干预，能限制政府干预的只有这样一条简单而笼统的准则，即除非政府干预能带来很大便利，否则便决不允许政府进行干预。”②

3. 有限救济思想

穆勒的政治观必然影响他关于社会福利的基本观点。穆勒认为，社会财富的增长必须有利于使民众从中得到福利，因此，应该实行有效的财富再分配，以实现社会公平。他指出，如果民众从社会财富的增长中得不到一点好处，这种增长就没有任何重要意义。他说，他不明白，那些已经比他人富有的人的钱财不断增加，或者每年有一些人从中产阶级上升为有闲阶级，从有事可做的富人变成无事可做的富人，有什么值得庆贺，“只有在落后国家，增加生产仍是一项重要目标。在最先进的国家，经济上所需要的是更好地分配财产”③。

穆勒不赞成自然竞争的生活状态。他指出：“一些人认为，人类生活的正常状态就是生存竞争；认为相互倾轧和相互斗争，是激动人心的社会生活，是人类的最佳命运，而决不是产业进步诸阶段的可恶象征。坦白地说，我并不欣赏这种生活理想。这种状态也许是文明进步的一个必要阶段……但是，这种状态并不是未来的博爱主义者们想要帮助实现的那种完美的社会状态。”④ 他主张人与人之间应该互相帮助，社会应该对贫困人口实行救济。他指出：“不管我们如何看待道德原则和社会团结的基础，我们都必须承认，人类是应该相互帮助的，穷人更是需要帮助，而最需要帮助的人则是正在挨饿的人。所以，由贫穷提出的给予帮助的要求，是最有力的要求，显然有最为充分的理由通过社会组织来救济急待救济的人。”⑤

穆勒指出，为了达到对穷人提供救济的目的，可以采取两种方法：一是由国家实施的大规模殖民；二是提供可以开垦的公有土地以便形成小土地所有者。实行这两种方法

① 穆勒：《政治经济学原理（下卷）》，胡企林、朱泱译，商务印书馆1991年版，第543-570页。
② 穆勒：《政治经济学原理（下卷）》，胡企林、朱泱译，商务印书馆1991年版，第371-372页。
③ 穆勒：《政治经济学原理（下卷）》，胡企林、朱泱译，商务印书馆1991年版，第320页。
④ 穆勒：《政治经济学原理（下卷）》，胡企林、朱泱译，商务印书馆1991年版，第319-320页。
⑤ 穆勒：《政治经济学原理（下卷）》，胡企林、朱泱译，商务印书馆1991年版，第558页。

既不会对别人有害，也没有民间慈善或政府救济的弊端，还具有加强受济者勤勉意识与进取精神的作用。但是，实行这两种方法必须具有一定规模，不仅要使国内雇佣工人全部获得工作，还应使他们的工资得到明显增加，否则，上述两种方法无论实行哪一种，或者两种方法同时实行，都不会有什么好的结果。[①]

穆勒同时指出，对穷人提供的帮助如果不注意方式和程度，那就会带来有害的结果。不管提供何种帮助，都必须考虑到两种结果：一种是帮助本身的结果，另一种是依赖帮助的结果。前者一般是有益的，后者则大都是有害的，养成依赖他人帮助的习惯是有害的，而最为有害的就是在生活资料上依赖他人帮助。不幸的是，人们最容易养成这种习惯。

因此，穆勒认为，需要解决的重要问题是如何最大限度地给予必要帮助而又尽量不使个人过分依赖这种帮助。实现这一目标的办法是实施有限救济，尤其是以不损害个人自助精神和自立意识为界限。帮助过多或者没有帮助都会损害人的积极性和自立精神。对有需要的人提供帮助是必然的，但是，这种帮助无论如何不能取代个人自己的劳动、技能与节俭，不应使他丧失自助的能力，而只应该通过这种合法的帮助使他更有希望获得成功。穆勒指出："这可以说是一项标准，所有慈善救济计划，无论是针对个人的还是针对各阶级的，无论是民间的还是官方的，都应接受这一标准的检验。"[②]

针对英国济贫法的现实，穆勒进一步指出，如果接受救济者生活得与自食其力者一样好，这种救济制度就会从根本上使所有的人丧失勤奋努力、刻苦自励的精神，如果真的实行这种制度，那就应该实行强制劳动制度作为它的补充，迫使那些没有自立动机者接受劳动。穆勒还提出一些具体的建议，例如，由国家依法规定给予身体健康的穷人最低限度的救济，由慈善组织对穷人进行划分，区分出哪些是真正需要救济者，哪些是并非真正需要救济者，然后由慈善组织对于真正需要救济者提供充分的救济，国家则必须按照一般原则行事。[③]

在上述社会救济思想的基础上，穆勒对18世纪末以来英国实行的以工资补贴为主要特点的"斯宾汉姆制度"表示坚决反对。他指出，这种津贴制度一实行，英国人口迅速增长，工资却大幅度下降。当工人只靠工资生活时，工资存在一个最低限额，如果工资低于维持人口所需的最低水平，人口的减少就会使工资至少恢复到原来的最低水平。但是，如果工资的不足部分是依靠所有能够捐献的人勉强捐款来补足的话，工资就有可能降到饥饿线以下。这种可悲的工资补贴制度不但使失业人口贫民化，而且使全部人口贫民化。这种制度的坏处超过了以前任何一种滥用济贫法的方式。[④] 因此，穆勒对1834年实行的新济贫法表示欢迎和支持。他指出，新济贫法不仅可以使人人获得帮助，更重要的是它还可以使人人都尽力争取摆脱这种帮助，这种制度对大多数人来说是非常有

① 穆勒：《政治经济学原理（下卷）》，胡企林、朱泱译，商务印书馆1991年版，第426-428页。

② 穆勒：《政治经济学原理（下卷）》，胡企林、朱泱译，商务印书馆1991年版，第559页。

③ 穆勒：《政治经济学原理（下卷）》，胡企林、朱泱译，商务印书馆1991年版，第559-560页。

④ 穆勒：《政治经济学原理（上卷）》，赵荣潜、桑炳彦、朱泱等译，商务印书馆1991年版，第410页。

益的。[1]

三、斯宾塞的社会福利思想

1. 公共福利思想

赫伯特·斯宾塞（Herbert Spencer，1820—1903）是英国著名社会学家，进化论学说和社会有机体学说的著名代表。这位没有受过多少正规学校教育者一生发表了大量学术著作，其中主要的有《社会静力学》（1850）、《心理学原理》（1855）、《进步的规律和原因》（1857）、《第一原理》（1862）、《生物学原理》（1867）、《伦理学原理》（1893）和《社会学原理》（1896）。

斯宾塞社会思想的基础是社会有机体学说。他指出，各种生命都是一个有机体，生命的运动和变化就是有机体内部各种组成部分的发展变化。生物有机体的发展变化也是有机体本身适应外部环境变化的结果，这就是生物有机体"适者生存"的思想。人类社会也是一个有机体，只不过是一个更加复杂的有机体。有机体各个组织之间是相互依赖的，这是共同构成有机体的基础，低级有机体是这样，作为高级有机体的社会更是如此。斯宾塞指出，最早和最近的社会形式也存在明显的区别，一个野蛮人的部落可以被分割和再分割，这仅给各个部分带来很少不便或者并不带来任何不便；相反，在一个类似于我们自己的社区里，没有一个部分可以割掉或加以伤害而不使所有其他部分遭到痛苦。[2]

斯宾塞因此推及社会福利的发展。他指出，要得到最大数量的幸福，一方面必须有一定数量的人口，这些人口只能通过可能的最好的生产制度才能加以供养，也就是说通过最好的分工，即通过最极端的相互依赖；另一方面，每个人又必须有机会做他的欲望激励他去做的事情。毫无疑问，人类进步如同趋向更完全的个体化一样，同时也趋向更多的相互依赖。每一个人的福利每一天都更多地包含在全体人的福利之中，尊重所有人的利益是每一个人的利益所在。[3]

斯宾塞进一步指出，当发现社会及其成员之间存在如此重大的联系时，公共利益与私人利益是基本一致的事实就会被更加清楚地认识了。当公民在看到破坏公平所招致的反应之后思考他与国家的关系时，当他明白国家与其他生物一样遵循相同的成长和组织规律时，当他发现社会健康在一定程度上依靠他所参与的某些职能的执行，他的幸福也依靠社会躯体内每一个器官的正常运行时，他必然会明白，他自己的福利和所有人的福利是不可分的。[4] 斯宾塞的社会有机体学说对 19 世纪末 20 世纪初欧洲社会福利思想的发展，特别是对新型社会保障制度的出现产生了重要的影响。

---

① 穆勒：《政治经济学原理（下卷）》，胡企林、朱泱译，商务印书馆 1991 年版，第 559 页。

② 赫伯特·斯宾塞：《社会静力学》，张雄武译，商务印书馆 1996 年版，第 261 页。

③ 赫伯特·斯宾塞：《社会静力学》，张雄武译，商务印书馆 1996 年版，第 250-251 页。

④ 赫伯特·斯宾塞：《社会静力学》，张雄武译，商务印书馆 1996 年版，第 262 页。

2. 自由观与幸福观

斯宾塞政治观点的核心是强调个人自由必须不伤害其他人的同等自由。他指出，行动的自由是运用机能的第一要素，因此也是幸福的第一要素。每个人的自由受所有人的自由的限制，是当这第一要素应用于许多人而不仅是一个人时所采取的形式；每个人的这一自由受到所有人的同样自由的限制，是社会必须按照它组织起来的规则。自由是个人正常生活的先决条件，而同等自由则成为社会正常生活的先决条件。假如同等自由这一法则是人与人之间正确关系的首要法则，那么，就没有任何实现一项次要法则的愿望能使我们有理由去破坏它。①

据此，斯宾塞提出了自己的幸福观——幸福意味着人体各种机能都得到满足的状态。要获得完全的幸福，就要把所有机能按其各自发展的比例加以使用；为达到这一目的而对各种环境做出的理想安排就构成最大幸福的标准。

斯宾塞提出了追求幸福的条件。他说，在社会性状态中，因为每一个人的活动范围都受到其他个人活动范围的限制，要获得更大数量的幸福，必须使个人能在他自己的活动范围内得到完全的幸福，而不减小其他人为获得幸福所需要的活动范围。如果一个人只有在减小其他人的活动范围时才能得到幸福，他自己要么得不到完全的幸福，要么使其他人得不到完全的幸福，这种幸福就不是最大的幸福。因此，个人获得幸福的先决条件是他为获得幸福而进行的活动范围，不减小其他人获得同样幸福而不得不进行的活动的范围。

斯宾塞指出，要达到最大幸福，还必须遵守一个条件，这就是个人不以任何直接或者间接方式使别人感到不幸福，"遵守这个条件可以称为消极的善行"。此外，还必须加上另一个条件，那就是每个人都能够由其余人的幸福中得到幸福，"遵循这个要求意味着积极的善行"。斯宾塞还指出，为了获得最大的幸福，还有一个进一步的条件，那就是每个人都采取为使他自己的私人幸福达到最充分限度所需采取的行动。斯宾塞总结指出：只有当人们自发地去符合上述条件的要求时才能得到最大幸福。社会性状态是一种必然，在这种状态下获得最大幸福的条件都是固定的，我们必须使自己尽快习惯于满足这些条件的要求。②

斯宾塞强调个人为实现自己的幸福而做出努力，反对给个人努力施加其他无为的干预。他指出，要是让国家手段插手个人努力的领域，个人适应社会性状态的过程立刻就会终止，人类不再继续把自己塑造得与社会状态的自然要求相协调，而是开始采取适合于这些人为要求的形式。无论我们用哪一种方式去说明国家的职责，它都不能超过那个职责而又不使自己被挫败。国家如果被看作保护者，一旦它做的事情超过了保护的范围，它就变成了侵犯者，如果被看作对适应的帮助，一旦它做出的事情超出了维护社会状态的范围，它就要推迟适应而不是加速适应。③

---

① 赫伯特·斯宾塞：《社会静力学》，张雄武译，商务印书馆1996年版，第41-42页。

② 赫伯特·斯宾塞：《社会静力学》，张雄武译，商务印书馆1996年版，第30-32页。

③ 赫伯特·斯宾塞：《社会静力学》，张雄武译，商务印书馆1996年版，第121-123页。

因此，斯宾塞主张对国家的职责范围做出严格限制，提倡尽可能地自由放任。他反对国家实行的商业管理政策，认为政府禁止任何商业往来，或者为任何这类往来设置障碍，就是侵犯了人们的行动自由，这就直接颠倒了它的职责。关于卫生监督，斯宾塞指出，如果说采取措施保护人们的健康是国家的职责，意思就是国家应该在庸医与患者、药商与病人之间进行干预，这样的干预是直接违反道德法则的，这些干预如同对其他行业的干预一样侵犯了人们的权利。病人有从任何人那里购买医药和治疗的自由，没有开业执照的医生也有把这些东西出卖给任何愿意购买者的自由。没有任何借口可以在两者之间设置障碍而不使同等自由法则受到损害。斯宾塞甚至对政府制定干预货币的法律、承担邮政方面的职能以及由政府去完成公共工程设施等都表示反对，认为这些都是“我们关于国家职责的定义所禁止的”[①]。

3. 反济贫法思想

斯宾塞对政府实施的济贫法坚决反对，他系统全面地阐述了反对实施政府济贫的原因。

首先，政府实施的救济工作不利于人们正常同情心的发展。他指出，依照法律实施的救济计划与依靠人们的同情心而实施的自愿救济大不相同，其所产生的影响正好相反。济贫法试图用强力使人们大发慈悲而不是依靠人的自愿，它使救济提供者与接受者双方都感到痛苦，一方怀着不满和漠不关心，另一方怀着不平与怨恨。济贫法的每一步行动，从收集资金到最后分配，都充满了牢骚、不满和愤怒；它引起关于权威的争吵、关于权利要求的争议、威吓、嫉妒、诉讼、腐化、欺诈、说谎和忘恩负义，它是一件取代人们较高尚的感情，却刺激人们较卑劣的感情的东西。济贫法这种政府强行干预替代了人们的同情机能，而这正是比其他一切机能更需要的机能，是将社会人与野蛮人相区别的机能，是产生公正观念并使人们关注彼此权利要求的机能。[②]

其次，政府济贫计划与自然和社会进化规律相违背。斯宾塞指出，自然界存在一种严格的戒律在起作用，这种戒律就是应该尽可能适应环境。较高级动物的发展是一种朝着成为能够享受不因各种障碍而减少的幸福的生物进步过程，这一最高成就将在人类身上获得完成，文明就是它完成的最后阶段。理想的人就是要获得完成的全部条件都在他身上得到满足的人。目前人类福利及其达到这种最后完美状态的发展，都要依靠这种有益而又严酷的戒律才有保证。斯宾塞在举例说明这种情况时指出，一个手艺笨拙的工匠如果做出一切努力也无上进，他就要挨饿，一个身患疾病的劳动者因失去与其伙伴的同等竞争力而必须忍受由此带来的贫困，听任寡妇孤儿在死亡线上挣扎等，这些似乎都很残酷，但是，如果不是单独地看待这些现象，而是把他们与人类的普遍利益相联系来看，这些看似残酷的事情却可以被认为是充满利益的，这正如使有病父母的子女早进坟墓，挑选放纵或者衰弱的人作瘟疫的牺牲品一样。[③]

---

① 赫伯特·斯宾塞：《社会静力学》，张雄武译，商务印书馆 1996 年版，第 193-222 页。

② 赫伯特·斯宾塞：《社会静力学》，张雄武译，商务印书馆 1996 年版，第 140-143 页。

③ 赫伯特·斯宾塞：《社会静力学》，张雄武译，商务印书馆 1996 年版，第 143-144 页。

再次，政府济贫计划不利于培养人们适应社会性状态的能力。他指出，依照法律实施的济贫计划遏止了人们社会性状态的适应过程。要变得适合于社会性状态，人不仅必须失去他的野性，必须获得适应文明生活所需要的能力，还必须获得为了将来的大的满足牺牲眼前小的满足的能力。这种过渡状态是一种不幸的状态，个人素质与外部环境不一致必然引发痛苦，人类被迫去面对新环境的需要，逐步实现与这些需要的和谐，并不得不尽可能忍受由此而引起的不幸。没有任何地球上的力量，没有任何政治家巧妙设计的法律，没有任何好心肠人改造世界的计划，没有任何灵丹妙药和曾经讨论及将要讨论的社会改革能减少那些痛苦，要缓解这种痛苦的任何企图只能是加重这种痛苦。他说："济贫法或任何类似制度所能做的一切是部分地中止过渡——从社会的某些成员身上暂时除去导致他们转变的痛苦的压力。至多只能推迟最终必须忍受的事。"①

最后，政府济贫计划对正常劳动者的收入状况带来不利影响。他指出，济贫税主要是由中上等阶级提供的，它表现为特定数量的食品与可用来交换食品的东西。这些食品与东西中的一部分是他们自己需要的，而且这种需要一般保持稳定的比例。一旦这些食品与东西的总量发生变化，就必然影响不是这一阶级自身需要的剩余的那部分东西，这部分东西就是用于劳动者劳动的报酬，他们的劳动是用来生产包括必需品在内的各种物品的，这些剩余部分食品与东西的短缺就是人民所需的短缺。政府的重新分配只能改变感受不足的当事人，不能改变短缺本身，如果政府把足够的食品给予不给就不够的一些人，它就不可避免地要把另一些人降低到不足状态。斯宾塞指出："在某一种特定人口中，依靠别人恩赐生活的人数目愈大，依靠劳动生活的人数目必然愈小；依靠劳动生活的人数目愈小，食品和其他必需品的生产必然愈少；而食品和其他必需品的生产愈少，困苦必然愈大。"②

斯宾塞对政府实施的救济计划表示反对，却对有助于实现个人自助的其他各种帮助表示支持。他指出，这里反对的只是各种不明智的救济行为，至于那些可以帮助人们实现自助的慈善行为应该给予支持和鼓励。因为帮助人们实现自助为发挥人的同情心留下了充分的余地。斯宾塞指出，那些被意外事件影响的受害者，那些因为缺乏他们无法得到的知识而失败的人，那些被他人的不诚实损害的人等，都可以在有利于各方的情况下得到帮助，甚至当挥霍浪费者在极度的艰难困苦中把他必须服从的社会生活的无法改变的条件铭刻在他的记忆中以后，也可以适当地再给他们一次尝试的机会。斯宾塞指出："虽然由于这些改善的措施，适应的过程必然要稍稍受到一些妨碍，但在大多数情况下，它在一个方面所受到的阻碍不会像它在另一个方面所受的推动那么大。"③

---

① 赫伯特·斯宾塞：《社会静力学》，张雄武译，商务印书馆 1996 年版，第 145-146 页。

② 赫伯特·斯宾塞：《社会静力学》，张雄武译，商务印书馆 1996 年版，第 148 页。

③ 赫伯特·斯宾塞：《社会静力学》，张雄武译，商务印书馆 1996 年版，第 146 页。

第三节　其他自由主义思想家的社会福利思想

一、洪堡的社会福利思想

1. 国家作用的有限性

威廉·冯·洪堡（Wilhelm von Humboldt，1767—1835）是德国近代著名自由主义思想家，也是近代德国大学教育的奠基者。《论国家的作用》是其自由主义社会福利思想的代表作。

洪堡强调自由的重要性。他指出，人的真正目的是把他的力量最充分地培养成一个整体，为此，自由是首要的和不可或缺的条件。自由增强人的力量，强迫行为窒息着人的力量。自由是必要的条件，没有自由，即使是最富有感情的事情也不可能产生有益的作用。在自由人当中，“所有行业获得了更好的发展；所有艺术之花更加盛开；所有科学得到了繁荣。……所有家庭的纽带也更为紧密，父母双亲更热衷于为孩子们操心”[①]。

洪堡认为，国家的作用应该规定一定的限度。国家的唯一目的就在于保障安全，国家应该成为保障人的最大财富即自由的条件，国家必须放弃根据特殊目的驾驭国民的做法，它不得企图规定国民应该做什么和不应该做什么，国家的任务是防止而不是强加，而且只有当公民自由受到威胁时，它才能够出面表现自己。国家职责的任何其他方式的膨胀都会妨碍公民的自身活动。国家越是清闲无事，违法行为的数目就越小。洪堡指出，任何新国家机构的设置必须注意两件事：第一，界定进行统治和提供服务的人和属于真正的政府机构设置的东西；第二，政府一旦建立就要界定它的活动范围。[②] 需要指出的是，洪堡主张最大限度地弱化国家和政府的作用，但并不主张消灭国家和政府。“我们不是要通过摆脱享有自由，而是要在国家中享有自由。”

2. 社会福利思想

洪堡的社会福利思想明显地体现出自由主义社会福利思想的一般特点。这就是强调国家尽可能少地干预社会生活，个人应该通过自身的努力为自己和家人创造更多的福利，并通过自助解决自身生活中所遇到的问题，而不应该依赖国家和他人的帮助。洪堡指出，人活着就是想要得到幸福，这种幸福不是别的，就是他的力量为他所谋取的幸福。

洪堡认为，国家关心公民的正面福利是十分有害的，其原因主要包括以下方面。

首先，国家对公民正面福利的关心，必然是针对情况错综复杂的大众人群，而这种关心措施要适用于其中的每一个人，就会有明显的缺陷，并因此损害一些个人的利益。

---

① 洪堡：《论国家的作用》，林荣远、冯兴元译，中国社会科学出版社1998年版，第43页。

② 洪堡：《论国家的作用》，林荣远、冯兴元译，中国社会科学出版社1998年版，第23页。

其次，国家对公民正面福利的关心，会阻碍个人在道德生活尤其是在实际生活中个性和固有特点的发展。洪堡指出，只要国家正面关心外在的和物质的福利，哪怕是这种福利与内在的存在总是紧密地结合在一起，这也不能不妨碍个性的发展。因此，除非有绝对的必要，国家永远不应该对公民做出正面福利的关心。

再次，国家对公民提供正面福利会导致严重的个人依赖心理。国家提供的正面福利不仅会使每一个人都依赖国家的关怀和帮助，还会把他的同胞的命运交给国家帮助去处置。这种正面福利会对个人命运产生严重影响，它使一旦习惯于依赖外来力量的人，听命于一种更加无可挽救的命运的宰割，因为，正如拼搏和勤劳会减轻不幸一样，毫无希望的、也许是落空的期待会加重不幸的程度。洪堡指出，为了福利而限制自由的手段可能具有不同的性质，但是，所有这一切都会带来损害。[①]

不过，洪堡并不一概拒绝任何形式的正面福利，他所反对提供的是针对成年正常人的福利，认为这些人应该通过个人努力增进自己的福利。对于未成年人和不具备正常理智力量者，洪堡认为国家应该给他们提供必要的有关身体、智力和道德健康的特殊福利关怀。国家还必须监督父母准确地履行他们对孩子的义务，在父母死亡的情况下，国家必须为未成年人指定监护人，而监护人必须充分履行自己的职责。

二、西斯蒙第的社会福利思想

1. 经济与社会的关系

西斯蒙第（Jean-Charles-Léonard Simonde de Sismondi，1773—1842）是瑞士著名的自由主义经济学家，其主要经济学著作包括《托斯卡纳的农业》（1801）、《商业财富或政治经济学原理在商业立法上的应用》（1803）、《政治经济学新原理》（1819）以及《政治经济学研究》（1838）。

西斯蒙第认为劳动是创造财富的源泉，但是，他强调增加财富的目的是为增进民众的幸福，强调财富的增长应该为全体社会成员谋利益。他指出："我们同亚当·斯密都一致认为：劳动是财富的唯一源泉，节约是积累财富的唯一手段；但是，我们还要补充一句：享受是这种积累的唯一目的，只有增加了国民享受国民财富才算增加。"[②] 在《政治经济学研究（第一卷）》中，西斯蒙第同样指出，"劳动是人的一切物质享受之父；劳动创造财富；真正的政治经济学……应当教育指导人的劳动，以达到以下诸点：全体人民都能享受劳动的成果，人人有饭吃，有房住，有衣穿，大家都能从造物主给人的恩赐中受益；全体人民都能有足够的闲暇时间，以保持身心健康；全体人民都能分享智慧

① 洪堡：《论国家的作用》，林荣远、冯兴元译，中国社会科学出版社 1998 年版，第 54 页。

② 西斯蒙第：《政治经济学新原理》，何钦译，商务印书馆 1964 年版，第 45 页。

的硕果”[①]。他还明确指出：“我们要设法弄清社会应遵循的步伐，使得为了社会目的而被劳动创造的物质财富为所有的社会成员谋利益，并维护这种利益。”[②]

西斯蒙第认为，经济发展是一个因果相连的过程。他指出：“国民财富的发展过程是一条循环往复的路线；每个结果都相继变成原因，每一个步骤都要受前一个步骤的制约并决定着它后面的步骤，而最后一个步骤又同样回到第一个步骤。”[③] “只要此一行动和另一行动配合得好，各方面就都能前进；只要有一个运动落后，它本来应该和其他动作互相配合却脱离了正轨，那时一切就都要停顿。……假使措施不当，以致这些活动中的某一环节加快了速度，不能同其他环节相配合，就会打乱整个系统，于是，预期使穷人获得怎样的幸福，反而给他们造成了同样深重的灾难。”[④]

西斯蒙第指出，社会的发展更是一个各种因素相互制约的过程。他说：“社会的一切运动都是息息相关的，它们互为因果，就象钟表齿轮的各种运动一样。但是，也正象钟表一样，为了使这些运动互相衔接，动力必须在它应发生作用的地方发生作用。如果人们不是等候劳动的需求去产生动力，却想通过提前生产来创造这种动力，那末，就象对一个钟表，你不去上紧那个带链条的齿轮，却猛地倒拨另一个齿轮，结果不是把整副机器弄坏的话，就是使它全部停下来。”[⑤]

2. 财富、幸福与人口

在财富同人口的关系问题上，西斯蒙第的基本观点是财富的增长必须能够给民众带来幸福，同时，财富增长与人口增长必须保持适度的比例关系。他指出：“我们必须使财富的增长跟人口的增加相互一致；在这些人口之间进行财富分配时必须按照这样一个比例，即如果没有特大的天灾人祸，他们不会为生活所苦。我认为，为了谋求所有人的幸福，收入必须和资本一同增长，人口不得超过他们赖以生活的收入，消费必须和人口一同增长，而再生产同进行再生产的资本之间以及同消费它的人口之间都必须成相等的比例。同时，我要指出，在这些比例关系之中，每一个都有可能单独遭到破坏……每当这个或那个比例关系遭到破坏时，社会便陷入浩劫之中。”[⑥]

西斯蒙第指出，当人口与收入之间的比例关系遭到破坏时，作为最普通的人口群体的工人就会受到损失。他说：“收入与人口之间发生了任何不调和的现象，都一定会使资本减少或劳动的需求降低，而受损失的总是工人，被剥夺的总是工人阶级的收入。”[⑦]西斯蒙第认为，收入与人口之间的关系出现不协调现象的主要原因是社会组织的缺陷。

---

① 西斯蒙第：《政治经济学研究（第一卷）》，胡尧步、李直、李玉民译，商务印书馆 1989 年版，第 5 页。

② 西斯蒙第：《政治经济学研究（第一卷）》，胡尧步、李直、李玉民译，商务印书馆 1989 年版，第 9 页。

③ 西斯蒙第：《政治经济学新原理》，何钦译，商务印书馆 1964 年版，第 79-80 页。

④ 西斯蒙第：《政治经济学新原理》，何钦译，商务印书馆 1964 年版，第 434-435 页。

⑤ 西斯蒙第：《政治经济学研究（第一卷）》，胡尧步、李直、李玉民译，商务印书馆 1989 年版，第 75-76 页。

⑥ 西斯蒙第：《政治经济学新原理》，何钦译，商务印书馆 1964 年版，第 10 页。

⑦ 西斯蒙第：《政治经济学新原理》，何钦译，商务印书馆 1964 年版，第 419 页。

他说："任何地方发生只靠出卖劳动力生活的人得不到工作，并且眼看着自己周围有丰富的生活资料而自己无力购买以致贫困而死的时候，造成这种不调和现象的根源，总是我们的法律和我们的制度。"① 西斯蒙第进一步指出："现代社会组织的巨大缺陷，就是穷人永远不能知道，他能指望哪一种劳动的需求，这就是说，他的劳动能力永远不能成为一项稳妥可靠的收入。"②

3. 政府干预主张

在国家的作用与职能方面，西斯蒙第主张实行政府干预。他指出，我与亚当·斯密的见解之间有主要区别："亚当·斯密一直反对政府干预一切有关增加国民财富的事，我们却一再呼吁政府对此进行干预。"③ 西斯蒙第阐述了主张实行政府干预的基本原因，"商业财富的发展不需要政府干预的说法是绝对不正确的；政府对商业财富发展的自由竞争完全任其自流，并不会因此就杜绝某种压迫或使多数人免遭过分的痛苦……如果政府对财富的欲望加以调节和节制，它就可能成为一个无限慈善的政府"④。西斯蒙第还指出，个人利益常常违反公共福利，"包括在所有其他人的利益中的个人利益确实是公共的福利；但是，每个人不顾别人的利益而只追求个人的利益，同样，他自己力量的发展并不包括在与他力量相等的其他人的力量之内；于是最强有力的人就会得到自己所要得的利益，而弱者的利益将失去保障"，因为"个人利益乃是一种强取的利益，个人利益常常促使它追求违反最大多数人的利益，甚至……违反全人类的利益"。⑤

因此，西斯蒙第主张政府应该采取措施干预社会经济生活，使个人利益与公共福利保持一致，使收入增长与人口发展保持合理比例。他指出："在管理公共财富上，最高当局必须时常监督和约束个人，使他们为大家的利益而努力，当局永远不要忽略了财富的构成和分配，因为正是这一收入应该使所有阶级分享富裕和繁荣的好处；当局特别要保护贫穷的劳动阶级，因为它最没有能力自己保卫自己，往往为了别的阶级而被牺牲掉，它的痛苦成为最大的困难。最后，当局应该特别关心的不是国家财富或收入的增长，而是使之恒久和均衡，因为幸福有赖于长期在人口和收入之间保持一个不变的比例。"⑥

西斯蒙第十分强调帮助穷人获得幸福。他指出："对一门好的政治经济学来说，最重要的是认识穷人的地位，并向我们保证，只要穷人劳动，社会就能使他们丰衣足食、安居乐业。"⑦ 西斯蒙第进一步指出："穷人的享受包括丰富、多样化和卫生的食品；与

---

① 西斯蒙第：《政治经济学新原理》，何钦译，商务印书馆1964年版，第436-437页。

② 西斯蒙第：《政治经济学新原理》，何钦译，商务印书馆1964年版，第420页。

③ 西斯蒙第：《政治经济学新原理》，何钦译，商务印书馆1964年版，第460页。

④ 西斯蒙第：《政治经济学新原理》，何钦译，商务印书馆1964年版，第246页。

⑤ 西斯蒙第：《政治经济学新原理》，何钦译，商务印书馆1964年版，第243页。

⑥ 西斯蒙第：《政治经济学研究（第一卷）》，胡尧步、李直、李玉民译，商务印书馆1989年版，第103-104页。

⑦ 西斯蒙第：《政治经济学研究（第一卷）》，胡尧步、李直、李玉民译，商务印书馆1989年版，第20页。

气候相适应、数量足够的干净的衣服；同时考虑到气候和取暖需要的卫生的、舒适的住宅。最后，通过同样的劳动，穷人至少将得到同样的享受，确信未来的生活决不会低于现在。如果哪一个国家穷人没有达到上述四个方面，这个国家就不能算是繁荣发达的国家。达到这种标准的生活条件是人们的共同权利，对所有使共同劳动取得进展的人们来说，这种生活都应该得到保障。穷人生活宽裕了，全体国民才能安居乐业，国家也就愈能兴旺发达。"①

三、巴斯夏的社会福利思想

1. 利益和谐性

弗雷德里克·巴斯夏（Frédéric Bastiat，1801—1850）是19世纪法国著名的自由主义思想家，其代表作为《和谐经济论》。巴斯夏系统阐述了利益和谐的思想。他指出，利益法则具有和谐性。有什么能比反映出各个产业、阶级、国家乃至理论之间一致性的那个东西更具和谐性呢？利益法则具有宽慰性。它指明了以邪恶日盛为结论的各种理论体系中的谬误。利益法则具有宗教性。它告诉我们，揭示上帝的智慧、讲述上帝的光荣的，除了天体运动机制之外，还有社会机制。利益法则具有可行性。让人们劳动、交换、学习、相互结合、彼此作用于对方并做出反应，因为依据上帝的法则，当人们从事上述活动时，从他们的智能中自发涌现，只能是秩序、和谐、进步、善良、美好、更美好，以至无限美好。

巴斯夏认为，不幸是人类社会自然的事，不加区别地试图消除不幸则是不可取的，是对自由的损害。他指出，除非忘了我们谈论的是人，除非忘了我们自己也是人，否则我们就不会否定不幸，否定痛苦。上帝的法则并非必须排斥不幸才能被认为是和谐的。如果不幸有其解释，有其作用，能够自我限制，能够自我摧毁，痛苦本身能够遏制其产生的原因从而防止更大的痛苦，那就可以认为上帝的法则是和谐的。人作为社会成员是一种自由的力量。人既然是自由的，就要进行选择，既然要进行选择，就可能选错，既然会选错，就会有痛苦。任何谬误都导致痛苦，痛苦如果落在犯了错误的人身上，应该由本人承担责任；痛苦如果落在没有犯错误的人身上，那就会牵动人心，赢得同情。即使借助人所建立的各种制度阻挠上帝的法则发挥作用，错误依然会导致不幸，只不过此时的不幸会发生错位：遭受不幸的是不该遭受不幸的人。在饱尝痛苦之后，我们能够走上正确与真理的道路。我们不但不否认不幸，而且承认它在社会秩序和物质世界中有其使命。为了使不幸得以完成其使命而过分强调同情心，乃至完全不考虑责任，这是不可取的。他断言，"人的利益如不受约束就能和谐地彼此结合，就能促使公共福利逐步优先增长"。②

① 西斯蒙第：《政治经济学研究（第一卷）》，胡尧步、李直、李玉民译，商务印书馆1989年版，第13页。

② 巴斯夏：《和谐经济论》，王家宝等译，中国社会科学出版社1995年版，第39页。

2. 互助合作主张

巴斯夏主张实行互助合作。他指出，如果我们是一个工人、一个手工业者，我们不妨设身处地考虑一下，每天清晨醒来之时使他焦虑不安的想法："我年纪轻轻，身强力壮；我有工作，甚至在我看来，比起我的大部份同伴，我的空闲时间更少，我流的汗更多。可是，我也只能勉强维持我的生计，满足我妻儿的需要。但是，当年龄或疾病使我的双臂失去力气的时候，我会变得如何呢？我的妻子、儿女又将怎样呢？我必须自制，以一种超人的力量和谨慎从我的工资中节省一笔足以应付不幸时日的费用。还好，我有幸从不生病，再说，还有互助协会呢。但是，年老体衰却不可避免，它命中注定必然要到来的。每天，我感到它日益临近，并将很快落到我自己身上；到那时，过了一辈子正直、勤劳的生活后，呈现在我眼前的前景又是什么呢？对我来说，无非是收容所、监狱或长期卧床不起；对我妻子来说，只有乞讨；对我女儿来说，则情况更糟。啊！为什么没有某个社会机构在我年强力壮之时，哪怕用强制的手段从我那里扣下足够的资金，以确保我晚年的温饱呢？"①

巴斯夏十分自信于自己的思想主张，并向经济学家们、社会主义者们、平均主义者们、共产主义者们、各个教派的基督徒们、产业所有者们、无产者们、资本家和工人们、马尔萨斯的弟子们以及掠夺成性的人们等当时存在的各种社会思想派别与社会群体发出呼吁："人们徒然希望调和，事实上有两种原则是不可调和的：自由和强制。"② 他满怀信心地向所有把公正、公共福利和真理看得高于自己理论的学派发出号召：遵循上帝的法则，相信利益的和谐，遵循自由的原则，限制政府的行为。

四、托克维尔的社会福利思想

1. 贫困及其原因

托克维尔（Alexis-Charles-Henri Clérel de Tocqueville，1805—1859）是法国历史学家、政治家。其主要代表作有《论美国的民主》和《旧制度与大革命》等。托克维尔从农业与工业从业者两方面讨论贫困的现实及其原因。

关于农业从业者的贫困。他指出，当大多数人依赖土地而生时，生存这一最为紧迫的需求固然能够得到满足，但贫困和野蛮等问题也始终存在。事实上，对于绝大多数辛勤耕作的人来说，土地往往能够产出足够的回报以使他们免于饥饿。因而，此时的人虽然贫困但生存不成问题。但至今日，绝大多数人虽然过得更为愉悦，但如果缺乏相应的公共保障机制，他们时时刻刻都徘徊在因饥饿而走向死亡的边缘。

关于工业从业者的贫困。托克维尔指出，从事工业生产之人虽然极大地促进了其他人的福祉，但也容易陷入猝不及防也无法逃离的噩梦之中。在人类社会的整体结构中，

① 巴斯夏：《和谐经济论》，王家宝等译，中国社会科学出版社 1995 年版，第 366-367 页。

② 巴斯夏：《和谐经济论》，王家宝等译，中国社会科学出版社 1995 年版，第 46 页。

从事工业生产之人既从上帝那里接受了为他人提供物质福祉的使命，也使自己容易陷入危难和风险之中。“在越是富裕的社会中，其生活的舒适与贫穷之间的关系就变得越是紧密。从事工业生产的阶级，为他人提供了享乐所必需的物质条件，但也使他们暴露在那些这一阶级未曾存在之前根本无从知晓的风险之中。”[①]

托克维尔还从需求角度探讨贫困产生的原因。他指出：“随着人们在追求乐趣的道路上渐行渐远，他们离各种潜在的风险也越来越近”；“一个国家越是富有就有越多的人希望获得‘公共慈善’的救济。导致如此结果的主要原因有如下两方面：一方面，在这些国家中，最为缺乏保障的阶级人数在不断地增长；另一方面，需求在无限地扩张和多样化，人们在日常生活中也更为频繁地触及和意识到上述种种需求”。[②]

托克维尔提醒人们必须正视和解决贫困问题。“是时候冷静而平和地直面现代社会的未来了。”[③] 他指出，既不能再沉醉于未来的宏大图景之中，也不要因为看到伴随而来的苦难而感到气馁，所须做的是发现缓解那些已然显现而无法避免之苦难的方法。

2. 应对贫困的方法

托克维尔提出了解决贫困问题的办法。他指出：“储蓄为工人们提供了一种将他们的工资简便而又安全地实现资本化进而获利的方法。这也是当下社会唯一可以采取的用以应对财富不断集中在少数人手中，进而产生各种负面效益的方法，它有助于工人阶级养成绝大多数农民阶级普遍具有的（获得）财产意识和习惯。由此，整个问题就被简化为应当寻找一种能够使穷人积累资产，并使他们的积蓄发挥效益的方法。第一种办法，也是法国迄今为止唯一曾经采用的办法，即建立储蓄银行。”[④]

托克维尔阐述了如何实施和运行储蓄银行。他指出，可以通过国家行为将典当行和储蓄银行结合起来，建立一个统一的储蓄机构，在这一机构中，政府一只手在获得储蓄存款后，另一只手就可以将这些存款再分配出去。那些有积蓄的穷人将会把存款交到政府手中，而政府在获得抵押之后，会再将这些存款借给那些有需要的穷人。政府在双方之间只扮演中介的角色。从本质上来说，也就是将那些节俭或者受到命运眷顾的穷人们的存款有息地借给了那些懒惰或者未受命运眷顾的穷人们。“当下已经没有比这更简便、更实用、更道德的制度了，因为如此使用穷人的储蓄不仅不会将国家置于风险之中，也不会给穷人们带来风险”。[⑤]

托克维尔指出，应该选择个人慈善做法而非公共慈善制度。他指出，“‘法定救济’看起来既合乎情理又非常有效，但实则是非常危险的权宜之计。它提供给那些遭受苦难的穷人的仅仅是虚伪而又短暂的慰藉，反而会激起社会（其他）的病痛。由

① 托克维尔：《论济贫法》，吕鑫编译，清华大学出版社2023年版，第13页。
② 托克维尔：《论济贫法》，吕鑫编译，清华大学出版社2023年版，第14-15页。
③ 托克维尔：《论济贫法》，吕鑫编译，清华大学出版社2023年版，第15页。
④ 托克维尔：《论济贫法》，吕鑫编译，清华大学出版社2023年版，第45页。
⑤ 托克维尔：《论济贫法》，吕鑫编译，清华大学出版社2023年版，第53页。

此，我们只剩下私人慈善这一选择。它能够产生有益的结果，它的弱势恰恰保证了不会发生危险的后果。它减轻了许多的苦难，却没有滋生更多的苦难。”然而，私人慈善在应对工人阶级的逐步扩展以及文明在提供各种各样物品用以满足需要的过程中伴随而来的不幸时又显得仍然太弱。托克维尔指出，“私人慈善是一支强大而不可忽视的力量，但过度依赖则无疑显得过于草率。它仅仅是（救济）方法之一而非唯一方法”。[①]

思　考　题

1. 简述古典政治经济学家关于财富与分配的基本思想。
2. 简述古典政治经济学家关于贫困与济贫法制度的基本主张。
3. 简述功利主义思想的核心内容。
4. 简述自由主义与功利主义思想家对自由的理解。
5. 简述自由主义社会福利思想的基本历史地位与现实意义。

① 托克维尔：《论济贫法》，吕鑫编译，清华大学出版社2023年版，第34-35页。

第四章　新历史学派与激进自由主义社会福利思想

新历史学派是对德国社会发展产生重要影响的思想流派，其基本主张包括强调精神的作用，推崇国家对经济的干预，提倡实行有效的社会政策，这使得新历史学派的思想主张成为德国社会保险制度出现的理论基础。与近代初期的传统自由主义社会福利思想相比，英国激进自由主义社会福利思想认为，自由具有有限性和共享性，主张国家对社会经济与生活实行干预，并把社会问题的出现和加剧归因于社会发展的不和谐性，主张社会问题的解决不能仅靠个人，而应该依靠由国家建立的社会保障制度。这种激进自由主义社会福利思想与集体主义社会思潮一起，成为英国以社会保险制度为核心内容的现代社会保障制度建立的思想基础。

第一节　德国新历史学派社会福利思想

一、新历史学派的出现

德国是后起的资本主义国家，当英国、法国等国资本主义经济有了一定发展时，德国仍处于四分五裂状态。结束民族分裂，实现国家统一，建立强大的德国成为 19 世纪德国历史的主旋律，德国社会历史发展的这一特点深深影响其社会思想与社会理论的各个方面。

当 19 世纪前期经济自由主义思想十分流行时，基于特殊的社会经济政治背景，德国出现了以弗里德里希·李斯特（Friedrich List，1789—1846）为代表的经济国家主义和以威廉·罗雪尔（Wilhelm Roscher，1817—1894）为代表的旧历史学派。他们都反对自由放任主义，主张国家对经济进行强有力的干预，强调国家在经济与社会发展中应该发挥重要作用。德国旧历史学派的思想主张，对德国 19 世纪前期资本主义社会经济的发展产生了直接的影响。

19 世纪末 20 世纪初，德国统一大业基本完成，如何实现经济快速发展与社会的基本稳定成为德国社会的重要问题。在这样的时代背景下，以施穆勒（G. Schmoller，1838—1917）和桑巴特（W. Sombart，1863—1941）为代表的新历史学派开始出现。

德国新历史学派分为自由派和保守派两派。自由派主张给工人以更多的结社自由等权利，要求扩大选举权，并依此推进德国的社会改革；保守派主张通过国家保护措施改善工人阶级的生活状况，这些措施主要是推行强制性的社会保险，限制工人的工作时间等。总体上来说，新历史学派的内部分歧并不明显。

二、新历史学派的经济与社会政策主张

新历史学派的主张不仅对德国社会经济的发展产生了重要影响，也对德国社会政策与现代社会保障制度的建立有直接的影响。德国新历史学派的主要经济社会主张包括以下几个方面。

1. 强调精神与伦理

强调精神和伦理在社会经济与生活中的重要地位。德国历史发展的一个突出特点，是强调民族精神和伦理意识的价值和地位，认为德意志民族精神与伦理意识是德意志历史发展必不可少的因素。新历史学派的思想同样体现出这一特点，他们把经济社会生活中的许多问题同精神、道德和伦理联系在一起，希望通过对民族精神与道德伦理的强调，通过协调劳资关系，消除社会主义的影响，促进资本主义的发展。

新历史学派的著名人物施穆勒认为，经济问题只有和伦理道德联系起来才能得以解决。他指出，劳资矛盾是由于工人缺乏道德造成的，劳资矛盾的解决应该依靠工人道德水平的提高。桑巴特更加强调精神与道德对资本主义经济与社会发展的影响，他甚至认为："资本主义是由欧洲精神的深处发生出来的。"① 他还指出，企业家精神和市民精神结合起来形成了资本主义精神，"这种精神创造了资本主义"②。

2. 经济领域中的国家干预

强调国家在经济发展和社会进步中的重要作用，主张实行强有力的国家干预。新历史学派将19世纪初以来德国不断发展的国家干预理论进一步发扬光大。施穆勒特别强调国家在经济发展中的影响，甚至提倡实行"国家经济"。他指出："没有一个坚强组织的国家权力并具备充分的经济功用，没有一个'国家经济'构成其余一切经济的中心，那就很难设想有一个高度发展的国民经济。"③

桑巴特指出，资本主义精神是资本主义经济发展的动力，但是，这种精神在国家内部并通过国家才能发挥作用。国家对资本主义经济发展具有重要影响，它帮助资本主义开拓市场，获得劳动力，推行新技术，国家通过社会政策实行的有意识干涉，可以保护并推进资本主义的利益。

新历史学派的另一个代表瓦格纳非常强调国家在促进经济发展中的作用，并且认为国家在为民众提供充分的社会福利方面的重要职能。他指出，国家是最重要的"强制共

---

① 桑巴特：《现代资本主义（第一卷）》，李季译，商务印书馆1958年版，第212页。
② 桑巴特：《现代资本主义（第一卷）》，李季译，商务印书馆1958年版，第215页。
③ 季陶达：《资产阶级庸俗政治经济学选辑》，商务印书馆1963年版，第344页。

司经济”，是自由经济的修正者和补充者，它不仅应该通过政府与法律维护国内秩序，而且应该通过社会政策增进民众的社会福利。①

新历史学派认为，资本主义经济组织形式的变化可以避免其经济发展中的某些弊端，从而使资本主义经济过渡到社会主义计划经济。新历史学派的一个主要目标是通过国家干预和社会改革来削弱和抵制社会主义运动的发展。他们认为，德国卡特尔经济组织形式的出现，有利于德国资本主义经济计划性的实现，这也是实现德国经济走向社会主义计划经济的有效途径。

瓦格纳认为，俾斯麦开始了一个在企业转化为国家财产的基础上逐步向社会主义过渡的新时代。新历史学派的又一个理论家布伦坦诺，在研究德国卡特尔垄断组织形式的基础上提出了“有组织资本主义”的观点。他认为，卡特尔不仅可以消除经济危机，实现经济计划性，而且可以促进工人阶级的社会福利。桑巴特提出了混合经济的概念，他认为，资本主义经济将通过内部自我调节走向更加稳定，从而为过渡到社会主义经济做好准备。②

3. 社会政策主张

新历史学派提倡社会改良主义，主张实施社会立法，促进社会福利事业的发展。施穆勒指出，现代的个人自由和私有制将永远保存下来，但是，同时应该促进经济的社会化，改变分配制度和所有制形式，以满足所有社会成员的权利和要求。社会中存在过度的阶级分化和阶级对立的现象，会对社会稳定带来极大的危害，只有进行大规模的社会改良，才会促进社会的稳定发展。据此，新历史学派思想家主张制定社会立法，推行社会保险制度，建立工厂监督员制度和劳资纠纷仲裁制度，加强劳动保护，对贫穷者提供社会救济，同时，推进一些经济领域的国家化，并改革财政制度。

三、新历史学派的影响

1. 讲坛社会主义

为了推行社会改良主义的主张，德国新历史学派于 1872 年建立了一个“社会政策协会”，新历史学派的核心人物施穆勒是该协会的发起人之一，并长期担任该协会的主席。社会政策协会的宣言指出，现有各种社会制度、立法、阶级意识等是人们社会生活的基础，但是，我们还应该毫不犹豫地对它们进行改良。③ 几乎所有的新历史学派思想家都参加了社会政策协会。这些新历史学派思想家大部分是大学教授，他们利用大学讲坛宣传社会改良，主张通过社会改良过渡到社会主义。因此，德国的新历史学派往往又被称为“讲坛社会主义学派”。

---

① 汤在新：《近代西方经济学史》，上海人民出版社 1990 年版，第 507 页。

② 汤在新：《近代西方经济学史》，上海人民出版社 1990 年版，第 512 页。

③ 汤在新：《近代西方经济学史》，上海人民出版社 1990 年版，第 512-513 页。

2. 国家职能认识的转变

新历史学派的经济社会主张，对 19 世纪末德国政府及其社会经济政策产生了直接影响。德国著名历史学家博恩曾经明确指出："'讲坛社会主义者'的思想给德国的社会政策以最强有力的推动。"[①] 德国当时的"宰相"俾斯麦与新历史学派思想家们保持密切接触，最初他与主张国家干预理论的拉萨尔讨论社会问题，后来他又和国家社会主义主张的主要代表瓦格纳经常会晤，以致逐渐转变对国家职能的认识。他指出，只有对现在进行统治的国家政权采取一些措施，才能制止社会主义运动带来的混乱局面，政府应该采取的办法应该是，尽可能实现社会主义者的要求中看来具有合理性并和我们国家的社会制度相一致的东西。一旦民众发现他们的君主开始关心他们的社会福利，社会民主党的先生们就会徒劳无益了。他进一步指出："现代国家的逐步进化要求国家不但应该完成其维护现存政权的使命，同时也应该通过适当制度的建立，积极主动地改善其全体成员的福利。"[②]

正是在上述关于国家职能认识转变下，俾斯麦认为应该通过采取积极措施，实行有效的社会政策来应对社会问题乃至社会主义运动。他认为："为了没有社会主义，要发展一点社会主义。"[③] 1881 年，俾斯麦在德国国会发表演讲时宣称：社会弊病的医治，不能仅仅依靠对社会民主党过火行为的镇压，而应该通过积极推动工人阶级福利的改善。建立由国家领导由国家出资的社会保险制度是使工人离开社会主义革命的最好办法，应当接近工人并考虑他们的要求，同时遏止工会与工人政党，以此来对付不断增长着的社会民主党。[④] 他表示愿意支持任何目的在于积极改善工人处境的行动。正是在德国新历史学派思想主张的影响下，俾斯麦力排异议颁布了著名的三项社会保险法，并且指出，国家必须把社会保险立法抓紧做好，这并不是对工人阶级的施舍，而是因为那些愿意好好劳动而无法得到工作者应该得到帮助。

新历史学派的思想主张还对 19 世纪末德国皇帝威廉一世产生了影响。他在谈到德国国会对社会保险立法的分歧时指出："我认为，使帝国国会重新关心这一任务乃是皇帝的义务。如果我有朝一日在谢世时能意识到，我已重新并持久地保证祖国国内安定，使需要帮助的人们有更多的保障，接受更实惠的帮助，那么，我会以更加满意的心情来回顾取得的一切成就，显然，上帝会保佑我们的政府取得这些成就的。"[⑤] 新历史学派对国家干预的强烈要求和呼吁，通过影响德国资产阶级政府，从而影响了德国社会福利实践，使得德国成为最早通过社会立法建立社会保险制度的西方国家。

① 卡尔·艾利希·博恩、马克斯·布劳巴赫、泰奥多尔·席德尔等：《德意志史（第三卷）：上册》，张载扬、张才尧、郭鼎生等译，商务印书馆 1991 年版，第 389 页。

② 让-雅克·迪贝卢、爱克扎维尔·普列多：《社会保障法》，蒋将元译，法律出版社 2002 年版，第 16 页。

③ 让-雅克·迪贝卢、爱克扎维尔·普列多：《社会保障法》，蒋将元译，法律出版社 2002 年版，第 15 页。

④ 卡特琳·米尔丝：《社会保障经济学》，郑秉文译，法律出版社 2003 年版，第 11 页。

⑤ 迪特尔·拉夫：《德意志史——从古老帝国到第二共和国》，Inter Nationes 1987 年版，第 165-166 页。

第二节　英国激进自由主义社会福利思想

一、格林与英国激进自由主义的出现

1. 有限自由思想

19 世纪末 20 世纪初，资本主义世界发生了很大的变化，资产阶级已经建立起绝对的统治，资本主义经济也走向垄断，随之而来的是社会问题更加严重，人们对传统的自由主义产生怀疑。自由主义能否解决日益突出的社会问题？国家应不应该对政治经济和社会生活进行干预？这种干预将带来什么样的结果？所有这些成为当时社会争论的主要话题，这场争论的直接结果是传统自由主义的衰弱、激进自由主义的出现以及国家干预要求的明显加强。

19 世纪末，英国一些思想家开始对传统的旧自由主义提出批评，并在此基础上提出了新的自由主义主张，托马斯·希尔·格林（Thomas Hill Green，1836—1882）就是英国早期激进自由主义的代表人物。格林在其 1882 年出版的著名的《关于自由主义立法与契约的自由演讲》中，对英国传统自由主义进行重新审视和批判，开始着重强调自由的有限性与可共享性，主张实行国家干预。

格林首先提出了自己对自由的理解。他说，自由是最伟大的幸福，它的实现是每一个人的最终奋斗目标。“但是，当我们谈论自由的时候，我们应该仔细考虑我们是怎样理解其意义的，我们并不是说自由可以不要任何约束与强制，我们也不是说自由就是我们想干什么就干什么，我们更不是说一个人或一群人所享受的自由是可以建立在牺牲他人自由的基础上。自由是一种享受，或者是一种从事某种值得享受的东西的积极力量或能力，同时也是一种我们可以与他人共享或共同从事的活动。”

格林的自由观有两大特点：一是自由是有限的，自由主义并不是绝对的个人主义；二是自由是大多数人可以共同享有的，不是少数人的特殊权利。格林关于自由的理解和主张，显然已经与传统自由主义的自由观有很大的不同。格林明确指出：“尽管在那些不愿或被迫行事的人中不可能有自由可讲，但是，另一方面，仅仅消除了强制，仅仅让一个人随心所欲地干自己想干的事，这也决不是对自由的贡献。”①

2. 国家干预主张

格林认为，既然自由具有有限性和共享性，社会就应该关心每一个人的自由和利益，使他们获得与他人同样的权利与自由。他具体指出，当一个人不得不在一种对自己有害的契约下劳动时，这种契约就是不自由的，因为它对个人利益与自由构成伤害。格

---

① Green T. H. *Lectures on Liberal Legislation and Freedom of Contract*. from Robert Eccleshall, British Liberalism，1978：180.

林认为："对个人的任何一种伤害都是对一种公共的伤害，它是普遍自由的一种障碍。"为了实现每个人都幸福和普遍自由这一文明社会的目标，必须通过法律来实行一些限制甚至禁止，这是社会发展与进步的要求，尤其是在那些有可能导致上述不良结果的劳动契约方面更应该如此。社会应该限制订立这类契约的自由，这是一种正确的做法，通过法律对工厂、矿山、车间的卫生条件做出规定，禁止妇女和年轻人超时劳动都是对个人自由与权利的保护。显然，格林的观点很明确，为了社会全体成员的利益，政府应该对社会生活进行干预，这种主张就为激进自由主义者坚决要求国家干预奠定了理论基础。

格林认为，个人获得自由的主要办法是接受教育，如果没有基本的知识和技术，近代社会中的个人就无法自由地发展自己的能力，而教育则应该通过国家行为来实现。格林还指出"如果从其成员获得自由的角度来考虑，国家采取措施阻止儿童在遭受忽视的状态下成长是它的职责，因为这种忽视实际上使他们在生活中可能被排斥出一种自由职业之外。"据此，格林认为，近代英国颁布实施的劳动、教育和健康立法是完全必要和合理的。这样，格林的思想已经具备新自由主义的主要方面，即有限制的自由，国家应该干预社会生活，主张制定和实施社会立法等。[①]

3. 英国激进自由主义的出现

英国激进自由主义的真正出现是在 19 世纪 90 年代。19 世纪 80 年代末，英国议会中的一些年轻的自由党议员已经提出一种富有新型特点的自由主义要求，他们把关注的重点放在社会问题上，并把自己的要求称为"激进自由主义的首次行动"。19 世纪 90 年代，激进自由主义者组织出现并创办了自己的刊物，这就是所谓的"彩虹圈子"和《进步评论》，其重要人物有霍布豪斯和霍布森等，这样，"激进自由主义终于有了自己的中心"。他们试图提出一种完整的激进自由主义理论，认为这种理论既应该避免社会主义色彩，也要躲开保守主义道路，并对实用的集体主义加以理智的预防，他们把这种激进自由主义称为"社会改革的理论"[②]。英国激进自由主义正式出现。

二、霍布豪斯的社会福利思想

1. 国家干预的主张

里奥纳德·特里劳尼·霍布豪斯（Leonard Trelawney Hobhouse，1864—1929）是英国激进自由主义著名思想家，也是英国著名的社会学家与哲学家。其主要作品有《认识论》《发展和目的》《社会学原理》《自由主义》等。

霍布豪斯认为必须对自由实施一定的限制。他指出："普遍自由的第一个条件是一定程度的普遍限制，没有这种限制，有些人可能自由，另一些人却不自由；一个人也许

---

① Green T. H. *Lectures on Liberal Legislation and Freedom of Contract*. from Robert Eccleshall，British Liberalism，1978：180.

② Paul Adelman. *Victorian Radicalism*. Longman，1984：132-137.

能够按照自己的意愿行事，其余人却无任何意愿可言。”霍布豪斯认为，自由统治的首要条件必须是有明文规定的法律来实行统治，统治者也必须遵守这种法律。自由与法律之间无根本的对立；相反，法律对于自由是必不可少的，法律可以使个人解除对可能受到的侵犯和压迫的恐惧。霍布豪斯认为，法律恰恰是整个社会能够获得自由的唯一方法。[①]

正是在这种自由观的基础上，霍布豪斯提出国家应该对社会经济与生活实施干预的思想。他指出，国家的职责是为公民创造条件，使他们能够依靠本身的努力获得充分的公民效率所需的一切。国家的义务不是直接为公民提供食物，也不是直接给他们提供房子或者衣服，而应该是为他们创造一种有利的经济条件，以便使那些没有生理缺陷的正常人，能通过他们的有用劳动为自己及其家庭获得食物、房子和衣服。

霍布豪斯指出，保障公民的工作权利和基本生活权利，如同保障他们的人身权利与财产权利一样，是维持一个良好的社会秩序不可或缺的必要条件。在一个社会里，如果一个诚实的具有正常工作能力的人无法依靠自己的有效劳动养活自己及其家人，这就不是个人对他们生活其中社会的负债，而是社会对作为其成员的个人的负债，是个人受到了社会组织的损害。霍布豪斯指出，如果是这样的话，这个社会制度肯定出了毛病，社会的经济机器一定存在故障。在这种情况下，作为社会成员的个人无法把机器修好，他们反而受到机器所出现的故障的危害并为之付出一定的代价，这就是不公正的。霍布豪斯进一步明确指出，只要一个国家还存在着由于社会经济组织不良而失业的人或工资过低的人，这就不仅仅是社会慈善事业的耻辱，而且是社会公正的耻辱。

具体到19世纪英国的实际情况，霍布豪斯并不否认英国社会的发展与人民生活水平的提高。但是，他认为，在现实情况下，英国普通工人要想按照个人竞争的道路获得彻底的经济独立是不可能的。他说，英国工资的增加与财富的总增长完全不相称，英国工业竞争制度显然不能满足体现在基本生活工资之内的道德要求，这种制度不能给人们带来希望，不能使英国大部分居民都过上一种健康、体面、独立的生活，而这种生活却是一个自由国家中每个公民与生俱来的权利。

2. 国家责任理念与社会福利的功能

霍布豪斯认为，要想解决英国社会经济制度的缺陷，既要依靠个人的责任，也要依靠国家和社会的责任。他指出："个人和社会之间有一种互相责任。"作为个人，他对国家的责任是为自己和自己的家庭勤奋工作，他不应该剥削他的幼年子女的劳动，而应该服从社会的要求，为他们子女的教育、健康、卫生和幸福尽心尽力创造条件。作为社会，它的责任就是为其每一个成员提供足以维持文明生活水准的手段。如果社会仅仅让个人在市场上通过竞争与讨价还价，竭尽全力地去挣到微薄的工资，社会是不算尽到责任的。他认为，国家可以从两个方面履行责任，一个方面是提供获得生产资料的机会，另一个方面是保证个人在共同的财富中享有一份。[②]

关于社会福利支出的功能，霍布豪斯指出：为改善工人阶级物质生活条件的社会福

① 霍布豪斯：《自由主义》，朱曾汶译，商务印书馆1996年版，第9页。

② 霍布豪斯：《自由主义》，朱曾汶译，商务印书馆1996年版，第80页。

利支出具有社会投资的功能。“工人阶级物质条件的改善作为社会的一种经济投资，非但不会赔本，还会获得更大的盈利”，霍布豪斯还十分明确地指出，“有一切理由认为工资的普遍提高肯定会增加剩余，无论那种剩余是作为利润归个人所有，还是作为岁入归国家所有”。[①]

霍布豪斯指出，社会福利实际上是社会遗产的一部分，“作为一个公民，他应该享有社会遗产的一份。这一份遗产当他遭遇无论是经济失调、伤残还是老年造成的灾难、疾病、失业时应该给他支持。他的子女享有的一份遗产则是国家供给的教育。这些份额是由社会的剩余财富负担的。只要财政措施得当，这不会侵害其他人的收入”。[②]

关于实现社会幸福的条件，霍布豪斯指出：自由主义经济学的主要观点是社会服务和报酬相等，其基本原则是每一种具有社会价值的功能都需要有助于刺激和维持有效履行该功能的报酬。每一个履行该功能的人，也都有权利获得这种报酬。现有财富的剩余应该由社会支配，并用于各种社会目的。同样，每一个能够履行有益于社会功能的人都应该有这样做的机会，他为此而获得报酬应该是他的财产，这些财产应该由他自己支配，使他能够按照自己的意愿来处理自己的事务。霍布豪斯指出，这些权利是社会成员幸福的条件，一个秩序井然的国家应千方百计地保证实现这些权利。[③]

3. 社会福利的基本主张

霍布豪斯从国家干预走向对社会立法与社会福利措施的强调。他说，随着时间的推移，最坚决的自由主义者也不仅会接受，而且还积极促进扩大政府对工业领域的控制，以及在教育方面甚至在抚养儿童、工人住宅、老弱病残照顾、提供正常就业手段等方面实行集体责任。[④] 在与社会福利相关的几乎所有方面，霍布豪斯都提出了自己的主张。

关于儿童保护。霍布豪斯认为：应该关心儿童的肉体、精神和道德，办法是让父母负起一定的责任，同时，拟定一项教育和卫生的公共制度。霍布豪斯十分强调国家在儿童保护方面的作用。他说：“我坚决主张，国家是高一级父母这一总概念既真正是社会主义的，也真正是自由主义的。它是儿童权利的基础，是保护儿童免遭父母疏忽的基础，是儿童作为未来公民将会要求的机会均等权利的基础，是他受训练以便成年后在社会制度中履行职责的基础。”[⑤]

关于妇女保障。霍布豪斯指出：如果我们真正相信我们就母亲的义务和责任所说的一切，我们就应当承认，幼童的母亲留在家中照看孩子，要比她出去做工而任其孩子无人照料，对社会的贡献大得多，更值得给她们报酬。他说，当我们认识到这一点以后，我们就不应再认为强迫母亲出去打工是可取的，也不应再认为母亲领取公家的补贴是丢脸的，我们应该把它看作对一项公民服务的报酬。我们需要的是妇女不应该通过挣钱来增加收入，而应该更好地抚养自己的孩子，使其能健康幸福地成长。[⑥]

---

① 霍布豪斯：《自由主义》，朱曾汶译，商务印书馆 1996 年版，第 104 页。
② 霍布豪斯：《自由主义》，朱曾汶译，商务印书馆 1996 年版，第 105 页。
③ 霍布豪斯：《自由主义》，朱曾汶译，商务印书馆 1996 年版，第 105 页。
④ 霍布豪斯：《自由主义》，朱曾汶译，商务印书馆 1996 年版，第 16 页。
⑤ 霍布豪斯：《自由主义》，朱曾汶译，商务印书馆 1996 年版，第 18 页。
⑥ 霍布豪斯：《自由主义》，朱曾汶译，商务印书馆 1996 年版，第 91 页。

关于贫困和济贫。霍布豪斯指出：我们不应该仅仅注意到救济穷人，而应该力求人人都能避免贫穷。做到这一点的办法有三个：第一个是为个人提供一个可据以脚踏实地工作的基础；第二个是国家举办的社会保险；第三个是用济贫法制度对寡妇、孤儿以及单身母亲进行救济。霍布豪斯又指出，我们打算把一大部分公共开支用来消灭贫穷，这项开支的主要理由包括："防止人们因缺少舒适的生活用品而受苦是公益的一个重要组成部分，是一个一切人都必须关心，一切人都有权利来要求和有义务来履行的目标。任何公共生活如果以参加公共生活的人当中哪怕一个人受可以避免的苦为基础，这种公共生活就不是一种和睦的生活，而是一种不和的生活。"①

关于工资问题。霍布豪斯认为：一个成年人靠劳动所获得的工资应该足够供养一个普通的家庭，并能为一切风险做好准备。工资不仅应该能够支付妻子和儿女的吃穿费用，还应该能够对付疾病、意外事故和失业风险。工资还应该能够提供教育费用。另外，还应该能够储存一部分钱供养老使用。如果做不到这一点，工资劳动者就无以自给。

关于老年人问题。霍布豪斯认为：最合理的办法莫过于推行养老金制度。

霍布豪斯关于国家干预的思想、国家责任的理念以及社会福利的基本主张，表现出与传统自由主义的基本主张的显著差别，这使其成为英国激进自由主义的重要代表，其社会福利思想主张对 19 世纪末 20 世纪初英国社会保障制度的建立产生直接的影响。

三、霍布森的社会福利思想

1. 机会平等与国家责任

约翰·阿特金森·霍布森（John Atkinson Hobson，1858—1940）是英国著名经济学家和社会改良主义者，也是英国新自由主义主要理论家。其主要著作有《现代资本主义的发展》《帝国主义论》《分配经济学》《贫困问题》等。

霍布森通过考察传统自由主义的特点与不足，来说明新自由主义出现的必然性。他认为，传统自由主义否定一切的观点不但从哲学上已经失败，而且从历史上来说也是虚假的。英国的自由主义者作为一个政治派别来说，从来就既未从理论上也未在政策上彻底服从于绝对的自由放任主义。他们也从来就没有把自由看作在质上是纯粹否定的东西，但他们的确强调自由的那种不要限制的一面。"正是这一点在今天阻碍着自由主义的能量的发挥并使之隐而不现。"霍布森指出，19 世纪末英国社会的发展需要一种更加富有建设性的自由主义思想，与自由相关的任何方面，无论是个人方面的，或是阶级方面的，抑或是民族方面的，都必将被对这种更加富有建设性的自由主义的信念的全新的热忱所充实。

霍布森认为，自由的最主要内容是"机会平等"。他说，今天的一个自由的英国人是什么样子呢？如果我们要真诚地回答这个问题，我们就得承认，其应由真正的自由与机会等多种因素组成，而这些方面对于作为整体的英国人们来说远未实现。一个人如果

---

① 霍布豪斯：《自由主义》，朱曾汶译，商务印书馆 1996 年版，第 102-103 页。

没有拥有与其同伴同样获得个人发展所需的一切物质与精神的手段，如果他不能为自己的福利与社会的福利的发展做出自己的贡献，他能算得上一个自由的人吗？

霍布森进一步指出，机会平等至少意味着一种平等使用国家土地、资本和其他工业资源的权利。任何一个人如果没有充分地拥有这一切，而是把目标仅仅放在追求生活和工作中的自我发展，他就不是真正自由的人。因此，霍布森明确指出："富于建设性的自由主义的主要方面，应该是积极致力于实现机会平等。"[①]

霍布森也认为，在国家与个人生活的关系问题上，国家的概念已经发生了新的变化。这种有关国家的新概念不是社会主义的概念，尽管它包含着一种日益增长的对公共所有权和工业控制的要求。从这种概念表现出来的与早期自由主义的联系这一点来说，有关国家的新概念更多地表现出赞同和实现自我发展的自由，而这种自由却又包含在自我发展所需的平等机会之中。但是，霍布森指出，在这种个人发展观点上，必须加上一点有关社会的东西，那就是，必须坚持：自我发展一定要与全社会的福利保持一致。

2. 贫困问题的成因

霍布森进一步指出，国家的重要职责之一是帮助民众解决贫困等社会问题，这也是衡量国家的治理效果的重要方面。他说："一个治理得当的国家，应该以新形式的社会有效支出来解决目前公众生活中存在的贫困，并把它作为国家的主要责任。"他认为，国家在社会经济政策方面上做些调整，使剩余产品的一部分用于提高社会上收入不高者的生活水平，从而实现全社会物质生活条件的改善，社会改良也就取得了伟大胜利。[②]

霍布森深刻系统地阐述了贫困问题出现和加剧的原因。他认为："贫困的基本原因有两个：一个是人力资源的浪费；一个是机会的不公平分配。"他指出，人力资源的浪费既有有形浪费，如重复投资、重复建设等造成的人的劳动的浪费，也有无形浪费，如人的智力、才能的浪费，不合理的教育制度造成人的潜力不能充分发挥等也属于无形浪费。但是，霍布森鲜明地指出："贫困的主要原因是机会的不平等。"因为机会的不平等一方面意味着生产力的浪费，另一方面也意味着消费力量的浪费或不合理分配。

霍布森进一步分析道："贫困也是由于个人的无效率造成的。"他说，如果你到贫困人口中去看一看，你就不难发现，那些贫困人口大多数是对什么也无所谓的、没有受过训练的、意志薄弱的，同时也是无能的和不节俭的，这就使他们无法得到公平的机会。霍布森认为，这种个人的无效率主要是由于家庭的贫寒造成的。他指出，一个来自贫民窟中的孩子，一出生已经是命运不好，再由其不尽心且贫困的父母以很差的食物喂养，呼吸着不好的空气，受到各种体质方面与道德方面的不健康因素的影响，这样的孩子长大后大多数就会失去把握机会的能力。霍布森指出："个人效率不可能产生在这样的土壤中，不好的种子又种在贫瘠的土地上，根本不可能茁壮成长，即使在其成长过程中精心浇水施肥并用心保护也不行。"所以，霍布森认为，英国工人阶级的物质生活条件不利于他们获得充分的个人效率。

霍布森对贫困问题加剧的原因的分析并没有到此为止。他继续深刻分析说："我们

---

① Robert Eccleshall. *British Liberalism*. London，1978：205-206.

② 霍布森：《帝国主义》，纪明译，上海人民出版社1960年版，第60页。

必须进一步下去。假若一个人已经获得了正常水平的个人效率，一个普通的工人依然没有摆脱贫困的可能。”这是因为，“个人效率不可能产生财富”。霍布森指出，财富的创造来自对土地、工具、工厂以及资本的使用和占有，普通工人在这一切方面都没有平等的获得，所以，他们的个人效率无法实现，而必须通过廉价出卖个人劳动力来维持生活。霍布森于是又得出这样的结论：“贫困来自于普通工人取得土地、工具、工厂、资本等方面的不平等条件”，“贫困当然主要是由于工人出卖劳动力的条件”。霍布森指出，在没有自由土地的国家中，出卖劳动力是大多数普通民众维持生活的唯一选择，这种状况同样也是他们时常面临贫困威胁的根本原因。

3. “人民宪章”

根据自己对贫困原因的分析，霍布森提出了解决问题的六项主张，并把这六项主张称为英国新时期的“人民宪章”。这六项主张是：① 土地归人民使用，土地所产生的价值归人民所有；② 国家对公路、铁路、运河的公有；③ 对信用、保险的公共控制；④ 充分自由的教育，所有的人都有平等获取文化知识的权利，社区有权保护人们最好最充分地发挥其才能，有权强令要求父母将子女送入学校；⑤ 公共法律面前的平等；⑥ 确认国家有权对任何垄断及不平等征税或施以控制。[①]

可见，在对贫困问题出现和加剧的原因的分析方面，霍布森表现出其他新自由主义者所少有的全面性和系统性，他提出解决贫困问题的“人民宪章”，也是从资本主义制度的深层方面寻找解决问题的道路。

上述对格林、霍布豪斯与霍布森等人激进自由主义社会福利思想主要内容的分析，可以从一个侧面看出激进自由主义与传统自由主义的差别，这种差别表现在三个方面：① 传统自由主义强调个人无限制的自由，激进自由主义则认为自由具有有限性和共享性；② 传统自由主义总体上反对国家对经济和社会生活的干预，而激进自由主义则积极主张国家对社会经济与生活的干预；③ 传统自由主义通常认为社会问题主要是由个人原因造成的，主张应该依靠个人努力加以解决，激进自由主义更多地把社会问题归因于社会发展过程中的不和谐性，主张社会问题的解决不能仅仅依靠个人，而应该依靠国家干预，建立一种有效的社会保障制度来解决。

第三节　英国集体主义社会福利思想

一、集体主义的基础

1. 集体主义的出现

第二次工业革命后，社会经济的发展与社会问题的加剧几乎同步进行，这不能不使

① Robert Eccleshall. *British Liberclism*. London，1978：187-211.

人们对传统的社会思想进行反思：个人与社会究竟应该是一种什么样的关系？社会对个人是否应该承担责任和义务？社会问题的原因究竟主要是应该由个人承担还是应该由社会承担？对这些问题的解释使得与极端个人主义相对立的一种社会思想在19世纪末20世纪初逐渐兴起，这就是西方集体主义思想。

集体主义的历史与自由主义、个人主义甚至社会主义一样悠久，它是作为与过分强调个人自由的个人主义相对立的思想而出现并存在的。19世纪末期以前，由于传统自由主义在西方政治生活中占主导地位，集体主义无法得以充分展示。19世纪末20世纪初，社会问题的复杂和尖锐化使集体主义终于开始得到西方社会的认可，并对西方社会各阶层都产生直接的影响。

2. 集体主义的理论基础

集体主义与社会有机体学说及社会伦理观念具有密切联系。1898年，霍布豪斯发表了《集体主义的伦理学基础》一文，从社会有机体理论方面对集体主义的伦理学基础做了阐释。霍布豪斯指出，进化论者把爱排除在考虑之外，而把仇恨、竞争、对立看作有机体生命运动的唯一动力，这是不对的。在从最低级生命阶段到文明的人这一发展过程中，单独个体间的斗争不断被互相依赖、和谐的共存所代替，于是，形成一种个体间的相互联系与不断发展的趋势。低等生命中各部分的联系是松散的，某一部分的损失对整个有机体可能不会有什么影响。霍布豪斯指出，当我们把范围扩大时，就会发现一种更加紧密的有机组织，因为，在构成有机体的数万个生命单位中，相互之间的竞争已经减少到十分有限的程度，整体的健康对于每一个生命单位来说都是十分重要的，所有的细胞通过共同合作保持整个有机体的存在，从而使自己得以生存。

霍布豪斯接着对人类社会进行了分析。他指出，动物与动物、人与人之间的关系中同样可以发现这种类似的发展轨迹。社会生活在任何阶段都是一种或多或少的有组织的结构，社会进步本身就是由各种有组织的发展构成的。在社会发展的每一个阶段，竞争都是无组织的生活的准则，合作则是有组织的生活的准则。但这并不意味着在最好的国家中自由就一定要屈从于秩序，也不意味着社会形态越高级，个人就必须为公共利益做出越彻底的牺牲，而是说："一个有机的社会的正确概念应该是，在这个社会中，每一个人最美好的生活，都是与他的同伴的最美好生活紧密相连的。"

霍布豪斯以家庭为例进行论述。他指出，现在，自然选择对于文明的进步几乎没有什么关系，在某些特定的群体中，对抗与竞争大体上已被相互合作所代替，家庭就是这方面的一个突出的例子。霍布豪斯指出，在家庭这样一个比较小的社会组织单位中，公共的福利与每个成员的心紧紧相连，自我牺牲被看作一种崇高的美德，每个人的利益都是大家所关心的事情，人们给予弱者更多的关心与考虑。

霍布豪斯接着把自己的论述对象扩大到整个人类社会。他说，如果我们从对家庭的分析进入到对社会成员的关系分析方面，同样就会发现许多与存在于家庭中相同的精神与美德，或者在社会中至少具有许多真正的善意、仁慈以及在公共事务中那种使人可以普遍接受的荣誉标准。

显然，在霍布豪斯看来，集体主义的伦理基础存在于人类社会有机体中，人与人之间关系中的合作、互助、济弱、助贫的美德。社会有机体的健康和谐发展需要一个符合人伦道德的集体主义观念，正如他自己所说的那样："我们认为，这种明确的伦理意识、共同帮助的原则以及仁慈善良的品德，是一种对所有人都有影响的普遍力量，道德的进步实际上就是扩大伦理的影响。"联系19世纪末20世纪初英国的社会现实，霍布豪斯指出，在经济领域中像工厂法、卫生条例甚至济贫法，都是沿着这一方向改革的一次次胜利，这些立法"在近代立法中很长时期以来早已被人们看作集体主义原则最重要的实施"[①]。

3. 集体主义的社会基础

集体主义还有自己的社会基础。温斯顿·丘吉尔（Winston Churchill，1874—1965）在《自由主义与社会主义》一文中系统探讨了集体主义的社会基础。他说，没有一个人仅仅是一个集体主义者或仅仅是一个个人主义者，他必然既是一个集体主义者又是一个个人主义者。人的本质是双重的，人类社会组织的特征也是双重的。为了某些目的，人们必须是集体主义者，而为了另一些目的，他们又必然是而且永远将是个人主义者。

丘吉尔对此进一步具体地指出："我们集体地建立了海军、陆军和文官；我们集体地建立邮电局、警察和政府；我们集体地给街道安装路灯，并集体地给我们供水；我们集体地建立了必要的交通设施等。但是……女士们也不集体地与我们结婚；我们也不集体地吃饭；更不集体地死去；我们也不集体地面对欢乐和悲哀、胜利与失败。"他还指出："任何关于社会的观点，如果不能既包括集体的组织，又包括个人的动机，都不可能是完整的全面的观点，然而，文明的总的趋势是走向社会的集体主义。"[②]

正是由于集体主义具有实在的社会基础与伦理基础，它在19世纪末20世纪初兴起以后，就很快受到西方社会的认同与拥护，成为影响西方现代社会保障制度出现的重要思想理论基础之一。

二、集体主义社会福利思想

1. 对公共利益的关注

与其他各种社会思想流派不同的是，集体主义并没有独立的思想家，也就很难形成其他社会思想流派那样的独立完整的思想体系。但是，这绝不是说集体主义没有思想代表，也绝不是说集体主义没有思想体系；相反，集体主义具有广泛的认同性，许多不同社会思想流派的思想家都承认自己是集体主义者，而集体主义思想在社会福利方面也具有自己的基本思想主张。

集体主义所关注的主要是公共的利益。以个人主义为核心内容的传统自由主义，主要强调个人的利益和个人的自由，集体主义基于社会有机体学说之上的伦理意识，更多地强调社会的利益，认为全社会利益的要求从道德上讲是永远高于个人要求的。集体主义者认为："社会是一种远远超过其成员的集合体的东西，社会有机体具有一种明显不

---

① Robert Eccleshall. *British Liberalism*. London，1978：195-197.

② Winston Spencer Churchill. *Liberalism and the Social Problem*. New York，1973：81.

同于个体成员的生活，社会中要创造一种生活的秩序，在这种秩序中，公共的利益压倒个人的要求。”

集体主义者承认自由主义者同样会关注一些社会公共利益，但他们指出，集体主义者与自由主义者不同的是，“集体主义者在任何情况下都倾向于首先关注公共的意志与利益，并把这种观点当作衡量和评价他们的行为和政策的基本标准”。集体主义者甚至认为：“财产权的运用也应符合于公共利益的目的，并与社会公平的原则相一致。”①

集体主义社会福利思想内容还有一个主要方面，即主张建立与社会发展水平相适应的有效的社会保障制度。集体主义者认为，一切社会的苦难都应该消除或者至少应该减少，实现这一目标的重要手段就是创造一种既平等又有保障的社会生活条件。为了实现这种社会生活条件，集体主义者不是强调个人之间的竞争，也不是强调人与人之间契约的完全自由，而是强调让每个人获得一种至少是最低的或最基本的生活保障。

2. 结果的平等

集体主义者进一步指出，要实现这一点仅仅实现机会的平等是不够的，“目标变成了结果的平等”②。著名的费边社会主义者和集体主义者韦伯（Sidney James Webb，1859—1947）对此做了进一步阐述。他说：“集体主义是民主经济的对应物，如果你让一个电车售票员去投票，他不会仅仅满足于对诸如赴巴黎大使的人选问题进行投票，他甚至也不会仅仅满足于就选举权的地位问题进行投票。不管是什么力量使他们不得不每天工作16小时却仅挣3先令的工资，他们都将通过自己的选票对这种力量寻求控制。也就是说，他们将越发努力地把政治的民主最大可能地转变为工业的民主，以便使自己作为一个选民能够真正对自己的生活条件予以控制。”③

集体主义者认为，要实现上述“结果的平等”的目标，仅仅依靠个人努力是远远不够的，还需要依靠国家的干预，依靠一个有效的政府的有效措施。因此，“积极有效的政府的主张成为集体主义思想的另一个标志”。集体主义者A. V. 戴西在其著名的《关于19世纪英格兰的法律与舆论的关系演讲集》中，探讨了英国社会舆论和法律中日益明显的集体主义倾向并断言，“政府的基本原则是确信民众可以从国家行为及其干预中得到利益”。他说，公共团体不管是中央的还是地方的，都应该为个人或代替个人做更多的事情，它们应该监督和管理社会经济生活，提供广泛的社会福利服务。戴西认为，所有这些都是社会普遍利益所必需的，因而也是正当的。他指出，国家应当努力创造出一种和谐的局面，这种和谐的局面不会自然而生，更不会自然存在。个人的需要应该在更大的范围内服从于社会的需要，国家应该以此作为它的政治行为的永久内容。

在上述思想基础上，集体主义者竭力主张加强政府的力量，反对分散和削弱政府权力。他们认为，分散政府的权威并把它交给那些非政府性的中间或地方机构去实施，“这样的主张是集体主义者应该诅咒的”。

当然，集体主义者也承认和允许在实现政府干预的方式和程度上可以存在差别。克

---

① Greenleaf W. H. *The Rise of Collectivism*. London，1983：20-21.

② Friedman M. *Free to Choose，a Personal Statement*. London，1980：166.

③ Hay J. R. *The Development of the British Welfare State*，1880—1975. Arnold，1978：14.

利在其 1900 年出版的《政府与人类进化》一书中就写道："集体主义可以小剂量地使用，也可以大剂量地使用，它既可以以难以觉察的步伐来到，也可以通过革命性的突然事件而到来。同时，既存在一种保守的集体主义，也存在激进的集体主义。"他认为，目前英国的政府干预是以一种不规则的方式开始的，是为处理特殊情况而实施的简单的一件一件的干预，而不是系统的有计划的干预。①

三、集体主义社会福利思想的影响

尽管集体主义缺乏其他社会思想流派那样的完整的理论体系和独立的代表人物，但是，由于它的各种主张建立在人类社会伦理的基础上，这些主张不像当时的其他思想流派，如新自由主义与社会民主主义的主张那样带有明显的政治性，所以，集体主义的各种思想主张具有很大的社会认同性，不仅各种社会思想流派的思想家接受集体主义，普通民众也更容易接受集体主义的主张。尤其是英国的许多思想家，如霍布豪斯、韦伯、阿尔弗雷德·马歇尔（Alfred Marshall，1842—1924）、戴西等都宣称自己是集体主义者；英国一些重要的政治家，如阿斯奎斯、温斯顿·丘吉尔等也都曾接受和支持集体主义的主张，并在社会改革的过程中努力实现集体主义的主张。这样，集体主义作为一种社会思潮极大地影响了当时西方尤其是英国的社会改革，这一点韦伯已经在 1890 年给出恰当的概括。他说："每一项特别的变革的倡导者们都别无选择，结果是社会的发展日益沿着集体主义的方向前进。"②

思　考　题

1. 简述德国新历史学派产生的背景及其基本主张。
2. 简述英国激进自由主义产生的历史背景及其基本主张。
3. 简述英国激进自由主义与传统自由主义社会福利思想的异同。
4. 简述英国集体主义社会福利思想的基本内容。
5. 简述 19 世纪末 20 世纪初西方社会福利思想的基本特征。

---

① Greenleaf W. H. *The Rise of Collectivism*. London，1983：26-27.

② Greenleaf W. H. *The Rise of Collectivism*. London，1983：30.

第五章 凯恩斯主义与瑞典学派社会福利思想

凯恩斯主义和瑞典学派社会福利思想是西方现代社会福利思想的重要流派。尽管凯恩斯主义和瑞典学派的具体主张存在一些差别，但是两派在有关经济社会发展的主要领域的主张具有一致性。它们都认为市场经济有可能导致社会问题的加剧，政府应该对经济与社会生活实施有效干预，主张推行扩张性财政政策，要求实施积极的社会政策，特别是建立有效的社会保障制度，并强调实现充分就业对于社会经济发展与社会保障制度建设的重要意义。凯恩斯主义和瑞典学派的社会福利思想成为20世纪中期西方社会福利制度快速发展的理论基础。充分体现凯恩斯主义社会福利思想主张的《贝弗里奇报告》，提出了现代社会保障制度的一般内容和基本原则，从而成为第二次世界大战后的英国乃至整个西方社会保障制度发展的重要历史性文件。

第一节 凯恩斯主义的社会政策主张

一、凯恩斯主义的出现

1. 经济危机及其原因

第一次世界大战以后，西方资本主义经济经历了一个短暂的繁荣，便很快进入长期萧条之中，持续的经济危机不仅使得资本主义经济发展受到严重影响，更导致失业与其他社会问题的加剧。在1929—1933年经济危机中，整个资本主义世界工业生产下降了37.2%，其中，美国工业生产下降46.2%，德国下降40.6%，法国下降28.4%，英国下降16.5%，日本也下降了8.4%。资本主义世界贸易总额缩小2/3，其中，德国下降了76%，美国下降了70%，法国下降了67%，英国下降了40%。经济危机期间，美国破产企业超过14万家，德国破产企业达到6万家，法国为5.7万家，英国为3.2万家。整个资本主义世界的失业人数最高达到3000万人，加上半失业人数共计4500万人左右，其中，美国失业人数从危机以前的 150 万人增加到 1320 万人，包括半失业人员共达 1700 万人，德国失业人数达到 700 万人，英国和法国各有 300 多万人。[①]

导致 20 世纪 30 年代资本主义世界经济危机的原因有多种解释。一些人认为，最初的原因是工业经济方面资金的剧减，这种情况首先发生在美国，以后迅速蔓延到整个资本主义世界；另一些人认为，整个经济领域乃至整个世界消费和投资的剧减，是导致这次经济危机的主要原因；折中一些的观点认为，造成这次经济危机的原因是多方面的，是由一连串金融的和非金融的事件造成的。[②] 但是，一个重要的事实是，许多人认识到：传统的强调自由竞争为主的经济政策，在应对这次范围广泛、影响深远的经济危机时无能为力，不断严重的失业问题尤其是日益增加的长期失业人数，成为西方社会关注的一个重要问题。

2. 经济学的变化

显然，20 世纪 20—30 年代西方资本主义社会经济的现实，对传统的强调市场竞争的自由主义经济学说提出挑战，促使西方经济学说发生变化，以应对资本主义新变化的需要。这样，20 世纪 30 年代成为西方经济学说发生重要变化的时代，其中凯恩斯学派和瑞典学派的出现开辟了西方资本主义经济政策的新天地。这一点正如瑞典著名经济学家乔纳格所指出的那样，20 世纪 20—30 年代初期，西方资本主义国家的共同特点是遭受失业率高企的严重困扰，“这唤起了人们在经济学内部进行一种新的思考方式的欲望，在 30 年代的这个十年中，至少有三个宏观经济学派的基础奠定起来，这就是凯恩斯学派——其当然的中心人物是凯恩斯；奥地利学派——其代表人物是哈耶克；还有瑞典学派或者叫做斯德哥尔摩学派”[③]。著名经济学家林德贝克也曾指出，经济危机使得西方社会经济政策发生明显变化，“就业的稳定开始成为经济政策的主要目标”[④]。

3. 凯恩斯学派与瑞典学派比较

作为 20 世纪 30 年代欧洲出现的三个重要经济学派，奥地利学派与凯恩斯学派及瑞典学派之间存在明显的差别。奥地利学派坚决维护市场竞争作用的主张，使得该学派在这一时期受到学术界广泛的批评，其基本经济主张也受到西方各国的冷遇。因此，奥地利学派在 20 世纪 30 年代以后并没有像凯恩斯学派与瑞典学派那样迅速发展，并对主要资本主义国家经济政策与经济发展产生直接影响。

凯恩斯学派与瑞典学派在主要观点方面存在共同的地方。两者都认为建立在自由竞争基础上的传统经济政策，已经难以满足资本主义现实发展的需要，应该实行国家对社

① 樊亢、宋则行：《外国经济史（第 3 册）》，人民出版社 1980 年版，第 9-10 页。

② 龙多·卡梅伦：《世界经济史——从旧石器时代至今》，徐柏熹、徐正林等译，河南大学出版社 1993 年版，第 377 页。

③ Bo Sanderlin. *The History of Swedish Economic Thought*. London，1991：8.

④ Assar Lindbeck. *Swedish Economic Policy*. California，1975：22.

会经济的有效干预，以便通过国家干预促进经济与社会的协调发展；两者都认为，增加有效需求是促进经济发展、推动就业增长、减少失业人口的主要经济手段；而实现增加有效需求的主要政策途径应该是实行扩张性财政政策，大力兴办公共工程，推进社会改革，建立比较完善的社会保障和社会福利制度。

瑞典学派与凯恩斯学派之间也存在一些明显的不同。尽管两者都提出了有关失业的理论，但与凯恩斯学派不同的是，瑞典学派用一种动态的方法分析失业问题，它比较强调累积分析，强调事前预期与事后分析（ex ante and ex post）之间的区别，强调一种长时段的分析，并对个人家庭的希望与计划表示十分关注。相对于凯恩斯学派来说，瑞典学派更加认为，市场经济具有大量周期性的不稳定因素，政府能够也应该通过财政手段干预工商业活动。在瑞典学派看来，稳定物价尽管也很重要，但是，政府主要应该关注的是如何实现较高的就业率。①

瑞典学者汉森在评价凯恩斯学派与瑞典学派的关系时指出，20世纪30年代存在两种经济学革命：一种革命关心动态分析的方法，在这一领域瑞典学派发挥着主要作用；另一种革命是凯恩斯革命，它比较强调有效需求的原则。“在这种意义上，凯恩斯在《就业利息和货币通论》中的贡献，与瑞典学派的贡献是互相补充的，而不是相互对立的。”②

二、凯恩斯的经济社会主张

1. 充分就业的概念

约翰·梅纳德·凯恩斯（John Maynard Keynes，1883—1946）是20世纪前期英国著名经济学家，他曾经在英国财政部任职，后长期任教于剑桥大学，并担任政府顾问。凯恩斯一生写下大量的经济学著作，主要的有《印度的通货与财政》（1913）、《和平的经济后果》（1919）、《货币改革论》（1923）、《自由放任主义的终结》（1926）、《货币论》（1930）以及《就业利息与货币通论》（1936）等，其中最重要的是《货币改革论》《货币论》《就业利息和货币通论》。

作为宏观经济学的主要代表，凯恩斯关心的是资本主义宏观经济发展问题，在他的经济著作中对社会保障问题很少直接论述，所涉及的一些内容大多为与宏观经济理论相关的社会问题。但是，这并不表明凯恩斯主义对现代社会保障理论没有影响，相反，凯恩斯及其学说的出现带来了整个西方社会保障理论与政策的重要变化。凯恩斯对西方社会保障理论的贡献，不是通过其对社会保障问题的直接关注与论述，而是通过其经济理论影响社会保障理论。

充分就业理论是凯恩斯宏观经济学理论体系的核心内容。著名福利经济学家阿瑟·赛西尔·庇古（Arthur Cecil Pigou，1877—1959）就曾指出，“凯恩斯的整个著作，集

---

① Bo Sanderlin. *The History of Swedish Economic Thought*. London，1991：8.

② Bo Sanderlin. *The History of Swedish Economic Thought*. London，1991：211-212.

中表现在充分就业这一思想”上。[1] 20世纪30年代以前，大多数经济学家，尤其是新古典学派经济学家，并没有把失业看作重要的经济问题。他们虽然承认存在失业，却认为主要是摩擦性失业或者自愿性失业，否认非自愿性失业的存在，并且认为，供给本身会自动创造需求，从而促进生产的扩大，推动充分就业的实现，这就是新古典经济学派著名的“萨伊定律”。

新古典经济理论的这种观点被20世纪20—30年代的西方资本主义经济困境所动摇。经济危机给所有西方资本主义国家都带来了深重的影响，不仅短期性失业加剧，长期性失业成为西方国家失业问题的主要特点。新古典经济理论在新的经济与社会问题面前无能为力。正是在这样的背景下，凯恩斯写下了《就业利息和货币通论》这一重要著作，提出了一种不同于新古典经济学派的新的就业理论。

凯恩斯指出，两次世界大战之间的经济危机实际上是对萨伊定律的驳斥，表明新古典经济学派就业理论的过时与行将结束。凯恩斯认为，新古典经济学派把失业问题仅仅归因为摩擦性失业和自愿性失业是不充分的，在20世纪30年代，除了摩擦性失业与自愿性失业以外，更重要的是存在一种非自愿性失业。他指出，经典学派之两种失业范畴，能够概括一切失业现象吗？事实上，总有一部分人愿意接受现行工资而工作，但无工作可做。凯恩斯把这种情况下的失业称为“不自愿性失业”[2]。

凯恩斯进一步论述了充分就业问题。他认为充分就业包含两种情况：第一种情况是不存在非自愿性失业。“在实际生活中，没有不自愿失业之存在，此种情况，我们称之为充分就业。摩擦的与自愿的失业，都与充分就业不悖。”第二种情况是指社会就业量达到一种饱和状态。他指出：“所谓充分就业者，即当对劳力产物之有效需求增加时，总就业量不再增加之谓也。”[3]

2. 充分就业的实现

凯恩斯认为，资本主义社会难以实现充分就业的根本原因，不是新古典学派所指出的供给不足，而是社会需求与新投资量的不足。他指出：“消费倾向与新投资量二者才决定就业量……消费倾向与新投资量所产生之有效需求不足，则实际就业量将小于现行真实工资率之下，所可能有的劳力供给量”；“因为只要有效需求可以不足，则就业量就可以——而且常常——在没有达到充分就业水准以前，即行中止而不再增加。有效需求之不足，常常阻碍生产，——虽然劳力之边际产物，尚大于就业量之边际负效用”。[4]

于是，如何扩大社会需求并增加新投资量，成为凯恩斯就业理论的基本内容。

凯恩斯认为，要实现扩大社会需求与增加投资总量的目标，首先应该通过收入再分配政策措施提高消费倾向。他指出，我们生存在其中的经济社会存在许多缺点，其中主

---

① 丁冰：《当代西方经济学流派》，北京经济学院出版社1993年版，第11页。

② 凯恩斯：《就业利息和货币通论》，徐毓枬译，商务印书馆1983年版，第10页。

③ 凯恩斯：《就业利息和货币通论》，徐毓枬译，商务印书馆1983年版，第26页。

④ 凯恩斯：《就业利息和货币通论》，徐毓枬译，商务印书馆1983年版，第29-30页。

要缺点在于不能提供充分就业以及在财富与所得分配方面的不公平。“故若现在采取步骤，重新分配所得，以提高消费倾向，则对于资本之生长大概是有利无弊”，凯恩斯进一步指出，主张社会上应当存在财富的极大不平等是没有理由的，“就我本人而论，我相信的确有社会的以及心理的理由，可以替财富与所得之不均辩护，可是不均得象今日那样厉害，那就无法辩护了”。[①]

其次应该降低利率，刺激消费。他指出，更重要的是我们的利息率问题。他说，“到现在为止，一般人之所以认为有维持相当高利率之必要者，乃是因为觉得非如此，储蓄之诱惑力将不够充分。但是……有效储蓄之数量乃定于投资数量，而在充分就业限度以内，鼓励投资者乃是低利率。故我们最好参照资本之边际效率表，把利率减低到一点，可以达到充分就业”[②]。

凯恩斯认为，更重要的是必须放弃自由放任主义的传统政策，依靠和实行政府干预。他指出，随着资本主义社会经济的发展变化，传统的自由放任主义已经不能适应时代的需要，自由放任主义已经到了结束的时代，国家对经济与社会生活实施强有力干预时代已经来临。他说：“我要放弃自由放任主义，因为，不管我们喜欢与否，它的成功的条件已经不再存在。”[③] 自由放任主义必然被国家干预主义代替，必须对资本主义的内部进行一定的干预与限制，因为没有限制的资本主义内部是不稳定的，这种不稳定在民主社会中会影响资本主义的继续发展。

凯恩斯指出，要实现社会需求的扩大和充分就业，“最聪明的办法还是双管齐下。一方面设法由社会来统制投资量，让资本之边际效率逐渐下降，同时用各种政策来增加消费倾向。在目前消费倾向之下，无论用什么方法来操纵投资，恐怕充分就业还是很难维持，因此两策可以同时并用：增加投资，同时提高消费”[④]。凯恩斯还指出：国家必须用改变租税体系、限定利率以及其他方法，指导消费倾向，仅仅依赖银行政策对利率之影响，似乎还不足以达到最适度的投资量，要达到离充分就业不远之境，其唯一办法是把投资这件事情由社会来综揽。[⑤]

凯恩斯进一步指出，国家干预是实现消费倾向增强与投资增加的唯一途径，也是避免资本主义经济毁灭的必要条件。“要使消费倾向与投资引诱二者互相适应，故政府机能不能不扩大，这从19世纪政论家看来，或从当代美国理财家看来，恐怕要认为是对于个人主义之极大侵犯。然而我为之辩护，认为这是唯一切实办法，可以避免现行经济形态之全部毁灭；又是必要条件，可以让私人策动力有适当运用。”[⑥]

3. 国家干预的有限性

需要指出的是，凯恩斯对国家干预的主张也是有限度的。他指出：“似乎没有强烈

① 凯恩斯：《就业利息和货币通论》，徐毓枬译，商务印书馆1983年版，第321-322页。

② 凯恩斯：《就业利息和货币通论》，徐毓枬译，商务印书馆1983年版，第323页。

③ Vic George. *Modern Thinkers on welfare*. London，1995：75.

④ 凯恩斯：《就业利息和货币通论》，徐毓枬译，商务印书馆1983年版，第281页。

⑤ 凯恩斯：《就业利息和货币通论》，徐毓枬译，商务印书馆1983年版，第325-326页。

⑥ 凯恩斯：《就业利息和货币通论》，徐毓枬译，商务印书馆1983年版，第328页。

理由要实行国家社会主义，把社会上大部分经济生活包罗在政府权限以内。要紧的倒不是生产工具国有；只要国家能够决定（a）资源之用于增加生产工具者，其总额应为若干；（b）持有此种资源者，其基本报酬应为若干，则国家已尽其职责。”[①] 同时，凯恩斯认为国家干预的目的是实现资本主义的更好发展，而不是推翻资本主义制度。他说："我所寻求的是改善资本主义的社会机器，而不是推翻它。”不仅如此，凯恩斯还认为，资本主义是“尊敬和提高个人包括个人选择、信仰、思想、言论、经营企业以及财产的自由的最理想的，或者至少是最可行的社会组织形式”[②]。因此，列宁把凯恩斯说成是“一个资本主义的坚决卫士，布尔什维主义的死敌”[③]。

三、凯恩斯主义的影响

凯恩斯的上述经济社会主张常常被称为“凯恩斯主义”。凯恩斯主义的基本主张对20世纪30年代以后资本主义经济社会政策产生重要影响。凯恩斯主义所关注的主要问题是就业问题，这不仅是当时而且也是后来西方资本主义社会发展过程中长期存在的突出问题。凯恩斯主义推翻了在失业问题上的新古典学派的观点，将实现充分就业确定为社会经济发展的基本目标之一，认为实现这一目标的主要途径是依靠资本主义经济社会政策的调整，依靠西方资本主义国家的政府干预政策。

凯恩斯主义在以往各种国家干预主张的基础上，进一步系统、具体地论述了国家宏观干预的范围、内容、途径与限度，从而为20世纪30年代后西方资本主义国家干预政策的广泛实施提供了理论基础。第二次世界大战以后，西方资本主义国家社会保障制度的发展，尤其是西欧福利国家的建立和发展，正是凯恩斯主义与国家干预政策的直接结果。

凯恩斯的经济社会主张受到西方经济学和社会福利学界极高评价，他们认为：“凯恩斯的重要贡献是打破了自我调节性经济制度的观念，并为一种新的经济提供了理论基础，凯恩斯的分析及其有关国家干预有助于解决失业问题的观点，对一个民主国家为了普遍的利益而指导经济具有明显的影响。”凯恩斯提出的为了实现充分就业而必须实施国家干预，“是三十年代及其以后最重要的主张”[④]。

凯恩斯的基本经济社会主张在20世纪30年代以后随着资本主义的发展而不断变化，但是，以“充分就业”和“需求管理”为基本特征的“凯恩斯主义”的核心没有发生根本变化，凯恩斯及其主张的追随者和发展者常常被称为“凯恩斯学派”。

---

① 凯恩斯：《就业利息和货币通论》，徐毓枬译，商务印书馆1983年版，第326页。

② Vic George. *Modern Thinkers on welfare*. London，1995：75-76.

③ 列宁：《共产国际第二次代表大会》，载《列宁全集》第31卷，人民出版社1958年版，第195页。

④ Anthony Forder. *Theories of Welfare*. London，1984：57-58.

第二节　瑞典学派的社会福利思想

一、早期瑞典学派的社会福利思想

1. 维克塞尔的社会福利思想

19 世纪末 20 世纪初，工业化的进行和社会经济的发展变化，瑞典社会经济思想也开始发生变化，瑞典进入“向近代经济学转变的时代”①，产生了在西方经济学中具有重要影响的瑞典学派，亦称斯德哥尔摩学派，不过，这一时期还只是瑞典学派的奠基时期。

克努特·维克塞尔（Knut Wicksell，1851—1926）是瑞典学派的奠基人之一。其主要经济学著作为《利息与价格》《政治经济演讲集》等，其主要社会改革思想反映在他 1904 年出版的《社会主义国家与当代社会》一书中。

维克塞尔十分注意社会问题。早在 19 世纪 80 年代，维克塞尔就参与各种有关社会改革的活动，他是一名新马尔萨斯主义者，写下大量有关瑞典婚姻、人口控制、社会主义、卖淫和酗酒等方面的文章，认为瑞典与其他大多数欧洲国家一样，存在严重的人口问题，应该节制人口生育。

贫困问题的解决在维克塞尔的社会思想中居于中心地位。维克塞尔认为人口出生率控制是解决普通民众贫困问题的决定性措施。自然资源的有限性要求人口数量不能膨胀，人口过多是最紧迫的社会问题——贫困问题的最终原因。为了将最贫困者的生活水平提高到基本生存水平，降低出生率是非常必要的。维克塞尔的上述思想对收入较高的瑞典中产阶级产生了重要影响，而对于收入较低的瑞典贫困阶层的影响并不明显。

维克塞尔还从经济学和公共财政方面提出了解决瑞典贫困问题和其他社会问题的主张。他提出应当由社会规定适当的价格和最低工资，以提高穷人和富人的交换能力，从而增加社会总效用。他说：“如果我们假定富人进行其消费直到边际效用，即最后一单位的效用对他来说是小的或等于零为止，而另一方面，穷人必须在几乎一切商品对他来说还有高的边际效用时，中止这些商品的消费，那么不难想象……与一切都让自由竞争任意起作用时相比，一个富人同一个穷人之间的交换，如果按社会规定的适当价格进行，那就可能导致对双方都要大得多的效用——从而对整个社会有大得多的总效用。”②

维克塞尔认为，社会经济是一个有机整体，为了使社会经济健康发展，就应该关注社会经济中的无产阶级的福利。他说：“我们一旦认真开始把经济现象看成一个整体，并为这个整体寻求增进福利的条件，就必然为无产阶级的利益进行考虑。”③

---

① Bo Sanderlin. *The History of Swedish Economic Thought*. London，1991：4.

② 李珍：《社会保障理论》，中国劳动社会保障出版社 2001 年版，第 42 页。

③ 李珍：《社会保障理论》，中国劳动社会保障出版社 2001 年版，第 41 页。

如何实现瑞典无产阶级社会福利水平的提高，构成维克塞尔的公共财政改革思想的重要内容，也是其社会保障思想的主要内容。在维克塞尔看来，主要的办法是通过税收改革，进行收入再分配。维克塞尔指出，通过税收改革和建立公平税收制度而增加的财政收入，不应该用于政府的现行支出，而应该以基金的形式积累起来，可以投资能够获得收益的公共计划和事业。随着时间的推移，这种基金不断积累将会产生极大的回报。他把这笔回报称为"社会红利"（social dividend），它将使年轻的夫妇建立他们的家庭，或者可以使他们中的一个或两个能够得到更多的职业或专业教育，或者可以使他们开创属于他们自己的事业。

维克塞尔认为：通常情况下，人们常常认为工人阶级必须仅仅依赖他们的工资为生，这是极为错误的。工人阶级在其工作的一生中，除了作为他们收入的基本边际生产工资分配外，还应该得到像所谓的福利国家下的养老金和其他形式的社会保险等的第二种分配，以保障他们的正常生活，并为退休提供经济保障。维克塞尔认为，一旦上述政治和税收改革开始实施，社会收入的最终分配将会建立在一种理想的统一的社会共识基础上。[①]

维克塞尔甚至指出，社会改革应当给所有的人带来最大的幸福。他说："正如我们所希望和相信的，如果有一天，我们认识到，不管社会阶级、种族、性别、语言或信仰如何不同，我们在世界上的目标是把最大可能的幸福扩展给每一个人——那么，我们将会愉快地发现，这个问题的经济学方面已经从根本上得到解决，唯一需要的只是把这种解决付诸实践。"[②]

2. 卡塞尔的社会政策主张

古斯塔夫·卡塞尔（Gustav Cassel，1866—1945）是早期瑞典学派的另一位代表人物，他的社会思想对 19 世纪末 20 世纪初的瑞典社会产生了重大影响。19 世纪末，卡塞尔曾游学于德国和英国，德国新历史学派和英国费边主义思想的影响，使其成为瑞典渐进主义社会改革的代表人物。

卡塞尔的社会思想集中反映在他 1902 年出版的《社会政策》一书中。他强调与依赖国家相对应的个人责任，但是，他同时认为强制性在社会政策的实施中应该占有重要的地位。他指出："社会政策毫不犹豫地使用强制，或者通过公共权利，或者通过志愿性个人协会，因为这种强制只能创造更大的真正的自由。"

在卡塞尔的社会政策思想中，合作社和工会这样的志愿性组织处于核心地位。他认为，无论是合作社或是工会都将使得竞争更加社会化和有效，消费合作社将组织需求方面，工会将使供应更加正规。但是，当这些组织不能带来进一步的发展时，就应该是国家干预的时候了。卡塞尔提出了至少十种当时还没有列入议程的国家干预行为，其中包括最低工资和经济周期进入低落期时的公共工作等。

卡塞尔认为，只要财富的再分配没有变成创造财富的一种障碍，社会政策基本上是实现社会进步和经济增长的一种手段。卡塞尔的这一基本观点在一个相当长的时期中没有发生大的变化。但是，在有关 1913 年的瑞典养老金法的争论发生后，卡塞尔的社会

① Bo Sanderlin. *The History of Swedish Economic Thought*. London，1991：117-118.

② Knut Wicksell. *Selected Papers on Economic Theory*. New York，1969：66.

政策思想发生了转变。他认为，财富的创造力正处于紧迫的危机之中，尤其是国家养老金基金被其视为资本市场正常运作的一种障碍。在其前期著作中备受推崇的工会也变成了“工会垄断主义”，并受到其尖锐的批评。特别是进入20世纪30年代以后，卡塞尔成为国家福利和社会救济的坚决反对者，在其1930年出版的《济贫政策退化》一书中，他认为对贫困民众的公共救助是最为有害的政府行为。

尽管卡塞尔后期已经从社会政策的积极倡导者转变为社会政策思想和实践的批评者，他在19世纪末20世纪初的社会政策思想，对于当时正在出现的社会改革者们产生了重要影响，特别是他的《社会政策》一书受到高度评价，被认为是“除了赫丁的社会保险法案外，对社会政策领域最有影响的早期瑞典作品”①。

二、瑞典学派形成时期的社会福利思想

1. 瑞典学派的形成

瑞典学派的形成时期是在20世纪20—30年代。这一时期瑞典出现一大批年轻的经济学家，这些经济学家从思想渊源上继承了维克塞尔和卡塞尔等早期瑞典学派人物的思想，并根据时代的变化发展了这些人物的经济社会思想，提出了一些新的经济社会主张。从学习和工作场所方面看，他们主要集中在斯德哥尔摩大学，因此，瑞典学派常常又被称为斯德哥尔摩学派。20世纪30年代瑞典学派的主要代表人物有俄林（Bertil Gotthard Ohlin，1899—1979）、缪尔达尔（Gunnar Carl Myrdal，1898—1987）、林达尔（Erik Robert Lindahl，1891—1960）和伦德伯格（Erik Filip Lundberg，1907—1987）等。

瑞典学派这一名称出现在1937年。这一年，奥林在其发表的一篇文章中，第一次正式提到斯德哥尔摩学派这一名称，从此，斯德哥尔摩学派作为20世纪30年代的一个重要经济学派正式诞生。瑞典学派的经济社会思想十分丰富而又复杂，这里仅对其有关社会问题与社会福利的思想理论做概括性阐述。

2. 扩张性财政政策主张

瑞典学派经济学家从一种经济周期角度将其注意力集中于经济萧条的本质上，集中在将经济带出萧条，并因此而减少失业率方面。他们认为，提升经济萧条的极低限与降低经济繁荣的极高限都是可能的，例如，能动地平抑或者阻止经济波动。为此，瑞典学派经济学家强调财政政策的重要性。他们认为，政府预算在经济萧条时期不会保持平衡，相反，公共工程的扩张与低税率将会给经济带来一种刺激，这种刺激是直接的或者是间接的，根据多种影响因素的实际情况而定。可见，瑞典学派经济学家主张通过合适的财政政策，对经济运行周期实施有效的调节，以避免经济萧条的周期性出现。

---

① Sven E. Olsson. *Social Policy and Welfare State in Sweden*. Lund，1993：61-63.

瑞典学派经济学家认为，应对经济萧条，防止失业率提高的重要途径是实施扩张性财政政策。他们指出，经济萧条的主要原因是需求减低，而需求减低与消费欲望和能力直接相关。在经济萧条时期，因生产过剩而导致的企业停产，裁减工人，降低工资等不但无助于经济尽快从萧条中走出，反而加剧了经济萧条，使得经济萧条持续时间更长。他们认为，在经济萧条期间，政府应该采取有效的政策措施对经济加以干预，最主要的政策措施应该是扩张性财政政策，扩大公共支出，实施公共工程计划，改善社会保障制度。这不仅可以吸收失业者就业，而且可以增加人们的购买力，刺激消费需求，带动市场有效需求的增加，影响生产的增长，推动经济走向正常化。

在 1933 年提供的一份有关瑞典政府财政预算的备忘录中，缪尔达尔指出：如果政府支出在短时期内增加，多种影响因素就会缓解经济萧条，因此，政府就没有必要每年平衡预算，政策将会把目标定为平衡整个经济周期的预算。关键的问题是政府应该在一个长时期内保持其净资本，政府所应采取的具有反经济周期的主要措施包括公共工程以及对各种基础设施，如运输、动力、通信、教育等的投资。

3. 社会政策主张

在社会政策方面，瑞典学派经济学家对社会政策提出许多建议和主张。在这方面，米尔达尔是其典型代表。米尔达尔认为，瑞典需要的是“预防性”的社会政策。他指出，国家的职责不应该是对遭受因社会制度的缺陷而造成的后果的人们进行关怀，而应该是改变这种社会制度本身，以便使人们不用再遭遇这样的问题，新的社会制度的富有理智的建筑师应该是社会主义者或者是经济学家。

20 世纪 30 年代，瑞典社会人口出生率的下降成为社会关注的一个主要问题。1934 年，米尔达尔出版了《论人口危机》一书，不仅论述了瑞典人口出生率下降的原因，而且论述了瑞典的社会问题，并且指出，瑞典需要更多更积极的社会计划，也需要更多更有效的社会政策措施，以便促进瑞典人口的增长。他指出，政府应该承担起更大的责任，为孩子提供更好的社会福利与教育条件，提高家庭住房标准与社会保障水平，公共部门应该为民众提供尽可能的免费社会服务，如免费午餐、免费医疗保健等。

米尔达尔认为，创造良好的住房条件不仅应该是瑞典社会政策的主要内容，也是解决瑞典人口危机的直接有效办法。他指出：住房政策的目标应该是，一套公寓除了一个厨房和一个父母的房间外，还应该有儿子的房间和女儿的房间，这意味着一套家庭公寓应该至少有三个房间和一个厨房。

瑞典学派的经济社会思想，对瑞典社会保障制度的建立和发展产生了重要影响。瑞典学派与凯恩斯学派所提出的国家干预社会经济的主张，为瑞典政府实施对经济和社会生活的干预，制定合理的经济与社会政策，建立和发展社会保障制度等提供了理论依据；瑞典学派所提出的扩张性财政政策主张，有利于各项社会政策的制定和实施，推动了瑞典社会保障制度的建立和发展；瑞典学派经济学家所提出的各种社会政策具体主张，对这一时期瑞典社会改革与社会保障制度的建立和发展产生了直接的影响。

第三节　《贝弗里奇报告》及其影响

一、贝弗里奇早期的社会保障思想

1. 基本社会观

威廉·贝弗里奇（William Beveridge，1879—1963）是英国著名经济学家，他毕生致力于英国社会保障制度的建立和发展。20世纪初，他曾担任伦敦著名济贫院汤因比会馆副院长、伦敦中央商业委员会委员，当时正值英国社会保险制度建立时期，贝弗里奇对英国社会保险制度的建立产生了重要影响。

20世纪20—30年代，贝弗里奇长期担任失业保险法定委员会主席，并发表了《失业：一种工业的问题》《全民保险》《社会主义制度下的计划》等重要著作，为英国失业保险制度的发展与失业救济制度的建立做出了重要贡献。

20世纪40年代初，贝弗里奇担任有关社会保险与相关服务的各部门委员会主席，组织对英国现行的社会保险制度与相关服务进行调查，并于1942年发表了《关于社会保险与相关服务的报告》，即《贝弗里奇报告》，成为影响英国乃至许多国家社会保障发展的重要文献。1943年出版《安全支柱》，1944年出版《自由社会中的全面就业》，对英国就业问题与失业保障进行深入论述。1948年，贝弗里奇又发表了《志愿性行动》的报告，对志愿性组织、个人自助与互助在英国社会保障制度中的作用予以充分肯定。

贝弗里奇的社会保障理论和主张与其社会思想直接相关。他认为，社会制度与经济制度可以被看作一种复杂的有机体，这种有机体处于不断的演进与向更高层次发展的过程中，毫无计划性的社会变化将导致社会冲突，将损害社会的内聚力并破坏社会稳定。社会冲突与社会问题并不是因为经济难以创造足够的财富，而是因为不能有效合理地分配社会财富。自由市场经济制度不能独立地解决这些社会问题，而经验性的社会科学则具有促进社会机制与社会法则巩固和完善的能力。

贝弗里奇认为，对这些社会机制与法则的正确理解，使得人们能够熟练地预测社会制度的变化，这不仅可以促进生产能力而且可以减少社会冲突，加强社会内聚力，并保障社会福利。制度性变化要求社会组织的职能加以扩张，国家在规定和控制民众的生活方面应该发挥积极的作用，但是，这种积极作用的发挥不能损害经济在增加社会财富方面的能力，或者损害个人的责任意识。

贝弗里奇认为，社会有机体要求实施社会改革，国家的任务在本质上只是一种组织性任务，在有迹象表明自由市场不能有效运行的地方予以干预，但这并不是代替市场。社会组织应该具有严格的、确定的、有限的目标，那就是尽量减少其各种措施的无效性以及清除社会进步的障碍。[①] 贝弗里奇关于社会经济有机体的理论与主张，对其社会保障思想产生了直接影响。

2. 缴费养老金制度主张

20世纪初，是英国社会保险制度出现时期。英国社会曾经就养老金制度等进行过长达30多年的争论，争论的焦点集中在养老金制度的原则即是否推行缴费养老金制度，这一争论极大地影响了英国社会保险制度的出现。自由党为上台执政而在选举中提出实行免费养老金制度的口号，为履行选举中的承诺，并打破英国社会保险制度建设道路上的坚冰，1908年，自由党政府正式颁布免费养老金法案。

该法案尽管受到普通民众的拥护和支持，却遭到贝弗里奇等社会保障专家的坚决反对。贝弗里奇以“缴费养老金”为总标题，在《晨邮报》发表一系列有关养老金问题的文章，介绍德国养老保险的缴费原则，阐述缴费养老金制度的好处。他说：“缴费养老金制度的好处是，它使把老年问题作为众多社会问题之中的独立一个而加以处理成为可能，而且可以废除一切针对老年的特殊性福利”。从政治上讲，“免费养老金制度在个人的心目中把国家当作免费礼物的一个来源，缴费养老金制度则使国家成为一个完整的有机组织，个人属于这一组织，并在其中发挥作用。每一种观点都可以导致传统自由主义的放弃，然而，前者代表一种向着无可挽回的坏的方面的变化，后者则是一种对工业社会生活的日益增长的复杂性及相互依赖的本质的承认”。[②]

3. 职业介绍所与失业保险

20世纪初，英国失业问题相当严重，建立失业保险制度成为解决这一问题的重要途径。贝弗里奇对英国失业问题进行了深入研究。在1909年出版的《失业：一种工业问题》一书中，贝弗里奇对失业问题提出了两个具有重要影响的观点。他认为：“失业基本上是一种工业的和国家的问题，而不是个人品行以及地方在供需调节方面的问题”；“毫无疑问，在劳动力商品方面正如同在其他商品方面一样，的确存在一种长期起调节作用的经济力量，劳动力的供应——甚至在广泛意义上可以说人口的供应——要受到需求状况的影响”。[③]

贝弗里奇的论述表明，失业不是个人品行造成的，而是工业社会发展过程中对劳动力供需进行调节的某种经济力量未能发挥真正效力的结果。这种经济力量要想发挥效力，仅靠地方的调节是不够的，必须由国家进行调节，也就是说，国家应该承担起解决失业问题的责任。他说：“为挣面包者提供合理的就业保障应该是一切个人义务及社会行动的基础。”[④]

---

① Vic George. *Modern Thinkers on welfare*. London，1995：89-90.

② Hennock E. P. *British Social Reform and German precedents，the Case of Social Insurance*，1880—1914. Oxford，1987：135-136.

③ Hay J. R. *The Development of the British Welfare state*，1880—1975. Arnold，1978：61.

④ Brown K. D. *Conflict in Early British Welfare Policy：The Case of the Unemployed Workmen's Bill of* 1905. Journal of Modern History，1971，43（4）：615.

贝弗里奇关于失业问题的另一个观点涉及失业性质问题。他认为，英国对失业性质的认识是错误的，失业数的增长并不意味着以前连续从事工作的一些人突然失去工作，而是意味着那些不能经常稳定从事工作的人发现就业机会之间的间隔时间越来越长，而且他们的生活水平越来越接近于仅仅能生存下来的状态。“问题的关键不是失业，而是就业不足。”[①] 因此，贝弗里奇认为，仅靠劳动移居地及市政工程等劳动救济措施是不够的，必须采取有效措施，对劳动力供需进行有效调节，缩短就业间隔，同时，在失业期间给失业者一定的救济，只有这样才能有效解决失业问题。他认为，建立劳动介绍所制度和失业保险制度是解决失业问题最有效的措施。

贝弗里奇认为，大量无固定职业者的存在，不仅是劳动力资源的一种巨大浪费，也是经济萧条时造成严重失业的重要原因，这种现象的存在主要是由于国家对劳动力市场缺乏有效的调节造成的，建立劳动介绍所制度可以起到这种调节作用。劳动介绍所可以在劳动力供需之间进行协调，政府官员的职责是把那些懒惰者与真正愿意工作的人区分开来，给后者提供工作，而对前者则不让他们得到任何工作。

1907 年贝弗里奇对皇家济贫法委员会说：“对那些想得到不固定工作的人来说，劳动介绍所将使这种希望根本不可能，劳动介绍所的结果是直接反对对懒惰者的帮助，它将使得他们很难得到临时工作，并迫使他们成为稳定的就业者。”贝弗里奇认为，失业的根源来自雇主对不固定职业者的需求，他建议，在失业保险法中应对那些经常雇佣不固定职业者的雇主收取较高的保险费，迫使其停止这种做法。[②]

贝弗里奇指出，劳动介绍所制度并不是反对劳工流动，而是希望在一种有组织的状态下流动。“这种制度的目的不是劳工简单的流动，而是有组织的合理的流动，使人们能很快到那些劳动力缺乏的地方，同时，当不需要劳动力时，又可以阻止劳工流向那里。”[③] 他进一步指出，“劳动介绍所只要与直接的贫困救济发生任何联系就不可能顺利实施，作为工业组织的工具，它们需要工业性的管理，中央监督机构应是贸易部，地方的管理事务可以交给代表劳工、雇主的一个团体，这一团体或直接在贸易部监督下工作，或在地方政府机构的监督下工作，劳动介绍所制度应该是被认可的、工业化的以及全国化的”。[④]

贝弗里奇关于缴费养老金制度、建立职业介绍所和推行失业保险制度的主张，对 20 世纪初英国社会保障制度的出现，对 20 世纪 20 年代英国缴费养老金制度的实施产生了重要影响。

---

① Gilbert B. B. *Winston Churchill Versus the Webbs: The Origins of British Unemployment Insurance*. American History Review，1966 (3)：848.

② Noel Whiteside. *Bad Times: Unemployment in British Social and Political History*. London，1991：62-63.

③ Eric Hopkins. *A Social History of the English Working Class*，1815—1945. Arnold，1984：187.

④ Derek Fraser. *The Evolution of the British Welfare State*. London，1982：170.

二、《贝弗里奇报告》的出现

1. 贝弗里奇委员会的成立

第二次世界大战爆发时，英国现代社会保障制度已经实施了三十多年，它为一部分英国民众提供了有效的社会保障，并对英国社会的稳定发展产生了积极的影响。然而，由于英国经济变化越来越明显，社会问题尤其是贫困问题与失业问题并没有得到明显的缓和，甚至出现加剧趋势，从而造成社会的不满。英国著名社会调查专家朗特里指出："有多少工人的生活水平距离我们所认为的满意程度还相差很远。尽管过去的四十年里所取得的进步是巨大的，但是，英国人还没有理由表示满意。"①

此外，英国现代社会保障制度实施以来，虽然经过多次改革正逐步走向规范化与合理化，但其缺点与不足依然十分明显。这主要表现在：第一，现行社会保障制度的内容构成十分复杂，各项社会保障措施过分孤立；第二，社会保障管理机构繁多，管理工作混乱；第三，社会保障津贴类型的复杂多样，使得各种社会保障津贴有可能出现重复，从而导致社会保障支出的增长，同时也造成一些社会保障津贴发放时出现相互推诿，甚至时常出现纠纷。

显然，如何对现行的社会保障制度进行改革是一个十分紧迫的问题，普通民众希望通过改革尽快给自己带来实际利益，政府希望通过改革，实现社会政策的统一性与稳定性，既能给英国民众提供充分的社会保障，又能有效地降低政府用于社会保障方面的支出。

在这种情况下，一些政党和政府部门开始制订改革计划。例如，1942 年 5 月，医疗计划委员会的报告提出国民健康服务计划，同年秋季，工党提出了它的改革计划，强调充分就业、广泛的社会服务等。英国自由党积极支持和参与工党的计划。此外，英国保守党在 1941 年夏建立了一个重建委员会，这直接推动英国政府在社会保障制度改革方面做出表示。1941 年 6 月，英国政府宣布成立一个由各部门组成的关于社会保险合作问题的委员会，即"社会保险与相关服务委员会"，由贝弗里奇担任主席，因此，该委员会常被称为"贝弗里奇委员会"。该委员会对英国现行社会保障制度进行了调查，并提出一份战后改革的详细方案。

2. 《贝弗里奇报告》的发表

1941 年 11 月，贝弗里奇发表了一份标题为"一项社会保障制度的要点"的备忘录。备忘录指出，社会保障制度必须建立在三种观念之上，即针对全体社会成员的国民健康服务制度、针对所有儿童的家庭补贴制度以及充分就业观念。备忘录指出，必须实行统一的社会保障制度，其原则是确保每个社会成员的收入达到基本生活水平。为此，任何形式的家庭收入状况调查在新的社会保障制度下都不能使用，同时，这种新的社会保障制度只保障基本生活，对于超出基本生活水平以上的要求不能予以保障。

---

① Rowntree. *Poverty and Progress*，*A Second Social Survey of York*. London，1941：476.

备忘录详细列举了社会保障制度应该覆盖的七种基本需求：① 儿童的需求。通过儿童补贴向儿童提供社会保障至14或16周岁。② 老年人需求。通过养老金制度向65岁以上的男子及60岁以上的妇女提供养老保障。③ 残疾人需求。通过残疾补贴向因病或因为事故造成的病残者提供社会保障。④ 失业者需求。通过失业津贴向无法获得就业者提供社会保障。⑤ 丧葬需求。通过丧葬补贴向无力支付丧葬费用者提供社会保障。⑥ 损失补偿需求。通过损失补贴向因银行破产、火灾或盗窃等带来的损失提供保障。⑦ 妇女婚姻需求。该项需求分为以下几种情况分别提供：建立家庭需求由家具补贴基金解决；产妇需求由产妇补贴基金支付；由于能力或失业而造成的收入中断由亲属补贴支付；寡妇补贴由寡妇年金支付；离婚妇女需求由单身母亲基金支付；老年妇女需求由养老金制度解决；无法履行家庭义务需求由专门用于支付有偿服务的基金解决；丧葬需求由丧葬补贴支付。

1942年1月，贝弗里奇又发表另一份标题为“社会保险津贴的范围以及贫困问题”的备忘录。这份备忘录主要阐述社会保险的目的。贝弗里奇指出，社会保险的基本目的是防止和减少由于失业、疾病、事故、老年、死亡、寡妇或其他因素所造成收入的中断或损失而带来的贫困，在实现这一基本目的的基础上，还要为其他因素所带来的困难提供帮助。社会保险直接通过阶级之间、个人之间、有收入时与无收入时的收入再分配来实现其基本目标。①

这两份备忘录为贝弗里奇委员会的工作确定了目标与方向，实际上就是后来正式发表的《贝弗里奇报告》的大纲。备忘录大大推动了《贝弗里奇报告》出台的进程。1942年12月，著名的《社会保险与相关服务的报告》（又称《贝弗里奇报告》）由贝弗里奇签署后正式发表。

三、《贝弗里奇报告》的主要内容

1. 社会保障的基本范畴

《贝弗里奇报告》首先对英国现行社会保障制度的缺陷提出了批评。报告指出：英国现行社会保障制度中，每一种社会问题在处理时都是单独对待，而不考虑或很少考虑相关的社会问题。这使得各种社会保障措施彼此孤立，有时造成重复，有时出现空白点，从而影响了社会保障制度的实际效果。现行社会保障制度在一些规定方面存在较大差异。例如，针对非缴费养老金、补充养老金、公共救助以及失业救济等四个方面，就存在四种不同的有关申请者家庭收入状况的调查规定，从而使英国现行社会保障制度的管理十分复杂。

报告阐述了社会保障的基本范畴。报告指出，社会保障是对因失业、疾病或事故造成的收入中断所提供的保障，是对因年老而退休所提供的收入保障，是为因另一个人的去世而带来的失去生活依靠所提供的保障，也是对诸如与生育、死亡以及婚嫁相关的额

---

① Frase D. *The Evolution of the British Welfare State*. MacMillan，1984：287-290.

外开支所提供的保障。社会保障首先是对最低生活标准的一种收入保障，但它必须与那些能够尽快恢复劳动收入的措施密切相连。

报告阐述了英国社会保障制度改革的三项首要原则：第一，有关社会保障制度未来改革与发展的设想，不应该仅限于局部利益的考虑。英国的社会保障制度改革应该是一种革命性的变革，而不能囿于以往的经验。第二，社会保险应该被作为一种综合性的社会发展政策的一部分。社会保险是对贫困的一种打击，但是，贫困只是重建路上五大社会问题之一，从某种意义上说也是相对容易对付的一个，其他的四个问题分别是疾病、无知、肮脏和懒惰。第三，社会保障必须通过国家与个人之间的合作来实现。国家应该对各种社会服务以及各类社会保障费提供保证。同时，国家在组织社会保障中，不应该使个人和社会进步的动力、机会与责任心受到抑制，在建立一种国家最低生活标准时，国家应该为个人的志愿行动留下充足的空间并予以支持，使得个人能够为自己及其家人提供更多的保障。①

2. 社会保障的基本方式

报告着重阐述了社会保障的三种方法。报告指出，社会保障有三种方法：为保障基本需要而实施的社会保险；为保障特殊需要而实施的国民救济；为满足基本需要以外的需求而实施的志愿保险。社会保险是指对被保险人提供的基于强制性缴费基础上的现金津贴，它是三种社会保障措施中最重要的一种。社会保险应该尽可能地实现综合性和普遍性，但是，当社会保险可能或将要成为收入保障的主要措施时，它就不可能是唯一的保障措施，就需要国民救济与志愿保险作为补充。

国民救济是对申请者的特殊需求所提供的保障，它与申请者是否缴费无关，仅随个人需求情况与政府财政情况的变化而变化。国民救济是社会保障制度的一种必不可少的补充。

志愿保险是社会保险制度与国民救济制度的补充。由国家组织的社会保险与国民救济旨在保障一种基本的生存收入，不同人口群体的实际收入及需求存在很大的差异，为较高水平的生活提供保障首先应该是个人的事，也就是说应该是志愿保险的目标，但是，国家应该保证其各项措施能为这样的志愿保险留有余地，并加以鼓励。社会保险制度是整个社会保障制度中最重要的组成部分，但是，社会保障计划与体制既包括国民救济制度，也包括志愿保险措施。

3. 社会保险制度的基本原则

报告提出了社会保险制度应该包括六个基本原则：① 社会保险津贴统一标准原则。不管被保险人的收入存在多大差异，在领取社会保险津贴时都应采用同一标准。② 社会保险缴费统一标准原则。所有被保险人，为获得同样标准的社会保险津贴，就必须按照同样的标准缴纳社会保险费。③ 统一管理原则。为了保证社会保险制度的经济与社会效果，社会保障管理责任必须统一，对每一个被保险人来说，不管存在多少种社会保险津

① 贝弗里奇：《贝弗里奇报告——社会保险和相关服务》，劳动和社会保障部社会保险研究所编译，中国劳动社会保障出版社 2004 年版，第 3 页。

贴，他只需要每周缴纳一项综合性社会保险费，所有的社会保险费应该集中到一项社会保险基金中，所有的社会保险津贴也将从该项社会保险基金中支付。④ 社会保险津贴发放的时间与数量应该遵循合理的原则。社会保险津贴在数量上必须保证被保险人在正常情况下的基本生活，在时间上，只要被保险人的这种需求继续存在，就应该向其发放社会保险津贴。⑤ 综合性原则。社会保险制度应该是一种综合性的制度，它应该与国民救济制度及志愿保险制度结合起来。⑥ 分类原则。社会保险制度必须考虑到不同人的不同收入及需求，根据不同收入与需求调整社会保险费用与津贴，在每一种社会保险阶层中，根据大多数人的需求来确定社会保险的有关标准。①

四、《贝弗里奇报告》的影响

1.《贝弗里奇报告》与战后英国福利国家的蓝图

《贝弗里奇报告》是英国社会保障制度发展与演变过程中的一份著名文件，它对 20 世纪后半期英国社会保障制度的发展产生了重要的影响。英国现代社会保障制度建立于 19 世纪末 20 世纪初，其后经过近 40 年的发展，从内容上来说趋于合理，但从管理上来说，所存在的弊端越来越明显，各类社会保障项目种类繁多，彼此缺乏应有的协调，管理机构繁复，津贴标准差别较大，从而影响社会保障制度作用的正常发挥。改革成为英国社会保障制度进一步发展的根本途径，第二次世界大战的爆发推迟了这场改革的到来，但不可能阻止这场改革的发生。

为了顺应英国社会强烈要求进行社会保障制度改革的呼声，也为了给战后将至的改革做好准备，英国政府不得不在战争尚在进行的时候就开始行动，《贝弗里奇报告》便是这种行动的直接结果。贝弗里奇对英国现行社会保障制度进行了广泛调查，对其存在的弊端提出了强烈批评，提出了社会保障制度改革的全面计划，阐述了社会保障改革的基本原则、社会保障制度发展的基础、社会保障制度的目标以及社会保障制度管理方面的有关问题。《贝弗里奇报告》实际上为战后英国社会保障制度的改革与发展绘制了一幅蓝图。

2.《贝弗里奇报告》与战后英国福利国家实践

但是，需要指出的是，第二次世界大战以后，英国工党政府所进行的社会保障制度改革，并非全部依照《贝弗里奇报告》所提出的计划实施，工党政府的许多改革措施与《贝弗里奇报告》的主张存在很大差别，甚至《贝弗里奇报告》提出的一些基本原则也被工党政府所否定。战后英国社会保障制度改革与发展的基本事实是，在社会保障制度的管理方面，原来繁纷复杂的社会保障制度类型改变为综合性社会保障制度，被批准的法定社会团体不再参与社会保障制度的管理工作，社会保障由中央和地方职能部门统一管理。但是，报告中所提出的建立社会保障部的建议一直没有变成现实，只是建立了一个国民保险部以及一个独立的国民救济局。《贝弗里奇报告》指出，应该让友谊会继续

---

① Rex Pope. *Social Welfare in Britain* 1885—1989. London，1986：123-125.

作为社会保障制度的管理机构保留下来，以鼓励私人志愿保险的发展，工党政府在实际改革过程中，也没有采纳这一建议。

《贝弗里奇报告》提出建立一种基于民众不同需求的最低收入保障制度，由于民众个体需求的差别，这种主张实际上很难做到，工党政府在改革过程中只能根据整体情况，确定统一的最低生活标准。到20世纪50年代，《贝弗里奇报告》所提出的一些重要主张包括一些基本原则，实际上已经被放弃。《贝弗里奇报告》主张社会保险制度实行同一缴费和津贴标准的原则，这实际上很快就不再适应英国社会发展的需要，20世纪50年代，英国实施与收入相联系的养老金制度，这等于宣告了《贝弗里奇报告》上述原则的终结。此外，贝弗里奇希望失业与疾病方面的津贴在时限上没有限制，这种主张也没有被工党政府采纳。贝弗里奇还主张养老金制度参加者应该在参加该项制度20年后才可领取全额养老金，这种主张遭到民众的反对，也便被工党政府所否决。

正是由于上述历史事实，研究英国社会保障制度的著名学者、贝弗里奇的传记作家哈里斯在总结《贝弗里奇报告》对战后英国社会保障制度的影响时这样写道："看似矛盾但是正确的是，尽管英国被认为是贝弗里奇所提出的普遍的社会保障制度的发源地，相反的情况几乎也是一种事实，正是欧洲大陆国家全面采用缴费社会保障制度，而英国却保留了附带家庭收入情况调查的、直接传承于济贫法的社会保障制度。换句话说，与大多数学者所认为的相反，不是缴费的社会保险制度，而是以直接税为基础的充分的社会服务，才是第二次世界大战以后英国社会保障制度的最显著的特征。"①

思　考　题

1. 简述凯恩斯主义的经济社会主张及其评价。
2. 简述瑞典学派社会福利思想的形成和发展。
3. 简述《贝弗里奇报告》的内容与的影响。
4. 简述凯恩斯主义、瑞典学派对国家干预学说的发展。

---

① Jose Harris. *Enterprise and Welfare State, a Comparative Perspective*. Transactions of the Royal Historical Society，1990 (40)：181-184.

第六章　社会民主主义社会福利思想

社会民主主义社会福利思想是对西方社会产生长期重要影响的社会福利思想。社会民主主义社会福利思想出现于19世纪中期，随着西方经济与社会生活的变化，社会民主主义逐渐形成系统的社会福利思想体系。社会民主主义社会福利思想在政治上主张发展社会民主，强调阶级调和与阶级合作，提倡国家对经济与社会生活实施强有力的干预；在经济与社会生活上，强调国家应该尽可能承担起全面的社会责任，主张由国家采取有效措施为全体民众建立充分的社会福利。社会民主主义社会福利思想与凯恩斯主义社会福利思想结合起来，成为影响现代西方社会福利制度尤其是福利国家建立和发展的重要理论基础。

第一节　英国社会民主主义社会福利思想

一、费边社的社会福利思想

1. 早期费边社会主义的基本主张

“费边社”成立于1884年，从思想来源上讲，费边社的思想不仅受到边沁的功利主义的影响，而且受到欧文的合作社主义的影响，费边社著名领袖肖伯纳根据边沁的“最大多数人的最大幸福”理论引发出“最大多数人的最大效率”的主张，韦伯夫妇曾经竭力主张建立消费合作社，大多数费边社成员主张建立市镇集体公有制。

费边社的基本理论主张被称为费边社会主义。早期费边社会主义是一个庞杂的思想体系。在政治思想方面。费边社主张走向社会民主主义，但是，实现这一目标的手段不是通过暴力革命，而是通过两条形式不同但实质一样的道路：一条道路是渐进，这是最能代表费边社政治主张的一条道路，另一条道路是渗透，要实现所谓的渗透政策，办法是通过教育和宣传。

在经济思想方面。费边社会主义的最重要主张是“社会主义是生产资料与交换资料的公有以及为了所有人的同等利益而在这些方面的公有”。但是，费边社会主义者在公有制方面存在两种见解，以韦伯为代表的一些人主张市和郡的公有，提出所谓的“市区社会主义”的概念；戴维斯等人主张国家所有制，提出“国家社会主义”的概念。

在社会思想方面。费边社会主义者认为，社会是一个有机的整体，在这个有机体中，社会的生命要超过它的任何一个成员的生命，作为社会有机体的个人现在已经变成有机体的产物，个体的特质决定于社会有机体对它的作用，个体的活动与有机体内任何其他个体的活动紧密联系在一起，而且一同构成社会有机体活动的组成部分。个体一旦离开社会有机体，不仅无法健康活动，而且无法正常生存。社会有机体的继续存在是个体的至高目标，个人的行动及利益可能与社会有机体的总体利益发生冲突，这时，个体利益应该服从于社会有机体的利益。

费边社会主义认为，既然社会有机体的重要性远远超过个体，那么，“和我们自己个人的完满发展比较起来，我们必须更加注意去改善我们作为一个组成部分的这个社会有机体。……我们必须放弃那种认为我们是独立的个体的自高自大的幻想，并把我们的那种只注意于自己的修养的忌妒心转变过来去服从那个更高的目的，就是服从公共福利”①。

费边社会主义认为，要想实现这一目标，必须提高社会有机体中每一个个体的素质，这就是社会有机体的责任了。个人必须为社会有机体的进步而努力，社会有机体也必须为个人提供健康发展的必要条件。因此，有关社会福利与建立有效的社会保障制度的理论，成为费边社会主义社会思想的主要内容。

2. 贫困与失业问题

费边社会主义者对贫困问题的原因提出多种解释。他们认为，贫困问题是资本的少数人所有所造成的结果，也是社会不平等和剥削制度带来的结果。他们指出：“只要是资本掌握在一小撮人的手中，贫困就必然是多数人的命运”；“你们这些享受着舒适而考究生活的人，你们的安逸和奢侈是以他人的苦难和贫穷为代价的，你们的骄奢淫逸是产生贫困的根源”。

费边社会主义者还认为，土地的不平等所有也是造成贫困的主要原因。肖伯纳说：“站在社会主义的立场来对个人的经济行为进行分析，我们发现土地的私人占有乃是社会主义所反对的各种不平等的特权的根源”。无产者一来到世上就“发觉没有一块土地不是别人的财产，私有财产早已把他抛在九霄云外了。他走在路上时，是一个流浪者；他离开了道路时，便是别人土地的侵犯者”。这成为一个“没有粮食、没有房屋、无以为生、是一个多余的人，具有去做流浪者或奴隶的一切条件”。②

费边社会主义者认为，贫困与造成贫困的原因都是可以消除的。肖伯纳指出，“社会贫困的根源并不是产生混乱和邪恶的永恒的源泉，它仅只是一种人为的制度，容许受到无限的修改和调整——不，它实际是可以由人的意志加以摧毁和更替的”。费边社会主义者认为，消除贫困的主要办法，是把土地所产生的地租以及资本所带来的利润当作公共的或社会的财富用到公共事业上。“在这些事业中，社会主义将要把社会保险及对

① 肖伯纳：《费边论丛》，袁绩藩、朱应庚、赵宗煜译，生活·读书·新知三联书店1958年版，第116页。

② 肖伯纳：《费边论丛》，袁绩藩、朱应庚、赵宗煜译，生活·读书·新知三联书店1958年版，第58页。

重大事故的预防列为第一位。”[①] 费边社会主义者进一步指出：“既然差别租金和不劳而获是社会劳动和一般发展的结果，因此，应该用来增进整个社会的福利”；“真正趋向社会改革的政府，应该转而注意工业和农业的租金，并应该一方面利用赋税，一方面利用市有化和国有化把这种租金用来增进整个社会的福利”。

费边社会主义者认为，失业是一种社会现象，它主要不是由个人的原因引起的，因此，社会应该采取措施解决失业问题。关于农村失业问题，费边社会主义者认为：“促使郡议会去解决的第一个重大问题将是失业问题。”郡议会安顿失业者的办法有两种：第一种是把失业者组织起来从事生产劳动，这是一种明智的办法；第二种是仅给失业者提供一些救济性的工作，这是一种不明智的办法。为了更好地组织失业者从事劳动，必须首先对失业者进行登记，分为有技术和无技术两类，并首先录用有技术者。为了减少农村人口向城市的盲目流动，应该把城市中的那些失业的农村人口重新安排到郡办农场去劳动。为保证农村失业者的健康生活，各郡应该派一些有技术的工匠到农场中去，农场的各类设备应该一应俱全，还应该实行八小时工作日制度，要有良好的住所，大的农场还应该有中心商店、公用大厅、各类学校及公用食堂。

对于城市中的失业者，费边社会主义者认为，那些有技术的失业者应该按照他们自己所属的行业来受雇于市营工场，这些工场同样应该实行八小时工作日制度，工资不应少于工会能够接受的最低工资。他们认为，为了使失业者能自己养活自己，应该给他们工作，失业者必须成为自己所需消费品的生产者，而不应该因失业而消费他人所创造的财富。有些失业者的才干只能在许多人集聚在一起时才能充分发挥，他们的失业不是由于个人也不是由于某一城市的某一行业造成的，在这种情况下，失业者就应该被送到那些最适合他们的市营工厂中去劳动。对于那些一方面失业另一方面又随便拒绝市政机构为其提供的工作机会者，“就没有必要给他以任何的救济”[②]。

3. 工厂法、最低生活标准及其他

费边社会主义者认为，制定工厂法的目的是保护工人的身体健康及提高工人的生活水平，为实现这一目标，工厂法必须包括下列内容：工厂法的适应范围应该扩大到所有的企业和工厂，强迫雇佣三人以上的雇主进行登记；增加工厂视察员的数量，尤其是要委派妇女视察员，视察员主要应该从工薪劳动阶级中选出；立即无条件地在一切企业和部门实行八小时工作日制度；在各种合同中明确写进不得转包的条款以防止各类血汗劳动制度。

费边社会主义者认为：必须由国家制定一个最低工资标准，这是维持国民最低生活标准的基本前提。这一最低工资标准必须与工时挂钩，但不能通过工时的延长来实现最低工资，国家应该保证公民的生活水平不低于最低生存标准，例如，提供清洁的饮用水、

① 肖伯纳：《费边论丛》，袁绩藩、朱应庚、赵宗煜译，生活·读书·新知三联书店 1958 年版，第 78 页。

② 肖伯纳：《费边论丛》，袁绩藩、朱应庚、赵宗煜译，生活·读书·新知三联书店 1958 年版，第 235 页。

良好的通风和排水设备、比较干净的居住环境，政府还应该保证居民有较好的住房条件，实现免费义务教育、制定工厂法以及尽可能减少失业以消除贫困。

费边社会主义者指出，在任何一个社会中，病人、身体孱弱者以及没有劳动能力者都会存在，他们的一切需要都应该由公共福利来承担，而不能要求他们去承担任何公共的负担。所有的人都要经历童年而且都可能会生病，也都会经历年老的时期，所以，"只有这样做才是公平的，那就是：那些在健康的时候以及在整个成熟时期曾经诚实地劳动的人们，在他们生病的时候以及在他们的整个晚年都应该享受到劳动的报酬"[①]。费边社会主义者认为，应该把老年人与病人从成年贫困者中区分出来，给老年人建立一种养老金制度，给病人建立一种疗养制度，使得对老年人与病人的救济与普通成年贫民的救济区别进行。[②]

费边社会主义者指出，为了使所有的儿童特别是最贫困的儿童能受到充分的教育，国家必须采取的措施应该包括以下层面：增加政府对学校的拨款，废除小学的学杂费，在需求的地方设立各类技术学校与中等学校，同时在中等学校建立奖学金制度，帮助家境贫寒而又勤奋好学的学生顺利接受教育。

尤其应该指出的是，费边社会主义者还深刻地认识到社会保障对提高公民的道德水平、促进社会文明、健康发展的影响。他们指出，应该让每一个人都感到生活绝对有保障，应该让每一个人关于他未来的物质需求的所有忧虑都一扫而空，这样一来，人们对财富的那种渴望才会失去它的杠杆作用。当人们每天的生活有了保证的时候，金钱利益的专横就会被打破，"人们的生命将开始用来生活而不是用来为得到生活的机会而斗争"。于是，那些能够促进社会健康发展的精神因素就会得到发展，进取的精神、创造的快乐、仁慈的本能等都会立即活跃起来并影响社会的进步。[③]

二、柯尔的社会保障思想

1. 英国社会保障制度的缺陷

柯尔（George Douglas Howard Cole，1889—1959）是英国著名的社会民主主义思想家。他曾在1939—1946年担任费边社领袖，并对劳工问题与社会主义进行大量研究，主要著作有《费边社会主义》《英国工人运动简史》和多卷本的《社会主义思想史》。

柯尔指出，建立有效的社会保障制度，给每一个英国民众提供基本的生活水平，不仅是国家的责任，而且应该成为社会民主主义的四大目标之一。这四大目标就是，"思想、使人人有同等的机会、保证人人享有基本的生活水平、民主自由"。他说：

① 肖伯纳：《费边论丛》，袁绩藩、朱应庚、赵宗煜译，生活·读书·新知三联书店1958年版，第234页。

② Norman Mackenzie. *The Letters of Sidney and Beatrice Webb*. Cambridge，1978：135.

③ 肖伯纳：《费边论丛》，袁绩藩、朱应庚、赵宗煜译，生活·读书·新知三联书店1958年版，第238-239页。

"使社会全体成员在生活中有一个不错的机会，使他们免遭不必要的痛苦，仁慈而又友好地使那些由于自己的过失而受苦的人得到安排，乃是任何象样的人类社会应负的责任。"①

柯尔批评了 20 世纪 20—30 年代英国社会保障制度所存在的缺点和不足。他说，国家在社会保障方面已经做出了许多努力，这些措施也已经发挥或正在发挥积极的影响。但是，"这些社会服务机构却是通过一条奇怪的偶然道路发展起来的，其中仍存在很多差距——更不用说其主要的过失是，它们大部分仍然是为了掩盖那些不应当让其产生的邪恶"。②

柯尔详细地列举了英国现行社会保障制度的缺点。他指出："为什么失业者有被其供养者的补助费，而生病者却没有？为什么疾病津贴比失业津贴要少得多？为什么对于大多数家庭来说，上述两项津贴都比像样的生活收入低得多？……为什么为健康保险费用捐献的比例必须大大高于为失业保险捐献的比例呢？为什么有时候有家庭经济情况调查，而在另外的时候却不调查？为什么无缘无故地有如此多不同的家庭情况调查？为什么拿工资者就能享受一定的社会福利，而一些自立的工人，如经济情况并不好的小店主之类，却得不到社会福利？为什么一些公共福利设施因地而异，或者就健康保险来说，一家家'得到许可的公会'都不同，而另外一些公共福利设施却建立在全国相同的基础上呢？为什么付给的赔偿费限制在以前的工资的一部分以内而不管需要多少呢？……"柯尔指出，这些问题可以几乎无限地写下去，而这些问题存在的主要原因是，英国政府没有对社会保障制度做出全国性整体计划。③

2. 社会保障基本主张

柯尔认为，保证民众合理的基本收入是社会保障制度的重要目标，实现这一目标的办法有两个：一个是把合法工资章程的适用范围扩大到所有行业。要做到这一点，既要依靠建立有权决定合法的最低工资的行业委员会，更要依靠对合法最低工资做出强制性规定，确认一切低于规定标准的工资都是违法的。另一个是，为那些可以从国家得到一些补助，而这些补助又显然过少的人提供有效的收入。此外，建立普遍性家庭补贴制度，也被柯尔认为是自己"一直欣赏的解决这个问题的方法"；不过，这种家庭补贴应该由国家给付，其费用由国家税收来承担，"这是唯一较好的办法"。④

失业问题是柯尔关心的又一个重要社会问题。他认为，国家的目标首先应当是防止失业，但在资本主义条件下，失业是难以避免的，解决失业就成为一个重要的社会任务。柯尔指出，仅仅对失业者进行救济是不够的，应该使失业者能够尽快重新就业。他说："一个工人可能因其行业衰退了而失去他的工作；如果这样，应当训练他去干另外的工作。他可能因健康不佳而失去工作；如果这样，应当采取措施恢复他的精力。他可能因自己的过错而丢掉工作；如果这样，应按照其过错的性质给他改正的机会。"⑤

① 柯尔：《费边社会主义》，夏遇南、吴澜译，商务印书馆 1984 年版，第 65 页。
② 柯尔：《费边社会主义》，夏遇南、吴澜译，商务印书馆 1984 年版，第 69 页。
③ 柯尔：《费边社会主义》，夏遇南、吴澜译，商务印书馆 1984 年版，第 69-70 页。
④ 柯尔：《费边社会主义》，夏遇南、吴澜译，商务印书馆 1984 年版，第 72 页。
⑤ 柯尔：《费边社会主义》，夏遇南、吴澜译，商务印书馆 1984 年版，第 75 页。

柯尔认为，必须制定最低基本生活标准，以保障广大民众的正常生活。这是一种对于就业者、病人、失业者和正在受就业训练的人都适用的最低生活标准，有助于社会保险目标的实现。保证最低生活标准的补助金必须是普遍性的，同时也必须做出总体安排，给那些因年龄问题不适合工作的人发补助金，给那些尚能从事一些劳动的人发放收入补助，所有这些补助必须保障接受者的生活达到基本生活水平。

柯尔指出，必须实行普遍社会保险制度，“社会保险条件不应当只运用于赚取工资者，任何需要这些社会保险的人都应有资格得到它们。那些丢掉了营生或者不能和过去一样继续经营的小店主，那些不能再劳动和从土地上没有获得好收成的农民，那些被取代了职业或工作的人，都应该能够向政府求助”[①]。

柯尔反对在提供救济时实施极度严格的家庭财产状况调查，但他同时认为，也不能毫无限度地提供救济。他指出：“我们认为，在国家答应对某人的穷困进行救济以前，强迫其出售房子或挥霍掉仅有的一点储蓄，是罪恶行为。但是，必须有一个界线。一个人为了保持自己的一座大厦而申请救济，就不能认为是合情合理的；同样，一个人在估计自己的需要时，认为自己已尽了一切努力自助，因而不考虑规定的最低金额，拒绝使用他的储蓄收入维持生活，这也不能认为是合情合理的。”[②]

柯尔的社会福利思想构成20世纪30—50年代英国社会民主主义社会福利思想的重要内容。

三、克罗斯兰的社会福利思想

1. 资本主义的变化

克罗斯兰（Crosland，1918—1977）是20世纪50年代英国费边社的著名理论家。他的主要代表作为《社会主义的未来》和《现代社会主义》。

克罗斯兰认为，进入20世纪以后，特别是第二次世界大战以后，英国资本主义如同整个西方资本主义一样发生了较大的变化。“资本主义并没有由于其内部的矛盾而已经崩溃，我们可能看到资本主义正在发生的转变，从1945年以来，资本主义正在转变为一种不同的社会制度。”

他认为，英国资本主义发生变化的主要原因如下。

首先是反对资本主义的力量如工会运动以及工党等的发展，这些力量都将社会政策改革作为它们斗争的主要内容，并使得资产阶级不能无视这些主张和要求。

其次是反对资本主义的力量的主张和要求，得到一些资产阶级的支持，资产阶级开始支持国家对经济与社会生活的干预。他们认为，国家干预不仅有利于工人阶级生活水平的提高，而且可以保持社会的稳定，同时，还可以保证资产阶级从中得到利益。充分就业的目标是福利政治的基本目标之一，它意味着保证较高的生产水平以及消费水平，也就意味着能够保证比较高的利润水平。

---

① 柯尔：《费边社会主义》，夏遇南、吴澜译，商务印书馆1984年版，第77页。

② 柯尔：《费边社会主义》，夏遇南、吴澜译，商务印书馆1984年版，第77页。

最后是第二次世界大战以来，资本主义经济制度也发生了较大变化，生产资料的所有权范围明显扩散，所有权与管理权的分离越来越明显，这就使得资本主义演变为一种新的社会制度。在这种制度中，所有权的扩散带来了资本主义剥削程度的减轻；资本主义经济的计划性开始发展，这就使得资本主义难以回到以前的状态，资本主义已经诞生出一种新的经济与社会制度。①

由于上述原因，克罗斯兰认为，战后社会民主主义者的政治目标不再包含推翻资本主义的内容，包括英国工党在内的社会民主党人应该关心的是，资本主义政治能给普通人民带来的利益。在这一方面，国家通过宏观经济政策对经济与社会生活的干预，对于保证经济的增长将发挥重要的作用，这是实现更加重要的社会公平的经济基础。这是因为，经济的发展不仅可以为大多数民众提供较多的收入，从而缩小贫富之间的消费差距，而且可以使大多数人保持一种较高的生活水平，经济的增长还可以为公共服务提供充足的经费，从而促进和提高公共服务的水平，而提高公共服务的水平是实现社会平等的重要途径之一。

2. 社会保障中的政府作用

政府在社会保障制度方面的作用是克罗斯兰民主社会主义社会福利理论的重要组成部分。他认为，政府应该采取行动改正或者补充市场交换制度，如果需要的话，甚至可以取代市场交换制度。政府按照这种方式行动有助于平等、民主与福利的提高和发展，这些都是福利国家的目标。国家还可以利用社会支出和其他手段来改正与市场经济分配制度相联系的不平等与不公平，通过社会支出制度，政府就可以对社会收入进行再分配，实现有效的社会保障以及更大的社会公平。

克罗斯兰还指出：为了建立一个基于中央财政基金之上的普遍的福利国家，我们必须进行调整；对那些希望通过实施以消费为目标的社会政策，而不是以生产为目标的经济政策来实现更大社会平等的扩张型福利国家，应当予以理性控制；对右翼势力要求减少福利的主张应予以驳斥；对工党左翼强调结果平等而不是机会平等的经济与社会政策主张，应予以拒绝与批评。他指出，在战后资本主义社会中，福利国家的功能应该是，改善因为国家在经济方面的规定与私人工业发生矛盾与冲突而无法实现机会的平等的情况。②

四、蒂特马斯的社会福利思想

1. 国家福利的职能与目标

理查德·莫里斯·蒂特马斯（Richard Morris Titmuss，1907—1973）是20世纪对英国社会保障理论产生深远影响的社会民主主义思想家，他曾经直接参与英国社会保障制度的管理工作，担任补充津贴委员会的代理主席和国民保险咨询委员会成员等重要职务。他一生写下大量的有关英国社会保障制度与理论的著作，主要有《贫困与人

① Page R. M. *British Social Welfare in the Twenty Century*. Macmillan，1999：120-121.

② Page R. M. *British Social Welfare in the Twenty Century*. Macmillan，1999：121-124.

口》（1938）、《社会政策问题》（1950）、《福利国家论集》（1958）、《收入分配与社会变化》（1962）、《今日福利国家的目标》（1965）、《社会福利与给予的艺术》（1967）、《献身于社会福利》（1968）、《礼物的关系》（1970）以及《社会政策导论》（1974）等。

蒂特马斯认为，现代工业社会需要建立一种有效的国家福利制度。因为，在资本主义现代工业社会中，市场对人的社会责任感与义务感起到削弱的作用，个人在市场为主导的经济制度下，只顾自己的利益而不顾他人的利益，甚至以损害他人的利益作为实现自己的利益的手段。蒂特马斯对市场制度予以坚决反对，但他认为国家可以解决市场制度在社会福利方面所带来的不足，并主张建立一种国家福利制度。

蒂特马斯认为，国家福利制度具有五大职能与目标。

第一，社会福利服务可以通过许多途径并在许多方向上对社会收入实施分配与再分配，这是市场制度所难以做到的。社会福利服务可以实现不同生命时期、有需要抚养的孩子与不需要抚养的孩子的家庭之间、身体健康者与患病者之间、身体健全者与残疾者之间、失业者与就业者之间收入的分配与再分配。显然，“蒂特马斯把国家福利制度看作是在质和量上实现最大的社会平等的主要动力机制”。[①]

第二，国家福利能够促进社会的紧密结合与协调。社会政策可以增强社会参与意识，防止社会离心倾向，并能够把少数群体的成员、不同民族与区域文化纳入一个社会整体之中。社会政策的这种社会合力功能是其区别于经济政策的主要方面。他指出：“以我的判断，英国的国民保健服务较之其他服务对增强英国的社会凝聚力作出的贡献更大。”

第三，社会福利服务在解决社会问题时具有重要的作用。这些社会问题与经济发展紧密相关，需要采取有效的社会政策加以解决，同时，必须使经济发展与社会发展同步进行，一方的落后都必然制约另一方的发展。

第四，国家福利可以促进个人与社会福利的发展。通过国家福利使得一些具有某种需要的人，如残疾人的生活质量得以提高，社会保险是 20 世纪重要的社会发明之一，它所做的是缓解人们的不幸并增强人类的自尊。[②]

第五，社会福利服务还是一种投资方式。社会保障与社会福利支出不能仅仅被看作一种支出，它同时也是一种投资，对健康、教育、职业培训等方面的社会支出实际上就是一种投资，这种支出不仅对提高社会福利具有重要的影响，而且对提高国民收入也有积极贡献。

2. 普遍福利的主张

蒂特马斯主张实施普遍的社会保障制度。他指出，既然市场制度不利于人的社会责任与义务意识的发展，既然社会政策与经济政策的主要区别是社会政策具有社会凝聚力功能，那就不仅应该建立国家福利制度，而且这种国家福利制度应该实行普遍性原则。他认为：“普遍性的社会福利服务即没有任何阶级、种族、性别与宗教等差别的社会福

① Abel Smith. *The Philosophy of Welfare*. London，1987：5.

② Titmuss R. M. *Commitment to Welfare*. London，1968：59.

利服务，可以发挥这样的社会功能，那就是促进和提高全社会走向社会协调的态度与行为。”

蒂特马斯对普遍性社会福利的主张与他对社会问题原因的认识密不可分。他认为，社会问题的原因很难确定，唯一可行的办法是，实施不管原因而只重结果的普遍性社会政策。他的普遍性社会福利主张还与他对有选择性的社会福利的弊端的认识紧密相连。他认为，有选择性的社会福利服务使得所提供的社会福利服务，带有一定的歧视与侮辱性色彩，由此使一些人变成了另一些人的负担，而一旦这些人被作为另一些人的负担来对待，他们自己就会按照作为别人的负担的角色行事。为了避免这些不良的因素，必须实施普遍的社会福利原则。

蒂特马斯认为，私人福利不利于促进社会平等，反而可以造成社会不平等范围的扩大与程度的加深，英国现行的私人福利制度削弱和危害了公共福利，这种福利制度对人们的社会责任与义务意识的危害更大。他认为，这种私人福利从社会意义上说具有分裂性。由于实施私人福利制度，一些人被排斥在某种社会福利之外，或者遭受到极为严酷的对待，从而使社会产生明显的分裂。蒂特马斯还认为，私人福利制度不仅不能给人们提供自由选择的机会，而且带来权力的集中，它使权力集中于极为有限的一些人手中，并在高度官僚主义下运行。

3. 社会福利的划分

蒂特马斯还把社会福利进行了区分。他指出，如果我们的目标是理解社会中的福利，其他类型的福利制度也必须与公共福利一道来解释，这些福利包括财政福利（如纳税补贴与救济）与职业福利（如来自雇主的津贴）。蒂特马斯指出，这些福利的目的是一致的，它们同样得到财政支持；而最明显的区别是，财政福利与职业福利显然对那些经济条件较好者最为有利。

蒂特马斯还指出，对一个国家社会保障制度发展的认识和理解，不能离开它发生与发展所赖以存在的特殊社会和文化背景，最好的理解办法是对一些特殊的社会保障措施进行详细的解释，而不是仅仅从宏观理论上去把握。

蒂特马斯的社会福利理论具有重要影响。20 世纪中期，英国对社会保障制度的诸多方面展开了广泛讨论，有关国家在社会保障福利制度中的作用、社会保障的发展与英国社会经济发展的关系、社会保障制度的作用和影响的两面性、社会福利的类型与改革等成为讨论的主要议题，蒂特马斯在几乎所有的方面都提出了自己的观点。他的观点有时引发有关某一理论问题的讨论，有时引导有关某一问题的讨论。因此，西方学者在评价蒂特马斯对英国社会保障理论的影响时，这样总结：“按照任何一种标准，蒂特马斯对于研究和理解英国的社会政策所做出的贡献都是巨大的，他死后 20 年，甚至他的某些重要著作出版后的 40 年，他的许多观点还与现在的关于社会保障理论的争论相联系，并激发着这方面的争论与研究的连续不断地展开。”①

① Vic George. *Modern Thinkers on welfare*. London，1995：164.

第二节　瑞典社会民主主义社会福利思想

一、瑞典早期社会民主主义社会福利思想

1. 布兰亭的社会福利主张

19世纪80年代，随着瑞典工人运动、工人组织和社会主义政党的建立，瑞典社会民主主义也应运而生。瑞典早期社会民主主义的主要代表人物有卡尔·亚尔马·布兰亭（Karl Hjalmar Branting，1860—1925）、古斯塔夫·斯蒂芬（Gustaf Steffen）。

布兰亭是瑞典社会民主党的创始人，曾在1920—1925年担任瑞典首相，对瑞典社会民主主义产生重要影响。布兰亭十分强调社会改革对社会发展的促进作用，并将推动社会立法作为社会民主党的重要任务，主张社会民主党应该利用政治手段实现社会改革。布兰亭指出：为了实现更高的社会发展目标，必须使资本成为全社会共有的财产。要完成这一任务，则必须进行社会改革。为了实现社会变革的目标，工人阶级必须组织在工会和政党之中。“社会民主党的目标，就是为工人阶级争取政治权利。在这一任务完成以前，为工人阶级争取最好的社会立法。”

布兰亭指出：自由主义把它的注意力局限在政治和道德领域，忽视工人所面临的社会问题。自由主义失败的主要原因在于，当社会改革真正需要时，它认为政治改革可以矫正一切问题。社会民主主义将推行正常工作日、社会保险及其他各种创造一个自由、平等和稳定的社会所必需的措施。布兰亭不仅将普遍选举权看作瑞典政治变革的主要途径，也将其看作实现社会改革的主要办法。利用普选权，工人运动就可以将国家从一种压迫的工具，转变为对工人阶级中的弱势群体提供帮助与保护的工具。①

进行社会改革和建立有效的社会保障制度，是布兰亭社会民主主义思想的重要内容之一。他在1898年和1913年有关瑞典养老金制度的演讲中，竭力主张在瑞典建立普遍性社会保险制度。他说：“社会保险应该包括所有人口”。他指出，以前瑞典社会民主党仅仅强调对老年工人进行社会关怀，现在他们发现小农场主、农业工人以及小工商业者也正在被逼进济贫院之中。在瑞典这样一个还存在农村和农业的国家，仅仅适用于工人的养老金制度将会忽略这一问题的主要部分。人们不应该将其他一些社会群体排除在这种社会保险制度之外。社会保险给民众以公民权利，它不应该将向社会成员提供保障的工作留给慈善事业，而应该将其看作一种政府责任。

布兰亭认为，瑞典社会保险制度中包含强制性特色是非常正当和必要的，没有这种强制性，人们就会为了眼前需要而忽视长远需要。他指出：“在精神和知识世界，个人自由应该占统治地位。而在社会经济生活中，个人自由简单地掩盖了强制性的力量，如

① Tim Tilton. *The Political Theory of Swedish Social Democracy: Through the Welfare State to Socialism*. Oxford，1990：22-32.

果允许个人在那里自由行动，结果还是强制。”布兰亭还支持建立最低工资制度。他认为，英国矿工在 1911 年成功建立起来的最低工资制度是一个重要的进步，它对资本主义剥削进行了限制，有利于工人阶级生活水平的提高。[①]

2. 斯蒂芬的社会保障主张

19 世纪末 20 世纪初，对瑞典社会政策产生重要影响的另一个社会民主党人是斯蒂芬。斯蒂芬强调社会政策应该是一种国家行为。他认为，尽管各种自愿性组织对于社会政策来说非常重要，但只有当国家为社会改革运动而行动时，这些自愿组织才能对社会政策产生影响，国家干预和自治组织的干预都应被看作社会政策的组成部分。

斯蒂芬主张建立社会保险制度，提高民众的社会福利。他特别关注瑞典社会的住房和养老问题，在 1913 年瑞典关于养老金法案的辩论中，斯蒂芬的观点与瑞典社会民主党的主流观点发生冲突，他对国家承担财政责任的养老金制度方案提出怀疑，并公开赞成和支持建立一种工人保险制度，其费用由雇主和雇员共同承担。[②]

二、瑞典社会民主主义社会福利思想的形成

1. 威格夫斯的社会福利思想

两次世界大战之间，瑞典社会民主主义有了新的发展，产生了一批具有较大影响的社会民主主义思想家，他们的思想推动了瑞典社会民主主义社会福利理论的发展。威格夫斯（Ernst Wigforss，1881—1977）是这一时期富有影响的社会民主主义思想家。他的社会经济主张较之早期社会民主主义者明显成熟。

首先，针对 20 世纪 20—30 年代严重的失业问题，威格夫斯提出了解决失业问题的经济对策。早在 20 世纪 20 年代末期，威格夫斯就已经认识到，消费和投资的萎缩导致了经济萧条。他指出，除了个人消费者不愿意花钱消费外，业主也减少用于生产的投资，结果是储蓄超过了投资，资本构成低于预期水平，就业率于是下降。威格夫斯在 1928 年写道：“如果没有足够的企业调动储蓄者的购买力以使人们工作，那么，民众的节俭将成为一种令人怀疑的美德。国家和地方政府在经济萧条期应该毫不迟疑地开拓公共工作机会。当私人企业在将储蓄用于工作方面表现出犹豫不决时，公共部门必须前进一步并指导人们将其储蓄用于工作方面。”

20 世纪 30 年代初，威格夫斯呼吁增加公共支出以弥补私人资本的不足。他指出，利润和损失的私人计算已经不再能够决定生产和就业的水平，国家现在应该进行干预以调整私有企业之间的不协调。他主张将社会经济从私有资本所强加的束缚下解脱出来，以便创造就业。

---

① Tim Tilton. *The Political Theory of Swedish Social Democracy: Through the Welfare State to Socialism*. Oxford，1990：33-35.

② Olsson S. E. *Social Policy and Welfare State in Sweden*. Lund，1993：78-79.

1944年，威格夫斯提出通过实行有计划性的经济发展实现充分就业，通过经济计划性和福利国家而不是苏联式的全面工业国有化，实现瑞典从资本主义向社会主义转变的主张。他指出，为实现充分和有效就业而实施的经济计划，将把社会控制扩大到生产组织上，由此带来的生产增长将使得社会福利建立在坚实基础上，并实现“公平分配和较高生活水平”。

其次，威格夫斯竭力主张实行经济社会化。他认为，经济社会化可以给瑞典社会带来许多有利的变化，这就是：① 消除基于财产所有权的阶级差别，同时建立起无阶级的社会；② 铲除贫富之间的悬殊差异，实现经济平等；③ 通过消除冲突的原因而结束阶级冲突，为真正的社会团结提供基础；④ 终止对劳工的剥夺；⑤ 实现对经济的民主控制；⑥ 保障收入与就业；⑦ 实现弱势者生活水平的较快提高；⑧ 解决与工业劳动者相关的心理问题。威格夫斯认为，通过实现瑞典经济的社会化，不仅可以消除资本主义社会的各种弊端，而且可以为解决资本主义经济的本质问题提供办法。[①]

最后，论述了瑞典社会福利的状况，提出了比较系统的社会保障思想。威格夫斯将建立完善的社会保障制度作为实现社会民主主义目标的重要途径。他说，对于瑞典第一代产业工人来说，社会保障是一种与劳动权利相对应的概念，现在，社会保障的概念已经超过以前的概念范围，它包括公共养老金、儿童补贴、工伤事故保险、疾病保险以及提供充分住房等。一个文明的社会应该为其全体居民提供有保障的生活水平，即使那些没有对经济生产做出实际贡献者也应该具有这样的生活水平。只有实现全体民众的社会保障，才有可能实现社会民主党的目标。

早在1919年，威格夫斯就提出了瑞典社会民主党在社会保障制度方面的斗争纲领和目标，这就是：① 承认就业的权利；② 缩短工作时间；③ 依法实施两周时间的发薪休假；④ 实行较高的养老金津贴；⑤ 建立国民保健制度；⑥ 实行产妇补贴；⑦ 推行遗属津贴；⑧ 对住房建设提供公共财政支持；⑨ 给予每一个人同等的接受教育的机会。

1928年，威格夫斯又指出：“财富的更加平等的分配能够增加集体福利，能够增进大多数人口的社会保障，可以为更加富裕的人类生活提供物质条件。”威格夫斯否定经济的快速增长可以自发消除贫困并创建一种更加公平有效的福利分配的观点。他指出，只要这些产品按照一种理性的方式进行分配，不断增长的产品意味着将可能为全体人口提供更好的福利。合理的公共政策既应该为人们提供社会保险，也应该提供公共服务，将教育和健康关怀等从市场领域分离出来。

威格夫斯还分析了瑞典社会民主主义社会福利政策与自由主义社会福利政策的不同。他指出，自由主义试图通过改变分配方式来为处于最不利地位者提供福利，从而避免对私有财产提出挑战。社会民主主义则寻求通过公共控制和扩大公共财政实现其再分配目标，他们提倡通过激进的税收改革为公共计划提供财政支持。威格夫斯指出：“教育和健康关怀、疾病和工伤事故保险、失业保险与养老金制度等措施，都可以被认为是实现更加公平的分配的一种努力，至少从某种程度上说，为了提高那些收入较低者的福利，收入较多者应该通过激进的税收改革让出他们的一部分收入。”

---

① Tim Tilton. *The Political Theory of Swedish Social Democracy: Through the Welfare State to Socialism*. Oxford，1990：46-59.

在论述社会福利政策的财政和经济基础时，威格夫斯指出，社会福利政策是一种费用较大的社会政策，即使在推行激进税收制度的时候，也需要一种非常繁荣的经济为后盾，“因为社会民主党的目标之一是实现更加平等和公平的财产和收入分配，我们就不能忘记在分配之前必须生产”①。威格夫斯的社会福利思想极大地丰富了瑞典社会民主主义社会保障理论的内容。

2. 卡尔比的社会福利主张

卡尔比（Nils Karleby，1892—1926）是 20 世纪 20 年代瑞典社会民主党又一重要社会保障思想家。卡尔比提出了社会市场经济的主张。他认为，社会民主主义运动不会废除市场经济，而是要使得市场经济为工人阶级的目标服务，新的社会将会积极开拓所有的市场福利。他指出：社会市场经济提倡一种更加平等的财富和收入分配，生产资料将不会被资产阶级独占，利润也不会仅仅流向一小部分财产所有者。收入的分配可以改变，因为它决定于财产、权利和生活机会的分配。公共政策的推动力必须使得工人阶级平等地参与财产所有权、购买力以及储蓄和投资。

卡尔比指出，从长远来看，社会福利措施作为社会民主主义的纲领是远远不够的，社会民主主义需要的是生产资料所有权的变革，社会福利措施仅仅处理分配领域中的表面问题，却没有触及这些问题在生产领域中的根源。他强调指出，所有的社会政策都应该采取财产权的重新选择和确立的方式，八小时工作日制度、工厂立法、强制性工伤事故保险法等都包含所有权的变化，它们也都代表着对所有权的一种社会民主主义的再分配。② 卡尔比的社会市场经济主张和社会福利思想，为瑞典社会民主主义增添了新的内容。

3. 汉森的“人民之家”

两次世界大战之间，瑞典社会民主党提出的“人民之家”计划对社会保障制度的发展产生了重要影响。瑞典社会民主党著名政治领袖佩尔·阿尔宾·汉森（Per Albin Hansson，1885—1946）提出的“人民之家”计划，在瑞典社会民主主义社会福利思想发展中占有重要地位。

汉森阐述了要把瑞典建设成一个令人满意的“人民之家”的必要性。他说：“这不是一个人的面包问题，而是每一个人在更加有保障的条件下生活和工作的问题。”他对瑞典资本主义制度提出了批评，指出：“瑞典社会仍然不是一个好的人民之家”，在这里当然存在形式上的平等，却也存在严重的不平等，一些人住在宫殿之中，而大多数人则认为如能继续住在他们的破屋之中就已经是够幸运的了；一些人生活富裕，而大多数人则挨门乞讨。资本主义的基本缺点是没有把公民作为值得尊敬的人来对待，它没有为民众提供充分的经济保障。缺乏社会保障、经济剥削、资本权威主义等都与民主原则相冲

---

① Tim Tilton. *The Political Theory of Swedish Social Democracy: Through the Welfare State to Socialism*. Oxford，1990：51-62.

② Tim Tilton. *The Political Theory of Swedish Social Democracy: Through the Welfare State to Socialism*. Oxford，1990：70-103.

突，瑞典工人阶级一直遭受就业不稳定以及由于工伤事故、疾病与退休等带来的生活保障能力的减弱。

汉森认为，“人民之家”首先应该为民众提供有效的生活保障，他指出，国家应该建立社会保险制度，为民众提供疾病、退休、失业与生育保障，这是国家对被雇佣者应该做的基本事情。汉森对阻碍社会保障制度建设进程者提出如下警告：“在一个相当长的历史发展时期中，一个政治上成熟的人将不会接受这样的现实，那就是：作为保持和促进社会福利发展的最重要的生产资料掌握在极少数资本家手中，这些资本家为了满足自己的利益，将普遍福利置之度外。”①

汉森的人民之家计划，实际上是 20 世纪 20—30 年代瑞典社会民主党的政治纲领，它对促进瑞典社会福利制度的发展产生了直接影响。

三、瑞典社会民主主义社会福利思想的发展

1. 《工人运动战后纲领》

第二次世界大战期间及其以后，瑞典社会民主主义社会福利思想进一步发展。1944 年，瑞典社会民主党提出《工人运动战后纲领》，纲领认为，自由资本主义只能够在较短的时期内获得成功，计划性则可以消除经济危机的威胁，自由企业的生产过剩与消费不足必须让位于一种更大范围的经济计划性。纲领提出了瑞典战后社会发展的三大目标，即“充分就业”“公平分配与提高生活水平”“经济更加有效和民主”。②

纲领提出了战后在建立普遍性福利国家的计划。它把社会民主党战后瑞典社会保障制度建设方面的任务具体化，并提出了如下几个重要目标：① 失业人员由国家提供保障，并努力实现充分就业；② 推行养老金制度改革，改善退休人员的养老条件；③ 改革瑞典的教育制度，使得每一个瑞典人都享有平等的受教育机会；④ 实行住房制度改革，改善瑞典民众的住房条件。③ 瑞典社会民主党的《工人运动战后纲领》，确定了战后经济与社会发展的指导方针，为瑞典战后社会保障制度的发展描绘了蓝图。

2. 莫勒的社会福利主张

战后瑞典社会民主主义社会福利思想的著名理论家是古斯塔夫·莫勒（Gustav Möller，1884—1970）。莫勒论述了社会保险制度的目标和功能。他指出：“社会保险制度显然不是为了帮助那些自私的或者反社会的人们，而是为了帮助我们的人民中的这样一部分人，他们属于好的公民，却需要得到保护，以免各种风险将其陷于贫困境地。社会保险制度是为了保护家庭免遭非自我因素所造成的困难。”

莫勒认为，在社会保障制度中，必须强调国家为全体民众提供充分有效的生活保障

---

① Tim Tilton. *The Political Theory of Swedish Social Democracy: Through the Welfare State to Socialism*. Oxford，1990：127-135.

② Hufford L. *Sweden: the Myth of Socialism*. London，1973：21.

③ 金重远：《战后西欧社会党》，上海人民出版社 1997 年版，第 146 页。

的责任。他指出，创造一种能够给予人们一种真正的安全保障感的社会保险制度，是国家的一项义不容辞的责任，国家的职责就是建立一种社会保障制度，并为这种制度提供财政支持，以便保障其居民不受由疾病、工伤事故、年老或失业等社会问题所导致的贫困的威胁。国家应该是所有公民的一个良好的避风港。

莫勒指出，社会保障制度应该实行普遍性原则，它应该包含所有民众而不是仅仅包含城市工人。国家应该为其公民提供一种最低生活保障，防止他们走向赤贫。为了社会及个人的利益，“国家不仅应该是一个守夜人国家，而且应该是一个福利国家”。

莫勒明确指出了 20 世纪初瑞典社会保障制度的局限性与不足。他认为，尽管工伤保险制度是瑞典现行社会保障制度中最好的一种制度，但是这种制度所提供的工伤事故保险津贴很不充分，而且存在极端的地方化，这不利于工伤事故保险制度作用的发挥。瑞典的疾病保险制度仅仅覆盖 20%的人口，疾病保险津贴标准太低，小规模疾病津贴互助团体的激增已经导致这些团体之间不健康的竞争。瑞典养老金制度的作用也极为有限，难以防止人们陷入贫困和依靠施舍。同时，瑞典的失业保险制度也不健全，需要进一步发展和完善。

莫勒提出了改革瑞典社会保障制度的八项原则主张：① 有效的社会保障制度需要相应的中央集权化，以便各种制度紧密配合；② 好的社会保障制度应该避免给津贴领取者带来侮辱性感觉；③ 儿童是社会最有价值的资源，应该受到保护、教育和关怀；④ 职业病和工伤事故保险所需的费用应该由厂主承担；⑤ 理想的养老金制度应该通过激进税收改革为其提供财政来源，不应该由个人缴费；⑥ 建立一种基金性的养老金制度，将会为养老保障提供资金来源；⑦ 建立综合社会保险制度将会为工业病和工伤事故提供保障，应该扩大孕妇和儿童补贴，并为寡妇母亲提供经济帮助；⑧ 社会保障制度在设计和建立时，应该注意防止依赖意识的形成和欺诈行为的出现。[①]

莫勒还认识到社会保障制度的快速发展必然给瑞典政府带来财政问题。因此，他进一步指出了社会保障制度的发展与社会经济发展的关系，认为瑞典社会经济的发展是社会保障制度发展的基础，社会保障制度的发展水平和规模必然受制于社会经济的发展水平和规模。莫勒指出：只有当普通公民拥有收入并可以将其一部分用于为老年人、患病者、寡妇以及其他人提供保障时，这样的社会改革才会持续有效。他形象地通过比喻来说明社会保障与社会经济的关系。他说，一个人不可能去分一个比他所能烤出的蛋糕更大的蛋糕，瑞典社会经济发展的有限性，不可能为现存失业者提供充分的生活所需，而瑞典社会经济的充分发展就可以满足这种需要。[②]

与瑞典许多社会民主主义社会福利思想家不同的是，莫勒不仅有完整系统的社会福利思想主张，他还长期负责瑞典社会保障制度的实际建设工作。1933—1947 年，他担任瑞典政府社会事务大臣，为瑞典社会保障制度的建立和发展做出了重大贡献。因此，莫勒被公认为瑞典福利国家的主要建筑师。

---

① Tim Tilton. *The Political Theory of Swedish Social Democracy: Through the Welfare State to Socialism*. Oxford, 1990: 103-115.

② Tim Tilton. *The Political Theory of Swedish Social Democracy: Through the Welfare State to Socialism*. Oxford, 1990: 116.

第三节　德国和法国社会民主主义社会福利思想

一、德国社会民主主义社会福利思想

1. 19 世纪德国社会民主主义社会福利思想

德国社会民主主义社会福利思想是西方社会民主主义社会福利思想的重要组成部分。德国早期工人组织及后来建立的社会民主党，都把社会改革和改善工人的生活条件和工作环境作为自己的重要斗争目标，并体现在工人组织和社会民主党各个时期的纲领之中。

早在 1848 年，“德国工人兄弟会”就提出了提高工资，缩短工时，救济病残工人，设立住房建设贷款所，实行免费教育等要求。“科伦工人协会”也曾向市政委员会提出要求，其中包括保护劳工并保障一切人的合理需要，对儿童实施义务教育等社会福利内容。

1863 年，“德国工人协会”成立，其著名领导人拉萨尔主张通过资本主义制度内部的改良，利用工人阶级选举权，实现政治民主化，同时实现工人阶级福利的改善。他要求建立合作社，提倡国家对经济生活的控制和干预，认为这种控制有利于收入的合理分配，并创造一个集幸福、教养、健康与自由于一体的社会。

“德国工人协会”的另一领袖施韦泽同样倾心于通过社会改革改善工人阶级的生活状况。他在议会中提出一项改革法案，要求禁止童工和实物工资制度，所有成年人实行十小时工作日制度，设置工厂视察员，设立一个议会常设委员会，调查和确定城市工人与农村工人的生活状况。施韦泽主张这项改革法案应该适用于所有工厂、农庄、码头、铁路、轮船与家庭工业。[①]

1869 年，德国社会民主工党成立。社会民主工党主张通过社会革命途径解放德国工人阶级，坚决反对与德国资产阶级的任何妥协行为。此后，在德国社会民主工党的领导下，德国工人运动发展成为欧洲工人运动的中心，并同俾斯麦政府实行的以“非常法加社会保险法”为代表的“鞭子加蜜糖”政策进行了坚决斗争。

19 世纪 80 年代初期，为了缓和德国工人阶级的斗争压力，俾斯麦政府宣布实行社会保险立法，社会民主党议会党团坚决反对俾斯麦的社会保险立法，认为这实际上是要把德国工人阶级的斗争矛头转移，并通过社会保险立法进一步加强对德国工人阶级的控制。社会民主党指出：“为了维持和巩固工人对上层阶级的依赖或精神上的从属地位，而对工人状况进行少许物质上的改善，凡具有这种倾向的一切政治措施都应该遭到唾弃。”社会民主党在当时的竞选宣言中指出：“帝国议会至今制定的社会政治法令（疾病

① 梅林：《德国社会民主党史（第三卷）》，青载繁译，生活·读书·新知三联书店 1965 年版，第 277 页。

保险法和意外灾难保险法）十分恶劣，以致我们的代表不得不投反对票。”[①] 德国社会民主党号召工人通过建立和发展自己的“自由互助基金会”来对抗政府的社会保险制度。1880年德国工人自由互助基金会会员为6万人，1887年已经增加到73万人。[②]

但是，德国社会民主党内主张社会改良主义的思想十分严重，尤其是以伯恩施坦为代表的修正主义派别的出现，使得德国社会民主党陷于严重分裂状态。伯恩施坦公开宣扬与资产阶级政府合作，他指出：“对社会主义最确切的描述是从合作思想出发的描述”，“一部好的工厂法可以比一整批工厂的国有化包含更多的社会主义”。

1891年，德国社会民主党在爱尔福特召开会议。会议的目的是结束分裂实现合并。会议通过的《爱尔福特纲领》是德国社会民主党19世纪末最重要的纲领，纲领在提出一些政治民主化要求的同时，明确提出社会福利方面的主张。纲领写道：“只有将生产资料的资本主义私有制改变成社会主义的，即为社会经营和由社会经营的生产，才能使大生产和不断提高的社会劳动生产率不再是迄今受剥削阶级遭受贫困和压迫的根源，而是成为使这些阶级享有最充分的福利和全面、和谐的完美生活的根源。”[③] 纲领具体提出制定八小时工作日，禁止使用14岁以下童工等主张。

2. 20世纪前期德国社会民主主义社会福利思想

进入20世纪，德国社会民主主义社会福利思想进一步发展。1918年，德国社会民主党左派（即“斯巴达克同盟”）召开会议，会议提出了同盟在第一次世界大战以后的革命任务，其所发出的号召中明确写进了缩短工作时间，规定最低工资的内容。20世纪30年代德国社会生活的困难与政治生活的动荡，使得德国共产党与社会民主党更加关注于工人阶级的社会福利。

1930年，德国共产党发表《德国人民民族解放与社会解放纲领》，要求改变税收政策，改革社会保险制度，帮助失业工人，给妇女和青年以平等的就业权利。1931年，德国共产党提出一份就业计划，建议每年建筑住宅37.5万套，并修建水坝、医院、休养所、托儿所、运动场，开凿运河，疏通河道，通过这些公共工程解决失业者的就业问题。同年，德国共产党又发表《扶助农民纲领》，要求实行依靠雇佣劳动为生的农民的失业救济，救济老弱疾病的农民等。[④]

第二次世界大战以后，德国社会民主主义社会福利思想进一步发展。1946年5月11日，德国社会民主党召开第一次党代表大会。大会会议宣布，社会民主党经济政策的主要任务，是把德国所有的民主力量集结在社会主义旗帜下，不仅要改变德国政治力量对比，而且要改变经济基础，社会民主党要追求计划指导和共同塑造的社会主义经济，生

---

① 梅林：《德国社会民主党史（第四卷）》，青载繁译，生活·读书·新知三联书店1966年版，第242页。

② 洛赫：《德国史（中册）》，北京大学历史系世界近代现代史教研室译，生活·读书·新知三联书店1976年版，第463页。

③ 迈尔：《社会民主主义导论》，殷叙彝译，中央编译出版社1996年版，第21-22页。

④ 洛赫：《德国史（中册）》，北京大学历史系世界近代现代史教研室译，生活·读书·新知三联书店1976年版，第830-837页。

产规模、方向和分配必须考虑到大众的利益。显然，战后德国社会民主党将把民众的社会福利放在社会经济工作的重要位置。

在德国社会民主党的发展历程中，1959 年的《哥德斯堡纲领》具有转折意义。德国社会民主党通过这一纲领，放弃了最初的社会主义目标，试图使社会民主党变成全民意义的党。纲领的总纲中写道："它要使通过工业革命和生活各领域技术化释放出来的力量为所有人都能享有的自由和正义服务。"社会民主党同时提出了社会福利方面的目标，这就是："作为社会福利国家，它必须为它的公民的生存提供保障，以使每一个人都能以自我负责的精神实行自决，并促进一个自由社会的发展。"

3. 当代德国社会民主主义社会福利思想

20 世纪 70 年代以后，德国社会民主党进一步关注社会福利制度的改革事业，以便为德国民众提供更加合理有效的社会保障。1975 年，德国社会民主党提出的《八五大纲》中，对社会保障制度改革和发展的目标提出了总体要求。大纲指出："社会民主党为争取一个民主的和社会公正的社会制度而采取的政策，需要得到多数人民的信任。这一政策必须确保充分就业和经济的稳定发展，同时还必须顺利推行改革。人们因已经许诺的改革未能兑现和经济进步受到威胁而产生的失望情绪，同样能动摇这一政策的民主的信任基础。这种信任基础还应该包括维持社会福利国家对人民的保障，特别是对经济上和社会上的弱者的保障。"①

20 世纪 80 年代末，德国社会民主党提出新的经济、政治、社会和生态发展目标，这种发展目标集中体现在 1989 年发表的《德国社会民主党柏林纲领》中。其中关于社会发展目标，该纲领指出：我们应该追求这样一种社会，在这种社会中，收入得到更公正的分配，职工扩大了他们在生产性资本中的份额，而社会保险制度始终成为人们可靠生活保障，生态和社会福利领域不断进行革新。"它在有较低的经济增长率、较少的职业劳动和较多的个人劳动的情况下，增加社会富裕；通过更健康的环境、更少的恐惧、更人道的劳动环境和更多的个人支配的时间改善了全社会的生活质量。这个社会使所有人都能从事符合人的尊严的工作。它对不同性别从事的职业劳动和家庭劳动做出公正分配。……这是一个所有公民在涉及其利益时能够以平等权利做出和实施决策的社会。"②

德国社会民主主义社会福利思想，对德国社会保障制度的建立和发展产生了积极的影响，对德国社会市场经济体制的建立和发展也发挥了重要影响。

二、法国社会民主主义社会福利思想

1. 法国社会民主主义的出现

法国社会民主主义社会福利思想出现于 19 世纪晚期。这一时期法国工人运动和工会组织快速发展，工人阶级政党开始出现，1879 年，法国第一个工人阶级政党——法国

① 迈尔：《社会民主主义导论》，殷叙彝译，中央编译出版社 1996 年版，第 119 页。

② 迈尔：《社会民主主义导论》，殷叙彝译，中央编译出版社 1996 年版，第 149-150 页。

工人党建立，法国社会民主主义随之出现。法国社会民主主义组织和社会民主主义思想的突出特点是，社会改良主义思想始终具有重要影响，工人运动和工会组织内部分裂严重存在。法国工人党出现不久，主张与资产阶级政府妥协的可能派就分裂出去，另组革命社会主义者工人党。1901 年，法国工人党中的盖德派和布朗基派因反对米勒兰入阁而组建法国社会党，赞成米勒兰入阁的饶勒斯派和可能派则于 1902 年建立法兰西社会党，直到 1905 年，这两个党派才重新合并组成法国统一社会党。不过，党内派别分歧始终存在。

尽管法国社会民主主义组织与社会民主主义思想始终存在严重分歧与分裂，但是，关注工人社会福利，主张提高工人生活水平，要求建立有效的社会保障和社会福利制度，却是法国社会民主主义不同派别的共同特点，并极大地推动了法国社会保障制度的建设和发展。

巴黎公社革命失败以后，法国工人运动出现低潮，但是，争取改善工人经济和生活条件的斗争始终没有停止。1876 年，法国工人代表大会就曾提出有关工人退休金制度的基本原则，大会反对实行任何形式的国家干预与强制征收养老税，希望通过同厂主达成协议使老年人获得退休金。19 世纪 80 年代初期成立的共和社会主义者同盟明确提出社会改革的要求，其中大部分内容与工人阶级社会福利直接相关。例如，依法规定缩短劳动时间，禁止资方干预工人储金会的管理，修改劳资纠纷法，提供劳动贷款，建立徒工学校，禁止使用 14 岁以下童工，为老年人和残疾人设立退休基金。

1888 年法国工会代表大会提出下列改革要求：① 八小时工作日制度；② 规定最低工资；③ 禁止转包工；④ 由资方负担工伤事故费用。

1890 年，法国举行大规模五一示威游行，法国工会宣布这次示威游行的宗旨是：① 争取八小时工作日制度和劳动保护立法；② 保证最低工资；③ 限制童工和女工，取消夜间劳动；④ 取缔私人职业介绍所和转包工。[①]

2. 法国工人党的社会福利主张

1879 年，法国工人党出现，其经济、社会和农业纲领中都明确写进社会福利方面的主张和目标。1881 年通过的法国工人党经济纲领规定：① 成年工人实行八小时工作日制度，每周休息一天，禁止雇佣 14 岁以下的童工，14～16 岁工人实行六小时工作日制度，工人协会负责保护和监督徒工。② 由工人统计委员会根据当地食品价格每年规定最低工资标准，禁止雇主以低于法国工人的工资雇佣外国工人。③ 实行男女同工同酬。④ 对全体儿童进行科学和职业教育，由政府和市镇负担费用。⑤ 由社会负担老年人和残疾人的生活费用。⑥ 禁止雇主干预工人互助金和保险金的管理，这些基金完全由工人自行管理。⑦ 雇主应该对工伤事故负责，雇主应根据所雇佣工人数量和该行业危险程度向工人基金缴纳保证金。⑧ 工人参与工厂规章的制定，取消雇主对工人任意罚款和擅自处理工人的权利。

1891 年通过的法国工人党市政建设纲领中，进一步提出有关社会福利方面的要求：

① 泽瓦埃斯：《一八七一年后的法国社会主义》，中共中央马克思恩格斯列宁斯大林著作编译局、国际共运史研究室译，生活·读书·新知三联书店 1983 年版，第 85 页。

① 建立学校食堂，提供免费或者廉价学校餐，每年冬季和夏季学生入学时分发鞋子和服装。② 在市政工程招标细则中增加规定实行八小时工作日制度和市议会与工会协商规定最低工资额条款，并建立专门的检查机构监督上述规定的实施。③ 委托工会和同业公会团体管理劳动介绍所，取消私人职业介绍者的许可证。④ 维修整治公认为有害健康的房子，费用由房东承担。⑤ 建立妇产医院、养老院和残废工人收容所，为无固定住所的求职者提供食宿。⑥ 建立免费医疗机构和按成本收费的药房，修建免费公共浴室和洗衣房，建立市镇承担费用的疗养院等。

1892 年通过的法国工人党农业纲领规定：由农业工人工会和市议会规定短工和长工的最低工资额。向大地产征收特别所得税，用于为残疾者和老年人设立农业退休基金。以区为单位实行免费医疗并按照成本供给药品。

1895 年，法国工人党又提出有关海洋工作者社会福利的系统主张：① 甲板上的船员工作日工作时间不得超过十二小时，司炉工实行八小时工作日制度，除非不可抗拒的原因，船员每周应该休息一天。② 甲板工作船员每月 90 法郎，货舱工作船员每月 100 法郎，司炉工每月 120 法郎。③ 凡航行两年以上的一切工种的注册海员领取不低于 600 法郎的退休金，凡在海洋上工作 15 年以上的海员领取比例退休金，退休基金来源于对船主和轮船公司征收的特别税。④ 注册海员死于海事，其抚恤金全部交给死者妻子、孩子与直系亲属。⑤ 制定劳动安全保护措施，保证海员劳动和人身安全。⑥ 禁止扣押转发给海员家属的工资。⑦ 建立廉价海员宿舍。[①]

法国工人党议员十分关注工人阶级的社会福利，并提出一些有关社会福利的重要提案。1894 年，爱德华 · 瓦扬等 20 多位法国工人党议员联名提出议案，要求设立劳动、卫生和公共救济部，下设劳动局、卫生和公共医疗局、公共救济局、统计局等，劳动局负责劳动保护、工伤事故保险、劳动监察和失业罢工等；卫生和公共医疗局负责医疗卫生保健事业以及公共场所和家庭等的卫生防疫；公共救济局负责医疗救济、疗养院和济贫院等机构提供的各类救济；统计局负责各行业经济发展统计、人口社会发展统计、医疗卫生和公共救济统计等。此后在 1898 年和 1903 年，瓦扬等法国工人党议员曾多次提出有关建立劳动部的议案。正是在法国工人党的议案的影响下，1906 年，法国颁布关于设立劳动部的法令，正式设立劳动部，使法国社会保障管理制度得以显著改进。

3. 20 世纪法国社会民主主义社会福利思想

进入 20 世纪，法国社会民主主义社会福利思想进一步发展。1918 年，法国总工会发布纲领，提出了工人阶级在第一次世界大战后的基本要求，其中包括有关社会福利和社会保障方面的内容，如八小时工作日制度，养老金与其他形式的社会保险立法，法国总工会宣布，该纲领是“必须立即实现的最低纲领”。[②]

第二次世界大战期间，在法国社会党与共产党等左翼党派的推动下，全国抵抗委员会发布纲领，同样包含着社会福利方面的主张，纲领要求建立最广泛的民主社会，使法

① 泽瓦埃斯：《一八七一年后的法国社会主义》，中共中央马克思恩格斯列宁斯大林著作编译局、国际共运史研究室译，生活 · 读书 · 新知三联书店 1983 年版，第 181-187 页。

② 柯尔：《社会主义思想史（第四卷：下册）》，奚瑞森译，商务印书馆 1994 年版，第 12-13 页。

国民众能够享有劳动、休息、教育和社会保障的权利，具体措施则为保障最低工资、增加人民收入、建立社会保障体制等。

第二次世界大战以后，法国社会民主主义政党更加关注社会保障制度，法国社会党著名领袖罗卡尔将下列三个方面确认为社会民主主义为欧洲文明提供的样板。这就是：建立在人权基础上的公共组织；文化与经济的高水平发展；高水平的社会保险。

1972 年，法国社会党与共产党签署《共同施政纲领》。这一纲领被认为是法国社会民主主义发展道路上的重要里程碑。纲领的第一部分就明确提出了社会保障方面的发展目标，规定：增加工资和制定最低工资水平，在不减少工资的情况下恢复每周 40 小时工作制，延长休假时间，退休金应占工资的 75%，降低退休年龄，改善教育制度，等等。[①] 法国社会民主主义社会福利思想是西方社会福利思想的重要组成部分，对法国社会福利制度的发展产生了直接而深远的影响。

思考题

1. 简述英国费边社会主义社会福利思想的发展。
2. 简述蒂特马斯社会福利思想的主要内容及其评价。
3. 简述瑞典社会民主主义社会福利思想的发展。
4. 简述德国社会民主主义社会福利思想的发展。
5. 简述法国社会民主主义社会福利思想的发展。
6. 简述社会民主主义社会福利思想对西方福利国家的影响。

① 金重远：《战后西欧社会党》，上海人民出版社 1997 年版，第 50-70 页。

第七章 新古典学派与新自由主义社会福利思想

新古典学派社会福利思想是近代晚期西方社会福利思想的一种派别。新古典学派社会福利思想继承了传统自由主义社会福利思想的基本原则，反对国家对经济与社会生活实施干预，反对由国家实施的社会福利，提倡社会福利私人化。新自由主义社会福利思想是当代西方社会福利思想的重要派别。新自由主义社会福利思想出现于20世纪30—40年代，其发展与产生影响则是在20世纪70年代以后。新自由主义社会福利思想继承了传统自由主义社会福利思想的基本原则，发展了新古典学派社会福利思想的基本主张，反对国家对经济与社会生活实施干预，强调依靠和发挥市场的调节作用，反对福利国家与集体福利，提倡社会福利市场化与私营化。新自由主义社会福利思想是当代西方社会福利制度改革的理论基础，新自由主义关于社会主义和分配主义的思想对西方社会产生了重要影响。

第一节 新古典学派社会福利思想

一、新古典学派的出现

1. 新古典学派的出现

古典经济学产生于17世纪后期，发展于18世纪与19世纪初期，其在英国的著名代表是亚当·斯密、大卫·李嘉图和马尔萨斯等。古典经济学反对封建制度对经济发展的各种束缚，尤其是反对重商主义经济政策，反对国家对经济采取干预政策，主张自由经济。古典经济学的主要贡献有：把经济理论分析从流通领域转入社会生产领域，提出了劳动价值学说，对地租、利润和利息等进行了一定深度的分析，并揭示了资本主义社会的主要阶级关系及矛盾，即资产阶级、无产阶级和地主阶级之间的矛盾。在社会福利理论方面，古典经济学家强调国家对与社会福利相关的经济事务应该发挥其作用，例如，对公共教育、公共健康以及对工作条件等做出规定。古典经济学家把他们的这些原则称为"政治经济学"。古典经济学代表西方新兴工业资产阶级的利益，其提出的一些关于社会福利的主张，成为19世纪中期英国社会立法的理论基础。

新古典学派出现于19世纪末20世纪初，它是一个相对于古典经济学的经济学流派。这一流派的主要经济学家大都在英国剑桥大学讲授经济学，因此，又被称为"剑桥派"。新古典主义经济流派在英国的著名代表是阿尔弗雷德·马歇尔和阿瑟·赛西尔·庇古，他们继承了英国古典政治经济学的传统，也受到了当时流行于西方的"社会达尔文主义"的影响。他们认为，价值决定于供给与需求，供给决定于生产，需求决定于边际效用。

2. 新古典学派的思想基础

与古典政治经济学不同的是，新古典学派重在对经济市场运行的分析，他们关心的是通过市场实现财富的分配而不是经济的增长，他们提出的这种理论的基础是假定经济处于增长之中，并很少谈论政府在经济中的作用与职能。在社会福利方面，新古典学派经济学认为，在资本主义经济制度中，只要合理地调整生产资源和分配国民收入，就能实现提高整个社会经济福利的目标。①

新古典学派的社会福利思想建立在个人主义价值观念基础上。新古典经济学家将人的行为简单化，他们提出的假设是，人们主要通过追求舒服避免痛苦以达到使自己得到最大满足的目的，人们的行为也主要是受到这种目的的激励与推动，个人被认为是他们自己的福利的最好评判者，在做出关系到他们的福利的决定时，纯粹社会因素的影响，例如社会地位的不同，被认为是相对不太重要的因素。

新古典经济学家将社会福利限定为个人满足的数量。他们认为，如果一些人通过不致使他人遭受不良影响的财富再分配而改善生活状况，社会福利就会增加。西方福利经济学的奠基人、英国新古典学派著名代表庇古在其《福利经济学》中就表达了这种观点。

新古典经济学理论十分强调个人自由的重要性。他们指出，人们在做出自己的决定时，应该尽可能地具有更多的自由，但这种自由不能损害他人的自由。国家应该尽量少地干预经济行为。可见，新古典主义经济学的主要特点是，强调市场对经济与社会生活的影响，反对国家对经济与社会生活的过多干预；强调个人自由及个人在实现其福利过程中的作用与影响，反对在社会保障和社会福利制度中过多的国家责任和作用。

二、新古典学派社会福利思想

1. 对国家福利的反对

新古典学派指出，如果说在新古典理论中存在一种原则，则这种原则就是对自由的信仰。其基本含义是，福利的形式应该按照这样一种方式来设计：保护人们获得机会的最大自由。在这种原则下，对贫困的救济应该以现金的形式发放，其领取人被允

① Anthony Forder. *Theories of Welfare*. Routledge，1984：27.

去将其用于他们所希望的任何福利之中，个人可以将现金用于私人健康保险、养老储蓄金甚至失业保险。新古典学派对家长式的社会保障管理非常不满，认为这种家长式管理使得国家对社会保障制度的几乎所有方面实行干预，从而违反了个人充分自由的原则。

新古典学派对普遍性社会保障制度和国家福利表示反对的另一个原因来自伦理道德方面。他们认为，没有什么道德目标使国家在强制性福利方面发挥一种强有力的作用，甚至坚定的个人主义原则在健康保障、养老金和教育等方面的合理推行，也会对大众价值观的发展产生严重的障碍。这并不是说新古典学派思想家们是非道德主义者，只是说，他们并不认为道德因素对一个稳定的社会是非常重要的。新古典学派常常强调，正是由于普遍性福利国家的存在对个人的行为自主与责任心产生了严重影响。[①]

新古典学派主张建立和发展私人保险制度。新古典学派认为，只是在工业发展的早期阶段，才会有建立和发展统一标准的集体性失业保险制度的理由，当一个国家逐渐富裕以后，它的人民自己就能够购买任何可以满足其需要的东西，保险公司也可以对他们提供广泛的保险服务。他们认为，私人社会保险制度比国家社会保险制度更能避免一些弊端的产生。他们指出，国家保险制度使人们认为国家有义务在任何情况下提供无限期的福利津贴。私人保险制度则要加诸比较严格的调查，并且对领取保险津贴的时限予以严格的规定，从而可以避免弊端的产生。

新古典学派坚决反对"制度性"的福利国家，提倡社会保险私有化。他们认为，制度性的福利国家把人们生活中的一切都组织在国家制度之中，于是社会保险私有化就可以发挥积极的作用，从而建立一种公共性与私人性并存的社会保障制度，以保障民众的实际生活水平。这样的社会保障制度可以通过这两种类型的福利制度之间的竞争，达到保障民众实际福利水平的目标。[②]

2. 社会福利的基本理念

新古典学派对社会福利提出了自己的定义。他们主观地将社会福利定义为个人从其行为特别是市场交换中获得的满足。正是从这种纯粹主观的定义中，他们得出结论：为了促进社会福利的发展，不应该采取任何集体行为。他们指出，相同福利服务的集体发放并没有导致社会财富的增长。这是因为，有些人的利益将会因此而受到损害，特别是那些被迫为这样的福利服务支付费用的人受到的损害更多，同时，这种集体性和强制性还减少了人们行为自由的机会。

新古典学派指出，国家对社会福利的干预，只有在这种干预促进个人满足的机会的增长时才是合理的，这种福利应该通过现金再分配的形式来实现，而不是通过直接的实物或服务的形式来实现。

关于社会福利原则与社会保险原则的区分，是新古典学派社会保障理论的一个重要方面。我们知道，英国福利国家制度主要构成部分是缴费型社会保险制度，个人缴纳社会保险费，在遇到困难时领取社会保险金。但是，新古典学派认为，英国社会福利制度

---

① Page R. M. *British Social Welfare in the Twenty Century*. MacMillan, 1999: 56-58.

② Page R. M. *British Social Welfare in the Twenty Century*. MacMillan, 1999: 59-63.

的这种特点是他们难以接受的。他们认为，社会福利制度和社会保险制度是两种不同的制度，社会保险制度可以得到市场的支持，而社会福利制度则不具备这一性质。

新古典学派还指出，由德国的奥托·冯·俾斯麦（Otto von Bismarck，1815—1898）所发端的社会保险制度实际上是不需要的，因为人们在国家开始着手解决社会问题以前，已经通过友谊会及其他相关的私人互助组织为自己的失业、健康等做好了安排。因此，新古典学派认为，普遍性福利国家的发展是社会福利原则与社会保险原则混淆的结果，它对人口中的大多数提供极少的社会保险，而对真正的贫困者提供不充分的社会福利。

3. 社会保障与道德危机

新古典主义还从道德危机的角度，对现行社会保障制度进行了批判。他们指出：按照人的本性，个人往往要使其行为能够最大限度地使自己得到满足，在福利国家中，这种满足往往以牺牲他人的利益为代价；同时，国家福利特别是较好的福利保障常常使领取者产生惰性和依赖性，从而使社会道德出现危机；对失业者提供比较多的失业保险津贴与救济，会使这些失业者不愿去寻找新的工作机会，各种社会救济的发放使得一些人依赖救济过活，而不愿通过自己的劳动改善生活状况。

新古典学派思想家把道德危机看作日益扩大的集体福利制度所带来的结果。他们提出的解决这一问题的办法有：

第一，实施类似于新济贫法制度那样的原则，使得社会保险津贴与社会福利补贴的接受者在政治、经济和社会地位方面低于正常人，使他们尽可能地通过个人的努力实现自我救济与自立。此外，提供工作福利也是避免现行福利制度所带来的道德问题的一种有效途径。

第二，必须对公民的社会福利权利给予一定的限制，主要措施应该是对社会保障制度的参加者和社会救济的领取者进行财产状况调查。

第三，将大部分的社会福利服务恢复到由志愿性组织实施，不仅要恢复私人性保险制度，而且要恢复友谊会一类的互助组织，同时，还要依靠和发展慈善机构。这是因为，这些组织在国家社会保险制度出现以前，已经为广大工人阶级提供了充分的保障需求，这些组织的原则与传统，又使它们能够防止接受帮助者的懒惰与欺诈行为。[①]

在20世纪初，新古典学派社会福利理论是作为与当时的社会主义和新自由主义社会保障思想相对立的思想出现的。20世纪上半叶，由于社会民主主义与新自由主义社会保障理论一直在英国居于主导地位，英国社会保障制度也处于建立和发展时期，其本身所隐藏的各种缺陷还没有充分表现出来。所以，新古典主义学派的社会保障理论对英国社会保障制度的影响不大。

20世纪中期以后，由于英国经济的发展变化，英国社会保障制度的缺陷与弊病得以暴露，社会保障水平与经济发展水平之间的矛盾、社会保障制度与社会公平之间的矛盾、社会保障制度与社会道德发展之间的矛盾、社会保障制度的预期效果与实际效果之

---

① Page R. M. *British Social Welfare in the Twenty Century*. MacMillan，1999：79.

间的矛盾都明显表现出来。这样，新古典学派社会保障理论的影响也逐渐增强，并成为英国现代社会保障理论的重要流派之一。

第二节　新自由主义社会福利思想

一、哈耶克的政治经济主张

1. 政治理念

弗里德里希·奥古斯特·冯·哈耶克（Friedrich August von Hayek，1899—1992）是西方新自由主义思想的奠基人，诺贝尔经济学奖获得者。其研究领域涉及经济学、政治学、社会学、法律、哲学和伦理学，主要著作为《货币理论和商业盛衰周期性》（1928）、《价格与生产》（1931）、《资本的纯理论》（1941）、《通往奴役之路》（1944）、《个人主义与经济秩序》（1948）、《约翰·斯图尔特·穆勒与哈里特·泰勒》（1951）、《科学的反革命》（1952）、《自由宪章》（又译《自由秩序原理》）（1960）、《法律、立法和自由》（1973）和《致命的自负》（1988）等。其中《通往奴役之路》和《自由宪章》是比较完整阐述其新自由主义社会福利思想的代表作。

哈耶克政治思想是其社会福利思想的基础。他关于政府与权力、自由与责任以及平均主义的深刻论述，直接影响着他对福利国家以及社会保障制度态度的形成。

政府与权力的主张构成哈耶克政治理念的重要部分。哈耶克把政府行为分成强制性措施与服务性活动两类，二者目标都在于为个人决策提供一个有益框架，从而使个人在其中寻找到能够用于实现自己目的的手段。对于服务性活动而言，政府并不具有排他性责任，而且在大多数情况下，政府亦无必要在实际上对这些活动进行直接管理。

哈耶克清楚地认识到干预主义理论的弊端。他警告世人："通往地狱之路，常由善意铺设……如果人类放弃自由主义的精神，想凭着良好的意愿，自以为是地去计划、设计社会，必将把人类引向深渊。"[①] 如果不对政府权力施以限制，不仅会摧毁社会的繁荣与和平，而且还将摧毁民主这一维护自由的手段。

自由与责任的关系是哈耶克政治理念的另一主要部分。哈耶克认为自由与个人责任始终是密不可分的，个人责任意味着个人必须照管自己的福利，并采取相应预防措施。只有对自己负责的人才能真正获得自由，对责任的恐惧必将导致对自由的恐惧。他还认为，个人只应当对自己的行动负责，而不应当对他人的行动承担责任，因为在自由社会中，不存在任何由某一群体成员共同承担的"集体责任"，所有人都有责任意味着所有人都没有责任。[②]

---

① 哈耶克：《通往奴役之路》，王明毅、冯兴元等译，中国社会科学出版社 1997 年版，第 96 页。

② 帕普克：《知识、自由与秩序——哈耶克思想论集》，黄冰源、赵莹、冯兴元等译，中国社会科学出版社 2001 年版，第 136-137 页。

哈耶克强烈批评平均主义。在他看来，追求绝对平等最终只会极大地侵犯个人的自由和权利。他说：“在法律面前的形式上的平等，是和政府有意识地致力于使各种人在物质上或实质上达到平等的活动相冲突并在事实上是不相容的，而且任何旨在实现公平分配的重大理想的政策，必定会导致法治的破坏。”[①] 政府的目的仅在于为所有人提供相同的环境，实际上，每个人的知识水平和潜力是参差不齐的，无法保证每个人的结果平等。通过人为和强制的手段保持人与人之间的绝对平等，最终只能使公民个人的自由权利遭到侵犯，个人财产权利得不到保障。

2. 经济主张

反对经济计划是哈耶克经济思想的主要内容之一。他指出，在社会经济领域引入一定程度的计划性是必须的，但是，这种计划性不能代替竞争占据资本主义经济调节手段中的主导地位。他说：“我们一切批评所针对的计划只是指那种反对竞争的计划——用于代替竞争的计划。”哈耶克认为，商品应该以什么数量与价格出售，这些信息唯有竞争市场上自由构成的价格才有能力提供。任何一种形式的计划经济由于其无法解决的信息问题，必然注定失败。[②]

关于分配问题，哈耶克认为由市场所决定的分配是最公正的，任何人为的分配措施都会破坏这种公平性。哈耶克反对用集权的方式对收入分配进行调节以期达到收入均等的目的，他认为这会引起不公正。因为集权就是用组织手段进行收入再分配，而组织是由人控制的；如何对待每一个人是主观判断的结果，而主观判断不可能公正对待每一个人。

哈耶克极力推崇经济自由，倡导市场竞争。他认为如果没有经济自由，不但各种东西不可能由那些最懂得如何生产因而能以最低成本生产这些东西的人来生产，而且所有消费者最喜欢的东西也根本不可能都生产出来。他提出，在一个经济自由的社会中，要尽可能多地运用竞争力量作为协调人类各种努力的工具。竞争是具有优越性的，也是人们所知道的最有效的方法，它是使我们的活动在没有当局强制和武断的干预时就能相互协调的唯一方法。

哈耶克的基本政治理念与经济主张，深深影响了他的社会福利思想的基本内容与特点。

二、哈耶克对西方社会福利的批判

1. 收入保障制度的后果

哈耶克指出，社会保障可以分为两种不同的类型。第一种是防止严重的物质匮乏的保障，即确保每个人维持生计的某种最低需要；第二种是某种生活水准的保障，即一种

---

① 哈耶克：《通往奴役之路》，王明毅、冯兴元等译，中国社会科学出版社 1997 年版，第 79 页。

② 帕普克：《知识、自由与秩序——哈耶克思想论集》，黄冰源、赵莹、冯兴元等译，中国社会科学出版社 2001 年版，第 96 页。

最低限度的收入保障。[①] 哈耶克认为，收入保障制度对自由产生极大影响，因此，他坚决反对收入保障制度，并阐述了反对实行收入保障制度的原因。

首先，收入保障是与个人选择职业的自由不相容的。他指出，如果允许人们有自行选择职业的自由的话，那就不能给予一切人以一定的收入保障。因为，当一个人的收入受到保护的时候，他就有可能失去选择职业的自由。

其次，收入保障制度有可能带来特权，影响他人的利益，从而对自由构成损害。哈耶克指出，把收入保障的特权时而给予这一集团、时而给予那一集团的政策，很快就会造成一种对收入保障的追求胜过对自由的追求的局面。随着每一次将收入保障赐予某一集团，其余人的不安全感就必然增加。每一种对进入某个行业的自由的限制都会减少该行业以外的人的生活保障。而且，由于其收入用这种方法得到保障的人数日渐增加，对收入受到损失的人开放的可供选择的机会就会受到限制。

最后，收入保障可能导致社会对立和社会价值标准的蜕化。哈耶克指出，我们试图用干涉市场制度的方法来提供更充分的保障，有些人就越缺乏保障。更糟糕的是，在作为一种特权而得到保障的人与没有这种特权因而得不到保障的人之间的对立就会变得越来越大。保障越具有特权的性质，没有特权的人面临的危险越大，保障就越为人们所关注。随着有特权的人数的增加以及这些人的有保障和其他人的无保障之间差别的扩大，就会逐渐形成一种全新的社会价值标准，这种社会价值标准所强调的不再是自立意识和行为，而是对收入保障的追求。

在此基础上，哈耶克得出这样的结论：防止出现赤贫的适当的社会保障必须是社会政策的主要目标之一，政府和社会应为此做出各种努力，而要想使这些努力获得成功而又不损害个人自由，那就必须在市场以外提供保障而让竞争自然进行且不受阻挠。他借用美国政治家本杰明·富兰克林的一句话来表达其对社会保障与自由的关系的基本观点："那些愿意放弃基本自由来换得少许暂时保障的人，既不配得到自由，也不配得到保障。"[②]

2. 福利国家的目标

哈耶克指出，英国政府的许多社会福利活动之所以对自由构成威胁，是因为这些社会福利活动尽管表现为纯粹服务活动，但它们事实上意味着政府在行使一种强制权力，这种权力更是以政府在某些特定领域内要求享有排他性权力为基础的。尽管福利国家需要借助一些不利于自由的方法才能实现它的某些目标，现在应该强调的主要危险在于，一旦承认了一个政府的目标是合乎情理的，人们就会认为，运用违背自由原则的政府手段也是合乎情理的。

他指出，某些福利国家的目标是可以实现的，同时又会对自由丝毫无损；另一些福利国家的目标在一定程度上也是可以实现的，不过人们必须付出的代价要远远超过他们

---

① 哈耶克：《通往奴役之路》，王明毅、冯兴元等译，中国社会科学出版社1997年版，第91-119页。

② 哈耶克：《通往奴役之路》，王明毅、冯兴元等译，中国社会科学出版社1997年版，第128页。

能够想象或者承受的限度；还有一些福利国家的目标在一种想维护个人自由的社会里是不可能实现的。①

哈耶克坚决反对将收入再分配作为社会保险制度的目标。他指出，“尽管收入再分配绝不是社会保险机构公开承认的最初意图，它现在已经到处成为一种实际的、被认可的目标”②。在这种社会保险制度中，不是由作为多数的施与者决定应当给予作为少数的不幸者何种东西，而是由作为多数的接受者决定他们将从作为少数的较富裕者那里取走什么东西。正因如此，福利国家对于许多人已经成为过时的“社会主义”的替代物。福利国家试图以它认为合适的比例和方式实现一种公正的分配，实际上只是一种追求旧的“社会主义”目标的做法。

3. 对国家保障与福利的批判

哈耶克对由国家统一控制和实施的社会保障体制提出尖锐批评。他指出，在社会保障领域，依靠适当制度的适度发展和演进，可能意味着许多个人需要在一段时间内难以得到满足，而换成一个集权组织来推行的话，这些需要就会立即得到关注，但是，从长远来看，我们不得不为此付出的代价也可能非常高昂。如果我们仅仅为了扩大社会保障制度的直接覆盖面，而把社会保障的管理职责交给一个单一组织，很可能就会阻碍其他组织的发展，而后者对社会福利的贡献也许会比前者更大。

哈耶克反对实行由国家垄断的养老金制度。他指出，一旦政府开始确保对每一个人提供一种最低限度的养老保障，而不考虑个人是否需要这种保障或者个人是否缴纳社会保险费，问题就变得严重了。一旦国家对养老保障实行垄断经营，它必然带来两大后果：首先，国家不仅向那些因缴纳社会保险费而获得养老保障权利者提供养老金，而且也要向那些还没有履行社会保障义务者提供养老保障；其次，当到了应该支付养老金的时候，养老金并非来自为此目的而积累的社会保险基金的收益，而是来自当前生产者的部分劳动成果的转移支付。这样，政府是名义上设立储备基金并进行投资以取得增殖收益，还是公开用经常税收来抵补经常债务，两者并无实际差别。国家垄断的养老金制度通常造成的这两大后果，往往成为坚决维护国家养老金机构的地位的主要原因，并将把整个养老金制度变成一种政治工具。

哈耶克同样反对实行国家单一控制的健康保险制度。他认为，健康保险制度的出现毫无疑问是合理的，也许有理由实行强制健康保险，因为许多人能够由此获得健康保障。但是，哈耶克坚决反对实行单一的国家健康保险制度。他指出，反对实行单一的国家健康保险制度的主要原因是，这种健康保险制度的实施往往是出于政治因素的考虑，而一旦引入这一政治上毫无退路的措施就必须继续下去。③

---

① 哈耶克：《自由宪章》，杨玉生、冯兴元、陈茅等译，中国社会科学出版社 1999 年版，第 403-405 页。

② 哈耶克：《自由宪章》，杨玉生、冯兴元、陈茅等译，中国社会科学出版社 1999 年版，第 444 页。

③ 哈耶克：《自由宪章》，杨玉生、冯兴元、陈茅等译，中国社会科学出版社 1999 年版，第 455-456 页。

关于失业保险制度。哈耶克指出，我们有理由在任何可行的地方推行失业保险制度，在这种制度中，各行各业的不同风险应体现在投保人所支付的保险费中。但是，所有西方国家所采纳的综合性失业保险制度的主要特征之一是，这些失业保险制度是在由工会的强制行为所控制的劳动力市场上运作的，也主要是在势力强大的工会的影响下设计的，其目的显然是支持工会的工资政策。这样的失业保险制度为工会开脱了由其政策而引起的失业责任，并把失业保险负担转嫁到国家身上。这样的失业保险制度从长远来看只能把就业问题越搞越糟。[①]

三、哈耶克对西方社会福利的建设性主张

1. 社会保障制度的合理性

哈耶克承认建立完善的社会保障制度的合理性和必要性。他指出，为了避免各种灾难所带来的社会问题，建立完善的社会保障制度有其合理性，没有理由认为在一个达到普遍富裕水平的社会中，不应该向所有人提供社会保障，政府也没有理由不帮助个人对生活中的那些意外事件做出准备，在疾病和事故领域中，要求政府协助组织一种全面的社会保险制度的理由是很充分的。凡是能够减轻个人既无法防范，又不能对其后果预做准备的灾祸的公共行动，无疑都是应当采取的。

哈耶克认为，社会保障是个相对概念，"如果人们在过于绝对的意义上理解保障的话，普遍追求保障，不但不能增加自由的机会，反而构成了对自由的最严重的威胁"[②]。他严格区分了两种类型的社会保障，一种是"有限度的保障"，另一种是"绝对的保障"。前者是防止严重物质匮乏的保障，大家都能获得，确保每个人维持生计的某种最低需要，存在于市场之外；后者是某种生活水准的保障，唯有特权群体才能享有，是一个被认为应有的特定收入的保障，只有通过控制市场才能提供。前者不会危及普遍自由，而后者因特权的存在构成了对自由潜在的严重威胁。因此，哈耶克明确反对针对特定收入的保障计划。他指出，这种计划意在保护个人或集团不会发生那种虽然并不是应有的，但在竞争的社会却是司空见惯的收入减少，以保护其免遭困苦。虽然这种困苦在道义上并没有正当的根据，却是与竞争制度形影不离的。[③]

哈耶克还指出，福利国家由许多不尽相同甚至相互冲突的要素混合而成，一些要素使自由社会更具吸引力，另一些要素则对自由社会构成潜在威胁。福利国家的诸多目标中，有些目标的实现无损于个人自由；有些目标虽无损于个人自由，但要以人们付出极大代价为前提才可实现；还有些目标趋近于计划体制（例如福利国家的收入保障计划），

---

① 哈耶克：《自由宪章》，杨玉生、冯兴元、陈茅等译，中国社会科学出版社 1999 年版，第 463-464 页。

② 哈耶克：《通往奴役之路》，王明毅、冯兴元等译，中国社会科学出版社 1997 年版，第 116 页。

③ 哈耶克：《自由秩序原理（下）》，邓正来译，生活·读书·新知三联书店 1997 年版，第 58 页。

它们是那些社会主义者最上心的目标，但是在一个想维护个人自由的社会里是不可能实现的。[①] 可见，哈耶克也并不是全然否定福利国家的所有方面。

2. 贫困问题与最低生活保障

哈耶克分析了弱势群体的产生过程。他谈到，由于地方社区中的生活纽带断裂了，又由于一种高度流动的开放社会得到不断的扩展，所以越来越多的人与特定的群体之间不再存有紧密的联系，因而也就不可能在蒙受不幸的情况下再指望从这些群体中得到相应的支持和帮助。所有个人都有可能陷入这种逆境，而且大多数人仅凭个人力量无从预防这种逆境，因此贫困问题自然就诞生了。哈耶克认为，贫困问题在这种貌似残酷的市场法则中得到延续是再也正常不过的事情，但自由社会与对弱者的救助又是密切相连的。他在 1961 年曾说："自由社会事实上不但是守法的社会，而且在现代也一直是以救助病弱和受压迫者为目标的一切伟大的人道主义运动的发祥地。另一方面，不自由的社会无一例外地产生对法律的不敬，对苦难的冷漠，甚至是对恶人的同情。"[②]

哈耶克认为，我们不应当由于目光短浅而不通过增加收入的途径，而是要通过收入再分配的方法去救治贫困。因为这会使得许多阶层的人们感到失望，以至于转化为现行政治制度的死敌。采用凭空设计的再分配方式来减少不平等和消除贫困，虽然从短期来看，贫困者可以从富有者那里获得财富而改善自身待遇，暂时缩小了各阶层间的差异；但是从长期来看，它延迟了整体的发展速度，甚至还会阻碍落后者或贫困者的进步。在哈耶克看来，正确的方法是"必须把我们的希望寄托在能够恢复经济快速发展的前景上，不管我们的起点多么低……我们应当学会把我们所有的资源用到最有助于使我们大家都变得更加富裕的地方上去"[③]。

哈耶克主张实行最低收入保障制度。他指出，确使每个人都能得到一定标准的最低收入，或者确使人们在其不能自谋生计的时候仍能得到不低于某一底线的收入，是应对人人都可能蒙受的那种风险的一道完全合法或正当的保护屏障。哈耶克指出，在工业社会中，"个人已经不可能再向他出生于其间的那个特定小群体中的成员提出具体要求了。一种旨在促使众多成员脱离小群体成员所能提供的那种相对安全的制度，确实会给众人带去许多益处，但是当这些起初受益于这种制度的人在后来（亦即在那种并不是因为自己的过错而丧失了谋生能力的情况下）却发现自己无援无助的时候，他们很可能即刻就会产生强烈的不满并进行激烈的反抗"[④]。显然，在哈耶克看来，最低收入保障制度就是应对遭受市场影响的弱势群体的有效反抗手段。

哈耶克指出，一个自由的社会有可能为所有人提供最低水平的福利，这样一个社会

① 哈耶克：《自由秩序原理（下）》，邓正来译，生活·读书·新知三联书店 1997 年版，第 10-11 页。

② 哈耶克：《经济、科学与政治——哈耶克思想精粹》，冯克利译，江苏人民出版社 2000 年版，第 62 页。

③ 哈耶克：《通往奴役之路》，王明毅、冯兴元等译，中国社会科学出版社 1997 年版，第 199 页。

④ 哈耶克：《立法、法律与自由（第二、三卷）》，邓正来等译，中国大百科全书出版 2000 年版，第 350 页。

是与某种先入为主的公正观念互不相容的。为每个贫困者确保提供同等的最低标准的福利有其先决条件，即只有证明他存在这一需要，他才能有权享受这一最低福利，如果证明不了，社会就不能给予他只有付费才有权要求得到的东西。

3. 社会保障政策选择

哈耶克社会保障思想的突出特征是倡导竞争。他指出，防止出现赤贫的适当保障必须是社会政策的主要目标之一，这是没有问题的，政府和社会应为此做出各种努力，但要想使这些努力获得成功而又不损害个人自由，那就必须在市场以外提供保障而让竞争自然进行且不受阻挠。另一方面，社会保障本身的提供也应体现出竞争原则，为此他强烈反对政府在此领域的垄断行为。

哈耶克认为："我们不仅应当承认存在着市场所不能满足的需求，而且还应当明确指出，政府决不应当是唯一有能力提供不具物质回报的服务的机构，而且在此领域也不应当有垄断，相反，应当允许尽可能多的独立的个人或组织运用其各自的能力去满足这些需求。"① 哈耶克以失业保险为例指出，在自由社会里，解决失业问题的办法似乎是，国家为所有不能供养自己的人提供统一的最低保障标准，尽可能地推行一项适当的货币政策，减少周期性失业，而维持普通生活水平所需的进一步的保障应该留给具有竞争性的自愿组织来提供。②

哈耶克指出，社会保障制度最佳的实施方式是随时对可用资源即时性地进行评估，而非毕其功于一役的草率做法。社会保障制度在政府划定的单一轨道中运行，缺乏根据现状的及时性变更，最终必定会阻碍其他有效的新制度的产生。在某些特定的情况下，即使事实上只有政府有能力提供特定的服务，我们也没有理由因此而禁止私营机构去尝试和寻求其他的方法，亦即在不使用强制性权力的情况下提供这些服务的方法。更为重要的是，政府提供这些服务的方式，也决不应当是那种使其他人不再可能提供这类服务的方式。哈耶克提出，"如果由政府承担一些或全部财政责任，而由独立存在并在某种程度上属于竞争性的机构去具体实施这些服务，那么从一般意义上讲，这些服务将不仅会得到提供，而且还将得到更为有效的提供"③。

哈耶克呼吁，在社会保障制度中要尽可能为个人责任的发挥留下空间。他指出，在受到国家垄断明显影响的养老和健康保障领域，只要是国家尚未全部控制的地方，就有各种新方法自发产生且迅速发展，多种多样的实验都会进行，这些肯定会解决当前一些急需解决的问题。而由国家单一控制的社会保障制度会对个人责任意识的发展带来不利影响。一旦关心年老、失业、疾病等情况下的最迫切需要是公认的公共义务，而不是个人能否或者应否自己做好准备，尤其是一旦所确保提供的帮助程度已经过高，以至于个

---

① 哈耶克：《自由秩序原理（上）》，邓正来译，生活·读书·新知三联书店 1997 年版，第 153 页。

② 哈耶克：《自由秩序原理（下）》，邓正来译，生活·读书·新知三联书店 1997 年版，第 66-67 页。

③ 哈耶克：《自由秩序原理（上）》，邓正来译，生活·读书·新知三联书店 1997 年版，第 283 页。

人放松了自己的努力时，强迫个人为自己的日常生活风险提供保障就应该是顺理成章的了。

哈耶克的社会保障理论产生于20世纪30—40年代，发展于20世纪50—60年代。但是，在国家干预主义盛行的20世纪70年代以前，哈耶克的社会保障思想并没有得到西方社会和政府的认同与重视。直到20世纪70年代末，由于西方社会经济发展再次面临严重困境，西方福利国家与社会保障制度陷于危机，社会保障制度改革势在必行，西方社会才开始重新审视国家干预主义理论和政策的功能，重新认识市场效率的作用和功能。于是，哈耶克所积极倡导的发挥市场作用和个人责任的社会保障理论，顺应了新时期西方社会保障制度改革和发展的需要，成为西方社会保障改革的理论基础。

四、弗里德曼的经济与政治主张

1. 经济自由与政治自由

米尔顿·弗里德曼（Milton Friedman，1912—2006）是美国新自由主义的著名代表，曾任美国芝加哥大学经济学教授、美国经济学会会长和总统经济顾问，1976年获得诺贝尔经济学奖。其代表作为《消费函数理论》《资本主义与自由》《1867—1960年美国货币史》等。

弗里德曼十分重视自由在资本主义经济政治生活的地位和作用。弗里德曼指出，政治自由意味着一个人不受其他人的强制性的压制，对自由最大的威胁是权力的集中，国家最重要的职责是保护我们的自由。为了保护我们的自由，政府是必要的，通过政府这一工具，我们可以行使我们的自由。但是，由于权力集中在当权者手中，政府也有可能成为自由的威胁。怎样才能在从政府的有利之处取得好处的同时回避其对自由的威胁呢？首先应该限制政府职责的范围，其次必须分散政府权力。

弗里德曼认为，经济自由不仅与政治自由紧密相连，而且是保证政治自由的必要条件。他指出，经济安排在促进自由社会方面起着双重作用：一方面，经济安排中的自由本身在广泛的意义上可以被理解是自由的一个组成部分，所以经济自由本身是一个目的；另一方面，经济自由也是达到政治自由的一个不可缺少的手段。直接提供经济自由的那种经济组织即竞争性资本主义，是政治自由的一个必要条件和促进因素，由此能够把政治权力与经济权力分开，使一种权力抵消另一种权力。通过在经济和其他活动中主要依靠自愿合作和私人企业，我们就能够保证私有部门对政府部门的制约，并有效地保证言论、宗教与思想自由。①

2. 政府职能的有限性

弗里德曼坚决支持自由经济，提倡实行竞争性资本主义经济政策，反对国家对经济生活实施过多的干预。他指出，人们认为，私人自由企业经济具有固有的不稳定性，因此，政府必须进行干预才能使其保持稳定发展，尤其是20世纪30年代经济大危机以后，

① 弗里德曼：《资本主义与自由》，张瑞玉译，商务印书馆1986年版，第17页。

这种观点不断发展，导致国家干预程度和范围不断加强。弗里德曼指出，这些论点是错误的，20 世纪 30 年代经济大危机不是由私有经济固有的不稳定造成的，而是由政府管理不当造成的。弗里德曼强调指出，为了经济稳定和增长，我们迫切需要的是减少而不是增加政府的干预。在此基础上，弗里德曼对垄断提出批评和反对。他指出，在自由社会中垄断将导致两大后果：第一，垄断的存在意味着对自愿交换进行限制；第二，垄断的存在引起垄断者的社会责任问题。因此，政府必须采取措施，限制垄断程度和范围的发展。

弗里德曼认为，为了保证社会有效运行，必须依靠政府行为，而为了保证自由不受侵犯，政府的职责又必须限制在一定的范围之内。他指出，正如一场好的游戏要求双方成员遵守游戏规则和接受裁判员对规则的解释和执行那样，一个良好的社会也要求它的成员接受支配他们之间关系的一般条件，接受对这些条件的不同解释的一些裁决方法，并接受强制执行普遍接受的规则的某些方法。我们需要一个裁判员，这个裁判员就是政府，它的重要职能是维护法律和秩序、规定财产权的内容、作为能改变财产权内容和其他经济游戏规则的机构、对解释规则的争执做出裁决、强制执行合同、促进竞争、提供货币机构、从事对抗技术垄断的活动和从事广泛地被认为重要到使政府能进行干预邻近影响的消除，同时又包括补充私人的慈善事业和私人家庭对那些不能负责任的人的照顾。这些就是一个自由社会政府的基本作用。①

3. 就业自由

弗里德曼主张实行就业自由，反对过多干涉自由就业的政策和措施。弗里德曼指出，在就业问题上，对人与人之间订立契约的自由进行一定的干预是应该的，但是这种干预必须限制在最小的范围，不能对自由就业产生影响。弗里德曼反对政府通过特殊措施来保证就业中的种族平等。他指出，这种政府干预会减少自由并对自愿合作施加限制。假使政府能够说个人不应该因肤色、种族或者宗教而在就业方面受到歧视，它也同样能够说，如果多数人赞成的话，个人应该因肤色、种族和宗教而在就业上受到歧视。

弗里德曼对美国各州政府推行的劳动权利法提出异议。他指出，劳动权利法的原则同样是干预就业契约自由，作为一个自由主义者，对此是坚决反对的。他对美国社会长期实行的职业执照制度同样提出反对。他指出，大多数人相信由国家机关颁发执照来对行医者施加限制是应该的，在医药领域颁发执照比在大多数其他领域如此做具有更为充分的理由。但他得出的结论是，即使在医药领域，自由主义的原则并不能证实颁发执照的正确性，而在医药界由国家机关颁发执照是不可取的，因为颁发职业执照在侵犯个人自愿订立合同的权利方面走得更远。不管是注册、发给证明抑或是发给职业执照，这些措施的任何一个都几乎不可避免地要成为靠牺牲其他公众利益而取得垄断地位的特殊生产者集团手中的工具。②

① 弗里德曼：《资本主义与自由》，张瑞玉译，商务印书馆 1986 年版，第 27-36 页。

② 弗里德曼：《资本主义与自由》，张瑞玉译，商务印书馆 1986 年版，第 141 页。

五、弗里德曼的社会福利思想

1. 收入分配与贫困问题

弗里德曼的社会保障思想建立在他的收入分配主张基础上。弗里德曼认为，在一个自由市场的社会里，收入分配直接的道德原则是，按照个人及其拥有的工具所生产的东西进行分配。他坚决反对实行普遍的财富分享，认为“普遍的分享财富会使文明世界不能存在”。弗里德曼指出，政府用来改变收入分配的最广泛使用的办法是累进所得税和遗产税，这些税收措施虽然不是完全没有影响，但在实现均等方面的积极影响不大，税收措施实际上在人与人之间人为地造成了不均等。其结果是，我们一点也不清楚，按照均等待遇的基本目标或者按照收入均等的基本目标来计算的净影响究竟是增加了还是减少了不均等的程度。因此，弗里德曼明确指出：“作为一个自由主义者，我很难看出任何单纯地为了再分配收入而施加累进赋税的理由。这种赋税似乎是一个显著的事例来使用强制手段从某些人那里拿取一些东西，把它们给与别人，因而，和个人自由发生了正面冲突。”①

如何解决贫困问题是弗里德曼关注的重要问题。弗里德曼指出，我们应该提出一种帮助贫民的计划方案，这种计划的目的应该是帮助作为一般人的人，而不应该是作为某种特殊职业集团的人，或者作为不同年龄集团的人，或者某种工资率集团的人，或者某种劳动组织或行业成员的人。他指出，我们帮助一个贫穷农民的原因，不是因为他是农民，而是因为他贫穷。这种帮助解决贫困问题的方案在通过市场发生作用时，应该不妨碍市场正常状态，或不阻碍市场的正常作用的发挥。

弗里德曼提出了解决贫困问题的负所得税主张。他认为，实行负所得税具有现行各种解决贫困问题的办法所不具备的优点，它是专门针对贫困问题的；它向个人提供最有用的帮助即现金帮助；它具有一般性特点，可以代替现在已经实施的很多特殊措施；它明白地表示出社会所负担的费用；它在市场之外发生作用；如同其他缓和贫困的措施那样，它减少那些被帮助者自助的动机，却没有完全消除这种动机。②

2. 社会保险与最低工资

在论述税收与收入分配的基础上，弗里德曼阐述了自己对主要社会保障项目的观点。他指出，促成高额累进所得税的人道主义和平均主义情绪，也促成了大批旨在增加特殊集团的福利的其他措施，这些措施中最重要的是一批贴着使人误解的标签的“社会保险”，其他的还有公共住房、法定最低工资、公费医疗、特别援助等。弗里德曼指出，“‘社会保险’方案是维持现状的暴政开始发生魔力的那些东西之一”。尽管人们已经接受社会保险制度的既成事实并且不再怀疑其必要性，但是，它涉及大规模地侵犯大部分

① 弗里德曼：《资本主义与自由》，张瑞玉译，商务印书馆1986年版，第167页。

② 弗里德曼：《资本主义与自由》，张瑞玉译，商务印书馆1986年版，第184-185页。

人的个人生活，因此，不存在实施社会保险制度的有说服力的理由，“这不仅在自由主义者的原则上，而且在几乎任何其他的原则上都是如此”。①

关于公共住房福利。弗里德曼指出，公共住房已经被证实为具有与它的本意大不相同的影响。公共住房措施远没有像其提倡者与赞成者所期望的那样改善了穷人的住房问题，恰恰相反，在公共住房计划实施过程中，拆毁的居住单位的数量远远超过新建的居住单位的数量，这使得公共住房计划的作用完全变成了提高每一居住单位的人数。为什么会出现这种情况？弗里德曼指出，一旦公共住房方案被接受下来，它肯定会被特殊利益集团所把持，特殊利益集团就是那些当地利益集团，他们可以通过公共住房计划实现自己的商业利益和个人目的。②

关于法定最低工资。弗里德曼指出，最低工资法也许是我们所能找到的其影响和善意支持该法规的人们的意图恰好相反的最明显的事例。很多赞成最低工资法的人们对待到低的工资率表示痛惜是完全应该的，他们把它当作贫穷的表现之一，并希望通过法律来禁止低于某种特殊水平的工资以减少贫穷。弗里德曼指出，事实上，如果最低工资法有任何影响的话，它的影响显然是增加贫穷。国家可以通过立法制定一个最低工资标准，但是，国家很难要求雇主按照最低工资雇佣所有以前在最低工资标准以下被雇佣的人们，因为这不符合雇主的利益。最低工资制度的结果是使失业人数多于没有最低工资时的情况。由于最低工资的存在而从来未能在某些职业中受到雇佣的人，被迫接受甚至报酬还要低的工作或者进入接受救济者的队伍之中。③

3. 养老金制度

弗里德曼指出，可以从三个方面对养老金进行分析：第一，要求所有阶层的人们必须购买规定的养老金，从而对老年时期的生活来源做出强制性准备；第二，要求必须从政府那里购买养老金，也就是说将提供这些养老金的机构国有化；第三，养老金是一种再分配的办法，参加养老金制度的人所应该得到的养老金数额，并不等于他们为之缴纳的养老保险税额。弗里德曼对这三种情况分别进行了论述，并提出了自己的观点。

首先，关于作为再分配手段的养老金制度。弗里德曼认为看不出任何理由可以作为这个特殊再分配的根据。对受益者的补助和他们的贫穷或者富有没有关系，有钱的人获得的补助和贫穷者一样多，用于提供养老保险津贴的基金是一种在一定定额下对收入所征的统一的养老保险税，它在低收入中比在高收入中占有较大的部分。有什么理由来要求青年人负担老年人的养老保险津贴而不论老年人的经济情况如何？有什么理由为此而对低收入者而不是高收入者施加较高的税率？弗里德曼指出，从一般纳税人那里提取养老保险津贴是毫无道理的，我们愿意帮助穷人，但是不分贫穷与富有、仅因为他们恰好达到一定的年龄就对其提供帮助。这是一种毫无原则的再分配。④

---

① 弗里德曼：《资本主义与自由》，张瑞玉译，商务印书馆 1986 年版，第 175 页。
② 弗里德曼：《资本主义与自由》，张瑞玉译，商务印书馆 1986 年版，第 172 页。
③ 弗里德曼：《资本主义与自由》，张瑞玉译，商务印书馆 1986 年版，第 173 页。
④ 弗里德曼：《资本主义与自由》，张瑞玉译，商务印书馆 1986 年版，第 175-177 页。

其次，关于养老金管理机构的国有化。弗里德曼指出：养老金机构国有化的一个可能的优点，是有助于强制执行养老金的购买，这似乎是一个相当微小的优点，国有化的代价似乎要超过它的任何优点。在养老保障领域，个人的自由选择与私人企业争取顾客的竞争，会促进现有各种养老金计划的逐步改善，并增加各种多样化和差别性以满足个人需要。养老金机构的国有化还具有消极的政治影响，国有化往往使得养老保障专家控制了整个养老金制度，他们成为国家雇员，不仅增加了官僚队伍，还会强调和扩展自己的职权，结果是“日益增长的比例的人口被拖入社会保险系统”。

弗里德曼得出结论：“反对养老金机构国有化的论点是十分有力的，不仅按自由主义的原则而论，而且甚至按福利国家的支持者的价值观来看，也是如此。假使他们相信，政府能比市场提供更好的业务，那末，他们应该赞成政府企业与其他私人企业在举办养老金上进行公开的竞争。假使他们是正确的，那末，政府企业会兴旺起来。假使他们错了，那末，人们的福利会由于有私人的机构而得以提高。就我所能看到的而言，只有教条主义的社会主义者，或者为了集中控制本身而相信它的人，才能采取赞成养老金机构国有化这个原则立场。”①

最后，关于强制性购买养老金。弗里德曼认为实行强制性养老金制度纯粹是一种家长主义做法，它为了很少的好处花费了很大的代价，剥夺了我们对自己的大部分收入的控制，并要求我们将其用于特殊的目的，即用特殊方式从政府机构购买养老金。这种强制性养老金阻止了出售养老金和发展退休安排的竞争机制，造成巨大的官僚机构，并将其控制范围从我们生活的一个领域延伸到另一个领域。②

第三节　现代自由主义社会福利思想

一、罗尔斯的社会福利思想

1. 正义的本质及其类型

约翰·罗尔斯（John Rawls，1921—2002）是现代自由主义思想家。罗尔斯指出，“正义是社会制度的首要德性，正像真理是思想体系的首要德性一样。一种理论，无论它多么精致和简洁，只要它不真实，就必须加以拒绝或修正；同样，某些法律和制度，不管它们如何有效率和安排有序，只要它们不正义，就必须加以改造或废除。每个人都拥有一种基于正义的不可侵犯性，这种不可侵犯性即使以整个社会的福利之名也不能逾越”，正义否认为了一些人分享更大利益而剥夺另一些人的自由是正当的，不承认许多人享受的较大利益能绰绰有余地补偿强加于少数人的牺牲。在一个正义的社会里，平等公民的各种自由是确定不移的，由正义所保障的权利绝不受制于政治的交易或社会利益

① 弗里德曼：《资本主义与自由》，张瑞玉译，商务印书馆1986年版，第180页。
② 弗里德曼：《资本主义与自由》，张瑞玉译，商务印书馆1986年版，第182页。

的权衡。使我们忍受一种不正义只能是在需要用它来避免另一种更大的不正义的情况下才有可能。“作为人类活动的首要德性，真理和正义是决不妥协的。”[①]

罗尔斯指出，正义可以划分制度性正义与个人正义。“社会正义原则的主要对象或首要主题是社会的基本结构，即把主要的社会制度安排成为一种合作体系。”“这些原则要在这些制度中掌管权利和义务的分派，决定社会生活中利益和负担的恰当分配。适用于制度的原则决不能和用于个人及其在特殊环境中的行动原则混淆起来。这两种原则用于不同的对象，必须分别地加以讨论。”他指出，正义与否的问题只涉及现实的并且被公平有效地管理着的制度。至于作为一个抽象目标的制度的正义与否，则是指它的实现将是正义的或不正义的而言。[②]

罗尔斯指出，除了制度正义与个人正义之分，还有实质正义与形式正义之分，所谓形式正义，对法律和制度的不偏不倚且一致的践行，不管它们的实质性原则是什么，我们可以把它们称为“形式的正义”。罗尔斯解释道：“如果我们认为正义总是表示着某种平等，那么形式的正义就意味着，它要求法律和制度在执行的时候要平等地（即以同样的方式）适用于那些属于由其规定的阶层的人们。”罗尔斯将实质正义等同于制度正义，他指出，“实质正义有赖于社会基本结构与之相适应的原则……形式的正义，或作为规则性的正义，却排除了一些重要的非正义。因为如果假定制度具有合理的正义性，那么执政者应当不偏不倚，在他们处理特殊事件中不受个人、金钱或别的无关因素的影响就是十分重要的事情。在法律制度中的形式正义正是那种支持和保障合法期望的法治的一个方面。”关于形式正义与实质正义的关系，罗尔斯指出，“我们所能说的就是：形式正义或遵守体制要求的力量，显然有赖于制度的实质性正义和改造它们的可能性”。[③]

2. 正义的实现及其结果

罗尔斯重点阐述了如何实现制度正义。他指出，为了实现制度正义，必须坚持两个原则。“第一个原则：每个人对与其他人所拥有的最广泛的平等基本自由体系相容的类似自由体系都应有一种平等的权利。第二个原则：社会和经济的不平等应这样安排，使它们（1）被合理地期望适合于每一个人的利益；并且（2）依系于地位和职务向所有人开放。”“这两个原则是按照先后次序安排的，其中第一个原则优先于第二个原则。这一次序意味着：对第一个原则所保护的基本平等自由的侵犯不可能因较大的社会经济利益而得到辩护或补偿。”[④]

罗尔斯指出，为了更好地实现制度正义，应该实施分配正义。他指出，社会是由一

---

① 罗尔斯：《正义论》，何怀宏、何包钢、廖申白译，中国社会科学出版社2009年版，第3页。

② 罗尔斯：《正义论》，何怀宏、何包钢、廖申白译，中国社会科学出版社2009年版，第42-43页。

③ 罗尔斯：《正义论》，何怀宏、何包钢、廖申白译，中国社会科学出版社2009年版，第45-46页。

④ 罗尔斯：《正义论》，何怀宏、何包钢、廖申白译，中国社会科学出版社2009年版，第47-48页。

些个人组成的多少自足的联合体，这些人在他们的相互关系中都承认某些行为规范具有约束力，并且在很大程度上遵循它们而行动。虽然一个社会是一种为了共同利益的合作事业，但它不仅具有一种利益一致的典型特征，而且也具有一种利益冲突的典型特征。这就需要一系列原则来指导在各种不同的决定利益分配的社会安排之间进行选择，从而达到一种有关恰当的分配份额的协议。“这些原则就是社会正义的原则，它们提供了一种在社会的基本制度中分配权利和义务的办法，确定了社会合作的利益和负担的适当分配。”①

罗尔斯指出，为了实现个人正义，也必须坚持一些原则。首先是公正原则，即个人在以下两个条件下应尽的、制度所规定的责任：第一，这一制度本身是正义的，它符合上述关于制度的正义原则；第二，一个人已自愿地接受了这种制度所安排的利益，或利用它所提供的机会来促进自己的利益。除了公正原则以外，还包括许多积极和消极的自然义务，比如相互帮助、为人做好事的积极义务，不损害他人、不造成不必要痛苦的消极义务。

罗尔斯倡导建立一个“良序”的社会。“一个社会，当它不仅旨在推进它的成员的利益，而且也有效地受着一种公共的正义观调节时，它就是一个良序（well-ordered）的社会。亦即，它是一个这样的社会，在那里：（1）每个人都接受、也知道别人接受同样的正义原则；（2）基本的社会制度普遍地满足、也普遍为人所知地满足这些原则。在这种情况下，尽管人们可能相互提出过分的要求，他们总还承认一种共同的观点，他们的要求可以按这种观点来裁定。”在这样的社会里，他们共同的正义感使他们牢固的合作成为可能。“在目标互异的个人中间，一种共有的正义观建立起公民友谊的纽带，对正义的普遍欲望限制着对其他目标的追逐。我们可以认为，一种公共的正义观构成了一个良序的人类联合体的基本宪章。”②

罗尔斯对正义观做出阐述：“许多不同的事物被说成是正义或不正义的：不仅法律、制度、社会体系是如此，许多种特殊行为，包括决定、判断、责难也是这样。我们也如此称人们的态度、气质以至人们本身。然而，我们现在的题目是社会的正义。对我们来说，正义在此的首要主题是社会的基本结构（the basic structure），或更准确地说，是社会主要制度分配基本权利和义务，决定由社会合作产生的利益之划分的方式。所谓主要制度，我的理解是政治宪法和主要的经济和社会安排。”“一种社会正义观将在一开始就被视作是为确定社会基本结构中的分配而提供的一个标准。”③

二、诺齐克的社会福利思想

1. “个人拥有权利”

罗伯特·诺齐克（Robert Nozick，1938—2002）也是著名的现代自由主义思想家，

① 罗尔斯：《正义论》，何怀宏、何包钢、廖申白译，中国社会科学出版社 2009 年版，第 4 页。
② 罗尔斯：《正义论》，何怀宏、何包钢、廖申白译，中国社会科学出版社 2009 年版，第 4 页。
③ 罗尔斯：《正义论》，何怀宏、何包钢、廖申白译，中国社会科学出版社 2009 年版，第 6-8 页。

其代表作为《无政府、国家与乌托邦》。诺齐克提出了“个人拥有权利”的概念。他指出，“个人拥有权利。有些事情是任何他人或团体都不能对他们做的，做了就要侵犯到他们的权利。这些权利如此强有力和广泛，以致引出了国家及其官员能做些什么事情的问题”[①]。这种“个人拥有权利”既具有对人的尊重即个人不可侵犯性，也具有个人性即每一个个人都是分别存在的事实。

诺齐克关于“个人拥有权利”的概念自然引发其对私有财产权及其社会效应的认同与强调。他指出：① 私有产权通过将资源置于那些可最高效和最赢利地利用这些资源的人之手而增加总体社会产出；② 私有产权鼓励实验，因为由不同的人控制资源，某个具有新想法的人就不必非要试图说服唯一的一个人或一个小团体不可，他完全可以去找别的资源拥有者；③ 私有产权促成承担风险的专门知识，因为这种体制要求每个人都应承担他们在生意中面临的风险的代价；④ 它使某些人节制资源的当前消费以照顾未来市场，由此保护未来世代的人们；⑤ 它在劳动力市场上保护那些不受欢迎的人，因为在私有产权制度下有许多不同的就业资源。[②]

2. “分配正义”

诺齐克提出了实现和维护“个人拥有权利”状态的基本途径，这就是分配正义原则。诺齐克认为，分配正义是建立在个人持有正义这一概念基础上的，这种个人持有正义离不开两个历史条件：第一，个人对无主物的最初获得，即无主物是如何或通过哪些过程以及在多大范围内被人所持有；第二，一个人通过什么过程把自己的持有权转让给他人，如自愿交换、馈赠，甚至还有欺诈，等等。

诺奇克还提出了分配正义的核心原则。他指出：① 一个符合获取的正义原则获得一个持有的人，对那个持有是有权利的；② 一个符合转让的正义原则，从别的对持有拥有权利的人那里获得一个持有的人，对这个持有是有权利的；③ 除非是通过上述①与②的（重复）应用，无人对一个持有拥有权利。“分配正义的整个原则只是说：如果所有人对分配在其份下的持有都是有权利的，那么这个分配就是公正的。”诺齐克不仅指出了分配正义的核心原则，而且认为这种核心原则具有历史性——“分配的正义与否依赖于它是如何演变来的”。[③]

思　考　题

1. 简述新古典学派社会保障思想的基本主张。
2. 简述哈耶克社会福利思想的内容与特点。

---

① 诺齐克：《无政府、国家与乌托邦》，何怀宏等译，中国社会科学出版社 1991 年版，第 1 页。

② 顾肃：《自由主义基本理念》，中央编译出版社 2003 年版，第 500 页。

③ 诺齐克：《无政府、国家与乌托邦》，何怀宏等译，中国社会科学出版社 1991 年版，第 157-159 页。

3. 简述弗里德曼社会保障思想的主要内容。
4. 比较新古典学派与英国激进自由主义的社会福利思想。
5. 简述新古典学派与新自由主义社会福利思想的异同。
6. 简述新自由主义社会福利思想对当代西方社会保障改革的影响。
7. 简述现代自由主义社会福利思想的核心内容。

第八章　社会市场经济与“第三条道路”社会福利思想

德国的社会市场经济主张是20世纪中期西方重要的思想派别，其对德国社会经济与社会福利制度的发展产生了重要影响。“第三条道路”社会福利思想出现于20世纪前期，经历了20世纪中期的发展，并在20世纪末期开始对西方社会产生巨大影响。尽管西方各国的“第三条道路”理论与实践存在国别特色，但是，主张放弃传统的单一的极端保守性或激进性政策，实行介于两者之间的调和性政策选择，强调有限的国家干预与有限的市场调节相结合，主张社会保障中的国家责任、社会责任与个人责任平衡，强调社会保障水平与经济发展水平的协调等，则是“第三条道路”社会福利思想的基本主张。

第一节　德国社会市场经济社会福利思想

一、社会市场经济思想的出现

1. 社会市场经济思想的历史背景

社会市场经济思想是影响第二次世界大战以后德国经济和社会发展的基本思想，德国社会市场经济思想的基本特点是在强调市场作用的同时，注意社会公正与社会平等的发展，这种社会经济思想使得德国社会经济在战后获得协调快速的发展，从而创造了世界注目的德国发展模式。

德国社会市场经济思想出现的历史背景是市场经济与统制经济之间的对立与矛盾。自19世纪中期德国工业化起步开始，德国自由市场经济获得不断发展，并对统一运动产生了重要的影响。19世纪70年代德国实现统一以后，高速发展的工业化开始面临严重市场问题，于是，德国逐步形成国家干预的社会经济政策，通过国有化、政府投资与政府订货等途径，推动社会经济发展，社会经济思想方面的国家干预主张也越来越明显。

两次世界大战之间，严重的经济萧条使得整个西方国家都在面临社会经济政策选择的考验，实行国家干预成为西方国家社会经济政策的普遍选择，德国国家干预程度更高。1933 年，德国颁布《设立强制卡特尔条例》；1934 年，颁布《德国经济有机结构条例》；1936 年，颁布《价格冻结法令》，同时推行义务劳动等社会政策，从而建立起高度统制型经济社会政策体制。

第二次世界大战使德国社会经济遭受沉重打击，统制型经济体制的结果是战后德国陷于极端严重的经济困境。第二次世界大战以后，德国社会在对法西斯政治体制进行清算的同时，开始反思高度统制型的经济政策。人们认为，传统的自由市场经济政策与正在实行的集中统制经济政策，都难以解决德国社会经济发展所面临的主要问题，尤其是高度统制型经济社会政策，给德国社会经济带来严重困难。德国社会经济发展应该在自由市场经济与高度统制经济政策之间寻找一条中间道路，或者称为“第三条道路”。

正如德国社会市场经济思想著名代表艾哈德所指出那样：“20 年代和 30 年代的世界经济危机以及德国的专制经济政策形式为少数几位经济学家提供了机遇，使他们能用新问题向周围现实提出挑战。通过研究历史或者重新深入地钻研理论，德国几乎各自独立地同时产生了一种新经济政策理论基础。缪勒-阿尔马克……在他写的《统制经济与市场经济》一书中提出了社会市场经济的构想。”①

2. 社会市场经济理论的思想渊源

德国社会市场经济思想来源于德国两个经济学派的主张。第一个是弗莱堡学派。这一派经济学家大多任教于弗莱堡大学，故名弗莱堡学派。瓦尔特·欧根（Walter Eucken，1891—1950）是弗莱堡学派的主要代表，其代表性著作为《国民经济学基础》（1940）和《经济政策原理》（1952）。弗莱堡学派的主要经济主张是强调秩序，也就是“奥尔多”（拉丁文为 Ordo，英文为 order），尤其是强调经济发展的秩序。欧根指出：“每一个人的每一个经济计划和每个经济活动总是产生于某种‘经济秩序’的范围之内，并且只有在这个当下的秩序的范围内才有意义。经济过程总是并且到处是在历史上既定的经济秩序中运行的。这些历史上既定的、实际的秩序可能是坏的；但是没有秩序，一个经济就根本不能运行。”② 可见，弗莱堡学派提倡的不是完全自由的市场经济，而是有秩序的市场经济。

第二个理论来源是新保守主义学派。这一派别的主要代表是威廉·洛普克（Wilhelm Röpke，1899—1966）和亚历山大·吕斯托（Alexander Rüstow，1885—1963）。他们主张按照社会政策的指导思想来调整竞争秩序，提出有秩序的自由主义即“奥尔多自由主义”思想。洛普克主张依靠国家力量实现经济生活分散化，恢复市场经济，创建人道的社会、政治和经济秩序的伦理基础。吕斯托则主张通过各种社会改革来改善人们的生活。洛普克与后来成为德国社会市场经济思想著名代表的艾哈德关系十分密切，并对艾哈德的经济社会思想产生直接影响。

可见，从历史背景与理论渊源上来说，德国社会市场经济思想早已在德国社会酝酿。但是，社会市场经济的概念却是由著名经济学家阿尔弗雷德·米勒-阿尔马克

① 周茂荣、丁安新、马颖：《德国社会市场经济与中国经济改革》，武汉大学出版社 1999 年版，第 142 页。

② 左大培：《弗赖堡经济学派研究》，湖南教育出版社 1988 年版，第 107-108 页。

（Alfred Müller-Armack，1901—1978）提出的。阿尔马克的经济社会思想十分接近弗莱堡学派，他在1946—1948年发表一系列论文，提出了社会市场经济的概念。他说：社会市场经济实际上是一种秩序政策思想，它的目标在于在竞争的基础上，把自由主动精神与通过市场经济成就得到保证的社会进步结合起来。

1949年，德国基督教民主联盟与基督教社会联盟在杜塞尔多夫通过的纲领，被认为是德国政府开始选择社会市场经济道路的标志，该纲领指出，社会市场经济是与社会发展相联系的经济发展法典，按照这一法典的基本精神，自由的和有作为的人所创造的成就，最大限度地满足了所有人对经济利益和社会公正的要求。①

3. 社会市场经济思想的基本内容

德国社会市场经济思想的基本内容包括两个方面。首先，市场经济是德国社会市场经济思想的基础。德国经济发展必须依靠市场调节手段，并尽可能保持市场调节的自由程度，形成良性的市场竞争机制。也就是说，德国社会市场经济思想的基本内容是强调自由、市场与竞争。其次，社会公正是德国社会市场经济思想追求的基本目标。为实现这一目标，不仅要合理限制市场竞争的自由，还要采取有效措施规范市场竞争的秩序，并保证有限的自由市场竞争有利于社会公正的发展。

在这种思想理论指导下，德国社会市场经济思想在社会福利方面的基本主张是，既强调个人在社会保障制度中的责任，强调自助在社会保障制度中的作用和影响，主张每一个社会成员都有权利和义务尽其所能进行自我救助，同时也强调国家应该建立起完善有效的社会保障和社会福利制度，因为这是实现社会公正的基本途径。

可见，德国社会市场经济思想实质上是一种中间道路的社会经济思想，其目的是在自由市场经济与高度统制经济之间寻找第三条发展道路。1948年，阿尔马克就指出，我们的经济处境使我们认识到，未来我们必须在两个完全不同的经济体制之间做出抉择，建立起基于自由价格、真正有效竞争与社会公正的市场经济体制。艾哈德更加明白地指出了德国社会市场经济思想的特色，他在1964年纪念其导师奥本海默时就指出：“他（奥本海默）认为‘资本主义’是造成社会不平等的主义，甚至还是承认不平等的主义；但是他也反对共产主义，因为它必然造成不自由。还应当有一条道路，即第三条道路，它是一种可贵的综合，是一条出路。我几乎是按照他的吩咐来进行尝试的，试图在社会市场经济中找到一条现实主义的道路。”②

特殊的时代背景、理论来源与政策目标决定了德国社会市场经济思想影响的时效性，德国社会市场经济思想与政策，引导战后德国社会经济很快走出困境，并指导德国经济在20世纪70年代中期以前实现快速发展。但是，在20世纪70年代中期以后，德国社会经济发展环境的新变化，使得长期影响德国的社会市场经济思想面临严重挑战。德国社会经济面临严重困难的同时，德国社会市场经济思想也开始受到怀疑并开始发生

---

① 周茂荣、丁安新、马颖：《德国社会市场经济与中国经济改革》，武汉大学出版社1999年版，第5页。

② 周茂荣、丁安新、马颖：《德国社会市场经济与中国经济改革》，武汉大学出版社1999年版，第139-140页。

变化。正如艾哈德基金会主席在1997年纪念艾哈德100周年诞辰时所说的："社会市场经济在原则上根本不同于今天在德国推行的经济政策和社会福利政策。艾哈德下台以后，他的社会市场经济没有继续发展，而是遭到遗弃。取而代之的是建立了社会福利国家，现在却陷入财政危机的边缘。长此以往，艾哈德的社会市场经济就无处可寻了。"[①]

二、艾哈德的社会经济主张

1. 反对高度统制型的经济政策

路德维希·艾哈德（Ludwig Erhard，1897—1977）是德国社会市场经济著名思想家，社会市场经济政策实际制定者与执行者。1949—1963年，他担任德意志联邦共和国经济部部长，1963—1966年，任德意志联邦共和国总理，1966年以后，任德意志联邦共和国议会终身议长。他的主要著作有《大众的福利》《来自竞争的繁荣》《社会市场经济之路》等，其中《大众的福利》一书集中反映了艾哈德社会市场经济思想的基本主张。

艾哈德经济思想的基本主张是反对高度统制型经济政策，反对国家过分干预经济与社会发展。艾哈德指出，国家统制型经济政策由于混乱的和破坏性的财政、经济与货币政策的影响，必然导致各种秩序的崩溃，进而导致国家管制思想自身的瓦解。全体德国国民都已经清楚地知道，一方面有政府管制，另一方面有物价冻结，这些实际上是政府管理不善的表现，德国民众在这种不善的政府管制下遭受了十多年的生活之苦，如果我们再不下决心全力整顿这种管理不善状态，国民就不再会相信我们的经济政策可以给他们带来经济繁荣。艾哈德明确指出："我坚决反对计划和控制原则"，"我们的道路只能走向更自由的市场经济形式，取消那些天天给我们每个人、每个消费者和生产者带来痛苦的管制"。[②]

艾哈德认为，直接干预经济并不是国家的职责，至少在经济本身没有这种干预要求时应该是这样，如果国家直接参与社会生产，这就不符合以经济自由为基础的经济体制。艾哈德指出：企业经济的重点在于经营的范围，而政府特别是经济主管部门的职责在于经济政策。德国以往的自由主义经济与国家管制经济都已经一去不复返了，我们应该实行新的经济政策，其突出特点是国家现在不再想直接干涉个人的事情，企业家应该像其他公民一样具有个人经营的自由。这并不是说没有约束，可以胡作非为。国家不再直接发号施令并不是放弃任何干预，相反，国家仍将利用一切可以利用的经济政策手段，实现社会经济的发展和进步。[③]

2. 提倡经济自由

艾哈德极力提倡经济自由。他指出，我的经济政策是以自由和宽松的原则为基础

① 周茂荣、丁安新、马颖：《德国社会市场经济与中国经济改革》，武汉大学出版社1999年版，第58页。

② 艾哈德：《大众的福利》，丁安新译，武汉大学出版社1995年版，第79页。

③ 艾哈德：《大众的福利》，丁安新译，武汉大学出版社1995年版，第107-108页。

的，因为一种有机和协调的秩序在用自由生产和定价来调节的自由市场上才能得到保证。艾哈德明确表示，他坚决反对任何形式的国家统制经济，也坚决抵制其他形式的集体经济。他指出，如果我们要建立一种自由的经济与社会制度，那就不能允许任何人或者集团按照自己的兴趣解释或者限制自由。自由是一个不可分割的整体，政治自由、经济自由与个人自由构成一个复合的统一体，而自由经济就是自由企业经济。[①]

艾哈德十分强调自由竞争在社会经济政策体制中的作用与地位。他指出，只有能够使消费者从经济发展、劳动收益增加和生产率提高中得到好处的经济政策，才能被称为“社会的”经济政策。在自由的社会制度中，达到这个目的的最好办法现在是而且将来也还是竞争，竞争是这种制度的主要支柱。艾哈德指出，竞争是最科学的、最民主的经济体制，只有在为了维持经济竞争机制而必须进行国家干预时，国家才应该调节市场过程。市场经济和自由竞争体制是不可分割的。

艾哈德对 20 世纪前期德国十分流行的卡特尔垄断组织坚决反对。他这样说道，他把开展竞争看作不断提高效率以及合理分配国民收入的最好保证；为了实现真正的“社会的”市场经济的利益，他决不会放弃经济健康发展这个原动力。卡特尔体制的实质是一种计划或者强制经济体制，尽管它可能是一种企业计划或者强制，但是，企业的计划经济与强制经济和政府的管制经济一样令人厌恶且有害。不管卡特尔政策的表现形式、目标与任务如何变化，其最终目的就是以某种方式限制竞争。

作为德国社会市场经济政策制定者与实行者，艾哈德十分强调经济发展的社会目标，强调经济发展与社会公正的协调。他指出，市场经济的社会意义在于，不论何时何地取得的任何经济成果，从合理化中得到的任何好处，工作效率的任何提高，都应该有益于全民的福利。[②]

三、艾哈德的社会福利思想

1. 社会经济与社会福利的关系

艾哈德认为，社会经济的发展是社会福利发展的基础。他指出，通过发展经济来增加福利，远比通过无益地争论用不同方法分配国民生产总值来谋求社会福利更为有效。发展国民经济的所有力量都要用于增加国民经济的收益，而不要在收入分配战中耗费时间，为使每一个人都能够尽可能多地分到一块蛋糕，必须尽可能将蛋糕做大。通过全力发展社会经济就能够使所有那些并非由于个人原因而不能直接参加社会生产过程的人们，都得到合理而相称的生活水平，也只有经济发展才能够使穷人越来越多地得到福利。艾哈德指出，经济成果是社会进步的基础，只有发达的经济才能提供高水平的社会保障。先要创造出国民生产总值，后才有分配。[③]

---

① 艾哈德：《大众的福利》，丁安新译，武汉大学出版社 1995 年版，第 128 页。
② 艾哈德：《大众的福利》，丁安新译，武汉大学出版社 1995 年版，第 122-128 页。
③ 艾哈德：《大众的福利》，丁安新译，武汉大学出版社 1995 年版，第 57 页。

艾哈德十分强调经济政策与社会政策的关系。他指出，经济政策越是富有成效，社会政策的干预与辅助措施实际上就越是没有必要。但是，在现代工业化国家中，即使十分完美的经济政策也需要社会政策的补充，这种社会政策补充的必要前提是，任何有效的社会救助只有在充裕与不断增长的国民经济效益基础上才有可能，因此，社会政策必须与经济政策保持一致。社会政策不能间接地损害国民经济生产率，也不能违背市场经济制度的基本原则。艾哈德指出，如果我们要长远地保障自由的经济制度和社会制度，那么，给旨在帮助人们获得个人自由的经济政策辅之以必要的社会政策已经成为一项基本要求。[①]

2. 有限的集体福利与福利国家

艾哈德指出：一些人幻想，人的快乐和幸福建立在集体的总责任之上，并沿着这条道路前进，直到走向依靠被认为是万能的国家，这种思想在福利国家构想中得到明显的反映。但是，如果我们越来越委身于某种形式的集体生活，没有人再愿意对自我承担责任，而且每个人都想在集体中得到保障，那么，我们将走向何处？我们将如何保持进步？这种思想正把我们推向福利国家，也只会给我们造成灾难性的后果。这种思想与倾向将比任何其他东西更加容易逐渐而肯定地扼杀勇于负责、博爱精神与自力更生等真正的优良品德。如果这种思想的瘟疫蔓延开来，我们势必滑向这样一种社会制度，其中的“每个人都把手伸进别人的口袋”。艾哈德断然指出，“对这种危险必须坚决予以回击”。

艾哈德认为，集体性社会福利必须具有一定的限度。他指出，正像一个国家的人民的消费不能超过自己所创造的价值一样，每个人所能得到的保障也不能超过我们全体成员通过生产而获得的保障，正是因为社会福利方面过分的集体摊派，使得个人过多地依赖于国家与集体的福利，这已经给社会带来巨大的代价。

艾哈德对强制性社会保险制度提出批评。他指出，经济自由与完全强制性社会保险是水火不相容的。以强迫为基础的、普遍的国民保险，不论是按照一个标准还是按照分门别类的标准来缴纳社会保险费用，其与普遍的国民供给制度相比最多只是形式与程度上的差异，而不是原则性的区别。如果这种国家强制保险超出了急需保护的人的范围，国家还要迫使那些根据其经济生活与职业生活地位根本不需要这种强制性保险的人也接受保险，那就有了走向福利国家的趋势。[②]

艾哈德强调指出，在评价社会保险时应该注意，在过去几十年中经济发展的方式与原则已经发生很大变化，社会政策结构也发生很大变化。当个人与家庭有能力提供自我保障时，国家提供的强制性保障就应该或者必须停止。一些公民根据他们的地位和作用完全有条件依靠自己的能力与劳动，如果还要把这些人拉进强制性社会保险制度之中，那对我们的社会政策与社会生活都是极其不利的。

艾哈德指出，集体性社会福利的范围宁可窄一点，也不要宽一点。政府与社会的天职之一是保障老年人的晚年生活，他们并非由于个人原因而是由于错误的经济政策和严

① 艾哈德：《大众的福利》，丁安新译，武汉大学出版社 1995 年版，第 182 页。

② 艾哈德：《大众的福利》，丁安新译，武汉大学出版社 1995 年版，第 183-185 页。

重的通货膨胀损失了个人储蓄。老工人与老职员都必须同样得到帮助，还包括自由职业者、独立劳动者等。但是，德国的持殊情况所产生的这个特殊问题不应该引起错误的想法，弄得好像强制性保险与集体福利天生就是符合这些范围的人的要求一样。[①]

3. 社会保障中的个人责任

艾哈德指出，集体福利不利于个人自立意识与进取精神的发展。如果社会政策的目的在于使每个人从一出生就得到全部社会保障，绝对没有任何社会风险，那么我们就不可能希望他们的精力、才干、创业精神与其他优秀品质得到充分发挥，而这些品质对于民族生存与发展却是至关重要的。艾哈德将竞争概念引入了社会福利领域。他认为，争取和保障各项福利的最有成效的手段就是竞争，用这种方法就能最佳地增加福利。"'属于大众的福利'和'来自竞争的福利'这两句口号是不可分割的整体；第一句表示目的，第二句表示到达目的的途径。"[②]

为了避免集体福利与国家福利所带来的弊端，艾哈德极力提倡个人自助的作用与地位。他指出："我所理解的中产阶级，无外乎这样一个社会群体，他们出于自身的责任感准备用自己的劳动来保障自己的生存。中产阶级必须作为价值提出的'质量标准'是：对自己命运的自我责任心，独立生存，并且用自己的劳动坚持到底的勇气。"

艾哈德指出，自愿、自由并自我负责地克服生活风险，是在自由经济与社会制度中独立生存的必要前提。在市场经济中，独立自主意味着从自我动力和责任出发来从事独立职业活动，这种独立职业者一方面任意捕捉经济发展中的机遇，而另一方面，也必须要准备承担由此带来的经济风险。因此，必须要求国家经济和社会制度中的独立职业者还要对社会生活风险自我负责。在自由经济制度中，既给每个公民独立活动与独立生存的机会，又通过国家强制措施减轻他们对个人生活的独立责任，这样的做法是自相矛盾的，也是不负责任的。[③]

艾哈德强调指出："社会保障当然是好事，也是十分需要的，但是社会保障必须主要是靠自己的力量、自己的劳动和自己的努力得来的。社会保障不等于全民的社会保险，不等于将个人的责任转嫁给任何一个集体。开始时必须实行个人自己负责，只有当个人负责还嫌不足或者必须停止时，国家和社会的义务才发挥作用。"[④]

当然，艾哈德承认适当的社会福利可以提高全社会的道德水平，并主张政府应促进社会福利事业的合理发展。艾哈德指出，任何一种经济制度的最终目的，是要把人们从物质匮乏中解放出来，我们越是成功地增加社会福利，人们就会越少地沦入利己主义，只有社会福利的增加，才有可能使人们摆脱原始的利己主义思维，只要人们为日常生活发愁并在穷困中不能自拔，那就只能被利己主义思想所束缚，通过社会福利所带来的社会安全感，人们才有希望认识到自我、人格与尊严，也才有希望从利己主义中解放出来。随着社会生活有了保障，人们才会更好地区别真善美与假恶丑。

---

① 艾哈德：《大众的福利》，丁安新译，武汉大学出版社 1995 年版，第 187 页。

② 艾哈德：《大众的福利》，丁安新译，武汉大学出版社 1995 年版，第 3 页。

③ 艾哈德：《大众的福利》，丁安新译，武汉大学出版社 1995 年版，第 188 页。

④ 艾哈德：《大众的福利》，丁安新译，武汉大学出版社 1995 年版，第 192 页。

艾哈德进一步指出，只要经济发展得到改善生活的愿望与提高生产积极性的支撑，这种经济发展就是完全和谐的。但是，如果经济发展的意愿带来一种危险，即人们不顾国民经济生产能力，还要索取高于国民经济所能给予的东西，则这样的经济发展就已经缺乏道德基础了。一心想提高自己的劳动效益同时又想减少劳动量，不考虑生产率的实际可能性，这些想法与正常的经济发展意愿是不相符的。他指出，我们可以有耐心和信心地发展和扩大社会福利，因为今天暂时表现为滥用的现象同时也播下了健康的种子，关键在于我们要用事实证明，我们配得上享受富有成效的与和平的劳动所带来的幸福和收获。①

第二节　“第三条道路”思潮的出现

一、英国早期“第三条道路”思想的出现

1. 英国早期“第三条道路”主张

早在20世纪初，英国已经出现了“第三条道路”的主张。1911年，英国保守党中的激进派建立了保守党社会改革委员会，在一份题目为“国家托利主义与社会改革”的文件中，该委员会主席斯密斯阐述了委员会的基本原则。他说，人们对保守党统一派社会政策的指责主要是认为，保守党统一派的社会政策是自由党社会政策与原则的翻版。恰恰相反，托利党的社会改革一方面不同于劳合·乔治的激进社会主义，另一方面也不同于辉格党的个人主义，而是“第三条道路”。斯密斯指出，从激进社会主义与辉格党个人主义这两种对立的原则下，导致了阶级之间的仇恨。国家托利主义的原则是实用主义的，它只关心“生活本身的事实”，因此，它不仅不会带来阶级之间的冲突，而且强调在一种高度的统一体下阶级利益的调和。②

2. 英国“第三条道路”思想的出现

英国“第三条道路”（中间道路）思想出现于20世纪30年代。20世纪20—30年代的英国处于一个重要的转变时代，在经济上，经济危机不断爆发，因经济衰退而导致的失业问题与其他社会问题对英国产生了重要的影响，刚刚建立起来的英国现代社会保障制度，在不断加剧的社会问题面前显得极为脆弱。在政治上，自由党在第一次世界大战后的衰落，工党力量的增长及其取代自由党成为英国第二大党的事实，使得英国政治力量发生了重大变化，也使英国的各项社会政策有可能发生明显的对立。在严重的经济社会现实面前，以工党为代表的社会民主主义派别主张建立“公有制”，走“社会主义”

---

① 艾哈德：《大众的福利》，丁安新译，武汉大学出版社1995年版，第165-169页。

② Jane Ridley. *The Unionist Social Reform Committee*, 1911—1914, *Wets before Deluge*. The Historical Journal, 1987 (2): 391-413.

道路，而长期以来在英国形成的自由资本主义传统依然具有重要的影响。这样，在英国就形成了两条道路之间的斗争，即主张实行“公有制”的“社会主义”道路，与主张实行自由资本主义的资本主义道路的斗争，这种争执发展的直接结果是，在英国政治与社会经济理论方面出现了所谓的中间道路——“第三条道路”。

主张中间道路的思想家认为，尽管资本主义制度是一种具有很大优越性的社会制度，但是，由于种种原因，它也带来许多社会问题，其中最主要的是失业问题、贫困问题等，这些问题如不及时加以解决，必将危及资本主义政治、经济与社会发展。因此，必须对资本主义社会进行必要的改革，建立有效的社会保障制度便成为主要的改革措施。社会保障制度不仅是人道主义的基本需要，也是资本主义社会稳定与发展的需要，合理有效的社会保障制度可以改善资本主义社会自身的发展环境，并因此增强资本主义制度发展的内在力量。

“第三条道路”思想家同时指出，社会福利与社会保障措施从范围到性质上，都不能损害个人的能动性以及家庭的责任，人们首先应该承担义务，然后才能享受社会权利。社会保障与福利应该鼓励而不是妨碍私人志愿性福利与保障的作用的发挥，它们应该以争取实现最低生活标准为主，而不应该以减少社会不平等为主。绝对贫困是一种必须铲除的毒瘤，而不平等则不仅是必要的，而且也是不可避免的。如果社会上不存在不平等，经济发展的动力也就减弱了。①

3. 麦克米伦的“第三条道路”社会福利主张

哈罗德·麦克米伦（Harold Macmillan，1894—1986）是在英国较早提出“第三条道路”的政治家与思想家。两次世界大战之间，英国社会经济的现实使麦克米伦不得不深入思考英国经济未来的发展道路。针对自由资本主义论与“社会主义”论的对立与争执，麦克米伦主张英国经济的发展既不应该再走自由资本主义的老路，也不应该走向“社会主义”的道路，而应该选择介于这两者之间的“第三条道路”。他在 1932 年的下院演讲中明确指出：“除了实行一种有计划的经济以外别无选择。”1933 年，麦克米伦出版了《重建：对一种国家性政策的要求》一书，提出实行国家对经济与社会生活的干预，主张建立一种混合型经济。1938 年，麦克米伦的《中间道路》一书出版，这标志着他的“第三条道路”思想的基本形成。

麦克米伦指出，英国正面临着因经济衰退所带来的社会问题的严重威胁，但是，英国的政治家们太迷恋于自由资本主义与“社会主义”道路之争，而没有认识到这些社会问题的严重性。有鉴于此，麦克米伦提出，在英国必须避开两条道路之争，通过实行混合经济政策，实现充分就业，实行社会改革，建立有效的社会保障制度，确保为每一个公民“提供一种不低于最低生活标准的生活水平”。为实现这一目标，麦克米伦主张制定最低工资法，实行儿童补贴以及国家营养标准，甚至主张由国家对有需要者提供住房、生活用电与燃料。他认为，这种对基本生活水平的保障是整个社会保障制度的首要一步。

---

① Vic George. *Modern Thinkers on welfare*. London，1995：49-50.

麦克米伦主张必须实施国家性社会政策，但他并没有否定私人与志愿性社会保障的作用。他指出，既然国家应该充分发挥其对经济的干预职能，以实现充分就业与最低生活标准，那么，社会也就没有理由不依靠私人与志愿性社会保障。可见，麦克米伦虽然主张社会保障制度领域中的国家控制，但他并不主张国家对社会与经济生活中的一切方面实行控制。①

英国早期“第三条道路”社会福利思想，对 20 世纪初期英国社会保障制度的产生和发展具有一定影响，但是这种影响在当时还十分有限。

二、“第三条道路”出现的背景与特征

1.“第三条道路”兴起的背景

首先，“第三条道路”是第二次世界大战后西方资本主义经济社会政策发展变化的直接产物。第二次世界大战后，长期执政的西欧各国右翼政党大都推行自由主义经济政策，这种政策虽然使经济效率得到较大幅度提高，却造成严重的失业、通货膨胀与社会不公等问题。凯恩斯学派经济政策和福利国家相关制度难以为继，凯恩斯主义和新保守主义在一些主要方面也开始出现从对立逐渐走向趋同，成为西方各国经济社会政策的理论来源。

冷战结束后，资本主义与社会主义对峙局面似乎“消失”，但全球经济竞争却不断加剧；高科技产业异军突起，传统产业却每况愈下，失业工人急剧增加，政府财政压力不断加重，由此引发西方福利国家的合法性危机。人们对社会福利应包括内容的争议愈来愈大，社会福利政策受到越来越多的质疑与抨击，从而引起对以往社会政策的重新审视，并希望从中找到新的政策选择。英国“第三条道路”政治家布莱尔就指出，“第三条道路”是一次认真的再评价，它“既不是放任自流，也不是僵化的国家干预主义”，而是对传统的社会民主主义和新保守主义的新自由主义遗产的折中继承。②

其次，20 世纪后期，西方社会结构和政治结构的变化对“第三条道路”的兴起产生了重要影响。20 世纪 70 年代以后的西方资本主义国家中，强调通过集体斗争、捍卫自身利益的传统工人阶级的数量正在减少，而强调社会稳定、和谐发展的中产阶级数量快速增长，并在西方经济与政治生活中扮演着举足轻重的角色，他们对传统的极端政治表示不满。这样，西方国家的各种政治派别必须调整自己的理论和政策，以吸引中产阶级的兴趣和支持。“第三条道路”正是西方社会阶级结构与政治结构新变化的产物。

最后，国际局势的变化也对“第三条道路”的兴起与发展产生了一定的影响。全球化进程的加速带来诸如生态环境、饥饿与贫困、国际恐怖主义、大规模移民与难民潮、

---

① Vic George. *Modern Thinkers on welfare*. London，1995：62.

② 周弘、沈雁南：《2000～2001 年欧洲发展报告》，社会科学文献出版社 2001 年版，第 63 页。

国际金融危机等严重问题。这些问题的解决需要新的思路与理论，新的政策与措施，传统的极端主义理论政策难以应对和解决新的带有国际性的社会问题，这就促使西方国家探索新的道路即“第三条道路”。[①]

2. “第三条道路”思想的基本特点

“第三条道路”的内容丰富而又复杂，但其基本特征是适应西方经济与社会的变化，避免传统的左翼（即社会民主主义）与右翼（即新保守主义）的极端化，寻求一种中间道路，为各种社会改革提供新的理论支持与道路选择。具体地说，“第三条道路”的主要特点表现在以下几个方面。

第一，打破传统的左右两极化政治思维方式，确立团结各种政治力量的政治理念。传统的左翼和右翼势力的政治基础，都是较为固定的几种政治力量，这种状况与当代政治生活中左翼和右翼界限的日益模糊愈发不合。新的时代要求各种政治力量必须顺应社会结构和阶级结构的变化，摒弃传统的极端化政治理念，增强政策的包容性，反映更多利益集团的要求，获得更广泛的社会支持。

第二，建立合作包容型的社会关系。“第三条道路”的倡导者希望在不牺牲社会团结和公正的前提下，谋求经济可持续发展，建立一个多样化、包容性的社会。在尊重个人价值的基础上，培养社会性认同意识。布莱尔就提出：“激发国家精神，把人民凝聚在一起，重建符合一个国家要求的核心的共同目标是我们的使命。”[②]

第三，建立新型“混合经济”模式，谋求生态平衡与经济增长协调发展。“第三条道路”所倡导的经济模式既非自由放任主义，亦非国家干涉主义，而是兼有两者优势的“混合经济”模式，这种模式还能够实现经济增长与生态环境的协调。吉登斯指出，“第三条道路”所提倡的“混合经济”与过去的“混合经济”的区别在于，前者不是努力去实现国有企业与私人企业之间的平衡，而是实现经济生活和非经济生活的平衡，使国家的必要干预职能和市场、社会的积极性结合起来，衡量经济发展的标准是看经济发展产生的社会后果。

第四，改革福利制度，建立积极的福利国家。“第三条道路”的倡导者们既承认福利国家存在的种种弊病，又反对完全剔除福利国家，他们采取一种折中态度，主张建立一种能照顾到各阶层利益的福利制度，这种福利制度要确立“无责任即无权利”原则，强调个人责任与社会责任的协调。

第五，由管理型政府向治理型政府转变。“第三条道路”的倡导者们提出要在实践上避免国家与市民社会之间的“二元对立”，建立政府与市民社会之间的合作互动关系，改革中央与地方关系，协调和促进政府、市民和社会组织之间的伙伴关系。主张“少一些管理，多一些治理”，政府要成为社会行动的牵头人而不是包办人。

---

① 杨雪东、薛晓源：《“第三条道路”与新的理论》，社会科学文献出版社 2000 年版，第 6 页。

② 杨雪东、薛晓源：《“第三条道路”与新的理论》，社会科学文献出版社 2000 年版，第 10 页。

三、“第三条道路”的不同模式

1.“第三条道路”的不同模式概述

由于各国政治、经济与社会背景不同，“第三条道路”主张被接受并付诸实施的程度就有所不同，“第三条道路”具体运作方式、实际运作效果与发展前景也存在一定的不同，从而形成所谓的“第三条道路”的不同模式。德国社会民主党理论家迈尔指出，如同20世纪资本主义在欧洲分化成盎格鲁-撒克逊模式和莱茵模式一样，“第三条道路”由于不同的政治文化和社会经验，现在形成的不是一条“第三条道路”，而是若干条“第三条道路”。布莱尔也指出，“第三条道路”实际上并没有唯一的蓝图。

按照不同的标准可以把“第三条道路”划分为不同的模式。有人认为，“第三条道路”存在英国、美国和欧洲大陆三种模式；有人则认为，“第三条道路”可以划分为美国、英国、德国和荷兰四种类型；还有人将“第三条道路”划分为英国以市场为导向的“第三条道路”，法国国家主义的“第三条道路”，斯堪的纳维亚国家的福利改革道路与荷兰的市场道路等。笔者在此仅对美国和法国的“第三条道路”的国别特色做简要阐述，其他主要国家或主要理论家的“第三条道路”主张将做专题阐述。

2. 当代美国的“第三条道路”

美国长期以来就存在着“大政府”与“小政府”、市场机制与干预机制的争论，但无论哪一种单一的政治、经济主张，都未能很好地解决美国的社会问题。克林顿上台以后，跳出长期极端化思想与政策的争论，不再争论政府大小而力求提高政府效率，不再强求政府应该做什么而着眼于政府怎么做，不再纠缠政府征税多少，而讲究适当征税、花钱得体，不再辩论政府办事的动机而看重政府办事的后果。① 克林顿指出：“我们的政策既不是随便的，也不是保守的；既不是共和党的，也不是民主党的。我们的政策是新的，是与以往不同的”，“是介于自由放任资本主义和福利国家之间的第三条道路”。②

美国学者凯恩教授指出：“美国的社会保护制度是一种公共和私人制度安排的混合体。福利社会改革最有希望的方向是采取一种能够把不同的社会生活方面整合到一种新的、富有成效的相互关系中去（建立社会政策支柱的方法）的政策，这是向福利社会转变的观念基础。将社会政策中统治式和支柱式的方法整合起来，正是第三条道路要摸索完成的任务，也是美国民主党所要完成的任务。”③

---

① 奥斯本、盖布勒：《改革政府：企业精神如何改革着公营部门》，上海市政协编译组、东方编译所编译，上海译文出版社1996年版，译者序第4页。

② 傅殷才、文建东：《凯恩斯主义复兴与克林顿经济学》，载《武汉大学学报（人文科学版）》1994年第1期。

③ 陶正付：《“21世纪的挑战与第三条道路”国际研讨会综述》，载《国外社会科学》2001年第1期。

美国前总统小布什同样在“第三条道路”上向前迈进。他提出制定社会保障改革方案时必须坚持的六条原则：① 制度变革不能改变退休或行将退休人员的给付水平；② 全部社会保障盈余不能挪作他用；③ 不能提高社会保障税；④ 政府不能将社会保障基金投入股市；⑤ 新制度必须保留伤残和遗属保障项目；⑥ 新制度应包括个人控制的、自愿的个人退休金账户，以便增大社会保障安全网。[①] 显然，小布什力图做到既不损害公众的利益，又不增加国家财政负担；既要提高效率，又力求公平。这正是“第三条道路”的基本特色。

3. 当代法国的“第三条道路”

法国左翼政府以“要市场经济，不要市场社会”为执政的基本理念。若斯潘认为，社会发展道路是各式各样的，没有必要去深究这些方式的属性，为解决就业、产品竞争力、经济增长等问题，政府应当放开企业资本，甚至实行私有化。但在出售国有企业股权时，法国政府尽量避免使用“私有化”而以“开放资本”表述其政策。

在社会福利方面。法国政府注意发挥国家的主导作用，处理好财富的生产与分配之间的关系，在坚持福利国家基本原则的同时，将国家干预和社会责任协调起来。若斯潘政府推行“年轻人就业计划”，同时在制定其他社会政策方面尽量考虑到贫困阶层的利益，减少社会不公平。

若斯潘的“第三条道路”政策并未获得广泛的社会认同，法国著名政治理论家本沙德就指出：“布莱尔唱出了‘激进中派’的调子。当时还是意大利总理的普罗迪谈到了‘世界性的橄榄树联盟’。克林顿则兴高采烈地注意到第三条道路正在成为一种全球的现象。在所有这种征服现代性的氛围中，法国的若斯潘政府则显得有点落伍了。”[②]

法国左翼政党在2002年大选中失败后，对若斯潘“第三条道路”的批评更加尖锐。有些学者指出：“若斯潘执政期间在私有化、社会福利、失业政策等问题上处处向新自由主义妥协，在有关劳资双方利益的政策上表现得进退失据，给人以勉力维持现状、不顾选民意愿的印象。”法国人甚至认为，左翼政党落选实质上是其所奉行的“第三条道路”政策的全面失败。[③]

4. 当代德国的“第三条道路”

施罗德是当代西方“第三条道路”理论的支持者和实践者，在吸收西方各国“第三条道路”思想和主张的基础上，施罗德逐步形成自己的“第三条道路”主张，其主要内容可以概括为以下几个方面。

---

① 李珍、刘子兰：《小布什社会保障改革思路评析》，载《经济学动态》2002年第7期。

② 杨雪东、薛晓源：《“第三条道路”与新的理论》，社会科学文献出版社2000年版，第143页。

③ 周穗明：《全球化、“第三条道路”与2002年法国大选——当前西方政治右倾化走向分析》，载《国际经济评论》2002年第4期。

第一，提倡左右道路之间的妥协。早在1995年夏天，施罗德作为社会民主党经济问题的发言人时就曾经指出："不必对社民党的和保守派的经济政策加以区分，而是要对现代的和非现代的经济政策作出区分。"[①] 后来施罗德又指出："长期以来引起人们愤怒的不是什么左的或右的经济政策，而只能是正确的或错误的经济政策。"[②]

第二，强调社会保障制度改革的必要性。施罗德认为，战后社会民主党的理论和实践模式正面临严重危机，不重新考虑既得的社会福利，就不能推行现代化的社会政策。对社会保障体制进行结构改革尤为重要。他指出："必须保持最低的福利标准"，"关于目前的养老金水平是否必须保持不变，我表示怀疑"。他认为退休制度和老龄化问题已经严重地威胁着现行以再分配为主要特征的养老金制度，提出要采用资本化的养老基金制度取代现行再分配性的养老金制度。[③] 2003年2月，施罗德更加明确地指出："只有加快改革进程，才能长久地保持德国的福利制度，才能使德国不落后于国际社会。"[④]

第三，强调社会保障制度中的个人责任。施罗德指出，目前正是社会民主党制定一个"社会方案"的时候，我们要解决这些问题：在未来如何实现公正、参与、互助和创新；如何塑造一个值得人们在其中生活的社会，不排斥任何人并且使所有的人最好地发挥自己的能力。现代公民社会的核心在于实现更多的以公益为目标的自我负责。必须把个人与社会的价值和目标结合起来。[⑤] 施罗德认为："当代社会民主主义者要把社会保障网从一种权利变为通向自我负责的跳板。"[⑥]

第四，强调社会公正。施罗德指出："我们要填平我们社会中的社会鸿沟……我们要所有的人都有工作并过上富裕的生活。我们把自己看成是强者和弱者团结互助的共同体。"[⑦] 施罗德进一步阐述了社会公正在当代社会的地位，他指出："正因为实现和维护全面的社会公正始终是社会民主党政策的最高目的，因此我们再也不能仅仅停留在分配的公正上。在知识和信息社会里起决定作用的，首先是实现机会公正。"[⑧]

---

① 张慧君：《施罗德与新自由主义》，载《国外理论动态》1999年第6期。

② 王宏伟：《浅析施罗德的"新中派政策"》，载《电子科技大学学报（社科版）》2000年第3期。

③ 张慧君：《施罗德与新自由主义》，载《国外理论动态》1999年第6期。

④ 郭小沙：《看施罗德如何走出"地雷阵"——解读3月14日德国政府声明》，载《德国研究》2003年第2期。

⑤ 殷叙彝：《施罗德、吉登斯谈公民社会与国家的互动关系》，载《国外理论动态》2000年第11期。

⑥ 殷桐生：《施罗德的"新中派"经济政策》，载《国际论坛》2001年第4期。

⑦ 王宏伟：《浅析施罗德的"新中派政策"》，载《电子科技大学学报（社科版）》2000年第3期。

⑧ 殷叙彝：《施罗德、吉登斯谈公民社会与国家的互动关系》，载《国外理论动态》2000年第11期。

第三节　吉登斯的社会福利思想

一、超越左派和右派

安东尼·吉登斯（Anthony Giddens，1938—　）是当代英国著名的社会学家，他的学术著作《社会的构成》《现代性的后果》《超越左和右》《第三条道路：社会民主主义的复兴》等，在西方社会产生了深刻影响。

20 世纪末以来，随着英国社会经济的发展变化，英国社会保障制度改革再次面临重要的道路选择，传统的左派社会民主主义道路与右派资本主义道路，在改革实践中已被证实都难以独立成为英国社会保障制度的道路选择。于是，从 20 世纪 30 年代开始出现的中间道路社会福利思想重新受到关注，并逐渐成为影响英国社会保障制度改革的主要思想。其中，吉登斯成为英国新时期中间道路社会福利思想的主要代表。

吉登斯分析了传统左派和右派社会福利思想的分歧。他指出，左派社会福利理论十分强调国家的责任与作用，相对忽略个人的责任，认为国家福利在救助贫困家庭方面发挥着重要作用，国家对家庭生活的介入不仅必要而且应该鼓励，英国社会福利未来的发展应该不断增加政府用于社会福利方面的支出，各种志愿组织在社会福利中所发挥的作用，根本无法与接受国家拨款的社会服务组织相比。社会福利的目标应该是追求最大的平等，实现这种平等的主要手段是诸如累进税制度这样的制度或政策。

右派则主张尽可能限制国家在社会福利中的作用，推行市场经济原则。吉登斯指出，对福利国家的反对是右派福利观的最显著特征，它把福利国家看成一切罪恶的源泉，认为社会福利不应当被理解为国家的救济，而应当被理解为最大化的经济增长以及由此而带来的总体财富，实现这一切的唯一办法是遵循市场经济原则。英国社会福利制度未来的发展不应该是扩大福利安全网，而应该是缩小社会保障网。[①]

在分析和概括左右两派社会福利思想分歧的基础上，吉登斯提出一种介乎左右两派社会福利道路之间的中间道路主张，即“第三条道路”。

二、积极社会福利主张

1. “无责任即无权利”的思想

吉登斯提出了“无责任即无权利”的思想。他指出，政府对其公民负有一系列的责任，但是，传统左派往往倾向于将权利作为不附带任何条件的种种要求。个人主义不断

① 吉登斯：《第三条道路：社会民主主义的复兴》，郑戈译，北京大学出版社 2000 年版，第 49 页。

扩张的同时，个人义务也应该不断延伸，领取失业救济的人应当履行主动寻找工作的义务，能否确保各种福利制度不会阻碍主动谋职行为则取决于政府。作为一项伦理原则，无责任即无权利必须不仅仅适用于福利制度的受益者，也应该适用于每一个人。我们不应该把福利国家的改革简单地理解为营造一张安全大网，只有造福于大多数人的福利制度才能产生出一种公民的共同道德。如果福利只具有一种消极内涵，并主要面向穷人，它就必然导致社会分化。

吉登斯指出，"第三条道路"应当接受右派对福利国家提出的某些批评。现在，这种依赖于自上而下的福利分配制度从根本上说是很不民主的，它的主要动机是保护和照顾，但是，它没有给个人自由留下足够的空间，某些类型的福利机构是官僚化和没有效率的，有可能导致违背福利制度最初设计者的愿望。不过，吉登斯明确指出，"第三条道路"并不把这些问题看成应该剔除福利国家的信号，而是把它们视为重建福利国家的理由。①

2. "积极福利"主张

吉登斯提出了"积极福利"的主张。他指出，福利制度一经建立，便形成一套具有自身逻辑的自主系统，而不管能否达到设计者所期望的目标，这样，人们的预期就被锁定，相关的利益集团就得到保护，这些制度性问题的积累本身就是需要进行改革的一种征兆，而正是因为存在着一种由福利系统本身创造出来的并且受其保护的利益集团，福利制度改革不是那么容易实现。但是，为福利国家制定一项激进的改革纲领却是可以做到的。

吉登斯指出，福利改革应该注意的有：有效的风险管理并不意味着减小风险或者保护人们免受风险影响，它还意味着利用风险的积极的一面，并为风险承担提供必要的资源，这种风险承担往往对个人和社会都是有利的。吉登斯进一步指出，我们应当倡导一种积极的福利，公民个人以及政府以外的其他机构从来都不足以创造出幸福。这不仅意味着种种其他情景和影响产生了福利，而且表明，福利制度还必须在关注经济利益的同时关注心理利益的培育。②

3. "社会投资国家"

吉登斯提出了"社会投资国家"的概念。吉登斯指出，为了取代福利国家这个概念，我们应当提出社会投资国家这个概念。这个概念适用于推行积极福利政策的社会。社会投资国家具有以下特点。

首先，在社会投资国家中，作为积极福利的福利开支不再完全由政府来创造和分配，而是由政府和其他各种机构包括企业之间共同合作来提供，福利社会不仅仅是国家，还延伸到国家之上和国家之下。

---

① 吉登斯：《第三条道路：社会民主主义的复兴》，郑戈译，北京大学出版社2000年版，第117页。

② 吉登斯：《第三条道路：社会民主主义的复兴》，郑戈译，北京大学出版社2000年版，第132页。

其次，在社会投资型国家中，个人与政府之间的关系发生了转变：自主与自我发展将成为重中之重，社会福利制度不仅关注富人更关注穷人。

再次，在社会投资国家中，自上而下分配福利资金的做法应当让位于更加地方化的分配体制。从更一般的意义上讲，福利供给的重组应当与积极发展公民社会结合起来。

最后，在社会投资国家中，社会保障观念要发生积极的变化。在养老金制度方面，我们应当逐步废除固定的退休年龄，把老年人视为一种资源而不是一种负担，退休年龄和养老金领取者等都是福利国家发明的，这些概念不仅与新的老龄化现实难以一致，而且明显地体现出依赖福利的色彩。在失业问题方面，失业福利支出应当维持适当的标准，并且主要用于人力资源的投资方面。[①]

吉登斯的"第三条道路"社会福利主张，对英国新工党政府的社会保障政策与改革产生了直接的影响。英国工党政治领袖布莱尔的社会福利主张鲜明体现出吉登斯社会福利思想的影响。布莱尔在《新英国：我对一个年轻国家的展望》中提出的"第二代福利"思想，是新工党政府社会保障政策与改革的思想基础，其主要主张与吉登斯的"无责任即无权利"主张、"积极福利"主张及"社会投资国家"概念基本吻合。

第四节　布莱尔的社会福利思想

一、"第二代福利"思想

1. "第三条道路"的基本主张与布莱尔主义

布莱尔（Tony Blair，1953—　）是英国工党的前领袖、前首相，也是当代"第三条道路"思想家与政治家，他的主要思想集中反映在《新英国：我对一个年轻国家的展望》一书中。布莱尔在这部工党的施政宣言中提出了"新工党""新英国""新经济""新型民族国家"的口号。在经济上，布莱尔主张公有制与私有化的有机结合，扩大国内工业投资，发展高新技术产业，适应经济全球化；在政治上，他强调在维护国家统一基础上扩大民族自治权，改革政府机构，提高行政效率；在社会政策上，他强调个人、社会和国家共同的责任感，主张建立社会公正，强调社会各阶层利益的相关性，主张改革社会保障制度。布莱尔的这种思想主张被称为"布莱尔主义"。

2. "第二代福利"思想

社会保障制度改革的问题依然是英国工党面临的重要问题。英国工党清醒地认识到社会保障制度方面存在的问题，布莱尔指出："50 年前的福利国家无法满足今天的福利需求。我们面临一些非常困难的抉择——譬如养老金、子女补助、健康和教育。我们必

---

① 吉登斯：《第三条道路：社会民主主义的复兴》，郑戈译，北京大学出版社 2000 年版，第 122-132 页。

须显示我们处理和重新思索这些问题的勇气，以使福利制度能真正改善人民的生活，而不是加重人民的依赖性。”① 布莱尔指出，英国的社会保障制度自 1945 年以来发挥了很大的作用，但是，这种社会保障制度现在却面临困境，它没能有效地缓解贫困，没能帮助贫困者尽快走向独立，也没有实现它最初出现时的原则。

布莱尔指出，自《贝弗里奇报告》发表以来，英国社会现实发生了很大的变化，社会保障制度理应进行改革。“世界变化了，福利国家也应随之改变。”“救济受益者需要并应该得到更好——而不是更多的救济，从而有助于摆脱对这些救济的依赖。福利应是指在这个变化着的世界中的机会和安全。它帮助人民继续前进和奋发向上。”②

为此，布莱尔提出了所谓的“第二代福利”的观点，他指出：“我想要建立第二代福利。”这种社会福利制度具有以下特点。

第一，第二代福利是要给人以扶持，而不仅仅是施舍。它意味着多种服务，而不仅仅是现金。它包括：子女抚养和子女补贴，培训和失业救济金，老年人赡养和养老金。福利应成为成功的跳板，而不是缓解措施失败后的安全网。它应当创造稳定，使家庭和社会团体能够应付这个变化的世界。

第二，第二代福利能够适应家庭生活方式的改变。在这种家庭生活里，工作和照料孩子是共同承担的，而且退休时间长达二三十年。社会福利必须使这种改变朝好的方向发展，用安全感来替代恐惧感。

第三，第二代福利承认，公民身份是建立在权利和义务的基础上的。

第四，第二代福利不会通过高高在上的政府来发号施令，而是鼓励地方决策，鼓励公共或私人开展合作，鼓励地方人民的革新措施。

总之，第二代福利是要消除英国中等收入阶层的不安全感和低等收入阶层的贫困。③

可见，布莱尔在社会保障制度方面的基本主张是实现社会保障的有效性。其办法不是通过社会保障津贴的无限制增加，而是通过个人与社会责任相结合；不是通过减少社会保障项目，而是通过提高社会保障制度的实际效果。

二、社会福利基本主张

1. 关于社会问题的基本主张

布莱尔还就英国社会保障制度的具体项目提出了自己的观点。关于养老金问题，布莱尔指出：“我们的首要任务一直是，而且仍然是消除养老金领取者的贫穷。我们理所当然地不赞成对基本养老金进行经济情况调查，而且会继续这样做下去。我们一直相

① 布莱尔：《新英国：我对一个年轻国家的展望》，曹振寰等译，世界知识出版社 1998 年版，第 167 页。

② 布莱尔：《新英国：我对一个年轻国家的展望》，曹振寰等译，世界知识出版社 1998 年版，第 55 页。

③ 布莱尔：《新英国：我对一个年轻国家的展望》，曹振寰等译，世界知识出版社 1998 年版，第 168-169 页。

言，基本养老金是所有人退休后继续发展的基础。工党有义务建立一个面向所有人的国家基本养老金。”[①]

布莱尔政府意识到国家养老金的全面增长并不一定是解决养老问题的最好办法，它可能存在两大问题：第一，这种做法可能是无效的，因为养老金增长的同时，收入补贴会减少，增减相抵后养老金的增长对最贫穷的养老金领取者来说作用不大。第二，国家养老金的全面增长需要很高的费用，这是政府难以解决的。

针对英国各种各样的养老金改革建议，布莱尔指出，关于设立一笔养老保证金，以便在可控制的费用下提供较高养老金的建议，这的确是一种办法，但是，必须证明它是否行之有效，然后才能决定是否推行这一办法。他本人还建议将与收入相联系的国家养老金制度的适用范围扩大到所有的人。

在失业问题上，布莱尔指出，为了从根本上解决失业问题，仅仅对失业者提供救济是十分不够的，还必须采取下列措施：① 为年轻失业者提供教育、就业和社区措施，通过议会立法来减少年轻人失业；② 通过福利改革为失业家庭提供希望，这些家庭都陷入了为不复存在的旧劳动市场和家庭结构而设计的福利制度的陷阱之中；③ 为那些需要就业咨询、儿童看护和培训的单亲家庭提供职业、教育和培训计划；④ 逐步发放地方政府掌管的资金以提供就业。[②]

关于最低工资问题，布莱尔认为：全国性最低工资制当然应该成为如今劳动力市场中一条至关重要的规定。有了最低工资，纳税人就不用再通过家庭信贷的方式对低工资实行补贴；最低工资还能减少雇员跳槽，促进培训投资，并有助于激发雇员的积极性。工党应该把建立最低工资制度作为自己的目标。[③]

关于国民保健服务，布莱尔指出，国民保健服务制度应该是一种真正为全体国民的健康负责的制度。其基本宗旨应该为：① 国民保健服务制度应该能够确保国民的身体健康；② 国民保健服务制度应该改革而不是推翻；③ 努力做到国民保健服务资源的有效利用，避免浪费与无效；④ 国民保健服务制度必须适应时代的变化而不断改进；⑤ 国民保健服务制度必须能为所有患者提供便利的医疗保健服务。[④]

2. 社会福利改革的政策主张

在布莱尔第二代福利思想的影响下，英国工党政府于 1998 年发布了《我们国家的新动力：新的社会契约》的绿皮书，系统阐述了工党政府的社会保障政策与改革原则。

---

① 布莱尔：《新英国：我对一个年轻国家的展望》，曹振寰等译，世界知识出版社 1998 年版，第 170-171 页。

② 布莱尔：《新英国：我对一个年轻国家的展望》，曹振寰等译，世界知识出版社 1998 年版，第 349 页。

③ 布莱尔：《新英国：我对一个年轻国家的展望》，曹振寰等译，世界知识出版社 1998 年版，第 159 页。

④ 布莱尔：《新英国：我对一个年轻国家的展望》，曹振寰等译，世界知识出版社 1998 年版，第 208 页。

第一，强调以工作代替福利，减少社会福利支出，增加教育和培训支出，为更多的人从领取福利转变为从事工作提供条件。绿皮书指出，向人们提供有工资的工作，而不是提供可能增加依赖性的社会福利，是改善低收入者状况的最好途径。应该大力发展教育和职业技术培训，改革英国税收制度和社会福利制度，增加用于教育、培训及其他促进就业方面的支出，减少用于提供直接的社会救济的支出。

第二，强调社会服务为主，现金福利为次；强调公民个人在社会保障制度中的责任，鼓励个人为自己的社会保障承担起更多的责任。绿皮书指出，英国通过为贫困人口以及贫困家庭提供各种社会服务，提高这些人群以及家庭的社会竞争意识和能力，以便他们能够尽可能实现自立。应该扩大用于社会服务方面的支出，尤其是用于儿童照顾、父母帮助、残疾人福利等方面的支出。[①]

第三，改革英国社会保障管理体制。绿皮书指出，公共福利机构与私营福利机构应该紧密合作，政府不应该垄断经营社会福利事业，应该鼓励和提倡私人养老金制度。政府在社会保障工作中的重心应该从发放福利逐步转变为向全体公民提供良好的公共服务，使社会保障制度真正体现出灵活性和高效性。应该加强对社会保障基金与津贴的监督与管理，防止社会保障津贴发放时的欺骗行为。[②]

布莱尔的第二代福利思想，对英国工党政府的社会福利政策和改革都产生了直接的影响。

思　考　题

1. 简述德国社会市场经济思想的产生及其基本主张。
2. 简述艾哈德的经济主张与社会保障思想。
3. 简述吉登斯“第三条道路”社会福利思想。
4. 简述布莱尔的第二代福利思想。
5. 简述“第三条道路”与当代西方社会保障制度改革道路选择。

---

① Page R. M. *British Social Welfare in the Twentieth Century*. Macmillan, 1999: 307.

② 王振华、刘绯、陈志瑞：《重塑英国：布莱尔主义与“第三条道路”》，中国社会科学出版社2000年版，第101页。

第九章　西方福利经济学的发展

福利经济学是西方社会福利思想发展过程中的重要内容之一。福利经济学具有悠久的思想理论渊源与社会历史背景。以庇古为代表的福利经济学家提出了基数效用理论、福利最大化理论以及收入分配均等化在实现福利最大化中的影响理论，标志着旧福利经济学的诞生；以帕累托等为代表的新福利经济学家提出了序数效用理论与帕累托最优状态、补偿原则理论与社会福利函数等重要学说，将福利经济学从旧福利经济学推向新福利经济学；以杜生贝和奥肯等为代表的福利经济学家提出了相对福利学说、次优理论以及平等与效率的关系理论，标志着现代福利经济学的兴起与发展。

第一节　旧福利经济学的出现

一、福利经济学及其出现

1. 福利经济学的特点

福利经济学是兴起于 19 世纪末 20 世纪初的一个西方经济学分支。与以前我们已经论述的各种思想流派尤其是经济学派别相比较，应该说福利经济学并不是一个严格意义上的学术派别，大部分被称为福利经济学家的经济学学者主要因为他们的经济思想中涉及有关社会福利的相关主张，而这些主张并不是像其他经济学派别的思想家的思想那样具有相当程度的一致性，事实上，被称为福利经济学家的学者们，其福利经济学思想往往存在很大的区别，即使是对同一个问题或者概念，在福利经济学家们的思想之中也会出现非常明显的差异。

福利经济学思想包含在各种经济学派别的对社会福利问题的不同理解与主张之中。正如美国当代著名经济思想史学家斯坦利 · L. 布鲁所指出的那样："福利经济学是经济分析的一个分支，它主要关注与发现最大化社会福利的原理。它并不是一个独特的、统一的思想体系。经济学本身经常被定义为研究社会如何选择使用其有限的资源来达到最大化满意程度。因此，几乎经济学家的每一个方面都包括福利经济学的内容。但是，有几位对经济学做出重要贡献的经济学家比其他经济学家更加关注于以下两个方面或其中之一：① 定义福利最大化并且分析如何达到最大化福利；② 确定阻碍实现最大化福利的因素并且建议去除阻碍因素的方式。因此，我们将这些个人称为福利经济学家。”①

2. 福利经济学出现的背景

在经济学领域中，有关社会福利的思想其实早已有之，但是，作为被学界公认的“福利经济学”则出现于19世纪末20世纪初。福利经济学之所以出现于19世纪末20世纪初，是与这一时期西方国家的社会历史环境密切相关的。

首先，19世纪末20世纪初，第二次技术革命的展开，极大地促进了西方社会经济的发展，西方国家的社会生产力大大提高，社会物质财富的积累也明显增加，于是，有关社会财富如何分配以更好地促进社会发展，使民众能够合理地分享日益增加的社会财富，成为备受思想界关注的问题。

其次，19世纪末20世纪初，各种社会问题开始逐渐严重。这些社会问题出现和加剧的原因以及社会问题的性质，与以前各个历史时期相比有了根本的不同。如果说以往各个历史时期的社会问题出现和加剧的主要原因是由于社会发展的相对落后造成的，那么，19世纪末20世纪初社会问题的出现与加剧则是社会高度发展过程中的伴生物，这些社会问题产生的原因都存在很大程度的客观性，它们与社会发展相伴而起，是社会发展过程中缺乏有效的社会调控的结果，这就需要思想界在关注社会财富增长的同时更加关注社会问题的解决。

最后，19世纪末20世纪初，各种社会思潮纷纷出现，其关注的焦点是如何在社会经济快速发展的过程中尽量预防或弱化社会问题。德国的新历史学派提出应该实行有效的政府干预，建立社会政策体制，实行政府强制型社会保障，实现社会问题的有效控制与解决；英国的激进自由主义同样强调政府应该实行对经济与社会生活的干预，以便合理解决社会问题；英国的费边社会主义也提出强化国家干预，实行有效的社会政策的主张。而新古典学派则坚持主张市场在经济与社会生活中的主导作用，同时主张社会财富应该通过比较合理的分配实现经济与社会的平衡发展。

正是在上述经济、社会与思想背景下，19世纪末20世纪初的一些经济学家开始关注经济生活中的社会福利问题，其所关注的主要内容为如何在经济发展过程中实现社会福利的最大化，于是，福利经济学便应运而生。

3. 福利经济学的思想渊源

福利经济学具有悠久的思想渊源，可以说，从近代西方经济学开始出现，福利经济学的一些主张也就包含在其中。一般认为，古典政治经济学是西方近代经济学的开端，因此，在古典政治经济学家的思想中，已经包含着福利经济学一些原始思想。在亚当·斯密、李嘉图与马尔萨斯的著作中，到处都包含着关于财富的来源与财富的增长途径的论述，还包含如何分配财富以实现财富增长的持续性与工资劳动者福利的不断改善的论述。亚当·斯密在其《道德情操论》中更加突出地论述了公共幸福高于个人幸福的思

① 斯坦利 ·L. 布鲁：《经济思想史（原书第 6 版）》，焦国华、韩红译，机械工业出版社 2003 年版，第 292 页。

想："天性也教导我们，由于两个人的幸福比一个人的更可取，所以许多人的或者一切人的幸福必然是无限重要的。我们自己只是一个人，所以，无论什么地方我们自己的幸福与整体的或者整体中某一重大部分的幸福不相一致时，应当——甚至由我们自己来作出选择的话也是这样——使个人的幸福服从于如此广泛地为人所看重的整体的幸福。"① 显然，古典政治经济学的一些思想是福利经济学的思想渊源之一。

19 世纪中期的功利主义对福利经济学的出现具有重要影响。功利主义的基本观点认为，人们总是趋利避害的，这就是功利；如何才能够更好地实现功利，必须遵守实现最大多数人的最大幸福的原则。显然，功利主义思想家的主张与福利经济学家所一直关心的社会福利的最大化具有密切的联系。边沁指出："不理解什么是个人利益，谈论共同体的利益便毫无意义。当一个事物倾向于增大一个人的快乐总和时，或同义地说倾向于减小其痛苦总和时，它就被说成促进了这个人的利益，或为了这个人的利益。（就整个共同体而言）当一项行动增大共同体幸福的倾向大于它减小这一幸福的倾向时，它就可以说是符合功利原理，或简言之，符合功利。"② 可见，功利主义思想成为福利经济学的又一思想渊源。

二、福利经济学的先驱

1. 杰文斯的边际效用理论

威廉·斯坦利·杰文斯（William Stanley Jevons，1835—1882）是 19 世纪末英国著名经济学家，也是福利经济学的先驱之一，他的主要经济学思想包含在《政治经济学理论》一书之中。

杰文斯首先论述了效用问题。他认为，不是劳动决定商品的价值，而是效用决定商品的价值，从而提出了关于效用的理论。杰文斯对自己的这种观点非常重视，以至于在《政治经济学理论》一书的正文第一页就明确提出了上述观点。他指出："反复的思考与研究，使我得到一种颇有几分新奇的意见。即：价值完全定于效用。流行的意见，认价值的起源是劳动，不是效用；甚至有人断然说劳动是价值的原因。反之，我却要说明，我们只须细心探索出效用变化——定于我们所有的商品量——的自然法则，关于交换，即可希望得到满意的理论。普遍的供求律是这个理论的一个必然的结果罢了。这个理论是和事实调和的；即令表面上有相信劳动是价值原因的理由，这种理由亦不是不能解释。劳动常决定价值，但只间接地决定价值；那便是增加或限制供给，以变化商品的效用程度。"③ 杰文斯接着讨论了效用的定义。他指出，所谓效用就是一种物品作为一种商品能够为人们提供的服务，即"效用是物品依某种方法服务于人类的能力"；凡是能够

---

① 亚当·斯密：《道德情操论》，蒋自强、钦北愚、朱钟棣等译，商务印书馆 1997 年版，第 360-361 页。

② 边沁：《道德与立法原理导论》，时殷弘译，商务印书馆 2000 年版，第 58-59 页。

③ 斯坦利·杰文斯：《政治经济学理论》，郭大力译，商务印书馆 1984 年版，第 29 页。

引起快乐或者避免痛苦的东西，都可以有效用。[1]

杰文斯对效用的计量进行了论述，提出了边际效用递减的思想。他指出，效用是由一个人的幸福的增加来计量的，或者说，效用即是一个人的幸福的增加。当所引起的感情有正面的余额时，效用就是指这种余额的总和，即所产生的快乐与所预防的痛苦的总和。杰文斯指出，除了在最后加量已被消费或次一加量将被消费时，我们通常是不要考虑效用程度的。所以，我们通常用“最后效用程度”一词来表示现有商品量中那极小的或无限小的最后加量或次一可能加量的效用程度。杰文斯还指出，效用程度是经济问题上最重要的点。“我们可定一般法则曰：效用程度随商品量而变化，其量增加，其效用程度结局会减少。”[2]

杰文斯还对效用进行了更深层次的论述，这就是有关反效用与等效用的思想。他指出：“效用是快乐的生产，或在快乐与痛苦的权衡中有正面的余额；同样，反效用则是痛苦的生产，或在快乐与痛苦的权衡中有反面的余额。”杰文斯认为，商品并不总是仅有效用，还有反效用，因此，不仅应该研究效用，还应该探究反效用。杰文斯同时指出：“负效用和无效用是有别的。”杰文斯还指出，当一种商品具有多种用途的时候，就可以用这种商品的用途的分配方法来衡量其效用。他提出了相等效用思想。他举例指出，假设 S 是某种商品的全部存量，这种商品有两种用途，该商品用于两种不同用途上的数量分别用 x_1 与 y_1 来代表，则 $S=x_1+y_1$。假设某人继续以小量消费这种商品，人们总是会选择在当时具有最大利益分配方法，而在现有的分配方法他依然觉得满意时，可以推知，分配方法的改变不能给他提供更多的快乐。也就是说，“商品的一个加量在这二种用途上会提供恰好相等的效用”。这就是杰文斯的效用相等理论。[3]

尽管并非所有的学者都赞同杰文斯有关边际效用的基本概念，杰文斯的边际效用理论还是为福利经济学奠定了基础，并为以后关于边际效用的讨论提供了论题。

2. 马歇尔的“消费者剩余”思想

阿尔弗雷德·马歇尔是英国著名经济学家，新古典学派的创始人。他一生写下大量经济学方面的著作，主要的有《经济学原理》（1890）、《工业经济学》（1892）、《工业与贸易》（1919）、《货币、信用与商业》（1923）等。其中，《经济学原理》是其最具影响力的经济学著作，马歇尔关于福利经济学的基本思想主要体现在这部著作之中。

马歇尔首先论述了效用递减的规律。与杰文斯不同的是，马歇尔使用人对某种商品的购买欲望来解释所谓的边际效用。他写道：“一物对任何人的全部效用（即此物给他的全部愉快或其他利益），每随着他对此物所有量的增加而增加，但不及所有量的增加那样快。”马歇尔对此进一步做出解释。他说，在某人要买进一件东西时，他刚刚被吸引购买的那一部分可以被称为此人的边际购买量，因为是否值得花钱购买它，他还处于犹豫不决的边缘。他的边际购买量的效用，可以称为此物对他的边际效用。马歇尔指出，如果上述概念成立的话，就可以得出这样的结论：“一物对任何人的边际效用，是

① 斯坦利·杰文斯：《政治经济学理论》，郭大力译，商务印书馆 1984 年版，第 51 页。
② 斯坦利·杰文斯：《政治经济学理论》，郭大力译，商务印书馆 1984 年版，第 61 页。
③ 斯坦利·杰文斯：《政治经济学理论》，郭大力译，商务印书馆 1984 年版，第 63-65 页。

随着他已有此物数量的每一次增加而递减。”① 这就是马歇尔提出的著名的边际效用递减律。

马歇尔认为，边际效用是可以用货币衡量的。他指出：如果我们希望能够比较物质满足感，我们不能直接进行比较，而只能间接地通过他们的行为动机来进行比较。如果获得两种快乐中的任意一种的渴望，使得人们在两个类似的环境下，都仅做了 1 小时的额外工作，或者使得人们在两种相同的生活水平下、使用两种相同的方法都支付了 1 先令，那么，我们可以说这两种快乐对于我们来说是一样的。因为在类似的环境下，人们为获得它们而行动的强烈动机是一样的。② 马歇尔进一步指出，如果可以用货币来衡量边际效用，那么，我们就可以看到，到目前为止，经济学所涉及的事情的较大数量对所有不同的社会阶层的影响比例基本上是相同的。来自两件事情的幸福用货币来衡量是相等的就是合理的，也是合乎习惯的。无偏见地从西方世界的任意两个部分中抽取任意两大组人群，由于货币投入会以相同的比例趋向于更高的生活效用，所以它们物质资源的同等的增加将会带来同等的生活的富足程度的增加以及人类的进步，看起来就是可能的。③

马歇尔提出了福利经济学中的另一个重要概念，这就是“消费者剩余”的概念。他对消费者剩余做出这样的定义：“一个人对一物所付的价格，决不会超过、而且也很少达到他宁愿支付而不愿得不到此物的价格：因此，他从购买此物所得到的满足，通常超过他因付出此物的代价而放弃的满足；这样，他就从这购买中得到一种满足的剩余。他宁愿付出而不愿得不到此物的价格，超过他实际付出的价格的部分，是这种剩余满足的经济衡量。这个部分可以称为消费者剩余。”④ 实际上，消费者剩余就是某种商品的总效用与边际效用差额。消费者剩余思想是马歇尔福利经济学思想的另一重要内容。

与此同时，马歇尔还论述了消费者剩余与市场的关系，并得出这样的结论：“当我们考虑大多数人的平均数时，个人性格上的差别可以不加过问；如果这大多数人包括相同比重的富人和穷人在内，则价格就变成对效用的一种正确的衡量。”⑤ 马歇尔提出的消费者剩余思想成为后来的庇古创立福利经济学的重要理论依据之一。

三、庇古的福利经济学思想

1. 福利的定义

庇古是英国著名经济学家，福利经济学的创始人。其主要著作有《产业和平的原理与方法》(1905)、《财富与福利》(1912)、《福利经济学》(1920)、《工业波动》(1927)、《公共财政研究》(1928)、《失业论》(1933)、《停滞状态经济学》(1935)，以及《社会

① 马歇尔：《经济学原理（上卷）》，朱志泰译，商务印书馆 1964 年版，第 112-113 页。
② 马歇尔：《经济学原理（上卷）》，朱志泰译，商务印书馆 1964 年版，第 15-16 页。
③ 马歇尔：《经济学原理（上卷）》，朱志泰译，商务印书馆 1964 年版，第 20 页。
④ 马歇尔：《经济学原理（上卷）》，朱志泰译，商务印书馆 1964 年版，第 142 页。
⑤ 马歇尔：《经济学原理（上卷）》，朱志泰译，商务印书馆 1964 年版，第 146 页。

主义和资本主义的比较》（1937）等。其中《福利经济学》一书为之赢得了“福利经济学之父”的美誉。

庇古首先讨论了“福利”的定义。他认为福利所包括的范围极为广泛，并提出了与福利的定义相关的两个命题：“其一，福利的性质是一种意识状态，或许是意识状态之间的联系；其二，福利可以在或大或小的范畴内产生。”[①] 显然，根据第一个命题，福利是一个人的主观感受，来自满足和不满足的个人体验；根据第二个命题，庇古又将福利分为两种类型，一个是广义的福利（即社会福利），另一个是狭义的福利（即经济福利）。广义的福利既包括对财物的占有而带来的满足，也包括其他因素如知识、情感、欲望等带来的满足。

庇古认为，对可能影响福利的所有原因进行广泛的探究，是一项艰巨而复杂的任务，实际上很难实行。于是，庇古将其研究的范围限制在“能够直接或间接与货币这一测量尺度有关的那部分社会福利。这部分福利可以被称为经济福利”，并指出，“经济福利是经济科学的主要内容。……目的即是研究在实际现代社会中，对经济福利发生影响的某些重要原因”。[②]

2. “经济福利”的衡量

既然经济福利是其研究的重点，有关经济福利的衡量也就成为首先要解决的问题。庇古对于经济福利的衡量是基于边际效用基数论，他以效用来表示满足，并认为效用可以用商品的价格来计量。他认为，在货币边际效用不变的情况下，不仅同一个人对商品的满足程度可以比较，而且不同的个人或集团对于商品的满足程度也是可以比较的。

庇古同样对经济福利的衡量提出两个基本观点。他指出：经济福利在很大程度上会受到国民所得的数量和国民所得在社会成员之间的分配方式的影响。[③] 庇古认为，经济福利和国民所得这两个概念是对等的，因此，对它们之中任何一个概念的内容的叙述，也就是对另一个概念的内容的相应的叙述。[④] 那么，国民收入的大小自然也就意味着经济福利的大小。庇古指出，全社会的经济福利可以通过简单加总个人的经济福利得出，并用一国的国民收入来表示其全社会的经济福利。

庇古的第二种基本观点建立在货币的边际效用递减的理论基础上。他认为，一个人的收入愈多，货币收入的边际效用愈小；反之，收入愈少，则其边际效用就愈大。庇古指出，在特定条件下更大的收入公平能够提高经济福利。他说：“我们不要忘记，任何人在任何时期享有的经济福利都取决于他消耗的收入，而不是取决于他得到的收入；一个人愈富有，他消耗的收入在其总收入中所占的比例就愈小……显而易见，收入从较富有的人向性格与其相同的较贫穷的人转移，因为这可以使较强烈的需要在损害不那么强烈的需要的情况下得到满足，所以必然会增加满足总量。因而根据古老的‘效用递减规

---

① 庇古：《福利经济学（上卷）》，朱泱、张胜纪、吴良健译，商务印书馆 2006 年版，第 16 页。

② 庇古：《福利经济学（上卷）》，朱泱、张胜纪、吴良健译，商务印书馆 2006 年版，第 16-17 页。

③ 庇古：《福利经济学（上卷）》，朱泱、张胜纪、吴良健译，商务印书馆 2006 年版，第 135 页。

④ 庇古：《福利经济学（上卷）》，朱泱、张胜纪、吴良健译，商务印书馆 2006 年版，第 38 页。

律'，无疑可得到以下命题：任何使穷人手中实际收入的绝对份额增加的因素，只要从任何角度看不导致国民所得缩减，一般说来就增加经济福利。"[①]

正因为合理的收入再分配可以提高经济福利，如何实现收入的合理分配也就具有重要意义，庇古对此提出了政策建议。他认为，从富人那里转移收入，可分为自愿转移和强制转移。自愿转移是富人自愿拿出一部分收入为穷人开办一些例如娱乐、教育、保健等福利行业，或科学和文化机构。而强制转移主要指政府通过征收累进的所得税和遗产税。对于向穷人转移收入，庇古认为也可通过两条途径：一种是直接转移，例如举办一些社会保险或社会服务设施；另一种是间接的转移，例如，对穷人生活必需品提供补贴，为失业工人提供培训，向穷人的孩子提供教育机会等。

3. 社会福利最大化的实现

庇古对如何实现社会福利的最大化进行了论述。为此，庇古首先区分了私人成本（收益）与社会成本（收益）。他指出，私人边际成本是生产额外一单位产品或服务生产者承担的成本；社会边际成本是这一单位额外产品或服务使得社会承担的成本。私人边际收益是额外一单位产品或服务给买者带来的满足程度的增加；社会边际收益是这一单位额外产品或服务给社会带来满足程度的增加。

庇古还提出了私人（社会）净边际产品和私人（社会）净边际产品的价值的概念。私人净边际产品是，"任何用途或地方的资源边际增量带来的有形物品或客观服务的净产品总和中的这样一部分，该部分首先——即在出售以前——由资源的投资人所获得"。社会净边际产品则是，"任何用途或地方的资源边际增量带来的有形物品或客观服务的净产品总和，而不管这种产品的每一部分被谁所获得"。私人净边际产品的价值"就是私人净边际产品在市场上所值的货币总额"。社会净边际产品的价值则是"社会净边际产品在市场上所值的货币总额"。[②]

私人成本（收益）与社会成本（收益）可能发生背离，即"在某些情况下，私人净边际产品可能大于、等于或者小于社会净边际产品"。所以，个体、单位最大化的决策行为并不一定能使得社会总福利最大。庇古认为，当私人净边际产值和社会净边际产值发生背离时，应该通过政府的干预来实现私人成本（收益）和社会成本（收益）的趋同，具体的措施是通过使用税收、补贴或法律管制的方法。

显然，庇古在继承和发展既往经济学家关于社会福利的相关思想的基础上，比较全面地论述了福利的类型以及经济福利在社会经济中的地位，解释了经济福利的衡量尺度以及国民收入与经济福利的关系，提出了实现经济福利最大化的途径以及政府在实现经济福利最大化中的作用。庇古以其对上述问题的系统论述而获得"福利经济学之父"的美誉。由于庇古及其以前的经济学家有关社会福利的思想基本上是建立在基数效用理论基础上的，因而这一时期的福利经济学被称为旧福利经济学。

---

① 庇古：《福利经济学（上卷）》，朱泱、张胜纪、吴良健译，商务印书馆2006年版，第101页。

② 庇古：《福利经济学（上卷）》，朱泱、张胜纪、吴良健译，商务印书馆2006年版，第146-147页。

第二节　新福利经济学的思想主张

一、帕累托的新福利经济学思想

1. 序数效应论与新福利经济学的出现

帕累托（Vilfredo Pareto，1848—1923）是意大利著名经济学家，其主要学术著作为《政治经济学讲义》（1896—1897）、《社会主义体系》（1901—1902）、《政治经济学教程》（1906）和《社会学通论》（1916）等。其中《政治经济学教程》一书是最能反映其福利经济学思想的主要著作。在这本书中，帕累托第一次提出了序数效用论，并采用了无差异曲线分析法提出并论证了"帕累托最优状态"理论。此后，一大批经济学家进一步开拓和发展了新福利经济学的研究内容，使得新福利经济学在20世纪前期产生了较大影响。

旧福利经济学是以基数效用论和不同个人之间的效用存在可比性为前提的。基数效用论采用边际效用分析法，认为效用如同长度、重量等，可以具体衡量并加总求和，具体的效用量之间是可以比较的。例如，看一本枯燥的经济学教科书给某人带来10个单位的效用，而看一本惊险的侦探小说给某人带来15个单位的效用，看一部侦探小说所带来的效用比看一部经济学教科书所带来的效用多5个单位。基数效用是采取"1，2，3，……"来衡量消费者效用大小的。旧福利经济学赖以建立的基数效用理论遭到了后来学者的众多质疑，帕累托就是其中之一。他否定基数效用理论，提出了序数效用论，并在此基础上建立了自己的福利经济学理论。

序数效用论认为，效用本质上是消费者对某种商品的心理感觉，而不同的消费者对同一种商品的心理感觉以及同一个消费者对不同商品的心理感觉都是不一样的，因此，效用之间根本不存在某种客观的测量标准，效用也无法进行加总。效用的大小是无法具体衡量的，却可以根据消费者满足程度的高低与心理满足的偏好顺序进行排序。如上例，从满足程度上说，看一本侦探小说比看一本经济学教科书带来的满足程度更大，可以说看一部侦探小说对读者的效用排第一，看一部经济学教科书对读者的效用排第二，而两者本身各自带来的满足程度具体多大，以及前者比后者大多少，则是无法衡量的。从消费者心理满足的偏好方面讲，如果某人认为他更喜欢看经济学教科书，那就可以说看经济学教科书带来的效用为第一，而看侦探小说给他带来的效用为第二。显然，序数效用是采用"第一、第二……"的方式来排列消费者效用次序的。序数效用理论是一种与基数效用理论完全不同的理论。帕累托序数效用理论的提出，标志着一种与旧福利经济学不同的福利经济学思想的出现，这种福利经济学被称为新福利经济学。

2. 无差异曲线

无差异曲线是英国著名经济学家弗朗西斯 · Y. 埃奇沃斯（Francis Ysidro Edgeworth，1845—1926）在《数学心理学》中提出的一种理论。他说："无差异曲线表示对一个人能够产生相同的效用水平的各种各样两种产品的组合。"[①]埃奇沃斯的无差异曲线理论在当时的经济学界产生强烈的反响，帕累托正是受到埃奇沃斯所提出的无差异曲线的影响，才提出了自己的无差异曲线理论。帕累托指出，无差异曲线是指消费者对不同商品的偏好的次序进行排列，消费者在已经知道其收入状况和两种商品价格的情况下如仅购买两种商品，就可以在收入水平的约束下对两种商品的购买进行若干组合，以便追求效用的最大化，这些组合连成一条单一的曲线，在这条曲线的各点上所代表的商品组合，都能使消费者得到同样的满足，即对消费者来说是无差异的，从而使得消费者在一定预算约束下实现其效用最大化的消费组合。

帕累托还将无差异曲线理论引入到对生产领域的利润最大化的分析之中。他指出，所有厂商在完全竞争的条件下都会受到同样价格的资本和劳动的约束，因此，他们为了达到利润的最大化，可以对资本与劳动进行若干组合，所有厂商都会在成本等同曲线的约束下，优化组合劳动与资本从而实现利润最大化。可见，帕累托所提出的无差异曲线理论旨在解释消费者为达到自己的效用最大化而可能做出的选择。

3. 帕累托最优

在如何实现福利最大化方面，帕累托选择了与庇古等就福利经济学家不同的途径，他没有从收入分配的公平化角度来阐述实现福利最大化的途径，而是从资源配置的最优化来探讨实现福利最大化的道路。帕累托认为，"当不存在能够使某人的处境变好同时不使任何人处境变坏的任意变化时，就会出现最大化福利"[②]。这便是判断资源配置状态是否最优的帕累托标准。这种帕累托最优状态标准是基于如下几个假定之上的：① 社会福利与个人福利正相关；② 个人福利依赖于他所消费的商品和劳务；③ 个人是自己福利最好的判断者，并依据自己的偏好做出决策。

帕累托对此做出进一步的阐述，他说："当某种分配标准为既定时，我们可以遵照这种标准，研究何种状态会使集体中各个人达到最大可能的福利。让我们考虑任何一个持定的状态，并且假定在适合所包括的关系方面作一很小变动，如果这样作以后，每一个人的福利都增进了，显然新的状态对每一个人就更有利；相反，如果所有人的福利都减少了，则新的状态对于每一个人就没有利。但是，另一方面，如果这种小变动使一些人福利增进，而另一些人福利减少，那么对于整个社会来说，就不能认为这种改变是有利的。因此，我们规定最大偏好状态是：在那种状态，任何微小的改变，除了某些人的

① 斯坦利 · L. 布鲁：《经济思想史（原书第 6 版）》，焦国华、韩红译，机械工业出版社 2003 年版，第 188 页。

② 斯坦利 · L. 布鲁：《经济思想史（原书第 6 版）》，焦国华、韩红译，机械工业出版社 2003 年版，第 292 页。

偏好依然不变而外，不可能使所有人的偏好全增加，或者全减少。”①

帕累托认为，只要资源配置达到最优状态，社会福利也就达到最大化，而资源是否达到最优化配置则取决于：① 产品在消费者之间的最优分配；② 资源的最优技术配置；③ 生产数量的最优化。产品在消费者间的最优分配是指“能够最大化消费者福利的分配”，即每一个消费者在两种产品之间拥有完全相同的边际替代率。资源的最优技术配置是指生产两种产品的边际技术替代率相等，在这种情况下，将不存在能够帮助某人而又不伤害其他人的进一步的资源配置。最优产出数量则是指一种产品对另一种产品的边际替代率等于边际转换率；在这种情况下，才会不存在增加一个人或者更多人的福利而不减少其他人福利的进一步的机会。② 这就是帕累托最优理论。

需要指出的是，帕累托最优不仅适用于两个消费者、两个生产者、两种要素及两种商品的简单最优状态，也适用于多个消费者、多个生产者、多种要素及多种商品的一般情况。在完全竞争的条件下，每一个消费者和每一个生产者都是价格的接受者，即在既定的价格条件下，消费者追求满足最大，生产者追求利润最大。对消费者而言，在收入的约束条件下，他一定会使其消费的任何一组商品的边际替代率等于这一组商品价格的比例，因此，任何一组商品的边际替代率对于所有的消费者而言必定相等。对生产者而言，在成本的约束条件下，他一定会使其投入的任何一组要素的边际技术替代率等于这一组要素价格的比例，因此，任何一组要素的边际技术替代率对于所有的生产者而言必定相等。与此同时，生产者还必然使得其所生产的产品之间的边际替代率等于边际转换率。

帕累托所提出的序数效用理论奠定了新福利经济学的基础，他所提出的无差异曲线及在此基础上所提出“帕累托最优”理论，确立了新福利经济学关于实现福利最大化的基础理论，序数效用理论与帕累托最优理论确立了帕累托在新福利经济学的建立和发展中的开拓者地位。

二、卡尔多等的新福利经济学思想

1. 卡尔多-希克斯的补偿原则

帕累托最优理论是一种具有重要影响的理论，但是实现最优状态的条件也是极为严苛的，并往往与经济现实不相符合。现实的经济政策或者活动往往使一些人状况变好，同时使另一些人状况变坏，显然，无法用帕累托的标准去判断福利的变化。于是一些福利经济学家提出了补偿原则理论，以期能够解决上述经济现实中的困难，使得某种经济政策实施前后的福利状况可以相互比较。

尼古拉斯·卡尔多（Nicholas Kaldor，1908—1986）是英国著名经济学家，也是较早提出补偿原则理论的福利经济学家。他在1939年发表的《经济学的福利命题与个人

① 厉以宁、吴易风、李懿：《西方福利经济学述评》，商务印书馆1984年版，第85页。

② 斯坦利·L. 布鲁：《经济思想史（原书第6版）》，焦国华、韩红译，机械工业出版社2003年版，第292-293页。

之间的效用比较》一文中，提出了“假想补偿原则”作为检验社会福利的标准。他认为，经济政策的改变意味着价格体系的改变，而任何价格体系的改变都会影响人们的福利状况，一些人得益的同时另一些人受损，如果通过税收政策或价格政策，使得益者补偿受损者后仍有剩余，那么，从全社会角度来看，总得益超过总损失，这表明社会福利增加了，因此，这项经济政策也就是适当的。卡尔多所提出的补偿是一种假想型的补偿。他认为，实际上是否对受损方进行补偿是由受益人决定的，或者说这是一个政治上的问题，而不是经济分析所能控制的。

另一位英国著名经济学家约翰·理查德·希克斯（John Richard Hicks，1904—1989）提出的补偿原则与卡尔多的观点大致相同，人们通常将其合称为卡尔多-希克斯补偿原则。卡尔多-希克斯补偿原则理论将收入分配排除在外，于是，即使一项经济政策使得贫者愈贫、富者愈富，但只要符合他们所提出的原则，在他们看来仍是一项好的政策并将改善全社会的福利。

2. 西托夫斯基的补偿原则

提勃尔·西托夫斯基（Tibor Scitovsky，1910—2002）是另一位对补偿原则理论做出贡献的福利经济学家，其学术研究涉及经济学的许多论题，但贯穿其全部著述中的核心研究领域与主要思想是他对福利经济学的关注。西托夫斯基在1941年发表的《论经济学中的福利命题》一文中提出了一个双重检验标准。他认为，卡尔多和希克斯的补偿原则是一种顺向检验，它是按照原来收入分配的标准，通过假想补偿的检验，判断变化是否增进福利，但是没有考虑政策改变后的收入分配状况，因为如果以后来的收入分配为标准，通过假想补偿的检验，则可能出现不同结果，这也就是所谓的逆向检验。西托夫斯基主张对福利的检验必须是双重的，既要满足卡尔多-希克斯标准的补偿检验的要求，也要满足反转过来的补偿检验的要求。

3. 李特尔的补偿原则

李特尔（Ian M. David Little，1918—2012）是当代英国著名经济学家，其主要著作为《福利经济学评述》。该书对福利经济学家把完全竞争称为“最优”的看法提出了质疑，认为“效率”问题在实际条件下不能脱离“公平”问题。他一方面接受了卡尔多-希克斯以及西托夫斯基的补偿检验论，另一方面又反对他们回避收入分配问题的做法。李特尔认为，只有在假想补偿检验之上再加上实际补偿即收入再分配，才能使福利的标准成为充足的标准。由此，李特尔提出了他的三重的福利标准：① 卡尔多-希克斯标准满足了吗？② 西托夫斯基标准满足了吗？③ 收入分配是适当的吗？

李特尔认为，“不论卡尔多-希克斯或者西托夫斯基标准，单独地或共同地，都不能认为是福利标准。随便哪一种标准，连同认为所涉及的再分配是适当的那种判断，都可以认为是经济福利增加的充分（但非必要的）标准”[①]。也就是说，只有同时满足三重检验标准，才是经济福利增加的充要条件。

① 李特尔：《福利经济学评述》，陈彪如译，商务印书馆1965年版，第122页。

三、柏格森和阿罗的新福利经济学思想

1. 柏格森的社会福利函数

20 世纪 30 年代，以柏格森（Abram Bergson，1914—　）为代表的经济学家提出了社会福利函数理论。柏格森是一位著名的新福利经济学家，他在 1938 年发表了《福利经济学若干方面的重新阐述》一文，首先提出并阐述了社会福利函数的理论。他在该文中指出，“本文的目的，是为了把获致极大福利的条件所需要的价值判断，用确切的形式表达出来”[①]。柏格森既不同于避开收入分配问题的卡尔多-希克斯的补偿原则，也不同于主张均等分配的庇古等旧福利经济学家的主张。他认为，不同的收入分配会对消费和生产产生不同的影响，因此，福利经济学不应排除收入分配问题，而应根据一定的价值判断或道德标准去决定。帕累托最优状态只解决了经济效率问题，没有解决收入的合理分配问题。经济效率是社会福利最大化的必要条件，合理分配是社会福利最大化的充分条件，只有同时解决效率和公平的问题，才能达到社会福利最优状态。

柏格森认为，“福利函数的数值，取决于所有影响福利的变量：所有每一家庭所消费的所有每一种货物数量和所从事的所有每一种劳动数量，所有每一种资本投入的数量”。亦即社会福利函数是社会所有个人的效用水平的函数。[②] 社会福利函数的基本表述形式如下：

$$W = W(U_1, U_2, \cdots, U_n)$$

式中，W 表示社会福利，U_1 表示第一个人的效用水平指标，U_2 表示第二个人的效用水平指标，U_n 表示第 n 个人的效用水平指标。假定社会只有 A 和 B 两个人，则社会福利函数可简化为：

$$W = W(U_A, U_B)$$

柏格森认为，帕累托最优状态下的福利最大化的条件是一般条件，不能用来确定特定的福利函数。因为，组成社会福利的个人福利取决社会上各个人的收入分配问题，收入分配不同，个人消费的商品数量、提供的劳务以及社会资源配置于各种商品生产的情况就不同，要想确定某一社会福利函数，必须先确定如何分配收入才是最佳分配，而对各种收入分配的评价受到个人判断的影响并产生较大差别，必须根据社会成员对全社会福利的评价以及个人的偏好次序，才能推导出全社会所有人的一致的偏好次序，并确定社会福利的最大化。能否从各个人对全社会福利的偏好次序推导出全社会所有的人一致的偏好次序问题则是由美国经济学家阿罗解决的。

2. 阿罗的不可能性定理

肯尼斯 · J. 阿罗（Kenneth J.　Arrow，1921—2017）是当代美国著名经济学家，也是 1972 年诺贝尔经济学奖获得者。其主要著作为《社会选择与个人价值》《存货与生产

① 厉以宁、吴易风、李懿：《西方福利经济学述评》，商务印书馆 1984 年版，第 112 页。

② 厉以宁、吴易风、李懿：《西方福利经济学述评》，商务印书馆 1984 年版，第 113 页。

的数学理论研究》《公共投资报酬率与最适财政政策》《组织极限》等。他在 1951 年发表的博士论文《社会选择与个人价值》，探讨了是否存在某种规则能将各种各样的个人偏好次序归结为单一的社会偏好次序，并论证了阿罗不可能定理。

阿罗指出，根据功利主义原理，社会选择需要以个人偏好为尺度，而个人偏好千差万别，所以，个人偏好不能作为社会选择的一种充分依据。如果社会选择必须以个人偏好次序为基础，则个人偏好与社会选择必须符合以下条件：第一，全部可供选择的社会条件有一种排列的顺序；第二，社会选择过程不会导致任何人根据自己的偏好次序做出另一种选择；第三，不会有任何人无视其他人的偏好而将自己的偏好作为社会偏好；第四，如果已经存在若干可供选择的对象，社会选择只能在这些可供选择的对象中进行而不能在可供选择的对象以外进行。

阿罗认为，上述四个条件虽然合理而且必要，但是，它们之间存在矛盾。他举例指出：假定甲、乙、丙三人面对 A、B、C 三种社会政策，每个人对于各种社会政策的偏好是严格的，如果甲对三种社会政策的偏好次序为 A、B、C，乙的次序为 B、C、A，而丙的次序为 C、A、B，亦即甲和丙都喜欢 A 胜于 B，甲和乙都喜欢 B 胜于 C，乙和丙都喜欢 C 胜于 A，这样，社会选择就出现了矛盾。[①]

在这种情况下，如果要实现从个人偏好次序推导出社会偏好次序，那就只能采用强制的办法或者独裁的办法，但是，强制的办法与独裁的办法又与上述第三个条件出现矛盾。于是，阿罗得出结论：按照“大多数规则”，无法由个人偏好次序得出合理的社会偏好次序，换句话说，也就是不存在社会福利函数。即在非独裁的情况下，不可能存在有适用于所有个人偏好类型的社会福利函数。这就是著名的阿罗不可能性定理。

第三节　现代福利经济学的主要思想

一、杜生贝等人的相对福利学说

1. 杜生贝的相对福利思想

福利经济学发展到 20 世纪 60—70 年代，开始有了新的变化，并提出一些新的观点和理论。这些新的观点和理论与以往的福利经济学相比存在很大的不同，因此，我们把 20 世纪中期以后的西方福利经济学称为现代福利经济学。

杜生贝（J. S. Duesenberry，1918—2009）是美国著名经济学家，他所提出的相对福利理论成为现代福利经济学的重要理论。杜生贝在其 1949 年出版的《收入、储蓄与消费者行为理论》一书中，提出了相对收入假定。他指出，一个人的消费支出不仅受到自己收入的影响，而且受到周围的人的消费行为及其收入和消费相互关系的影响，这就

① 厉以宁、吴易风、李懿：《西方福利经济学述评》，商务印书馆 1984 年版，第 116-117 页。

是杜生贝的相对收入思想，这种思想对现代福利经济学的发展产生重要影响，相对福利学说就是在相对收入思想基础上建立的。

杜生贝的相对福利学说认为，“一个人的支出同全国平均每个人的消费支出的比率是一个出发点，一个人由消费支出所得到的效用就以此为依据。他的消费支出越是高于这个平均数，他的福利就越大；反之，他的消费支出越是低于这个平均数，他的福利就越小”①。依据相对收入假定，每个人都隶属于一个“关系集团”。所谓“关系集团”，是指个人在心理上把自己与之联系起来的那些人，这些人有着相近的偏好、习惯和生活方式，而个人的消费行为将受到这个集团的评价标准的影响，或者说，个人意愿和行为总是力求与其所属的“关系集团”的成员相似。相对收入假定对于重新理解福利的含义产生了重要的影响，一个人对自身福利程度的看法，并不取决于绝对收入水平，而是取决于相对收入水平，并且与“关系集团”成员的收入尤为相关。

2. 坎屈里尔的相对福利思想

许多福利经济学家在讨论福利含义时，都将福利等同于快乐，而快乐是一个人的主观心理体验，相对福利论者认为快乐是相对的，是通过比较得出的。坎屈里尔（H. Cantril）比较全面系统地从心理满足的角度阐述了相对福利思想，他在 1965 年出版的《人类关心的形式》中对快乐的主观性和相对性进行具有代表性的阐释。他认为，如果说有人因有钱而快乐，但同时却有一些人虽然钱较少而快乐并不稍减，甚至存在一些无忧无虑的穷人。根据他的调查，一个印度农业工人最希望的是有一个儿子、有一块耕地、有一头母牛、在乡下盖一座房子，如果满足了这些要求，他就感到快乐了。一个印度工人最希望的是能买一辆自行车或一台收音机、子女能受教育、自己身体健康不生病，如果满足了这些要求，他就感到快乐了。然而，一个美国工人的想法则是能买一辆新汽车、有一座好房子和较好的家具、有更多的假日、能去打猎和游玩，这样才感到快乐。② 坎屈里尔认为，快乐因人而异，没有统一的标准，更不能用收入的绝对水平的高低来衡量。

3. 其他经济学家的相对福利思想

除了坎屈里尔之外，还有一些经济学家阐述了相对福利思想。爱考斯（R. S. Eckaus）指出，福利与快乐是一回事，经济制度的首要任务是“致力于人类的快乐”。米商（E. J. Mishan）认为，在福利经济学中，“福利”与“快乐”是同义词。一个人对自己的福利的评价不仅仅取决于绝对收入水平，也取决于相对收入水平。他写道：“一个人宁肯自己收入减少 5%，而别人减少 10%，却不愿大家的收入都提高 25%。”③米商的意思是福利是相对的，福利与个人收入增长之间并无必然联系，从而否定了传统理论中关于福利与收入正向关系的命题。

伊斯特林（R. A. Easterlin）在《经济增长改善人类的命运了吗?》一文中则认为，

---

① 厉以宁、吴易风、李懿：《西方福利经济学述评》，商务印书馆 1984 年版，第 245 页。

② 厉以宁、吴易风、李懿：《西方福利经济学述评》，商务印书馆 1984 年版，第 246-247 页。

③ 厉以宁、吴易风、李懿：《西方福利经济学述评》，商务印书馆 1984 年版，第 247 页。

每个社会都有一定的消费标准或平均支出水平，一个人越是低于社会的消费标准，或者越是低于全国平均支出水平，他就越是不快乐；一个人越是高于社会消费标准或全国平均支出水平，他就越快乐。根据这种观点，一个人的收入增加了，但别人的收入没有他增加的那么多，那么他的快乐就增大。一个人的收入增加了，但如果每个人的收入都同样程度地增加了，那么他的快乐不变。

伊斯特林还指出，福利与快乐是一回事，而快乐是人们的心理感受，心理感受是没有办法测量的。因此，每个人对福利的评价标准都是不一样的，人与人之间福利大小的比较就失去意义。福利因人而异、因地而异、因时而异。不仅如此，国家之间的福利大小的比较以及某一个国家在不同时期福利大小的比较实际上也是毫无意义的。伊斯特林因此得出结论："用不同国家的平均每人国民收入数字来判断各国居民的福利程度，是一种不正确的国际比较方法；用一国不同历史时期的平均每人国民收入数字的变化来判断该国居民福利状况的变化，也说明不了任何问题。"①

二、利普斯与兰卡斯特的次优理论

1. 次优理论的出现

帕累托最优是以完全竞争市场的假说为前提的。所谓完全竞争市场的假设是指，在这样的市场上，所有消费品的均衡价格与价格的比例相等，每对商品的边际替代率相等，每对商品之间的边际转换率相等，它们的价格比例也就相等；而边际转换率等于边际替代率。这样，价格等于边际成本，从而达到全部均衡。帕累托最优从理论角度来看是一种理想状态，但从现实角度来看，由于受到外部性、垄断、公共物品和税收等各种因素的影响，完全竞争市场实际上并不存在。既然上述因素的存在使得资源配置偏离了帕累托最优状态，福利经济学家们开始考虑对帕累托最优条件进行修正，以寻求更符合现实经济生活的解决问题的途径，于是，次优理论开始出现。

早在 1947 年，萨缪尔森已经认识到次优理论所包含的原理，并在其《经济分析基础》一书中进行了阐释。此后一些经济学家开始进一步探索这一问题，并从现实经济生活的不同方面对这一问题进行了阐述。1950 年，美国经济学家怀纳在《关税同盟问题》一书中指出，减少某些进口商品关税会减少世界生产效率，而差别贸易政策会影响世界生产成本。1955 年，米德在其《贸易与福利》一书中指出，关税同盟在鼓励成员国之间通商时会增加福利，而在阻拦成员国与其他地方通商时会减少福利。怀德与米德的研究认为，关税同盟究竟能否促进福利取决于成员国与非成员国力量的对比，不能轻易地做出某种变化在何种程度上符合帕累托最优的结论。

米德等人从贸易的角度探讨了无法实现帕累托最优的情况，李特尔则从税收与生产的角度探讨这一问题。李特尔在 1951 年发表的《直接税与间接税的比较》一文中指出，所得税会影响工作效率。他认为，在帕累托最优条件下，每个工人都根据他自己的生产力以及对工作与闲暇的选择来决定自己究竟工作多少，如果对工资征收所得税，工人因

① 厉以宁、吴易风、李懿：《西方福利经济学述评》，商务印书馆 1984 年版，第 248 页。

实际收入减少而不愿多工作，如果征收间接税，却会影响某种商品与其他商品之间的替代率，而这不符合帕累托最优原则的要求。同年，麦克肯齐发表的《理想产量与厂商们的相互依赖》一文也指出，如果不能达到边际成本等于价格的最优条件，那么，其将离开帕累托最优条件，而且不可能使生产增加到最大量。[①]

2. 利普斯和兰卡斯特的次优理论

1956—1957 年，利普斯和兰卡斯特发表《一般次优理论》一文，提出了一般次优理论的说法。他们认为，如果所有的价格都不等于边际成本，生产者要达到利润最大化，就不能以帕累托最优条件作为标准。利普斯和兰卡斯特将次优理论描述如下：一般次优理论认为，如果一般均衡体系在某种限制条件约束下无法满足某一个帕累托最优条件，那么，即使这时能符合其他的帕累托条件，总体说来，这种状态仍是不合意的。换句话说，如果不符合其中一个帕累托最优条件，那么要达到资源配置最优状态，就必须背离其他的帕累托最优条件。

利普斯和兰卡斯特一般次优理论的提出，对福利经济学产生了重要影响，此后，福利经济学家不仅关注如何实现帕累托最优状态，而且更加关注在非完全竞争市场下怎样实现次优状态。利普斯和兰卡斯特还对此进行了阐述，并提出了实现次优状态的两大条件：① 假定帕累托最优化受到了某种限制因素（如一般课税、一种收费、一种补贴、一个垄断者等）的影响；② 仍然保留着关于完全竞争均衡状态下的资源配置的假设。[②]

3. 米商等对次优理论的发展

利普斯和兰卡斯特提出的一般次优理论被后来的福利经济学家加以发展。1958—1959 年，麦克马纳斯完成了《评次优论》一文，对一般次优理论进行了发挥。他指出，在不可能符合全部帕累托最优条件的情况下，如果局部采用一个帕累托最优条件，那将不是增加福利而是减少福利。麦克马纳斯的这一研究成果被认为是对利普斯和兰卡斯特的一般次优理论的补充和发展。

1968 年，米商出版了《福利经济学》一书，使一般次优理论进一步发展。他指出，只要在生产中有一个限制因素，就不能再采用帕累托最优化的原则。他认为，应该对帕累托最优加以修改，即把生产最优条件修改为：在从生产要素转化为产品形式时，单位产品价格应当等于它的社会边际成本，并且可以用所雇佣的劳工的生产数量来衡量产品的单位值。假设一种产品的价格高出它的社会边际成本，那么就可以寻求其次优解决途径使商品价格与边际成本的比率相同。

此后，肖恩在 1975 年出版的《微观经济学》一书中也发展了一般次优理论的思想。他指出，次优理论的消极结论是重要的，因为在实际生活中，到处都会存在变化，所以，许多经济现象总是只能具有次优状态，而不可能始终处于最优状态。[③]

---

① 厉以宁、吴易风、李懿：《西方福利经济学述评》，商务印书馆 1984 年版，第 232-233 页。

② 厉以宁、吴易风、李懿：《西方福利经济学述评》，商务印书馆 1984 年版，第 235-236 页。

③ 厉以宁、吴易风、李懿：《西方福利经济学述评》，商务印书馆 1984 年版，第 237-238 页。

三、奥肯的“平等”和“效率”协调思想

1. “平等”与“效率”的关系

福利经济学的研究始终在围绕着一对概念展开，这就是“资源配置”和“收入分配”。资源配置一般来说主要和“效率”问题紧密联系，其关注的主要是如何增加国民财富，从而为社会福利提供必要的基础；收入分配一般来说主要和“平等”问题紧密相关，其关心的主要是如何合理地实现国民收入的分配，从而尽可能实现社会福利的最大化。关于“资源配置”和“收入分配”、“效率”和“平等”的看法与主张，应该说是旧福利经济学与新福利经学划分的重要依据。以庇古为代表的旧福利经济学对于“平等”和“效率”给予了同样的重视，其将国民收入量的增加和均等化的收入分配视为福利经济学的两个重要主题；而新福利经济学对于资源有效配置作为促进社会福利的手段没有异议，却不赞同收入分配均等化是实现社会福利最大化的必要条件。

一般认为，“平等”和“效率”是两个相互抵触的政策目标，存在着此消彼长的关系。因此，政府在制定经济政策时，如果追求“平等”，那么就可能减少了对辛勤工作的奖励，从而牺牲了“效率”。反过来，如果追求“效率”，又会忽视收入分配，使得贫富差距扩大。显然，在设计政策目标时，政府面临着权衡取舍，而其中所遵循的标准是一个价值判断问题。因此，不同流派的经济学家对平等与效率的关系提出不同的观点，新自由主义认为效率应通过自由的市场竞争机制，而不是政治组织的措施去实现，对于收入分配的人为干预只会给社会带来损失。制度主义则认为听任市场竞争机制发挥作用而不采取人为干预措施，不仅不能实现“平等”，连“效率”也不能保证，因此，他们主张“平等”优先。

2. “平等”和“效率”协调的主张

除了上述关于“平等”和“效率”的两种极端对立的观点之外，还有一些经济学家主张要兼顾“平等”和“效率”，既维护市场机制，又能以必要的干预消除收入差距。阿瑟·奥肯（Arthur M. Okun，1928—1980）便是其代表性的经济学家。阿瑟·奥肯是美国著名经济学家，其 1975 年出版的《平等与效率——重大的抉择》对福利经济学也产生了重要影响。

奥肯认为，平等与效率之间应该是一种相互妥协的关系。他指出：“如果平等和效率双方都有价值，而且其中一方对另一方没有绝对的优先权，那么在它们冲突的方面，就应该达成妥协。这时，为了效率就要牺牲某些平等，并且为了平等就要牺牲某些效率。然而，作为更多地获得另一方的必要手段，（或者是获得某些其他有价值的社会成果的可能性）无论哪一方的牺牲都必须是公正的。尤其是，那些允许经济不平等的社会决策，必须是公正的，是促进经济效率的。”[①]奥肯以一个著名的“漏桶实验”来说明公

---

① 奥肯：《平等与效率——重大的抉择》，王奔洲等译，华夏出版社 1987 年版，第 80 页。

平与效率应该协调。该实验旨在说明，收入从富人向穷人转移好比通过一个漏桶，穷人并未得到富人给予的全部收入，有一部分已经在转移的过程中漏掉了。奥肯指出，“由于漏出，桶中有所损失。然而只要用合理的方式灌注，它仍能在漏出的部分达到被剥夺者手中时保持盈满”①。

3. “平等”与“效率”协调关系的实现

为了实现“平等”与“效率”的协调，既保证通过自由的市场竞争机制来实现较高的效率，又使国家对收入再分配的宏观调控得以促进较大的平等，奥肯提出一系列的政策建议。他主张国家应当实行所谓的“混合经济结构”，既保护私人财产和个人自由，又保证国家对收入再分配的调节。他认为必须改变以往的对低收入阶层的补助办法，实行专门的税收政策。例如，所谓的“负所得税”，即政府规定收入保障的数额，然后根据个人实际收入给予适当的补助金。为了不把低收入者的收入拉平，补助金将根据个人实际收入的多少按比例发放，或者实行所谓的“有限工资津贴”，即政府规定每小时的工资津贴额，然后根据每个获得最低工资的工人的实际工时发放，使多干活的人多得到补助。他还提出让工人有权参与企业重大事务的决定的建议，办法是将企业部分股票分配给工人所有。这不仅可以扩大平等，而且可以增加效率。他还认为应该增加国家对教育的支出，这一方面可以提高社会的科学文化水平，提高劳动力质量和促进社会的经济效率，另一方面使低收入者的收入有所增加，有助于缩小社会上的收入差距以促进社会的平等。

奥肯认为，只要合理地协调平等与效率的关系，就可以使现行经济制度与社会制度顺利运行并促进社会福利的发展。他认为，如果经济社会制度能够有效地协调平等与效率，则其就具有巨大的优越性。他指出：“事实上，关于美国经济制度我所能作出的最有信心的预测就是：如果它的基本结构被保存下来，并得到加强而不是削弱，那么它就会有所进展和改善。这种逐步改善的能力就是我们现行混合制度的最伟大的优越性。改造它和促进它的发展是可行的目标，而且对我来说，这远比削弱它更有吸引力。”②

显然，奥肯的福利经济学思想具有重要的特点。他既体现出作为新自由主义经济学家对市场功能的认同及对效率观念的关注，也体现出作为福利经济学家对干预的重视及对平等观念的强调。奥肯在《平等与效率——重大的抉择》一书的结论中总结指出：“通过全书，我阐述了两个反复提到的主题：市场需要有一定的位置，而且市场需要受到约束。”③ 这一总结性的观点集中体现了他的平等与效率协调的主张。奥肯关于平等与效率的主张，对20世纪后期的西方经济与社会发展产生重要影响。

---

① 奥肯：《平等与效率——重大的抉择》，王奔洲等译，华夏出版社1987年版，第90页。

② 奥肯：《平等与效率——重大的抉择》，王奔洲等译，华夏出版社1997年版，第55页。

③ 奥肯：《平等与效率——重大的抉择》，王奔洲等译，华夏出版社1987年版，第105页。

思　考　题

1. 简述福利经济学出现的背景及思想渊源。
2. 简述庇古对旧福利经济学的主要贡献。
3. 简述新福利经济学的主要主张及其发展演变。
4. 比较新旧福利经济学的主要观点。
5. 简述西方现代福利经济学的主要主张。

第十章　马克思列宁主义社会福利思想

马克思主义社会福利思想是近代社会福利思想的重要组成部分，也是一种有别于各种资产阶级社会福利思想的全新的社会福利思想。马克思主义不仅关注无产阶级的贫困化，而且关注无产阶级福利的改善，但19世纪中期的欧洲历史条件使马克思主义社会福利思想呈现出鲜明的革命性与批判性。列宁主义社会福利思想是马克思主义社会福利思想在19世纪末20世纪初的新发展，列宁不但对资本主义社会福利的本质进行了深刻的揭示，而且提出了无产阶级国家保险的基本原则。这使得列宁主义社会福利思想具有显著的发展性与建设性。

第一节　无产阶级贫困化理论

一、马克思主义基本原理

1. 历史唯物主义

卡尔·马克思（Karl Marx，1818—1883）和弗里德里希·恩格斯（Friedrich Engels，1820—1895）是19世纪欧洲共产主义运动的伟大领袖，是马克思主义理论的缔造者。在对当时欧洲资本主义社会经济进行深刻揭露和批判的基础上，马克思和恩格斯提出了一种全新的社会福利思想。马克思和恩格斯的社会福利思想不仅成为近代社会福利思想的重要组成部分，而且成为推动和促进近代西方社会主义运动发展的重要理论，并极大地影响了西方社会福利制度的发展。

历史唯物主义是马克思主义整个理论体系的基础。正是从历史唯物主义出发，马克思和恩格斯不仅揭示了资本主义社会的内在本质及其发展趋势，而且阐明了无产阶级社会主义革命产生和取得胜利的必然性。

历史唯物主义认为，人类社会是一个历史发展的过程，物质生活资料的生产是人类社会发展变化的基本前提。马克思和恩格斯指出："我们首先应当确定一切人类生存的第一个前提也就是一切历史的第一个前提，这个前提就是：人们为了能够'创造历史'，必须能够生活。但是为了生活，首先就需要衣、食、住以及其他东西。因此第一个历史活动就是生产满足这些需要的资料，即生产物质生活本身。”

历史唯物主义认为，社会生产力决定生产关系。一定的生产方式或者一定的工业阶段始终是与一定的共同活动的方式或一定的社会阶段关系联系着的，而这种共同活动方式本身就是生产力。“由此可见，人们所达到的生产力的总和决定着社会状况”①。历史唯物主义认为，社会存在决定社会意识，一定社会的经济基础决定这一社会的上层建筑。“每一时代的社会经济结构形成现实基础，每一个历史时期由法律设施和政治设施以及宗教的、哲学的和其他的观点所构成的全部上层建筑，归根到底都是应由这个基础来说明的。”

历史唯物主义认为，社会发展变化的根本原因是社会生产方式和交换方式的变化。恩格斯明确指出：历史唯物主义的基本原理是生产以及随生产而来的产品交换是一切社会制度的基础；在每个历史地出现的社会中，产品分配以及和它相伴随的社会之划分为阶级或等级，都是由生产什么、怎样生产以及怎样交换产品来决定的。因此，一切社会变迁和政治变革的根本原因，存在于生产方式和交换方式的变更中。应该从生产方式和交换方式的变革中去发现和寻找。与此同时，用来消除已经发现的社会弊病的手段，也必然存在于已经发生变化的生产关系本身中，这些手段不应该从人们的头脑中发明出来，而应该通过头脑从生产的现成物质事实中发现出来。②

2. 政治经济学

马克思主义政治经济学的核心内容是用历史唯物主义原理，通过对资本主义经济过程的分析，寻找资本主义必然灭亡与社会主义必然胜利的内在因素。

恩格斯指出，现存的资本主义社会是由资产阶级建立的，资本主义是在与封建制度的斗争中不断发展起来的，它较之封建制度具有进步性，因此也曾经推动了生产力的快速发展，并创造了巨大的社会财富。但是，“大工业得到比较充分的发展时就同资本主义生产方式用来限制它的框框发生冲突了。新的生产力已经超过了这种生产力的资产阶级利用形式”。也就是说，随着资本主义工业的发展，资本主义生产关系与生产力发展之间的矛盾逐渐加剧，资本主义生产关系逐渐由生产力的促进因素转变为生产力的制约甚至阻碍因素，因此，消灭资本主义生产关系以适应社会生产力的发展成为历史的必然。

恩格斯指出，生产力与生产关系的矛盾在资本主义社会表现为生产的社会化与生产资料的资本主义私人占有之间的矛盾。随着工业化的发展，资本主义生产的社会化不断发展，这要求生产资料的社会所有相应发展。但是，事实上却相反，生产资料的资本主义私人占有不断增强，从而导致生产的社会化与资本主义私人占有制矛盾的加剧。这种矛盾的加剧“已经包含着现代的一切冲突的萌芽。”

---

① 马克思、恩格斯：《德意志意识形态》，载《马克思恩格斯全集（第三卷）》，人民出版社 1960 年版，第 33 页。

② 恩格斯：《社会主义从空想到科学的发展》，载《马克思恩格斯全集（第二十五卷）》，人民出版社 2001 年版，第 395 页。

恩格斯指出，生产的社会化与生产资料的资本主义私人占有的矛盾，不仅表现为无产阶级与资产阶级之间的对立，还表现为个别工厂中的生产的有组织性和整个社会生产的无政府状态之间的对立，这种对立的直接结果是导致资本主义经济危机的周期性出现。在经济危机中，“经济的冲突达到了顶点：生产方式起来反对交换方式”。资本主义生产方式的全部机构在它自己创造的生产力的压力下失灵了。一方面，资本主义生产方式暴露出自己不能继续驾驭这种生产力；另一方面，这种生产力本身以日益增长的威力要求消除这种矛盾。

恩格斯指出，要解决资本主义社会的基本矛盾，必须实现生产资料的社会占有。生产资料的扩张力撑破了资本主义生产方式所加给它的桎梏。把生产资料从这种桎梏下解放出来，是生产力不断地加速发展的唯一先决条件，也是生产本身不断增长的唯一先决条件。生产资料的社会占有，可以消除生产中存在的人为障碍，通过社会生产，不仅能保证一切社会成员有富足的和一天比一天充裕的物质生活，而且还可以保证他们的体力和智力获得充分的自由的发展和运用。[①]

3. 科学社会主义

科学社会主义是马克思主义学说的核心。科学社会主义理论的主要内容是运用历史唯物主义和政治经济学原理，系统阐述推翻资本主义社会，实现社会主义的途径。

马克思和恩格斯指出，历史唯物主义表明：“至今所有一切社会的历史都是阶级斗争的历史。”而在资产阶级时代，阶级关系却发生了新的变化，这就是工业化的发展使得阶级关系简单化，资本主义社会日益分裂为两大敌对的阵营，形成两个对立的阶级即资产阶级和无产阶级。随着资本主义经济的发展，资本主义社会经济的基本矛盾不断加剧，资本主义生产关系已经阻碍生产力的发展，“而生产力一开始突破这种障碍的时候，就使整个资产阶级社会陷入混乱状态，就使资产阶级的所有制的存在受到威胁。”资本主义社会基本矛盾是资产阶级难以依靠自身的力量克服的，这使得资本主义被社会主义社会所取代具有历史必然性。

马克思和恩格斯指出，资本主义的发展还为自己培养了掘墓人，这就是工业无产阶级。资产阶级赖以生存的基本条件是资本的私有制，资本的生存条件是雇佣劳动制，雇佣劳动制是依靠工人的自相竞争来支持的。但是，资本主义工业的进步却使工人阶级的革命团结得以加强，随着大工业的发展，资产阶级借以生产和占有产品的基础本身也就丧失了。“它首先生产的是它自身的掘墓人。资产阶级的灭亡和无产阶级的胜利是同样不可避免的。”

马克思和恩格斯阐述了无产阶级推翻资产阶级统治，建立社会主义的步骤和前提条件。他们指出，工人革命的第一步就是使无产阶级变成统治阶级，争得民主。然后运用自己的政治统治，逐步将资本和生产工具掌握在无产阶级手中，并尽可能快地增加生产。要做到这一点，必须实现一个重要的前提条件，这就是采取一切措施消灭资本主义私有制。这些措施包括：① 剥夺地产，把地租供国家支出之用；② 征收高额累进税；

---

① 恩格斯：《社会主义从空想到科学的发展》，载《马克思恩格斯全集（第二十五卷）》，人民出版社2001年版，第411页。

③ 废除继承权；④ 没收一切流亡分子和叛乱分子的财产；⑤ 把信贷集中在国家手中；⑥ 把全部运输业集中在国家手中；⑦ 增加国营工厂和生产工具，有计划地开垦荒地和改良土壤；⑧ 实行普遍劳动义务制度；⑨ 实现农业与工业的结合，消灭城乡差别；⑩ 对一切儿童实行公共的和免费的教育，取消童工劳动。

马克思和恩格斯指出，随着无产阶级政治统治的建立和消灭资本主义私有制任务的实现，资本主义社会就将被社会主义社会代替，而“代替那存在着各种阶级以及阶级对立的资产阶级旧社会的，将是一个以各个人自由发展为一切人自由发展的条件的联合体”①。

马克思和恩格斯以历史唯物主义的观点，通过对资本主义社会的深刻剖析，不仅提出了资本主义灭亡、社会主义胜利的历史必然性，而且指明了完成推翻资本主义制度、建立社会主义制度这场社会变革的阶级基础，同时阐明了无产阶级推翻资产阶级统治，建立无产阶级统治，实现社会主义的前提条件和道路选择。这就使得社会主义不再只是一种空想的社会制度，而是一种完全可以实现的现实的目标。正如恩格斯所指出的那样：“因此，社会主义现在已经不再被看作某个天才头脑的偶然发现，而被看作两个历史地产生的阶级即无产阶级和资产阶级之间斗争的必然产物。”②

马克思和恩格斯的历史唯物主义、政治经济学和科学社会主义思想，不仅构成马克思主义的基本理论内容，也成为马克思主义社会福利思想的基础。

二、无产阶级贫困化的理论

1. 无产阶级贫困的绝对化

无产阶级贫困化问题是马克思和恩格斯社会思想的重要内容，也是马克思和恩格斯号召无产阶级进行革命斗争的思想理论武器。

马克思和恩格斯始终关注无产阶级的贫困问题。早在 1844 年，马克思就指出：工人的劳动为富人创造了财富，却为自己生产了赤贫。“工人生产的财富越多，他的生产的影响和规模越大，他就越贫穷。”③ 同年，恩格斯也在《英国工人阶级状况》中指出：“大城市里工人阶级的状况就表现为一个逐渐下降的阶梯：最好的情况是生活暂时还过得去……最坏的情况是极端的贫困，直到无家可归和饿死的地步；但是一般说来，是更多地接近于最坏的情况，而不是接近于最好的情况。”④ 英国工人中“到处都可以看到经

① 马克思、恩格斯：《共产党宣言》，载《马克思恩格斯全集（第四卷）》，人民出版社 1958 年版，第 491 页。

② 恩格斯：《社会主义从空想到科学的发展》，载《马克思恩格斯全集（第二十五卷）》，人民出版社 2001 年版，第 393 页。

③ 马克思：《1844 年经济学哲学手稿》，载《马克思恩格斯文集（第一卷）》，人民出版社 2009 年版，第 156 页。

④ 恩格斯：《英国工人阶级状况》，载《马克思恩格斯全集（第二卷）》，人民出版社 1957 年版，第 357 页。

常的或暂时的贫困，看到因生活条件或劳动本身的性质所引起的疾病以及道德的败坏；到处都可以看到人的精神和肉体在逐渐地无休止地受到摧残”①。

1864年，马克思又指出，“不论是机器的改进，科学在生产上的应用，交通工具的改良，新的殖民地的开辟，向外移民，扩大市场，自由贸易，或者是所有这一切加在一起，都不能消除劳动群众的贫困”②。马克思还在《资本论》第一卷中指出：“在一极是财富的积累，同时在另一极，即在把自己的产品作为资本来生产的阶级方面，是贫困、劳动折磨、受奴役、无知、粗野和道德堕落的积累。”③ 直到1892年，恩格斯还指出，虽然工人阶级的状况已经有所改善，但是由于大量的失业后备军汹涌而来，工人不断地被新的机器所排挤，这种改善每次都化为乌有。④

2. 无产阶级贫困化的原因

马克思、恩格斯论述了无产阶级贫困化的原因。他们认为，在资本主义社会中，无产阶级的贫困化是资本主义制度的产物。马克思指出：“而在社会的增长状态中，工人的毁灭和贫困化是他的劳动的产物和他生产的财富的产物。就是说，贫困从现代劳动本身的本质中产生出来。”⑤ 恩格斯也指出，无产阶级处境悲惨的原因应该到资本主义制度本身中去寻找，资本主义制度使得社会分裂为两个部分，一部分是全部生产资料的所有者，另一部分是除了劳动力以外一无所有的雇佣劳动者，这使社会大多数成员几乎得不到保障而陷于极度贫困之中。

马克思、恩格斯进一步指出，生产资料私有制使得整个资本主义经济活动从许多方面加剧了无产阶级的贫困化。资本主义工资制度导致无产阶级的贫困化。马克思说：“在论述剩余价值的生产那几篇里，我们总是假定工资至少和劳动力的价值相等。但是把工资强行压低到这一价值以下，在实际运动中起着极为重要的作用……在一定限度内，这实际上是把工人的必要消费基金转化为资本的积累基金。”⑥ 资本主义生产手段的改进加重了对工人的剥削，从而加剧无产阶级贫困化。马克思指出：“在资本主义体系内部，一切提高社会劳动生产力的方法都是靠牺牲工人个人来实现的；一切发展生产力的手段都变成统治和剥削生产者的手段。”资本积累进一步加剧无产阶级的贫困化——“一切生产剩余价值的方法同时就是积累的方法，而积累的每一次扩大又反过来成为发

① 恩格斯：《英国工人阶级状况》，载《马克思恩格斯全集（第二卷）》，人民出版社2009年版，第499页。

② 马克思：《国际工人协会成立宣言》，载《马克思恩格斯选集（第三卷）》，人民出版社2012年版，第6页。

③ 马克思：《资本论》，载《马克思恩格斯全集（第四十二卷）》，人民出版社2016年版，第665页。

④ 恩格斯：《〈英国工人阶级状况〉1892年德文第二版序言》，载《马克思恩格斯全集（第二十九卷）》，人民出版社2020年版，第402页。

⑤ 马克思：《1844年经济学哲学手稿》，载《马克思恩格斯文集（第一卷）》，人民出版社2009年版，第124页。

⑥ 马克思：《资本论》，载《马克思恩格斯全集（第四十四卷）》，人民出版社2001年版，第692页。

展这些方法的手段。由此可见，不管工人的报酬高低如何，工人的状况随着资本的积累而恶化。”①

3. 无产阶级贫困的相对化

值得指出的是，马克思恩格斯不仅指出了无产阶级的贫困存在绝对化的特点，同时也承认随着资本主义社会经济的发展，无产阶级的贫困还存在相对化的特点。马克思在《工资》一文中指出，在发展过程中，工资双重地下降：第一，相对地，对一般财富的发展来说；第二，绝对地，因为工人所换得商品量愈来愈少。② 不过，马克思还明确指出，尽管无产阶级贫困化同时存在绝对化与相对化特点，无产阶级与资产阶级的生活状况的差异还是明显扩大。他指出：“在劳动生产力提高时，劳动力的价格能够不断下降，而工人的生活资料量同时不断增加。但是相对地说，即同剩余价值比较起来，劳动力的价值还是不断下降，从而工人和资本家的生活状况之间的鸿沟越来越深。”③

三、对济贫法制度的批判

1. 对济贫法制度的批判

19 世纪初期是英国自由主义者对传统济贫法制度提出批评并强烈要求加以改革的时代，长期身居英国的恩格斯始终关注着有关济贫法制度改革的进展情况。恩格斯承认旧济贫法制度存在许多不合理的地方，他引述了 1833 年英国官方出版的济贫法委员会的报告：“它阻碍工业发展，鼓励轻率结婚，刺激人口增长，抵消人口增长对工资的影响；这个制度是一种全国性的制度，它使勤劳而诚实的人沮丧，使懒惰、放荡和轻浮的人受到保护；它破坏家庭的纽带，不断阻碍资本的积累，使现存的资本瓦解，并使纳税人破产；此外，它给私生子的抚育费无疑是在为私生子发奖金。”对此，恩格斯指出：“这一段对旧济贫法的作用的描述大体上是正确的；救济金鼓励懒惰，促进‘过剩’人口的增长。在当前的社会关系下，穷人自然不得不成为自私自利的人，如果工作或不工作生活状况都一样，那么他在二者之中当然要选择后者。”④

恩格斯在承认旧济贫法制度存在的弊端的同时指出，旧济贫法制度的上述弊端出现的根本原因，不是由于工人贫穷，而是由于资本主义社会制度。“从这里只能得出这样的结论：当前的社会关系是糟透了的；而决不能得出像马尔萨斯派的委员们那样的结论：贫穷就是犯罪，应当用威胁的手段来对付它。”⑤

---

① 马克思：《资本论》，载《马克思恩格斯全集（第四十二卷）》，人民出版社 2016 年版，第 664-665 页。

② 马克思：《工资》，载《马克思恩格斯全集（第六卷）》，人民出版社 1961 年版，第 646 页。

③ 马克思：《资本论》，载《马克思恩格斯全集（第四十二卷）》，人民出版社 2017 年版，第 536 页。

④ 恩格斯：《英国工人阶级状况》，载《马克思恩格斯文集（第一卷）》，人民出版社 2009 年版，第 486 页。

⑤ 恩格斯：《英国工人阶级状况》，载《马克思恩格斯全集（第二卷）》，人民出版社 1957 年版，第 575 页。

2. 对自由主义思想家关于济贫法的主张的批评

恩格斯尖锐地批判了以马尔萨斯为代表的自由主义思想家在对待穷人问题上的错误理论以及新济贫法制度。他指出："马尔萨斯及其他拥护自由竞争的人们都深信，最好是让每个人自己管自己，彻底实行自由放任的原则，他们最希望把济贫法全部废除。但是，由于他们没有足够的胆量和权威来这样做，他们就提出一个尽可能符合马尔萨斯观点的济贫法。这个法律比简单地应用自由放任的原则还要残忍，因为这个原则只是消极地起作用，而济贫法则是积极地起作用。"[①]

恩格斯对按照新济贫法制度所建立起来的济贫院的救济原则提出批评。他指出，在新济贫法制度下，"一切现金或生活资料的救济都取消了；只保留一种救济方式，即把穷人收容到已经在各处迅速建立起来的习艺所里去。这种习艺所（workhouses），或者如人民所称呼的'济贫法巴士底狱'（poor-law bastiles）的设施，足以吓退每一个还有一点希望可以不靠这种社会慈善事业过活的人。为了使穷人只是在万不得已时才去请求救济，为了使他在决定请求救济以前自己先尽到最大的努力，马尔萨斯的信徒挖空心思把习艺所变成一个令人望而生畏的居留地"[②]。

3. 对济贫院状况的揭露

恩格斯通过对济贫院救济的惨无人道的详细描述，揭露和批判新济贫法制度。他指出，济贫院中的伙食要比最穷的工人所吃的还要坏，否则工人就宁愿住在济贫院中而不愿在外面过那种可怜的生活，甚至监狱里的一般伙食也比济贫院中的要好些，事实上济贫院就是监狱；进入济贫院中的人口没有行动自由和尊严，那里有严苛的请假制度，抽烟、接受亲戚朋友的馈赠等被绝对禁止，人们要穿上统一的制服，绝对服从管理人员的命令，否则将处以监禁等惩罚；济贫院不顾人道和亲情，所有人口实行分离居住，即使夫妻、父子、母女等也要分开，为的是使这些"多余的人"不能繁殖；济贫院中的工作繁重而乏味，男人主要从事砸石子等笨重劳动，女性主要从事拆旧船索等乏味劳动。恩格斯总结指出，新济贫法"实质上是把穷人当做犯人，把习艺所当做惩治犯人的监狱，把住习艺所的人当做不受法律保护的、丧失人类尊严的、讨厌的、令人憎恶的对象"[③]。

恩格斯认为，新济贫法是英国资产阶级对付无产阶级的手段。他指出："在这个社会措施中，英国资产阶级是作为一个整体，作为政权出现的，在这里他们清楚地表明了自己的真实愿望，表明了他们对无产阶级采取的那些卑鄙的、从表面上看似乎只能归咎于个别人的行为的真正含义。这个措施不是出自资产阶级某一派别，而是得到了整个阶级的赞许……这样就宣布了无产阶级是不受国家和社会保护的；这样就公开宣布了无产

① 恩格斯：《英国工人阶级状况》，载《马克思恩格斯文集（第一卷）》，人民出版社 2009 年版，第 486-487 页。

② 恩格斯：《英国工人阶级状况》，载《马克思恩格斯文集（第一卷）》，人民出版社 2009 年版，第 487 页。

③ 恩格斯：《英国工人阶级状况》，载《马克思恩格斯文集（第一卷）》，人民出版社 2009 年版，第 488 页。

者不是人，不值得把他们当人对待。"①

不过，恩格斯同时认为，新济贫法将唤起英国无产阶级新的斗争意识。他指出："习艺所的建立比执政党的任何措施都更加激起了工人阶级对有产阶级的仇恨，而大部分有产者则因新济贫法而欣喜若狂。从纽卡斯尔到多佛尔，这个新法律引起了工人们一致的愤怒的呼声……新济贫法也大大促进了工人运动的发展，特别是促进了宪章运动的扩展；因为这个法律在农村中应用得最广，所以它将有利于农村地区无产阶级运动的发展。"②

第二节 马克思恩格斯社会福利思想

一、马克思恩格斯的社会福利思想

1. 马克思的六项扣除理论

马克思和恩格斯十分关注工人阶级的社会福利。马克思和恩格斯毕生为之奋斗的事业，除了争取无产阶级获得政治解放这一重要目标外，还包括无产阶级经济解放和社会福利的改善等。为此，马克思和恩格斯在整体上揭示资本主义社会中工人阶级的政治、经济和社会生活状况的同时，还在一些重要的著作中具体阐明了有关改善工人阶级社会福利的主张，这些主张构成马克思主义社会福利思想的基本内容。

马克思社会福利思想的核心内容集中体现在1875年的《哥达纲领批判》中。当时，德意志统一大业已经完成，工业化过程正在进行，德国工人阶级政党不断发展，而德国资产阶级政府开始酝酿社会改革以防止工人阶级革命运动的发展。德国工人阶级政党各派在实现合并的过程中，其基本主张与政策方针开始发生变化，表现在对社会改革与资产阶级社会立法无原则地赞成和向往方面。马克思就是在这样的背景下，通过对德国工人党实现合并的纲领的批判，阐述了关于社会福利的基本思想。

六项扣除理论是马克思社会福利思想的重要内容。马克思指出，为防止各种不幸事故与灾变带来的后果，一般应该建立后备基金，这种后备基金来源于社会总产品。马克思在批评哥达纲领笼统地提出"劳动所得应当不折不扣和按照平等的权利属于社会一切成员"时指出，如果我们把劳动所得首先理解为劳动产品，那么，集体的劳动所得就是社会总产品，在进行分配以前，应该从这种社会总产品中首先扣除三个部分：第一，用来补偿消费掉的生产资料的部分；第二，用来扩大生产的追加部分；第三，用来应付不幸事故、自然灾害等的后备基金或者保险基金。马克思这里提出的后备基金或者保险金当然主要是指商业保险基金，但是，毫无疑问，这种主张中包含着社会保障的基本内涵。

① 恩格斯：《英国工人阶级状况》，载《马克思恩格斯文集（第一卷）》，人民出版社2009年版，第493页。

② 恩格斯：《英国工人阶级状况》，载《马克思恩格斯文集（第一卷）》，人民出版社2009年版，第492页。

马克思明确提出了建立社会保障和福利基金，为社会弱者群体提供基本生活保障，并为全体社会成员提供公共福利服务的观点。他指出，在扣除上述三个方面所需的生产消费资料部分以外，剩余的社会总产品才能成为消费资料。但是，在对这部分消费资料进行个人分配之前，还必须从中首先扣除下列三项费用：第一，和生产没有直接关系的一般管理费用；第二，用来满足共同需要的部分，如学校和各种保健设施等；第三，为丧失劳动能力的人设立的基金。

马克思进一步指出，社会福利基金等的扣除数额应该与经济发展状况保持协调。从社会总产品中扣除社会后备基金和保险金，“在经济上是必要的，至于扣除多少，应当根据现有的物资和力量来确定，部分地应当根据概率计算来确定”；同时，马克思还指出，社会福利费用尽管来源于生产者的劳动创造的财富，但它“又会直接或间接地用来为处于社会成员地位的这个生产者谋利益”。[①]

2. 马克思的其他社会福利思想

在《哥达纲领批判》中，马克思还针对德国工人党纲领中有关社会福利方面的含糊表达给予批评，借以阐述自己对诸多社会福利项目的基本看法。哥达纲领提出了“正常的劳动日”说法，马克思对此指出，“正常的劳动日”这种要求十分含糊，应该明确指出“在当前条件下多长的劳动日是正常的”。马克思还指出，在有关正常劳动日这一条中，忽略了工厂立法中关于卫生设施和安全措施等内容。

针对哥达纲领提出的“限制妇女劳动和禁止童工”的主张，马克思指出，“如果限制妇女劳动指的是劳动日的长短和工间休息等等，那么工作日的正常化就应当已经包括了这个问题；否则，限制妇女劳动只能意味着在那些对妇女身体特别有害或者对女性来说违反道德的劳动部门中禁止妇女劳动。如果指的是这一点，那就应当说清楚”。马克思指出，禁止童工在这里绝对必须指出年龄界限，普遍禁止童工是和大工业的存在不相容的，实行这一措施甚至是反动的，因为在按照各种年龄严格调节劳动时间并采取其他保护儿童的预防措施的条件下，生产劳动和教育的早期结合是改造现实社会的最强有力的手段之一。

针对哥达纲领中提出的“对工厂工业、作坊工业和家庭工业实行国家监督”，马克思指出，在德国这样一个国家中，应该明确地要求：工厂视察员只有经过法庭才能撤换；每个工人都可以向法庭告发视察员的失职行为；视察员必须是医生。[②]

马克思在《资本论》中还进一步提出，有工作能力的劳动者必须为失去工作能力者或者还没有工作能力者的生活福利提供一定的劳动。他指出：如果我们把有劳动能力的人必须总是为社会中还不能劳动或已经不能劳动的成员而进行的劳动量，包括到必要劳

① 马克思：《哥达纲领批判》，载《马克思恩格斯全集（第二十五卷）》，人民出版社2001年版，第17页。

② 马克思：《哥达纲领批判》，载《马克思恩格斯全集（第二十五卷）》，人民出版社2001年版，第32页。

动和剩余劳动中去，也就是说，如果我们把工资和剩余价值，必要劳动和剩余劳动的独特的资本主义性质去掉——那么，剩下的就不再是这几种形式，而只是它们的为一切社会生产方式所共有的基础。①

3. 恩格斯的社会福利主张

恩格斯同样十分关注社会福利问题。早在 1847 年 10 月，恩格斯就在其重要论著《共产主义原理》中提出了废除私有制的 12 项建议和主张，这些建议和主张后来被概括为 10 个方面，作为工人阶级完成废除私有制的重要任务和目标写进了《共产党宣言》之中。

恩格斯在《共产主义原理》中提出的与社会福利问题相关的重要主张包括：① 组织劳动者或者让无产者在国家的田庄、工厂、作坊中工作，这样就会消除工人之间的相互竞争，并迫使厂主所付出的工资与国家所付出的工资一样高；② 直到私有制度完全废除时为止，对社会的一切成员实行劳动义务制；③ 所有的儿童，从能够离开母亲照顾的时候起，由国家机关公费教育，并将教育与工厂劳动有机结合起来；④ 在国有土地上建立房屋，作为公民的公共住宅；⑤ 拆毁一切不合卫生条件的、建筑条件很差的住宅和街道。可见，恩格斯提出的上述社会福利项目已经涉及工人阶级就业、教育、儿童关怀、住房与公共卫生等许多方面。

恩格斯进一步指出，废除资本主义私有制的重要目的之一，是促进工人阶级共同福利的发展。他指出："由社会全体成员组成的共同联合体来共同地和有计划地利用生产力；把生产发展到能够满足所有人的需要的规模；结束牺牲一些人的利益来满足另一些人的需要的状况；彻底消灭阶级和阶级对立；通过消除旧的分工，通过产业教育、变换工种、所有人共同享受大家创造出来的福利，通过城乡的融合，使社会全体成员的才能得到全面发展，——这就是废除私有制的主要结果。"②

无产阶级进行革命斗争的重要目的之一，也是建立真正的为全社会所有的福利。恩格斯指出："劳动产品超出维持劳动的费用而形成剩余，以及社会的生产基金和后备基金靠这种剩余而形成和积累，过去和现在都是一切社会的、政治的和智力的发展的基础。在迄今为止的历史中，这种基金都是一个特权阶级的财产……即将到来的社会变革将把这种社会的生产基金和后备基金，即全部原料、生产工具和生活资料，从特权阶级的支配中夺过来，把它们转变给全社会作为公有财产，这样才真正把它们变成了社会的基金。"③

---

① 马克思：《资本论》，载《马克思恩格斯全集（第四十六卷）》，人民出版社 2003 年版，第 992 页。

② 恩格斯：《共产主义原理》，载《马克思恩格斯选集（第一卷）》，人民出版社 2012 年版，第 308-309 页。

③ 恩格斯：《反杜林论》，载《马克思恩格斯全集（第二十六卷）》，人民出版社 2014 年版，第 203 页。

二、马克思恩格斯社会福利思想的特点

任何一种社会福利思想都具有自己的时代性，它必然受到所处时代经济、社会、政治发展状况的制约。马克思、恩格斯社会福利思想出现的时代特征，必然使他们的社会福利思想具有鲜明的特点。

1. 马克思恩格斯社会福利思想的革命性

19 世纪中期西方资本主义表现出两大主要特点，一是由于工业革命的开始和进行而带来的资本主义发展的快速性，二是资本主义的快速发展基本上建立在超强剥削的基础上。西方资本主义发展的这种时代特征，反映在经济生活领域，必然是无产阶级的贫困化不断加剧；反映在社会阶级关系方面，必然是无产阶级和资产阶级矛盾的不断尖锐；反映在社会思想领域，必然是阶级冲突和阶级斗争理论的出现和发展。时代赋予马克思与恩格斯的伟大历史使命，是揭示资本主义社会灭亡与社会主义社会出现的历史必然性，阐明实现无产阶级社会主义革命胜利的阶级力量、道路选择与具体方式，从而唤起并推动无产阶级起来进行反对资产阶级的斗争。

这种时代背景就使得阶级斗争学说、无产阶级革命理论、暴力推翻资产阶级统治的主张，构成马克思、恩格斯思想理论的重要内容。虽然马克思和恩格斯提出一些有关社会福利方面的重要思想主张，但是，这些社会福利思想主张与马克思、恩格斯有关阶级斗争和无产阶级革命的思想主张相比，不仅从理论体系上说不太系统，而且在马克思主义整个思想体系中也并不居于核心地位。

2. 马克思恩格斯社会福利思想的批判性

马克思和恩格斯虽然正面提出了一些社会福利方面的思想主张，但是，他们的社会福利思想的重要内容和特点之一，是以服务于唤起无产阶级进行革命为目标，以批判的态度对待当时的资产阶级政府的社会福利措施，甚至以批判的态度对待工人阶级提出的一些社会福利要求与主张。这一特点，可以说在马克思与恩格斯的各种著作中随处可以见到。

马克思、恩格斯对资产阶级采取的改善工人阶级生活状况的措施提出批评。恩格斯指出：资产阶级所采取的措施只是为了从工人阶级身上剥削更多剩余价值，资本家“为了赢得火腿，可以给工人香肠”[①]。马克思也指出：“在工人自己所生产的日益增加的并且越来越多地转化为追加资本的剩余产品中，会有较大的部分以支付手段的形式流回到工人手中，使他们能够扩大自己的享受范围，有较多的衣服、家具等消费基金，并且积

① 恩格斯：《英国工人阶级状况》，载《马克思恩格斯全集（第二卷）》，人民出版社 1957 年版，第 362 页。

蓄一小笔货币准备金。但是，吃穿好一些，待遇高一些，特有财产多一些，不会消除奴隶的从属关系和对他们的剥削，同样，也不会消除雇佣工人的从属关系和对他们的剥削。由于资本积累而提高的劳动价格，实际上不过表明，雇佣工人为自己铸造的金锁链已经够长够重，容许把它略微放松一点。"①

关于最低工资问题，马克思虽然指出平均最低工资应该由最必需的生活资料的价格来决定，最低工资必须应该能够满足工人最基本的生活需要，但是，马克思同时指出，最低工资所产生的结果是它往往给工人带来直接的损失，并使他们必须在更加恶劣的条件下挣得工资。②

关于工作日问题，恩格斯在1850年的《十小时工作制问题》中指出，对于实行十小时工作制问题，我们不但毫不反对，甚至还认为，工人阶级在取得政权后的第一天，就应该采取比十小时工作制，甚至比八小时工作制更彻底得多的措施。恩格斯同时指出，十小时工作制法案"从它本身和它的最终目的来看，毫无疑问是个骗人的步骤，是不适用的，甚至是反动的措施，它本身包含着自己毁灭的根苗。这个法案一方面没有破坏现存的社会制度，另一方面也没有促进它的发展"。恩格斯还指出，这个法案"并不是由工人阶级通过的，而是由他们的暂时同盟者，社会上的反动阶级通过的，由于继这个法之后并没有任何其他措施来彻底改变资本和劳动之间的关系，这个法是不合时宜的，不现实的，甚至是反动的措施"③。

关于济贫法等社会立法，马克思、恩格斯承认这些社会立法在缓和工人阶级的生活贫困、对劳工者提供各种劳动保护以及维护妇女儿童的健康等方面发挥了一定作用，甚至号召和支持工人阶级争取各种社会立法的颁布实施。但是，马克思、恩格斯同时指出，资产阶级社会立法的根本目的是维护其自身的统治地位，一些社会立法的颁布是为了削弱工人阶级进行革命斗争热情，因此，工人阶级应该积极争取社会立法的实施，但是决不能因为社会立法的实施，因为生活条件的某些改善而放弃进行政治斗争的目标。

马克思还指出，资产阶级用于改善工人阶级物质生活与劳动条件方面的开支，并不是由资产阶级自己来承担的，他们总会通过一定的途径将这种开支转嫁给工人阶级来承担。马克思在《资本论》中就一针见血地指出："资本知道怎样把这项费用的大部分从自己的肩上转嫁到工人阶级和中等阶级下层的肩上。"④

---

① 马克思：《资本论》，载《马克思恩格斯全集（第四十四卷）》，人民出版社2001年版，第713-714页。

② 马克思：《工资》，载《马克思恩格斯全集（第六卷）》，人民出版社1961年版，第645页。

③ 恩格斯：《十小时工作日问题》，载《马克思恩格斯全集（第十卷）》，人民出版社1998年版，第286页。

④ 马克思：《资本论》，载《马克思恩格斯全集（第四十二卷）》，人民出版社2016年版，第663页。

第三节 列宁社会福利思想

一、社会福利的基本主张

1. 无产阶级贫困化理论

列宁主义是马克思主义在 19 世纪末 20 世纪初新的历史条件下的发展。列宁（Lenin，1870—1924）是伟大的无产阶级革命家、政治家和思想家，他一直十分重视无产阶级的社会福利问题，并在许多重要的革命文献中系统地论述了关于无产阶级和社会主义社会的社会福利的问题。由于不同的历史时代的影响，列宁的社会福利思想具有了与马克思、恩格斯的社会福利思想不同的内容与特点。

早在 1899 年俄国社会民主工党诞生后不久，列宁就在《我们党的纲领草案》中阐述了资本主义社会中无产阶级贫困化的理论，并主张俄国社会民主工党必须把无产阶级的社会福利问题放在极为重要的位置。列宁指出，资本主义社会中无产阶级存在严重贫困化的趋势，"'贫困等等的程度不断加深'这句话……可以用来说明'社会贫困'的增长，即无产阶级生活状况同资产阶级生活水平，同随着劳动生产率的大大增长而不断提高的社会消费水平之间愈来愈不相适应"。列宁坚决主张必须把"贫困、压迫、奴役、屈辱、剥削的程度不断增加"这句话写进俄国社会民主工党的纲领中去。他提出的理由是：第一，这句话十分中肯地说明了资本主义基本的和重大的特性；第二，这句话概括了工人群众最难忍受和最为愤慨的许多现象，如失业、微薄的工资、吃不饱、资本的严酷纪律等；第三，这句话确切地阐明了资本主义极有害的后果以及工人愤慨的必然性。[①]

2. 无产阶级社会福利的一般要求

列宁系统地提出了俄国社会民主工党在无产阶级社会福利方面的主张和要求。工人政党应该更加详尽、更加缜密地说明无产阶级在社会福利方面的要求，这些要求应该包括以下内容：① 实行 8 小时工作制；② 禁止开夜工，禁止雇佣 14 岁以下儿童；③ 每个工人每周至少要有 36 小时不间断的休息时间；④ 把工厂法和工厂视察制度推行到一切工业部门和农业部门中去；⑤ 绝对禁止用商品支付工资；⑥ 依法规定厂主应当对产业工人和农业工人的一切工伤事故负责；⑦ 依法规定必须对雇佣工人每周支付一次工资。[②]

---

① 列宁：《我们党的纲领草案》，载《列宁全集（第四卷）》，人民出版社 2013 年版，第 190-191 页。

② 列宁：《我们党的纲领草案》，载《列宁全集（第四卷）》，人民出版社 2013 年版，第 195-196 页。

列宁在1902年为俄国社会民主工党拟定的纲领草案中，更加详细系统地阐述了无产阶级政党在工人阶级社会福利方面的基本要求。这些要求包括：① 把一切雇佣工人的工作日应限制为8小时；② 由法律规定，国民经济各部门的男女雇佣工人，每周至少有连续36小时的休息时间；③ 绝对禁止加班加点；④ 国民经济各部门禁止做夜工，由于技术上绝对必需的部门除外；⑤ 禁止企业主雇用未满15岁的童工；⑥ 禁止在只对妇女身体有害的部门使用女工；⑦ 由法律规定，工人由于不幸事故或有害的生产条件而完全或部分丧失劳动能力时，雇主应负民事责任，由雇主的过错造成工人丧失劳动能力时，工人无须提出证明；⑧ 禁止用商品支付工资；⑨ 国家对失去劳动能力的老年工人发放养老金；⑩ 增加工厂视察员人数，在女工占多数的部门设女视察员，由工人选出并由国家支付薪金的代表监督工厂法的执行，由工人选出的代表监督工资标准的制定和商品的验收；⑪ 由地方自治机关会同工人选出的代表共同监督企业主为工人提供的住宅的卫生状况以及这些住宅的内部规章和租用条件；⑫ 在一切使用雇佣劳动的企业内设立正规、全面的对劳动条件的卫生检查；⑬ 把工厂视察机关监督制推广到手艺业、家庭工业、手工业和国营企业中去；⑭ 破坏劳动法者应负刑事责任；⑮ 禁止企业主以任何理由和目的克扣工资；⑯ 在国民经济各部门设立职业法庭，由工人和企业主各选出一半代表组成。[①]

3. 无产阶级国家保险的基本原则

1912年，列宁的社会福利思想得到进一步发展和完善，他不仅明确地指出了资本主义社会建立社会保险制度的必要性，而且具体阐述了建立无产阶级的国家保险的基本主张。列宁指出，在资本主义社会，雇佣工人以工资形式取得的那一部分自己创造的财富，非常之少，仅仅能够满足最迫切的生活需要，无产阶级根本不可能从工资中拿出一些钱储蓄，以备在伤残、疾病、年老、残废丧失劳动能力时，以及与资本主义生产方式紧密联系的失业时的需要。因此，在上述各种情况下，对工人实行保险，完全是资本主义发展的整个进程决定的改革。

列宁还阐述了关于无产阶级国家保险的基本原则。他指出，工人保险的最好形式是国家保险，这种保险是根据下列原则建立的：① 工人在下列一切场合（伤残、疾病、老年、残疾；女工还有怀孕和生育；养育者死后所遗寡妇和孤儿的抚恤）丧失劳动能力，或因失业失掉工资时，国家保险都给工人以保障；② 保险要包括一切雇佣劳动者及家属；③ 对一切保险者都要按照补助全部工资的原则给予补助，同时一切保险费都由企业和国家负担；④ 各种保险都由统一的保险组织办理，这种组织应该按区域或被保险者完全自理的原则建立。列宁进一步明确指出，无产阶级国家保险制度只能在推翻资本主义制度的前提下才有可能建立起来。他说："必须彻底推翻沙皇制度，争得无产阶级自由进行阶级斗争的条件，才能实现真正符合无产阶级利益的保险改革。"[②]

---

① 列宁：《俄国社会民主工党纲领草案》，载《列宁全集（第六卷）》，人民出版社2013年版，第195-197页。

② 列宁：《关于对杜马提出的工人的国家保险法案的态度》，载《列宁全集（第二十一卷）》，人民出版社2017年版，第156页。

列宁还把实现无产阶级的社会福利作为无产阶级进行反对资产阶级斗争的重要内容和手段。列宁在1913年指出，必须进行最坚决的、齐心协力的斗争，反对政府和资本家企图强迫工人不经过工人大会糊里糊涂地推选参加伤病救济基金的受托人；工人们应当举行革命的群众大会，抗议在实行保险法中所发生的暴力和刁难行为；争取合理地选举伤病救济基金会代表的斗争一分钟也不应当停顿。要千方百计、全力以赴、利用一切有利时机扩大和发展工人的斗争；必须把关于实行保险制度的整个鼓动工作同说明沙皇俄国的全部实际状况这一内容密切地结合起来，同时要说明我们的社会主义原则和革命要求。①

4. 十月革命后列宁的社会福利思想

十月革命胜利以后，列宁更加重视无产阶级社会保障事业。十月革命胜利后不久，列宁及其领导的苏维埃政府就发表了《关于社会保险的政府通告》，其中指出："俄国无产阶级在自己的旗帜上写上了对雇佣工人以及城乡贫民实行完全的社会保险，……依靠工农兵代表苏维埃的工农政府通告俄国工人阶级，以及城乡贫民，它将立即着手颁布建立在工人保险口号基础上的完全的社会保险的法令。"② 列宁还对平等的劳动报酬、合理的收入分配提出自己的主张。1919年，在《俄共（布）党纲草案》中，列宁指出："我们力求使任何劳动的报酬一律平等，力求实现完全的共产主义，但在目前只是采取最初步骤从资本主义向共产主义过渡的时候，我们决不能给自己提出立刻实现这种平等的任务。"③ 1921年，苏维埃政府实施新经济政策以后，列宁提出了反对平均主义的思想。他指出："按照平均分配的原则来分配粮食会产生平均主义，这往往不利于提高生产。"④同年10月，列宁在《十月革命四周年》一文中写道："我们计划（说我们计划欠周地设想也许较确切）用无产阶级国家直接下命令的办法在一个小农国家里按共产主义原则来调整国家的产品生产和分配。现实生活说明我们错了。"⑤

二、列宁社会福利思想的主要特点

1. 对资本主义社会福利政策作用认识的客观性

随着19世纪末20世纪初西方国家社会保障制度的建立和发展，社会保障制度作为一种有效地促进社会公平与民众生活水平改善的社会政策，已经逐步受到西方国家无产

---

① 列宁：《有党的工作者参加的俄国社会民主工党中央委员会克拉科夫会议的通报和决议》，载《列宁全集（第二十二卷）》，人民出版社2017年版，第281-282页。

② 朱传一、沈佩容：《苏联东欧社会保障制度》，华夏出版社1991年版，第7页。

③ 列宁：《俄共（布）党纲草案》，载《列宁全集（第三十六卷）》，人民出版社2017年版，第89页。

④ 列宁：《在全俄第三次粮食工作会议上的讲话》，载《列宁全集（第四十一卷）》，人民出版社2017年版，第357页。

⑤ 列宁：《十月革命四周年》，载《列宁全集（第四十二卷）》，人民出版社2017年版，第187页。

阶级的支持和拥护，这种情况对列宁的社会福利思想产生重要影响，并使得列宁的社会福利思想具有与马克思、恩格斯的社会福利思想不同的特点。

列宁对资本主义国家所实行的各种社会保障政策不再简单地加以否定，而是客观评价其在西方资本主义国家社会发展以及无产阶级生活改善方面所发挥的积极作用。他认为社会保障政策的出现是资本主义经济社会发展的必然趋势，无产阶级应该正确地看待并合理地利用资产阶级政府的社会福利政策，促进无产阶级生活条件的不断改善。显然，列宁对资产阶级政府所实行的社会福利政策持有一定程度的肯定态度。

2. 无产阶级社会福利政策主张的系统性

列宁系统地提出了无产阶级社会福利政策基本主张。列宁对资产阶级政府的社会福利政策态度决定了他的无产阶级社会福利思想的基本出发点，也决定了他对无产阶级社会福利思想的基本表达方式，列宁不再对资产阶级社会福利政策简单地批判和否定，而且正面地阐述无产阶级社会福利思想的基本主张，以显示无产阶级社会福利思想与资产阶级社会福利思想的不同，从而唤起无产阶级继续进行反对资产阶级的斗争，建立无产阶级的政权，实现包括无产阶级国家保险在内的各种社会福利政策。

3. 对无产阶级革命中社会福利的地位认同的合理性

列宁还将争取无产阶级社会福利的改善作为无产阶级革命斗争的重要内容。资产阶级社会福利政策的实施有效地改善了工人阶级的社会生活状况，资产阶级的社会福利政策也因此而获得工人阶级的认同，这就使得列宁在关于无产阶级革命的内容中，必须关注无产阶级的社会福利状况。于是，争取无产阶级社会福利状况的改善成为无产阶级革命的重要内容，并成为列宁无产阶级国家保险制度的重要组成部分。

列宁的社会福利思想的这些特点，不但体现了列宁主义社会福利思想的基本特征，也体现出马克思主义社会福利思想的不断发展和丰富。

思 考 题

1. 简述马克思恩格斯社会福利思想的内容与特点。
2. 简述列宁关于无产阶级国家保险的思想及其评价。
3. 比较马克思恩格斯与列宁的社会福利思想。
4. 简述马克思恩格斯与列宁主义社会福利思想的历史地位。

第十一章　中国民生思想的发展

中国古代不仅具有系统的理想社会思想，也具有系统的救灾思想、民本思想及老年、儿童以及残疾人福利思想。中国近代保险救国思想中包含着救民思想，孙中山等人的民生思想构成中国近代民生思想的重要内容。毛泽东的民生思想对中国革命的胜利产生重要影响。改革开放后，中国共产党关于民生的一系列重要论断，为中国民生事业发展提供了坚实的思想理论基础。

第一节　中国古代民生思想

一、理想社会思想

1. 儒家的理想社会思想

关于理想社会状态的思想构成中国古代早期社会福利思想的重要内容。我国古代儒家思想的杰出代表人物孔子继承和发展了著名的大同社会思想，《礼记·礼运》中留下这样的文字："大道之行也，天下为公。选贤与能，讲信修睦。故人不独亲其亲，不独子其子，使老有所终，壮有所用，幼有所长，鳏寡孤独废疾者皆有所养。男有分，女有归；货恶其弃于地也，不必藏于己，力恶其不出于身也，不必为己。是故谋闭而不兴，盗窃乱贼而不作，故外户而不闭，是谓大同。"

《礼记》记载的大同社会思想是对我国古代传统社会福利思想以及社会福利的目标的高度概括。《礼记》指出，大同社会是一种理想的社会状态，但是这种理想的社会状态已经不复存在，而被小康社会思想取代："今大道既隐，天下为家，各亲其亲，各子其子，货力为己，大人世及以为礼。城郭沟池以为固，礼义以为纪；以正君臣，以笃父子，以睦兄弟，以和夫妇，以设制度，以立田里，以贤勇知，以功为己。故谋用是作，而兵由此起。禹汤文武成王周公，由此其选也。此六君子者，未有不谨于礼者也。以著其义，以考其信，著有过，刑仁讲让，示民有常。如有不由此者，在势者去，众以为奥。是谓小康。”[①] 显然，儒家最理想的社会是大同社会，小康社会在《礼记》看来只是一种不得已而为之的选择。

2. 道家的理想社会思想

我国古代道家的杰出思想家老子提出了“小国寡民”的理想社会思想，老子指出：“虽有舟舆，无所乘之；虽有甲兵，无所陈之。使民复结绳而用之，甘其食，美其服，安其居，乐其俗”“绝圣弃智，民利百倍；绝仁弃义，民复孝慈；绝巧弃利，盗贼无有”“罪莫大于可欲”“祸莫大于不知足”“邻国相望，鸡犬之声相闻，民至老死不相往来”。可见，老子的理想社会是一种无欲、知足、宁静、柔缓的自然状态的社会。

我国古代道家思想的另一位杰出代表庄子也提出了理想社会的思想。庄子指出：“不离于宗，谓之‘天人’。不离于精，谓之‘神人’。不离于真，谓之‘至人’……以仁为恩，以义为理，以礼为行，以乐为和，熏然慈仁，谓之‘君子’。以法为分，以名为表，以参为验，以稽为决，其数一二三四是也，百官以此相齿。以事为常，以衣食为主，蕃息畜藏，老弱孤寡为意，皆有以养，民之理也。”显然，庄子所提出的“以衣食为主，蕃息畜藏，老弱孤寡为意，皆有以养，民之理也”是一种关注民生、关注社会福利的理想社会。

二、救灾与防灾思想

1. 灾害救济思想

远古时期，社会生产力不发达，人们抗御自然灾害与人为祸害的能力极为有限，当人们遭遇自然或者人为灾害而又无力抗御时，就希望有一种自然的力量能够帮助他们消弭灾害，对广袤无垠的上天的敬畏也就成为他们所期盼的自然力量之所在，于是，祈天消灾思想自然就在古代社会思想中具有一定影响。中国古代典籍中留下了不少关于祈天消灾的记录。如：《尚书·商书·微子》中说“天毒降灾荒殷帮”；《殷礼徵文》中有“使巫祈雨”的记述；《竹书纪年》中记载道，“（商汤）二十四年，大旱。王祷于桑林，雨”；《淮南子》中也有这样的记载，“汤时，大旱七年，卜，用人祀天”。祈天消灾思想虽然不是中国古代社会福利思想的精华，但是却在中国古代社会有着长期持续的影响。

中国古代社会救济思想非常发达。赈济思想是中国古代早期社会救济思想的基本内容。赈济就是当灾害发生时政府或者社会向贫民提供衣食或货币救济，以帮助他们渡过难关。中国古代典籍中记录了大量有关赈济的主张与措施等。如：《礼记·月令》中指出，“天子布德行惠，命有司发仓廪，赐贫穷，振乏绝”。《春秋左传·文公十六年》中也记载，“楚大饥，振廪同食”；《康济录》中指出，“救荒有赈济、赈粜、赈贷三者”“赈济者用义仓米施及老幼残疾孤贫等人，米不足，或散钱与之”“用库银籴豆麦菽粟之类亦可”。随着中国古代社会的发展，赈济逐渐发展为赈物、赈款以及工赈三大主要赈济方法，这三种方法也就成为中国古代赈济措施的重要内容。

---

① 王子今、刘悦斌、常宗虎：《中国社会福利史》，中国社会出版社 2002 年版，第 16 页。

移民调粟思想是中国古代灾害救济思想的重要内容。当灾害发生时，将受灾地区的民众调到未受灾害地区，或者将未受灾害地区的粮食调到受灾地区，以解决受灾人口的生活问题。《周礼·大司徒》中指出，“大荒大札，则令邦国移民通财”。《孟子》指出，“河内凶，则移其民于河东，移其粟于河内；河东凶亦然”。《汉书·食货志》更加系统地阐述了移民调粟的思想：“岁有上中下熟”“大熟则上籴三而舍一，中熟则籴二，下熟则籴一，使民适足”“小饥则发小熟之所敛，中饥则发中熟之所敛，大饥则发大熟之所敛”“虽遇饥馑、水旱，籴不贵而民不散，取有余以补不足”“籴甚贵伤民，甚贱伤农。民伤则离散，农伤则国贫”。

2. 灾害预防思想

中国古代对各种灾害的事先预防思想则显得更加具有积极意义。古代社会以农耕为主，重农思想成为中国古代事先预防思想的重要内容。战国时期的《管子·治国篇》说：“民事农则田垦，田垦则粟多，粟多则富国。”梁朝时期的刘勰在《新论·贵农》中也这样说道：“衣食足知荣辱，仓廪实知礼义……有九年之储，可以备非常之灾厄也……谷之所以不积者，在于游食者多，而农人少。”其后的中国历史发展过程中，有关重农思想始终成为我国古代社会思想的主要内容之一。这种思想在中国古代实际上就是通过重视经济发展而为民生提供重要的基础。

仓储思想在中国古代早期事先预防思想中同样具有重要地位。可以说，中国古代早期仓储思想是中国古代社会福利思想的重要内容之一。《逸周书·文传篇》记载：“天有四殃，水旱饥荒，其至无时，非务积聚，何以备之?”《康济录》中指出：“天下无常丰之岁，倘有缓急，不可无备。”《礼记·王制篇》言简意赅地论述了仓储思想的重要性，“国无九年之蓄，曰不足；无六年之蓄，曰急；无三年之蓄，曰国非其国也。三年耕必有一年之食，九年耕必有三年之食，以三十年之通，虽有凶旱水溢，民无菜色”[①]。

西汉著名思想家贾谊在《论积贮疏》中，系统阐明了仓储在避免灾荒带来流民和痛苦、促进各种社会事业、提高百姓社会道德水平方面的积极影响。贾谊首先阐述了历史上的仓储传统及其意义。他指出：“管子曰：‘仓廪实而知礼节。’民不足而可治者，自古及今，未之尝闻。古之人曰：‘一夫不耕，或受之饥；一女不织，或受之寒。’生之有时，而用之亡度，则物力必屈。古之治天下，至孅至悉也，故其畜积足恃。今背本而趋末，食者甚众，是天下之大残也；淫侈之俗，日日以长，是天下之大贼也。残贼公行，莫之或止；大命将泛，莫之振救。生之者甚少，而靡之者甚多，天下财产何得不蹶!”

贾谊批评了西汉时期在仓储方面的不足及其可能引发的严重后果：“汉之为汉，几四十年矣，公私之积，犹可哀痛！失时不雨，民且狼顾；岁恶不入，请卖爵子，既闻耳矣。安有为天下阽危者若是而上不惊者？世之有饥穰，天之行也，禹、汤被之矣。即不幸有方二三千里之旱，国胡以相恤？卒然边境有急，数千百万之众，国胡以馈之？兵旱相乘，天下大屈，有勇力者聚徒而衡击；罢夫羸老易子而咬其骨。政治未毕通也，远方

---

① 王友、王元京、谢卫东：《中国保险实务全书》，中国物价出版社 1993 年版，第 1172-1173 页。

之能疑者，并举而争起矣。乃骇而图之，岂将有及乎？”

因此，贾谊认为，仓储对一个国家来说是非常重要的事情。《论积贮疏》有言：“夫积贮者，天下之大命也。苟粟多而财有余，何为而不成？以攻则取，以守则固，以战则胜。怀敌附远，何招而不至！今殴民而归之农，皆著于本；使天下各食其力，末技游食之民，转而缘南亩，则畜积足而人乐其所矣。可以为富安天下，而直为此廪廪也，窃为陛下惜之。”

三、民本与恤民思想

1. 民本思想

中国古代民本思想具有重要的地位和影响。唐代吴兢所撰的《贞观政要·君道》中有言：“为君之道，必须先存百姓。若损百姓以奉其身，犹割股以啖腹，腹饱而身毙。若安天下，必须先正其身，未有身正而影曲，上治而下乱者。朕每思伤其身者不在外物，皆由嗜欲以成其祸。若耽嗜滋味，玩悦声色，所欲既多，所损亦大，既妨政事，又扰生民。且复出一非理之言，万姓为之解体，怨讟既作，离叛亦兴。朕每思此，不敢纵逸。”

该书还指出：“陛下为人父母，抚爱百姓，当忧其所忧，乐其所乐。自古有道之主，以百姓之心为心，故君处台榭，则欲民有栋宇之安；食膏粱，则欲民无饥寒之患；顾嫔御，则欲民有室家之欢。此人主之常道也。”“治天下者以人为本。”

吴兢在《贞观政要》中还强调基本民生及藏富于民的思想。该书写道：“国以民为本，人以食为命，若禾黍不登，则兆庶非国家所有。既属丰稔若斯，朕为亿兆人父母，唯欲躬务俭约，必不辄为奢侈。朕常欲赐天下之人，皆使富贵。今省徭赋，不夺其时，使比屋之人，恣其耕稼，此则富矣。敦行礼让，使乡闾之间，少敬长，妻敬夫，此则贵矣。”

贞观二年（628 年），太宗谓黄门侍郎王珪曰：“凡理国者，务积于人，不在盈其仓库。古人云：‘百姓不足，君孰与足。’但使仓库可备凶年，此外何烦储蓄！后嗣若贤，自能保其天下；如其不肖，多积仓库，徒益其奢侈，危亡之本也。”贞观六年（632 年），太宗谓侍臣曰：“如朕本心，但使天下太平，家给人足，虽无祥瑞，亦可比德于尧、舜。若百姓不足，夷狄内侵，纵有芝草遍街衢，凤凰巢苑囿，亦何异于桀、纣？……夫为人君，当须至公理天下，以得万姓之欢心。若尧、舜在上，百姓敬之如天地，爱之如父母，动作兴事，人皆乐之；发号施令，人皆悦之；此是大祥瑞也。自此后诸州所有祥瑞，并不用申奏。”

2. 恤民思想

中国古代还提出了关于减徭薄赋的思想和节约的思想。《周礼》中指出，“一曰散利，二曰薄征，三曰缓刑，四曰弛力”。汉代汉宣帝元康二年（前 64 年）下诏：“今天下颇被疾疫之灾……其令郡国被灾甚者，毋出今年租赋。”《孔子家语》中提出节俭以施灾害救济的思想：“凶年则乘驽马，弛道不修，祈以币玉，祭祀不悬，祀以下牲，此贤君自贬以救民之礼。夫人君遇灾，尚务抑损，况庶民乎？即民令稍苏，宜常念艰苦之时，爱惜物力。”①

唐代的权德舆在《论旱灾表》中指出：“天下理在百姓安，百姓安在赋税减，赋税减在经费省，天下未有不由此涂出也。生之者少，靡之者多，物力既屈，人命必蹶……‘天地节而四时成。节以制度，不伤财，不害人。’伏望俾有司审量入之数，节轻用之源，无冗食，无浮费，百事省啬，以俟丰年，此一救灾恤患之切务也。”②

崇尚节俭思想构成《贞观政要》中社会福利思想的又一内容。该书写道：“由此观之，奢侈者可以为戒，节俭者可以为师矣。”“富者越法度以相尚，贫者破资产而不逮。徒伤教义，无益泉壤，为害既深，宜为惩革。”“自古明王圣主，虽因人设教，宽猛随时，而大要以节俭于身、恩加于人二者是务。故其下爱之如父母，仰之如日月，敬之如神明，畏之如雷霆，此其所以卜祚遐长而祸乱不作也。”该书指出：“若能思其所以危，则安矣；思其所以乱，则治矣；思其所以亡，则存矣。知存亡之所在，节嗜欲以从人，省游畋之娱，息靡丽之作，罢不急之务，慎偏听之怒。近忠厚，远便佞，杜悦耳之邪说，甘苦口之忠言。去易进之人，贱难得之货，采尧、舜之诽谤，追禹、汤之罪己，惜十家之产，顺百姓之心。”

《贞观政要》中体恤民众疾苦、减轻百姓徭役的思想主张构成其社会福利思想内容的又一重要方面。该书指出：“崇饰宫宇，游赏池台，帝王之所欲，百姓之所不欲。帝王所欲者放逸，百姓所不欲者劳弊。孔子云：‘有一言可以终身行之者，其恕乎！己所不欲，勿施于人。’劳弊之事，诚不可施于百姓。朕尊为帝王，富有四海，每事由己，诚能自节。若百姓不欲，必能顺其情也。”该书还指出：“林深则鸟栖，水广则鱼游，仁义积则物自归之。人皆知畏避灾害，不知行仁义则灾害不生。夫仁义之道，当思之在心，常令相继，若斯须懈怠，去之已远。犹如饮食资身，恒令腹饱，乃可存其性命。”

休养生息及体恤民情的思想也是《贞观政要》所包含的重要社会福利思想。该书写道：“贞观十一年……中书侍郎岑文本上封事曰：臣闻开拨乱之业，其功既难；守已成之基，其道不易。故居安思危，所以定其业也；有始有卒，所以崇其基也。今虽亿兆乂安，方隅宁谧，既承丧乱之后，又接凋弊之余，户口减损尚多，田畴垦辟犹少。覆焘之恩著矣，而疮痍未复；德教之风被矣，而资产屡空。是以古人譬之种树，年祀绵远，则枝叶扶疏；若种之日浅，根本未固，虽壅之以黑坟，暖之以春日，一人摇之，必致枯槁。今之百姓，颇类于此。常加含养，则日就滋息；暂有征役，则随日凋耗；凋耗既甚，则人不聊生；人不聊生，则怨气充塞；怨气充塞，则离叛之心生矣。……是以古之哲王虽休勿休，日慎一日者，良为此也。伏惟陛下览古今之事，察安危之机，上以社稷为重，下以亿兆在念。明选举，慎赏罚，进贤才，退不肖。闻过即改，从谏如流。为善在于不疑，出令期于必信。颐神养性，省游畋之娱；去奢从俭，减工役之费。务静方内，而不求辟土；载櫜弓矢，而不忘武备。凡此数者，虽为国之恒道，陛下之所常行。臣之愚昧，惟愿陛下思而不怠，则至道之美与三、五比隆，亿载之祚与天地长久。虽使

---

① 王友、王元京、谢卫东：《中国保险实务全书》，中国物价出版社 1993 年版，第 1174-1175 页。

② （清）董浩等：《全唐文》卷 488《论旱灾表》，中华书局 1983 年版，第 4980 页。

桑谷为妖，龙蛇作孽，雉雊于鼎耳，石言于晋地，犹当转祸为福，变灾为祥，况雨水之息，阴阳恒理，岂可谓天谴而系圣心哉？”

四、社会福利思想

1. 养老思想

养老思想在中国古代社会福利思想中具有重要地位，中国古代养老思想在早期各种典籍之中都有广泛的阐述。记述早期中国历史与社会的《礼记·王制》中这样记载："凡养老，有虞氏以燕礼，夏后氏以飨礼，殷人以食礼，周人修而兼用之。五十养于乡，六十养于国，七十养于学，达于诸侯。”《礼记·王制》还记载：“有虞氏养国老于上庠，养庶老于下庠。夏后氏养国老于东序，养庶老于西序。殷人养国老于右学，养庶老于左学。周人养国老于东胶，养庶老于虞庠，虞庠在国之西郊。有虞氏皇而祭，深衣而养老。夏后氏收而祭，燕衣而养老。殷人冔而祭，缟衣而养老。周人冕而祭，玄衣而养老。凡三王养老皆引年。”①

《孟子·梁惠王》也记述了孟子关于尊老和养老的主张，甚至将尊老爱幼视作为君之道。他指出：“挟太山以超北海，语人曰‘我不能’，是诚不能也。为长者折枝，语人曰‘我不能’，是不为也，非不能也。故王之不王，非挟太山以超北海之类也；王之不王，是折枝之类也。老吾老，以及人之老；幼吾幼，以及人之幼。天下可运于掌。”孟子还提出具体的养老主张。他指出：“五亩之宅，树之以桑，五十者可以衣帛矣。鸡豚狗彘之畜，无失其时，七十者可以食肉矣。百亩之田，勿夺其时，数口之家可以无饥矣。谨庠序之教，申之以孝悌之义，颁白者不负戴于道路矣。七十者衣帛食肉，黎民不饥不寒，然而不王者，未之有也。”

2. 贫困救助思想

由于受到社会发展状况的制约，中国古代社会救助思想主要集中在对老弱病残、鳏寡孤独者的救济方面。《周礼》中的《地官司徒·大司徒》提出了六种社会救济内容：“一曰慈幼，二曰养老，三曰振穷，四曰恤贫，五曰宽疾，六曰安富。”《礼记·王制》中指出，社会各个行业的人都应该对老弱病残者提供必要的救济。该篇这样写道：“少而无父者谓之孤，老而无子者谓之独，老而无妻者谓之矜，老而无夫者谓之寡。此四者，天民之穷而无告者也，皆有常饩。瘖、聋、跛、躃、断者、侏儒、百工，各以其器食之。”

《墨子·兼爱》也指出：“昔者文王之治西土，若日若月，乍光于四方，于西土。不为大国侮小国，不为众庶侮鳏寡，不为暴势夺穑人黍稷狗彘。天屑临文王慈，是以老而无子者，有所得终其寿；连独无兄弟者，有所杂于生人之间，少失其父母者，有所放依而长。”

① 王子今、刘悦斌、常宗虎：《中国社会福利史》，中国社会出版社 2002 年版，第 28-29 页。

《管子·入国》更是系统地论述了国家应该如何对老弱病残者提供必要的社会救助，其中写道："入国四旬，五行九惠之教。一曰老老，二曰慈幼，三曰恤孤，四曰养疾，五曰合独，六曰问疾，七曰通穷，八曰振困，九曰接绝。"意思是说，国家应该安排相应的官员来关心和救助上述九种不同情况的人。《管子·五辅》还指出，"养长老，慈幼孤，恤鳏寡，问疾病，吊祸丧，此谓匡其急"。

3. 社会福利思想的主要特点

中国古代社会福利思想具有以下特点。

首先，中国古代早期的社会福利思想具有系统性和全面性。古代早期思想家不仅系统阐述了先秦、秦汉时期中国关于社会福利的基本思想，而且比较全面地论述了包括灾害救助、养老以及对鳏寡孤独者的社会救助思想，这种思想较之古代早期西欧的社会福利思想更加具体。

其次，中国古代早期社会福利思想具有世俗性与政治性。中国古代思想家主要站在世俗生活以及维护统治者政治利益的角度来阐述其社会福利的基本主张，并将社会福利与政治稳定紧密地结合起来，既宣扬统治者应该通过实行社会福利等"仁政"来赢得民心，也提醒统治者应该关注民生以维持长治久安。世俗性与政治性也是中国古代早期社会福利思想有别于西方社会福利思想的重要之处。

再次，中国古代早期社会福利思想表现出预防与救助并重的特点。中国古代早期思想家不仅重视对各种灾害造成的贫民实行救济，而且关注采取积极的措施有效地预防各种灾害的发生。这种社会福利思想应该是中国古代早期社会福利思想的一大精华。

最后，中国古代社会福利思想具有明显的伦理性。中国古代思想始终将自己的社会福利思想与中国社会伦理紧密相连，其所提出的社会福利思想，在家庭内部强调家庭成员之间的尊老爱幼、节俭备荒，在国家内部强调君臣伦理、长幼有序、君应爱民、民应忠君的伦理思想，这种社会福利思想所要达到的目的不仅是为贫困者提供帮助，还要达到维护和发扬中国古代基本社会伦理的目的。

第二节　中国近代民生思想

一、晚清时期的保险思想

1. 19 世纪前期的保险思想

鸦片战争后，一批思想家开始思考救国救民的道路，其中的一些思想家提出了"保险救国"思想，虽然其所谓的保险主要是商业保险，其目的是使国家强大，但其中也包含着救民的思想。

魏源是较早提出在中国实施保险的思想家。他在《海国图志》中介绍了西方国家水险、火险和寿险三种商业保险："一曰船担保。舟航大洋，难保沉覆。假如船价二万元，载货五万元出海，每月纳会中银每百两纳二三钱，假使船三月到岸，平安无失，所纳银作为会中公费。如或船货有失，视其损失之分数，如仅桅折货湿，会中如数补偿；如或全船沉溺，则会中即偿其半，但必实报实验。众力恤灾，从无推却……同休戚，共利害，岁终会计，有利均分，有害分受，要之利多害少。二曰宅担保……假如本屋价银二千，每年纳会中银二十元，不幸被灾，则会中亦代偿其半。三曰命担保。假如老妻弱子，身后恐无生计，每年于会中入五十元。死后，如后嗣成立，无需赒恤则已；如贫不能自存，则会中赡其家，每年一千元。”魏源系统介绍了英国的海上保险，他指出：“虞船货之存失不定，则又约人担保之。设使其船平安抵岸，每银百两给保价三四两，即如担保一船二万银，则预出银八百两。船不幸沉沦，则保人给偿船主银二万两。”①

洪仁玕在《资政新篇》中阐述了西方的保险思想。他指出：“外国有兴保人物之例，凡屋宇、人命、货物、船等有防于水火者，先与保人议定，每年纳银若干，有失则保人赔其所值，无失则赢其所奉。若失命，则父母、妻子有赖，失物，则己不致尽亏。”②

王韬在《弢园文录外编》中系统介绍了西方的保险实践：“顾风波之险，有时不可测料，于是特设保险公司以为之调剂，于百中取二三，无事则公司得权微利，有失则商人有所籍手，不至于大损，此其法诚至善也。”王韬呼吁建立中国自己的保险事业，否则，“不有保险，则货客且为之馁”，国家也将“寄人篱下，权自彼操”。他认为：“招商保险二者当相辅以并行。”“以中国之人保中国之货，不必假手于外洋，而其利乃尽归于我。”王韬还指出：“保险之利开，为商贾之航海者，无所大损，而华人之利仍流于华人中，而不至让西人独据利薮。”③

2. 19 世纪后期的保险思想

洋务运动时期，保险思想有了进一步发展。钟天纬指出，“外国经商商务，不外两端有公司，而力量始厚，有保险而意外无虞，而商务乃有恃而无恐”。他指出，保险是“卫商便民之善术也，试能令华商创设公司，仿行保险，一切变通其法，则每年各海口保险之费，不致流入外洋矣”④。

维新派人士陈炽在《续富国策》中的《保险集资说》一节，阐述了保险尤其是工厂保险产生的原因及其作用：“其关系至巨者，则尤在水险、火险及货物道途之险。中国商局轮船保险之费，岁需数十万金。刻已立仁济和保险公司，自保水险以收溢利。惟各处纺纱缫丝织布诸局、厂，岁岁增多，资本各数十万金，工人以数百千计。欲不保险，则人命物业跬步堪虞。且步此织布局灾，未经保险，事后之论咸归咎于总理之事，于是每厂每岁数万金之保费，唾手而让之外人。”

陈炽主张“自立保险公司”。他指出：“且沿江海数十厂，每厂数万金，每年即数百万金，而必让西人以独专其利也，何为也哉！中国官商隔膜，商与商又隔膜，以致自相携贰，听命他人。故一言商务之赢亏，而不能痛恨太息于华人之不通外情不顾大局者，

① 魏原杰、吴申元：《中国保险百科全书》，中国发展出版社 1992 年版，第 667-668 页。
② 魏原杰、吴申元：《中国保险百科全书》，中国发展出版社 1992 年版，第 668 页。
③ 魏原杰、吴申元：《中国保险百科全书》，中国发展出版社 1992 年版，第 675 页。
④ 魏原杰、吴申元：《中国保险百科全书》，中国发展出版社 1992 年版，第 669 页。

此也。诚由官设立商政局选举公正绅董，纠资集股，自立保险公司，只收华人保险之费，每岁亦数千百万金。开诚布公，通力合作，保众人之物业，收各埠之利权。即此保险一端，而华商之大势成，中国之全局振矣。”①

郑观应是洋务运动时期又一位主张实行保险的重要人物。他在《盛世危言》中专门写了“保险”篇，首先介绍保险类别与承保范围。他指出：“保险有三等：一水险，二火险，三人险。水险保船载货，火险保房屋、货栈，人险保性命、疾病。”郑观应阐述了保险的性质与功能。他指出：“盖所谓保险者，不过以一人一身之祸派及众人。譬如一人房屋或行船遇险，由公司赔偿，而公司之利仍取之于人。如保房屋一千座，其中一座失险，则以九百九十九座之利银偿还遇险之一座，在公司不过代为收付，稍沾经费而已。人险亦然。大抵人生之寿通算以四十岁为限，若至四十岁尚未命终，则以前所收之保银一概给还。且其人业经保险，若未至所保之期无故而死，则可得巨款，除丧葬外尚有盈余。此等便宜之事亦何乐而不为乎？”

郑观应还认识到保险费率应随风险程度不同而变化。他指出：“货物保险，非独寻常之时，即遇战事、盗劫，凡意外之灾，皆可以保，惟价分数等：在兵祸中保险其价最昂，较寻常须加数倍；其盗劫等事次之，然亦与寻常保险不同，缘此等事非意料所可及也。”郑观应还阐述了保险中的道德风险。他指出：“惟保险之法一行，每有奸商故将货物之价多报，以冀物失船沉，得以安稳获利。此等天良丧尽之徒，虽国家严禁，不啻三令五申，而利之所在人必趋之，仍多尝试。亦有将房屋托保，故付祝融者。公司中遇此等之人别无善法防范，惟有付之一叹而已。”郑观应指出，在中国，“保险公司不嫌其多”，可“不为外人掣肘也”②。

二、孙中山的民生主义

1. 社会问题便是民生问题

孙中山是伟大的革命先行者，他不仅毕生致力于中华民族独立与社会民主，也终身致力于改善民生。其民生思想集中体现在《三民主义》中的“民生主义”。孙中山首先界定了民生的概念。他指出，民生就是人民的生活——社会的生存、国民的生计、群众的生命。孙中山将民生主义提升到一个高度加以认识和阐述。他指出：“民生主义就是社会主义，又名共产主义，即是大同主义。”③“民生就是政治的中心，就是经济的中心和种种历史活动的中心，好像天空以内的重心一样。”④

孙中山阐述了资本主义社会问题产生的原因。他指出，机器发明之后，许多人就失业，没有工做，没有饭吃。“社会主义中的最大问题，就是社会经济问题。这种问题，就是一班人的生活问题。因为机器发明以后，大部分人的工作都是被机器夺去了，一班

① 魏原杰、吴申元：《中国保险百科全书》，中国发展出版社1992年版，第676页。

② 魏原杰、吴申元：《中国保险百科全书》，中国发展出版社1992年版，第676页。

③ 孙中山：《三民主义》，东方出版社2014年版，第182页。

④ 孙中山：《三民主义》，东方出版社2014年版，第204页。

二人不能够生存，便发生社会问题。所以社会问题之发生，原来是要解决人民的生活问题……社会问题便是民生问题，所以民生主义便可说是社会主义的本题。”①

孙中山阐述了欧美社会政策所发挥的积极作用。他指出：“要用政府的力量改良工人的教育，保护工人的卫生，改良工厂和机器，以求极安全和极舒服的工作。能够这样改良，工人便有做工的大能力，便极愿意去做工，生产的效力便是很大。这种社会进化事业在德国施行最早，并且最有成效。近来英国、美国也是一样的仿行，也是一样的有成效”②；“分配之社会化，更是欧美社会最近的进化事业……欧美各国最新的市政府，供给水电、煤气以及面包、牛奶、牛油等食物，就是用政府来分配货物。像用这种分配的新方法，便可以省去商人所赚的佣钱，免去消耗者所受的损失。就这种新分配方法的原理讲，就可以说是分配之社会化”③。

孙中山阐述了社会进步的动力。他指出：社会之所以有进化，是由于社会上大多数的经济“利益”相调和，不是由于社会上大多数的经济利益有冲突。社会上大多数的经济利益相调和，就是为大多数谋利益。大多数有利益，社会才有进步。社会上大多数的经济利益之所以要调和，就是因为要解决人类的生存问题。古今一切人类之所以要努力，就是因为要求生存；人类因为要有不间断的生存，所以社会才有不停止的进化。所以社会进化的定律，是人类求生存。人类求生存，才是社会进化的原因。④

孙中山同样阐述了资本主义国家的社会进步。他指出：“欧美各国从这种种经济利益相调和的事业发达以后，社会便极有进化，大多数便很享幸福。”⑤ 他特别阐述了德国社会保险制度的实施所带来的社会进步。“德国当俾士麦执政的时代，用国家力量去救济工人的痛苦，做工时间是由国家规定了八点钟；青年和妇女做工的年龄与时间，国家定了种种限制；工人的养老费和保险费，国家也有种种规定，要全国的资本家担任去实行。”⑥

2. 民生问题的解决办法

孙中山阐述了中国解决民生问题的主要办法。“民生主义的办法，国民党在党纲里头老早是确定了。国民党对于民生主义定了两个办法：第一个是平均地权，第二个是节制资本。只要照这两个办法，便可以解决中国的民生问题。”⑦ 孙中山阐述了在中国提倡民生主义的重要意义。他指出：“我们国民党所提倡的民生主义，不但是最高的理想，并且是社会的原动力，是一切历史活动的重心。民生主义能够实行，社会问题才可以解决；社会问题能够解决，人类才可以享很大的幸福。”⑧

① 孙中山：《三民主义》，东方出版社2014年版，第187页。
② 孙中山：《三民主义》，东方出版社2014年版，第194页。
③ 孙中山：《三民主义》，东方出版社2014年版，第195页。
④ 孙中山：《三民主义》，东方出版社2014年版，第196页。
⑤ 孙中山：《三民主义》，东方出版社2014年版，第198页。
⑥ 孙中山：《三民主义》，东方出版社2014年版，第200页。
⑦ 孙中山：《三民主义》，东方出版社2014年版，第205页。
⑧ 孙中山：《三民主义》，东方出版社2014年版，第209页。

孙中山指出，各国解决民生问题的办法不同，但其目标是相同的。他说："至于世界各国，因为情形各不相同，资本发达的程度也是各不相同，所以解决民生问题的办法，各国也是不能相同"；"我们要解决中国的社会问题，和外国是有相同的目标。这个目标，就是要全国人民都可以得安乐，都不致受财产分配不均的痛苦……我们三民主义的意思，就是民有、民治、民享。这个民有、民治、民享的意思，就是国家是人民所共有，政治是人民所共管，利益是人民所共享"。①

孙中山进一步指出："吃饭问题就是顶重要的民生问题。如果吃饭问题不能够解决，民生主义便没有方法解决。所以民生主义的第一个问题，便是吃饭问题"；"现在我们讲民生主义，就是要四万万人都有饭吃，并且要有很便宜的饭吃。要全国的个个人都有便宜饭吃，那才算是解决了民生问题"。② 孙中山认为，分配问题在解决民生问题中具有重要作用和地位。他指出："我们要完全解决民生问题，不但是要解决生产的问题，就是分配的问题也是要同时注重的。分配公平方法，在私人资本制度之下是不能够实行的。因为在私人资本制度之下，种种生产的方法都是向往一个目标来进行，这个目标是什么呢？就是赚钱……像这样的分配方法，专是以赚钱为目标，民生问题便不能够完全解决。我们要实行民生主义，还要注重分配问题。我们所注重的分配方法，目标不是在赚钱，是要供给大家公众来使用。"③

孙中山认为社会保险是实现民生主义的关键。"中国工人之生活绝无保障。国民党之主张，则以为工人之失业者，国家当为之谋救济之道。尤当为之制定劳工法，以改良工人之生活。此外如养老之制、育儿之制、周恤废疾之制、普及教育之制，有相辅而行之性质者，皆当努力以求其实现，凡此皆民生主义所有事也。"孙中山认同和主张实施19世纪末德国的工伤保险法、疾病保险法、老年和残疾保险法，并主张建立合作保险。他指出，地方自治应以实行民权、民生两主义为目的，自治区应首先从清户口、立机关、定地价、修道路、垦荒地、设学校开始，在以上这些开始试办有成效后，逐步推广实行农业合作、工业合作、银行合作、保险合作等。孙中山积极主张设立保险局。他指出，"设立贸易银行及货物保险局"，"以实现国家为民之所有，为民之所治，为民之所享之"。

三、廖仲恺的合作保险思想

1. 保险的功能

廖仲恺是著名资产阶级革命家，他非常认同苏维埃俄国由国家机关和人民合作社办理的保险制度。在其《消费合作社概论·导论》中，廖仲恺阐述了保险的重要功能和属性。他指出，保险是一项"具有专占性质和公共卫生者"的事业，其目的之一是"为行公有公营政策，这种方法推而广之将成为'集产的社会主义'"；另一目的是为组织消

① 孙中山：《三民主义》，东方出版社2014年版，第205-222页。

② 孙中山：《三民主义》，东方出版社2014年版，第222-226页。

③ 孙中山：《三民主义》，东方出版社2014年版，第238页。

费合作社，进而走向“共产的社会主义”。他指出：“近世产业进步之国家，当社会之经济制度未经彻底改革之先，为防资本集中于个人而牺牲社会故，对于交通、食水、煤气、电力、制盐、卷烟、炼钢、织造、保险等事业，其尤进者则并土地、矿山，与夫凡有专占性质或有关于公共卫生者之属，行公有公营政策。诚使范围推广，则一种集产的社会主义于以达到。”

2. 消费合作社保险

廖仲恺主张由消费合作社办理社会保险。他指出，“合作社社员，虽仍以营业之任务，委托所选举之少数人，然其对于业务之进行，比诸国家都市所经营者，监督之机会较多，且较直接而有力”，“合作社所造之因，既本于人民之经济的自助，则其所结之果，以较凭借政治之机关，养成依赖之惯习者，佳胜多矣”。廖仲恺指出，任何国家，都要搞好包括保险在内的各项“具有专占性质和公共卫生者”的事业，要以“平和渐进之方”，达到“理想组织之域”，合作社形式的工团，可以“补偏救弊”。

他指出在苏维埃俄国，包括保险在内的各项事业都掌握在基于公有制的国家机关以及人民合作社之手，这是“空前之举，震慑全球，前途曙光，必能出人群于黑暗”。廖仲恺主张中国保险应走消费合作社的道路。他指出：“公营政策之成功，自难企于现行制度之下，则所余以为解决生产分配问题之平和手段者，惟人民之合作运动耳。倘消费者能互相团结，以谋自助，则资本主义之跋扈，不致自灭，而产业的民主之基础，于以构成矣。”①

第三节　中国共产党的民生思想

一、毛泽东的民生保障思想

1. 第一、二次国内革命战争时期的民生保障思想

中国共产党始终重视民生和社会福利，并将革命、改革与民生、社会福利放在党的工作的重要位置。早在中国共产党成立初期和第一、二次国内革命战争时期，残酷卓绝的军事斗争伴随着艰难困苦的生活条件，成为威胁中国共产党领导的武装力量、红色政权以及革命前途的重要因素。在这样的背景下，毛泽东在非常重视政治与军事斗争的同时，就非常重视和强调发展和改善民生，并在一系列重要文献中对此进行了比较全面、系统、深刻而又富于时代特征的论述。毛泽东在《中国的红色政权为什么能够存在?》中指出：“在白色势力的四面包围中，军民日用必需品和现金的缺乏，成了极大的问题。”“每天除粮食外的五分钱伙食费都感到缺乏，营养不足，病的甚多，医院伤兵，其苦更甚。这种困难，在全国总政权没有取得以前当然是不能免的，但是这种困难的比较

① 魏原杰、吴申元：《中国保险百科全书》，中国发展出版社 1992 年版，第 678 页。

地获得解决，使生活比较地好一点，特别是红军的给养使之比较地充足一点，则是迫切地需要的。边界党如不能对经济问题有一个适当的办法，在敌人势力的稳定还有一个比较长的期间的条件下，割据将要遇到很大的困难。”① 显然，在毛泽东看来，民生问题不仅事关人民群众的生活，更是关系到中国共产党领导的工农武装和割据政权是否能够长期存在的重要影响因素。

毛泽东在《关心群众生活，注意工作方法》中更加系统深刻地阐述了改善民生与武装革命、工农群众、中国共产党之间的关系。毛泽东指出：“一切群众的实际生活问题都是我们应当注意的问题。假如我们对这些问题注意了，解决了，满足了群众的需要我们就真正成了群众生活的组织者，群众就会真正围绕在我们的周围，热烈地拥护我们。”毛泽东强调：“我们应该深刻地注意群众生活的问题，从土地、劳动问题，到柴米油盐问题。……要得到群众的拥护吗？要群众拿出他们的全力放到战线上去吗？那末就得和群众在一起，就得去发动群众的积极性，就得关心群众的痛痒，就得真心实意地为群众谋利益，解决群众的生产和生活的问题，盐的问题，米的问题，房子的问题，衣的问题，生小孩子的问题，解决群众的一切问题。我们是这样做了么，广大群众就必定拥护我们，把革命当作他们的生命，把革命当作他们无上光荣的旗帜。”② 显然，这个时期，武装革命与土地革命、打土豪与分田地等中国革命的基本思想和战略策略基本呈现出来，只有实现武装革命的胜利，打倒土豪，才能更好地开展土地革命，实现分田地，也只有开展土地革命，才能争取群众的支持，进而实现武装革命的胜利。以土地革命为最高表现形式的民生成为中国革命的两大基本方式之一。

2. 抗日战争时期的民生保障思想

抗日战争时期，为了团结和争取一切愿意抗日的力量，就必须既重视军事斗争、政治斗争，注意改善民生，又关注一切可以团结的抗日力量的利益，这样才能建立和巩固最广大的抗日民族统一战线，于是毛泽东在民生问题上提出了更具战略与策略意义的思想。毛泽东在《反对日本进攻的方针、办法和前途》中阐述了改善民生对于发展和壮大抗日力量的重要性。他指出，必须“宣布改良人民生活的纲领，并立即开始实行。苛捐杂税的取消，地租的减少，高利贷的限制，工人待遇的改善，士兵和下级军官的生活的改善，小职员的生活的改善，灾荒的救济，从这些起码之点做起。这些新政将使抗日力量无限地提高，巩固政府的基础”③。在《为动员一切力量争取抗战胜利而斗争》中，毛泽东又指出：“改良工人、职员、教员和抗日军人的待遇。优待抗日军人的家属。废除苛捐杂税。减租减息。救济失业。调节粮食。赈济灾荒。”④

为了争取更加广泛的抗日民族统一战线，保证抗日战争取得彻底的胜利，毛泽东在《论联合政府》中明确系统地论述了全民族抗战中民生工作的基本原则。他指出：“在新民主主义的国家制度下，将采取调节劳资间利害关系的政策。一方面，保护工人利益，

① 《毛泽东选集（第一卷）》，人民出版社1991年版，第53页。
② 《毛泽东选集（第一卷）》，人民出版社1991年版，第137-139页。
③ 《毛泽东选集（第二卷）》，人民出版社1991年版，第347-348页。
④ 《毛泽东选集（第二卷）》，人民出版社1991年版，第356页。

根据情况的不同，实行八小时到十小时的工作制以及适当的失业救济和社会保险，保障工会的权利；另一方面，保证国家企业、私人企业和合作社企业在合理经营下的正当的赢利；使公私、劳资双方共同为发展工业生产而努力。"[①]毛泽东同时强调指出，在全民族抗日战争中，"下面这些要求是适当的，并且是最低限度的"[②]。例如，要求改善兵役制度和改善官兵生活；要求优待抗日军人家属，使前线官兵安心作战；要求优待殉国战士的遗族，优待残废军人，帮助退伍军人解决生活和就业问题；要求改善中下级公务员的待遇；要求救济难民和救济灾荒；要求设立大量的救济基金，在国土收复后，广泛地救济沦陷区的受难人民；要求制止无限制的通货膨胀和无限制的物价高涨；要求改善工人生活，救济失业工人，并使工人组织起来，以利于发展工业生产；要求保护青年、妇女、儿童的利益，救济失学青年；等等。[③] 显然，发展和改善群众生活，事关争取和团结抗日力量、建立最广泛的抗日民族统一战线、保证抗日战争的最后胜利。

3. 解放战争时期的民生保障思想

在解放战争时期，如何在国内革命战争即将取得胜利以及取得胜利后的情况下，正确处理革命快速取得胜利与革命快速发展中带来的民生问题，争取处理新中国国家建设中百废待兴与人民群众的基本生活问题，成为事关新中国前途和命运的重大问题。毛泽东在思考和推进政治斗争、军事斗争的同时，更加关注发展和改善民生。毛泽东在《一九四六年解放区工作的方针》中指出："各解放区有许多灾民、难民、失业者和半失业者，亟待救济。此问题解决的好坏，对各方面影响甚大。救济之法，除政府所设各项办法外，主要应依靠群众互助去解决。此种互助救济，应由党政鼓励群众组织之。"[④]

4. 新中国成立初期的民生保障思想

新中国成立以后，毛泽东更加重视民生问题。在《为争取国家财政经济状况的基本好转而斗争》中，毛泽东指出："必须认真地进行对于失业工人和失业知识分子的救济工作，有步骤地帮助失业者就业。必须继续认真地进行对于灾民的救济工作。"[⑤] 在《给马叙伦的信》中，毛泽东针对学生的健康和营养问题特别指出："各校注意健康第一，学习第二。营养不足，宜酌增经费。……病人应有特殊待遇。全国一切学校都应如此。""关于学生健康问题，……此问题深值注意，提议采取行政步骤，具体地解决此问题。"[⑥] 毛泽东在《国家预算要保证重点建设又要照顾人民生活》中更加具体地指出："一九五六年的人民生活有所改善，就业有所增加，人民是高兴的。但是，人民生活的改善，必须是渐进的，支票不可开得过多。过高的要求和暂时办不到的事情，要向人民公开地反复地解释"；"钱和材料只有这样多，一九五七年的年度计划，在某些方面必须比一九五

---

① 《毛泽东选集（第三卷）》，人民出版社 1991 年版，第 1082 页。
② 《毛泽东选集（第三卷）》，人民出版社 1991 年版，第 1063 页。
③ 《毛泽东选集（第三卷）》，人民出版社 1991 年版，第 1064 页。
④ 《毛泽东选集（第四卷）》，人民出版社 1991 年版，第 1176 页。
⑤ 《毛泽东文集（第六卷）》，人民出版社 1999 年版，第 71 页。
⑥ 《毛泽东文集（第六卷）》，人民出版社 1999 年版，第 83 页。

六年作适当压缩，以便既能保证重点建设，又能照顾人民生活需要”。[①]毛泽东的上述思想与主张，对于推进中国革命取得最后的胜利，推动新中国成立后经济建设、民生发展具有重要指导作用。

二、邓小平关于民生的论述

1. 努力帮助群众解决一切能够解决的困难

中国改革开放总设计师邓小平提出的改善和发展民生的思想，具有更加鲜明的时代特色。这就是，必须明确表达：为什么改革开放？——改革开放是为了更好地建设社会主义现代化。怎么改革开放？——必须坚持四项基本原则。改革开放的根本目标是什么？——除了发展生产力，就是满足和提高人民生活水平，这是社会主义制度的要求，是改革开放的根本目标之一，是判断各项改革开放政策是否具有社会主义属性的标准，是判断一切工作是非得失的标准。

改革开放是对中国社会产生重大影响的革命性变革，在快速提升中国经济发展速度和水平的同时，也带来一些民生问题。所以，改革开放初期，邓小平就很重视和强调改善民生。在经济调整中，有些企业或者会全部停工，或者会半停工。有关地方、有关部门对这些单位的干部和工人，除了安排他们轮流从事一些生产劳动，主要应该有计划地、认真地对他们进行正规培训，提高所有受训干部、工人的政治觉悟和业务能力。要继续广开门路，主要通过集体经济和个体劳动的多种形式，尽可能多地安排待业人员，切实保障集体劳动者和个体劳动者的合理利益。[②] 他强调指出：“一定要努力帮助群众解决一切能够解决的困难。暂时无法解决的困难，要耐心恳切地向群众解释清楚。”[③] 显然，关注和改善民生不仅是改革开放事业起步的条件，也是保证和实现改革开放事业顺利推进的条件，更是向全国人民宣告了改革开放的目的所在。

2. 提高人民的生活水平

为了更好地推进改革开放事业，邓小平非常明确地指出了改革开放的根本目标就是提高人民的生活水平，并将提高人民的生活水平提升为社会主义的基本要求。他指出：“贫穷不是社会主义，社会主义要消灭贫穷。不发展生产力，不提高人民的生活水平，不能说是符合社会主义要求的。”[④] 社会主义经济政策对不对，归根到底要看生产力是否发展，人民收入是否增加。这是压倒一切的标准。我们坚持社会主义，要建设对资本主义具有优越性的社会主义，首先必须摆脱贫穷。[⑤] 发挥社会主义的优越性，归根到底是

---

① 《毛泽东文集（第七卷）》，人民出版社1999年版，第159-160页。

② 《邓小平文选（第二卷）》，人民出版社1994年版，第361-362页。

③ 《邓小平文选（第二卷）》，人民出版社1994年版，第368页。

④ 《邓小平文选（第三卷）》，人民出版社1993年版，第116页。

⑤ 《邓小平文选（第三卷）》，人民出版社1993年版，第223-225页。

要大幅度发展社会生产力，逐步改善、提高人民的物质生活和精神生活。[①] 经济长期处于停滞状态总不能叫社会主义。人民生活长期停滞在很低的水平总不能叫社会主义。[②] 他坚定地指出，“不坚持社会主义，不改革开放，不发展经济，不改善人民生活，只能是死路一条”[③]。要把是否有利于发展社会主义社会的生产力、是否有利于增强社会主义国家的综合国力、是否有利于提高人民的生活水平作为判断一切工作是非得失的标准。[④] 显然，在邓小平看来，不断提高人民群众生活水平既是改革开放的目标，更是社会主义的基本要求。

邓小平不仅关注改善和提高民生，还非常强调共同富裕在改善和发展民生中的重要意义。他指出：“共同致富，我们从改革一开始就讲，将来总有一天要成为中心课题。社会主义不是少数人富起来、大多数人穷，不是那个样子。社会主义最大的优越性就是共同富裕，这是体现社会主义本质的一个东西。”[⑤]我们允许一部分人先好起来，一部分地区先好起来，目的是更快地实现共同富裕。[⑥] 社会主义的特点不是穷，而是富，但这种富是人民共同富裕。[⑦]

三、江泽民关于民生的论述

1. 党的一切工作的出发点和归宿点

江泽民担任中共中央委员会总书记时期，是中国经济体制改革尤其是国有企业改革的重要时期，减员增效等一系列经济改革举措使得民生领域出现一些问题，因此，江泽民对民生问题进行了一系列论述，明确提出不断提高人民生活水平是党的一切工作的出发点和归宿点，这不仅是其“三个代表”重要思想的要求，也是正确处理改革、发展、稳定关系的必需，是其所提出的全面建设小康社会的必然要求，也是应对国有企业深化改革的需要。

江泽民系统论述了改善民生在党的工作中的地位。他指出，不断提高人民生活水平，是我们党一切工作的根本出发点和归宿点。人民生活不断改善，就会更加拥护我们党的领导和社会主义制度，更加充满信心地投入改革开放和现代化建设事业，我们党的执政基础也就能够日益巩固。在整个社会生产和建设发展的基础上，不断使全体人民得到并日益增加看得见的利益，始终是我们中国共产党人的神圣职责。全党同志心中始终都要装着人民群众，关心人民群众，千方百计地为他们谋利益，带领他们艰苦奋斗，创造幸福生活。[⑧]

① 《邓小平文选（第二卷）》，人民出版社 1994 年版，第 251 页。
② 《邓小平文选（第二卷）》，人民出版社 1994 年版，第 312-313 页。
③ 《邓小平文选（第三卷）》，人民出版社 1993 年版，第 370 页。
④ 《邓小平文选（第三卷）》，人民出版社 1993 年版，第 23 页。
⑤ 《邓小平文选（第三卷）》，人民出版社 1993 年版，第 364 页。
⑥ 《邓小平文选（第三卷）》，人民出版社 1993 年版，第 171-172 页。
⑦ 《邓小平文选（第三卷）》，人民出版社 1993 年版，第 264-265 页。
⑧ 江泽民：《论“三个代表”》，人民出版社 2002 年版，第 68-69 页。

2. “一要吃饭，二要建设”

江泽民非常关注改革过程中一部分职工的生活困难。他指出，由于改革深化和其他各种原因，有些国有企业不能适应市场经济的要求，生产经营困难，影响到部分职工的工作和生活。对此，各级领导要及时研究，认真解决。必须认识到，从本质上讲，改革是代表工人阶级的根本、长远利益的，是让人民群众特别是广大工人、农民、知识分子得到最大的利益。我们也要十分重视部分群众面临的困难，采取积极有效措施，妥善解决好群众生活特别是困难群众的生活问题。①

江泽民特别强调，必须始终坚持“一要吃饭，二要建设”的原则。他指出：“正确处理‘吃饭’与‘建设’的关系，把人民生活放在优先位置，保证机关事业单位职工工资的按时发放。搞建设要从实际出发，量力而行，充分考虑地方财力和群众的承受能力。上项目应该着眼于增强经济发展的后劲，改善人民的生活条件……能否处理好‘吃饭’与‘建设’的关系，要作为衡量领导干部能否坚持实事求是、坚持走群众路线的一条重要标准。”②

四、胡锦涛关于民生的论述

1. 改革开放和社会主义现代化建设的根本目的

胡锦涛关于保障和改善民生的一系列论述，是科学发展观的直接使然，也是以人为本发展理念的要求，是构建社会主义和谐社会的必然要求，更是全面建成小康社会的必然要求。胡锦涛明确指出，提高人民物质文化生活水平，是改革开放和社会主义现代化建设的根本目的。要多谋民生之利，多解民生之忧，解决好人民最关心最直接最现实的利益问题，在学有所教、劳有所得、病有所医、老有所养、住有所居上持续取得新进展，努力让人民过上更好生活。③ 要牢牢把握保障和改善民生这一根本目的。保障和改善民生，既是满足人民日益增长的物质文化需求的必然要求，也是加快转变经济发展方式、扩大消费的必然要求。要针对民生领域人民群众反映强烈的突出问题，加大财政投入力度，切实办好涉及民生的大事要事，重点加强对困难群众的帮扶，保障他们的基本生活，要加强保障和改善民生工作的制度建设，增强公平性、透明度、可持续性。④

---

① 中共中央文献研究室：《十四大以来重要文献选编（上）》，人民出版社 1996 年版，第 1936 页。

② 江泽民：《论“三个代表”》，人民出版社 2002 年版，第 92 页。

③ 《胡锦涛文选（第三卷）》，人民出版社 2016 年版，第 640 页。

④ 《胡锦涛文选（第三卷）》，人民出版社 2016 年版，第 575-576 页。

2. 立党为公、执政为民的根本要求

胡锦涛指出，保障和改善民生是坚持立党为公，执政为民的根本要求。他指出，坚持立党为公，执政为民，必须落实到关心群众生产生活中去，必须围绕人民群众最现实、最关心、最直接的利益来落实，努力把经济社会发展长远战略目标和提高人民生活水平阶段性任务统一起来，把实现人民长远利益和当前利益结合起来。群众利益无小事，凡是涉及群众的切身利益和实际困难的事情，再小也要竭尽心力去办。要时刻把群众安危冷暖挂在心上，对群众生产生活面临的这样那样的困难，特别是对下岗职工、农村贫困人口、城市贫困居民等困难群众遇到的实际问题，一定要带着深厚感情帮助解决。①

胡锦涛强调，我们的事业在发展，社会在进步，人民群众利益需求也在发展。实现群众愿望，满足群众需要，维护群众利益，是一个动态的不断发展的过程。我们要细心体察群众愿望和利益要求的变化，使我们的政策措施更全面更准确地反映群众利益，使我们的工作更好更有力地体现群众利益。② 显然，胡锦涛关于保障和改善民生的一系列主张，是科学发展观、以人为本的发展理念、推进构建社会主义和谐社会以及全面建成小康社会的必然要求。

五、习近平关于民生的论述

1. 发展的目的是造福人民

习近平关于保障和改善民生的重要思想，具有更加鲜明的新时代特征，它是顺利实现全面建成小康社会这一第一个100年奋斗目标的必然要求，也是实现人民对美好生活向往的必然要求，更是实现将我国建成社会主义现代化国家这一第二个100年奋斗目标的必然要求。

习近平总书记指出，发展的目的是造福人民。要让发展更加平衡，让发展机会更加均等、发展成果人人共享。③ 民生是人民幸福之基、社会和谐之本。要实现经济发展与民生改善的良性循环。改善民生是推动发展的根本目的，抓民生也是抓发展。我们的发展是以人民为中心的发展。全面建成小康社会、进行改革开放和社会主义现代化建设，就是要通过发展社会生产力，不断满足人民对美好生活的向往，促进人的全面发展。既要通过发展经济，为持续改善民生奠定坚实物质基础，又要通过持续不断改善民生，为经济发展创造更多有效需求，实现两者良性循环。④

① 《胡锦涛文选（第二卷）》，人民出版社2016年版，第58页。

② 《胡锦涛文选（第二卷）》，人民出版社2016年版，第75-76页。

③ 《共担时代责任，共促全球发展》，载《人民日报》，2017-01-18。

④ 《习近平总书记系列重要讲话读本（2016年版）》，人民出版社2016年版，第213-214页。

2. 保障和改善民生的总体思路

习近平总书记明确提出了保障和改善民生的总体思路。他指出，要确立“守住底线、突出重点、完善制度、引导舆论”的工作思路。“守住底线”，就是要重点保障低收入群众基本生活。“突出重点”，就是要注意稳定和扩大就业。“完善制度”，就是要坚持全覆盖、保基本、多层次、可持续方针，加强城乡社会保障体系建设。“引导舆论”，就是要促进形成良好舆论氛围和社会预期，引导广大群众树立通过勤劳致富改善生活的理念。[①] 抓民生要抓住人民最关心最直接最现实的利益问题，抓住最需要关心的人群，一件事情接着一件事情办、一年接着一年干，锲而不舍向前走。要多谋民生之利，多解民生之忧。[②]

习近平总书记指出，改善民生要做到尽力而为、量力而行。发展愈是向前，愈要体现到人民生活改善上。民生工作直接同老百姓见面、对账，承诺了的就一定要兑现，要做到件件有着落、事事有回音，让群众看到变化、得到实惠。同时还要意识到，群众对生活的期待是不断提升的，需求是多样化、多层次的，而我国仍处于并将长期处于社会主义初级阶段，改善民生不能脱离这个最大的实际而提出过高目标，只能根据经济发展和财力状况逐步提高人民生活水平，做那些现实条件下可以做到的事情。[③]

总之，中国共产党自成立以来，始终非常重视改善和发展中国的民生事业，提出一系列关于保障和改善民生的重要思想，从毛泽东提出一切群众的实际生活问题都是我们应当注意的问题，邓小平指出是否有利于提高人民生活水平是判断一切工作是非得失的标准，到江泽民提出不断提高人民生活水平是党的一切工作的出发点和归宿点，胡锦涛提出提高人民生活水平是改革开放和社会主义现代化建设的根本目的，习近平总书记进而提出做好经济社会发展工作，民生是指南针。为中国人民谋幸福，为中华民族谋复兴成为中国共产党的初心和使命。党的几代领袖关于民生的重要思想，既是充分体现中国共产党的性质的必然要求，也是中国共产党受到人民拥护和支持的重要前提。这些思想不仅保证了中国革命走向胜利，而且保证了中国共产党走向发展壮大；不仅保证了新中国社会主义建设的发展，而且保证了改革开放和中国特色社会主义事业的发展并取得巨大成就；不仅极大地推动了中国民生事业的发展，而且不断巩固和增强中国共产党执政的群众基础和政治认同；这些思想更加鲜明地体现着中国共产党领导下的中国特色社会主义制度的根本属性与基本目标，丰富了马克思主义关于民生思想的重要内容，成为马克思主义中国化的重要体现。

---

① 中共中央文献研究室：《习近平关于全面建成小康社会论述摘编》，中央文献出版社2016年版，第129-130页。

② 《习近平总书记系列重要讲话读本》，人民出版社2014年版，第112-113页。

③ 《习近平总书记系列重要讲话读本（2016年版）》，人民出版社2016年版，第213-214页。

思　考　题

1. 简述中国古代民生思想的主要特点。
2. 简述孙中山民生主义的核心内容。
3. 简述毛泽东民生思想的重要地位。
4. 简述改革开放以来中国共产党民生思想发展的主要内涵。

第十二章　中国特色社会保障制度思想的发展

改革开放以来，中国共产党对社会保障制度的思想认识逐步发展和深化。在社会保障制度功能方面，逐步从社会保障是推进国有企业改革的重要条件发展到保障人民生活、调节社会分配的一项基本制度，进而提出社会保障是治国安邦的大问题；在社会保障制度目标方面，提出了保障和改善民生、全面建成小康社会和不断满足人民对美好生活的向往；在社会保障制度理念方面，提出了就业是民生之本、促进社会公平正义和共享发展；在社会保障制度发展道路方面，强调社会保障制度的中国特色、城乡统筹发展和可持续发展；在反贫困方面，逐步提出了从救济式扶贫转向扶贫开发，从扶贫攻坚到大扶贫格局，从精准扶贫到精准脱贫的系统的思想。中国共产党对社会保障制度的认识构成中国特色社会主义理论体系的重要内容，是中国共产党对马克思主义社会保障制度理论的重要贡献。

第一节　中国特色社会保障制度的功能

一、建立合理的个人收入分配和社会保障制度

1. 反对平均主义

改革开放初期，中国共产党的工作重点转移到以经济建设为中心，从而开始了中国经济体制改革的进程。打破严重存在的平均主义，提高经济效益成为经济体制改革的最初目标与基本途径，反对平均主义成为中国共产党这一时期经济主张的核心内容，这在1984年的《中共中央关于经济体制改革的决定》中得以集中和明确的体现。该决定指出："长期以来在消费资料的分配问题上存在一种误解，似乎社会主义就是要平均，如果一部分社会成员的劳动收入比较多，出现了较大的差别，就认为是两极分化，背离社会主义。这种平均主义思想，同马克思主义关于社会主义的科学观点是完全不相容的。历史的经验告诉我们：平均主义思想是贯彻执行按劳分配原则的一个严重障碍，平均主义的泛滥必然破坏社会生产力。当然，社会主义社会要保证社会成员物质、文化生活水

平的逐步提高，达到共同富裕的目标。但是，共同富裕决不等于也不可能是完全平均，决不等于也不可能是所有社会成员在同一时间以同等速度富裕起来。如果把共同富裕理解为完全平均和同步富裕，不但做不到，而且势必导致共同贫穷。只有允许和鼓励一部分地区、一部分企业和一部分人依靠勤奋劳动先富起来，才能对大多数人产生强烈的吸引和鼓舞作用，并带动越来越多的人一浪接一浪地走向富裕。"①

不仅如此，中国共产党还对反对平均主义、鼓励一部分人先富起来与共同富裕的关系、一部分人先富起来所产生差别的性质以及鼓励一部分人先富起来的基本政策属性等做出了明确回答。"由于一部分人先富起来产生的差别，是全体社会成员在共同富裕道路上有先有后、有快有慢的差别，而绝不是那种极少数人变成剥削者，大多数人陷于贫穷的两极分化。鼓励一部分人先富起来的政策，是符合社会主义发展规律的，是整个社会走向富裕的必由之路。"中国共产党打破平均主义、促进经济效益提高和鼓励一部分人先富起来的同时，对部分地区与部分人群的贫困等问题也予以关注，并提出社会救济与政策扶贫的主张。我们必须对老弱病残、鳏寡孤独等实行社会救济，对还没有富裕起来的人积极扶持，对经济还很落后的一部分革命老根据地、民族地区、边远地区和其他贫困地区实行特殊的优惠政策，并给以必要的物质技术支援。②

显然，反对平均主义、鼓励一部分人先富起来是该决定的核心思想之一，该决定提到必须对老弱病残、鳏寡孤独等实行社会救济，对还没有富裕起来的人或者地区积极扶持等。

2. 建立合理的个人收入分配和社会保障制度

20 世纪 90 年代初期，中国经济体制改革经历十年进程，其在促进经济快速发展的同时所引发的社会问题开始显性化，促使中国共产党必须思考和阐述经济体制改革与收入分配、社会保障制度之间的关系，必须明确社会保障制度建设的必要性，从而使得中国共产党对社会保障制度的功能的认识开始发生变化，这在 1993 年的《中共中央关于建立社会主义市场经济体制若干问题的决定》中得以明确的体现。该决定提出，要"建立合理的个人收入分配和社会保障制度"，并对社会保障制度的功能做出比较明确的表述："建立多层次的社会保障体系，对于深化企业和事业单位改革，保持社会稳定，顺利建立社会主义市场经济体制具有重大意义。"该决定还指出："重点完善企业养老和失业保险制度，强化社会服务功能以减轻企业负担，促进企业组织结构调整，提高企业经济效益和竞争能力。"③

该决定还对中国社会保障制度体系、保障水平、制度设计与制度管理等提出基本要求，"社会保障体系包括社会保险、社会救济、社会福利、优抚安置和社会互助、个人

① 《中共中央关于经济体制改革的决定》，载中共中央文献研究室：《十二大以来重要文献选编（中）》，人民出版社 1986 年版，第 577-578 页。

② 《中共中央关于经济体制改革的决定》，载中共中央文献研究室：《十二大以来重要文献选编（中）》，人民出版社 1986 年版，第 578 页。

③ 《中共中央关于建立社会主义市场经济体制若干问题的决定》，载劳动和社会保障部、中共中央文献研究室：《新时期劳动和社会保障重要文献选编》，中共中央文献出版社 2002 年版，第 137-138 页。

储蓄积累保障。社会保障政策要统一，管理要法制化。社会保障水平要与我国社会生产力发展水平以及各方面的承受能力相适应。城乡居民的社会保障办法应有区别。提倡社会互助。发展商业性保险业，作为社会保险的补充”。该决定还对相关社会保障制度运行机制、农村社会保障制度建设原则等提出要求：“按照社会保障的不同类型确定其资金来源和保障方式。城镇职工养老和医疗保险金由单位和个人共同负担，实行社会统筹和个人账户相结合。进一步健全失业保险制度，保险费由企业按职工工资总额一定比例统一筹交。普遍建立企业工伤保险制度。农民养老以家庭保障为主，与社区扶持相结合。有条件的地方，根据农民自愿，也可以实行个人储蓄积累养老保险。发展和完善农村合作医疗制度。”①

显然，20 世纪 90 年代初，中国共产党开始认识到建立合理的社会保障制度体系的必要性。基于经济建设的中心地位，中国共产党认识到社会保障制度的政治与社会功能，指出社会保障制度能够“促进社会稳定”，突出了社会保障制度的经济功能，尤其是强调了社会保障制度建设对于“深化企业和事业单位改革”“顺利建立社会主义市场经济体制”“减轻企业负担，促进企业组织结构调整，提高企业经济效益和竞争能力”等的多种经济功能。

可见，改革开放初期，中国的经济体制改革驱动了社会保障制度改革，中国共产党开始认识到建立社会保障制度的必要性。经济体制改革的核心地位使得中国共产党对社会保障制度功能的认识，在肯定其具有促进社会稳定的政治与社会功能的同时，也突出了社会保障制度的经济功能，社会保障制度改革服务于经济体制改革，并成为经济体制改革的工具。

二、加快建设与经济发展水平相适应的社会保障体系

1. 国有企业改革的重要条件

世纪之交，中国经济体制改革向纵深发展，提高经济效益和增强企业竞争力成为突出的目标，国有企业改革进入攻坚阶段，服务和推进经济体制改革成为包括社会保障制度在内的许多社会政策的出发点和落脚点，这势必影响中国共产党对社会保障制度功能的认识。这在 1999 年的《中共中央关于国有企业改革和发展若干重大问题的决定》中可以清楚地看出。该决定指出：“下岗分流、减员增效和再就业，是国有企业改革的重要内容。要把减员与增效有机结合起来，达到降低企业成本、提高效率和效益的目的”；“加快社会保障体系建设，是顺利推进国有企业改革的重要条件”。② 显然，该决定更加突出了社会保障制度的经济功能，并将社会保障制度建设定位于顺利推进国有企业改革的条件。

---

① 《中共中央关于建立社会主义市场经济体制若干问题的决定》，载劳动和社会保障部、中共中央文献研究室：《新时期劳动和社会保障重要文献选编》，中共中央文献出版社 2002 年版，第 138-139 页。

② 《中共中央关于国有企业改革和发展若干重大问题的决定》，载劳动和社会保障部、中共中央文献研究室：《新时期劳动和社会保障重要文献选编》，中共中央文献出版社 2002 年版，第 414-415 页。

基于上述认识，该决定对旨在实现减员增效的下岗失业人员的社会保障制度提出特别要求："切实做好下岗职工基本生活保障工作，维护社会稳定。下岗分流要同国家财力和社会承受能力相适应。……要进一步完善下岗职工基本生活保障、失业保险和城市居民最低生活保障制度，搞好这三条保障线的相互衔接，把保障下岗职工和失业人员基本生活的政策措施落到实处。"该决定还对相关社会保障制度建设提出明确要求，这一方面是为了通过相关社会保障制度建设"维护社会稳定"，也是为了更好地服务于"推进国有企业改革"。该决定指出："要依法扩大养老、失业、医疗等社会保险的覆盖范围，城镇国有、集体、外商投资、私营等各类企业及其职工都要参加社会保险，缴纳社会保险费。……进一步完善基本养老保险省级统筹制度，增强基金调剂能力。要采取多种措施，包括变现部分国有资产、合理调整财政支出结构等，开拓社会保障新的筹资渠道，充实社会保障基金。……逐步推进社会保障的社会化管理，实行退休人员与原企业相分离，养老金由社会服务机构发放，人员由社区管理。"①

2. 加快建设与经济发展水平相适应的社会保障体系

"减员增效"势必导致经济增长与收入分配、经济效率与社会公平等的不协调，从而有可能引发社会问题的突出化，促使中国共产党必须反思经济发展与改善民生的关系，对社会保障保障制度功能的认识，再次成为中国共产党必须做出合理判断和明确回答的问题。于是，中国共产党在认真总结以往认识的基础上，结合经济发展的基本要求与民生改变的普遍需求，对社会保障制度功能进行新的思考和定位，并在 2003 年的《中共中央关于完善社会主义市场经济体制若干问题的决定》中得以明确的表达。该决定提出，"加快建设与经济发展水平相适应的社会保障体系"②，这不仅表明中国共产党对建立和完善社会保障制度必要性认识的发展，而且表明中国共产党已经正确认识到社会保障制度与经济发展的关系。

正是在上述认识的基础上，该决定提出了中国社会保障制度体系建设的整体要求，不仅要完善企业职工社会保障制度，而且要推动机关事业单位的社会保障制度改革，还要加快农村社会保障制度建设；不仅要推进社会保险制度建设，还要完善以最低生活保障制度为核心的社会救助制度；不仅要发展国家社会保障制度，而且要发展企业补充社会保障和商业保险。该决定指出："完善企业职工基本养老保险制度……条件具备时实行基本养老金的基础部分全国统筹。健全失业保险制度，实现国有企业下岗职工基本生活保障向失业保险并轨。继续完善城镇职工基本医疗保险制度……扩大基本医疗保险覆盖面，健全社会医疗救助和多层次的医疗保障体系。继续推行职工工伤和生育保险。积极探索机关和事业单位社会保障制度改革。完善城市居民最低生活保障制度，合理确定保障标准和方式。……鼓励有条件的企业建立补充保险，积极发展商业养老、医疗保

---

① 《中共中央关于国有企业改革和发展若干重大问题的决定》，载劳动和社会保障部、中共中央文献研究室：《新时期劳动和社会保障重要文献选编》，中共中央文献出版社 2002 年版，第 414-415 页。

② 《中共中央关于完善社会主义市场经济体制若干问题的决定》，载中共中央文献研究室：《十六大以来重要文献选编（上）》，中央文献出版社 2005 年版，第 476 页。

险。农村养老保障以家庭为主，同社区保障、国家救济相结合。有条件的地方探索建立农村最低生活保障制度。”①

显然，世纪之交，随着中国经济体制改革的深化和由此而引发的经济发展与改善民生之间的矛盾，社会问题开始比较突出地表现出来，中国共产党对社会保障制度功能的认识存在一个显著变化的过程，这就是从突出强调社会保障制度的经济功能与经济体制改革的工具转变为重新强调社会保障制度建设的必要性，正确认识社会保障制度建设与经济发展水平的关系，从而在一定程度上确认了社会保障制度功能的综合性。在此基础上，中国社会保障制度体系建设也从比较强调对服务于深化经济体制改革、提高国有企业经济效益的相关社会保障制度，逐步转变为构建适合中国基本国情，旨在逐步改善民生、推进社会公平的社会保障制度体系。

三、保障人民生活与调节社会分配的基本制度

1. 保障群众基本生活

中国共产党第十七次全国代表大会以后，随着中国共产党对社会主义市场经济认识的不断全面和深入，中国的国民经济也达到了一个新的水平。如何在经济发展的基础上实现民生的改善，从而推动和促进社会主义和谐社会建设，成为党在新时期必须要思考和把握的重大问题，这将对中国共产党的执政合法性、国民经济结构调整和可持续发展、人民生活的根本改善以及社会主义和谐社会建设等产生重要的影响。社会保障制度功能问题必然成为中国共产党所必须深入思考和定位的一个重要问题。中国共产党在总结改革开放以来关于社会保障制度功能认识的经验与教训的基础上，对社会保障制度功能进行了重新定位，并集中体现在 2006 年的《中共中央关于构建社会主义和谐社会若干重大问题的决定》之中。该决定明确指出：“完善社会保障制度，保障群众基本生活。”② 显然，该决定表明党对社会保障制度功能的认识发生重大变化，社会保障制度的基本目的是保障群众的基本生活，经济体制改革依然是党的工作重心，但不再强调社会保障制度作为经济体制改革的经济性功能，而其促进社会公平与民生幸福的社会性功能得以肯定并受到高度重视。

在此基础上，该决定更加系统全面地提出了中国特色社会保障制度体系建设和完善的新要求。“适应人口老龄化、城镇化、就业方式多样化，逐步建立社会保险、社会救助、社会福利、慈善事业相衔接的覆盖城乡居民的社会保障体系……完善企业职工基本养老保险制度，强化保险基金统筹部分征缴，逐步做实个人账户，积极推进省级统筹，条件具备时实行基本养老金基础部分全国统筹。加快机关事业单位养老保险制度改革。”“完善城镇职工基本医疗保险，建立以大病统筹为主的城镇居民医疗保险，发展社会医

---

① 《中共中央关于完善社会主义市场经济体制若干问题的决定》，载中共中央文献研究室：《十六大以来重要文献选编（上）》，中央文献出版社 2005 年版，第 476 页。

② 《中共中央关于构建社会主义和谐社会若干重大问题的决定》，载新华月报社：《时政文献辑览（2006 年 3 月～2007 年 3 月）》，人民出版社 2007 年版，第 40 页。

疗救助。”“推进失业、工伤、生育保险制度建设。”该决定对农村居民、城镇居民、特殊社会群体的基本社会保障制度建设给予特别强调，指出：“逐步建立农村最低生活保障制度，有条件的地方探索建立多种形式的农村养老保险制度”；“加快推进新型农村合作医疗”；“加快建立适应农民工特点的社会保障制度”；“加强对困难群众的救助，完善城市低保、农村五保供养、特困户救助、灾民救助、城市生活无着的流浪乞讨人员救助等制度。完善优抚安置政策”。该决定还对社会福利、福利服务与慈善事业等予以充分的关注，以不断提高人民群众的幸福度，该决定指出：“发展以扶老、助残、救孤、济困为重点的社会福利。发扬人道主义精神，发展残疾人事业，保障残疾人合法权益。发展老龄事业，开展多种形式的老龄服务。发展慈善事业，完善社会捐赠免税减税政策，增强全社会慈善意识。”①

2. 保障人民生活和调节社会分配

认识总是随着实践的不断发展而逐步发展并走向科学和成熟，实践也将不断通过提出新的问题从而促使认识走向新的阶段。中国共产党第十七次全国代表大会以来，党对社会保障制度功能的认识不断走向科学与成熟，并指引中国社会保障制度体系建设不断走向完善。中国社会保障制度体系建设和国民经济与社会发展的实践，推动着中国共产党对重大社会问题、重大社会政策的认识不断发展，从而使得中国共产党对社会保障制度功能的认识走向全面、科学和成熟。这突出表现在中国共产党第十八次全国代表大会报告之中。该报告明确指出：“社会保障是保障人民生活、调节社会分配的一项基本制度。”② 显然，党对社会保障制度功能的认识提升到了一个新的高度，社会保障制度不再被作为推动经济体制改革的工具，也不再仅仅是为了保障人民群众的基本生活，而是为了保障人民生活和调节社会分配。社会保障制度不是保障人民生活和调节社会分配的一项特殊或者临时制度，而是保障人民生活和调节社会分配的一项基本制度。

基于此，该报告对中国社会保障制度体系完善提出了新的全面要求。该报告对完善社会保障制度提出基本目标要求，这就是“社会保障全民覆盖，人人享有基本医疗卫生服务，住房保障体系基本形成”③。该报告提出了对社会保障制度公平的基本要求，“必须坚持维护社会公平正义。公平正义是中国特色社会主义的内在要求。要在全体人民共同奋斗、经济社会发展的基础上，加紧建设对保障社会公平正义具有重大作用的制度，逐步建立以权利公平、机会公平、规则公平为主要内容的社会保障体系，努力营造公平的社会环境，保证人民平等参与、平等发展权利”④。该报告还对社会保障制度完善的方

① 《中共中央关于构建社会主义和谐社会若干重大问题的决定》，载新华月报社：《时政文献辑览（2006 年 3 月～2007 年 3 月）》，人民出版社 2007 年版，第 40 页。

② 胡锦涛：《坚定不移沿着中国特色社会主义道路前进　为全面建成小康社会而奋斗——在中国共产党第十八次全国代表大会上的报告》，人民出版社 2012 年版，第 36 页。

③ 胡锦涛：《坚定不移沿着中国特色社会主义道路前进　为全面建成小康社会而奋斗——在中国共产党第十八次全国代表大会上的报告》，人民出版社 2012 年版，第 18 页。

④ 胡锦涛：《坚定不移沿着中国特色社会主义道路前进　为全面建成小康社会而奋斗——在中国共产党第十八次全国代表大会上的报告》，人民出版社 2012 年版，第 14-15 页。

针与重点提出要求，“要坚持全覆盖、保基本、多层次、可持续方针，以增强公平性、适应流动性、保证可持续性为重点，全面建成覆盖城乡居民的社会保障体系”①。

该报告对社会保障制度体系及其具体项目的完善提出新的要求：“改革和完善企业和机关事业单位社会保险制度，整合城乡居民基本养老保险和基本医疗保险制度，逐步做实养老保险个人账户，实现基础养老金全国统筹，建立兼顾各类人员的社会保障待遇确定机制和正常调整机制。扩大社会保障基金筹资渠道，建立社会保险基金投资运营制度，确保基金安全和保值增值。完善社会救助体系，健全社会福利制度，支持发展慈善事业，做好优抚安置工作。建立市场配置和政府保障相结合的住房制度，加强保障性住房建设和管理，满足困难家庭基本需求……积极应对人口老龄化，大力发展老龄服务事业和产业。健全残疾人社会保障和服务体系，确实保障残疾人权益。健全社会保障经办管理体制，建立更加便民快捷的服务体系。”②

总之，中国共产党第十七次全国代表大会以来，适应中国经济和社会发展的新变化和新要求，中国共产党对社会保障制度功能的认识逐步走向科学和成熟，从对保障人民群众基本生活的局部性功能把握，发展到对保障人民生活和调节社会分配的整体性、科学性把握。中国共产党对社会保障制度功能认识的不断科学与成熟，决定了中国共产党对社会保障制度体系建设和完善的要求不断走向系统、全面和科学，从而推动了中国社会保障制度体系从重视制度内容体系建设到重视制度结构体系完善，同时，逐步实现制度层次体系的合理，进而为在新时期中国社会保障制度体系的进一步完善奠定了科学的认识基础、政策要求、制度选择和制度目标等基本前提。

四、社会保障是治国安邦的大问题

1. 治国安邦的大问题

2021 年 2 月 26 日，习近平总书记在中共中央政治局第二十八次集中学习时，全面系统地阐述了中国特色社会保障制度的主要功能。习近平指出，“社会保障是保障和改善民生、维护社会公平、增进人民福祉的基本制度保障，是促进经济社会发展、实现广大人民群众共享改革发展成果的重要制度安排，发挥着民生保障安全网、收入分配调节器、经济运行减震器的作用，是治国安邦的大问题”。

习近平总书记还指出，“社会保障关乎人民最关心最直接最现实的利益问题，我们要加大再分配力度，强化互助共济功能，把更多人纳入社会保障体系，为广大人民群众提供更可靠更充分的保障，不断满足人民群众多层次多样化需求，完善覆盖全民、统筹城乡、公平统一、可持续的多层次社会保障体系，进一步织密社会保障安全网”③。

---

① 胡锦涛：《坚定不移沿着中国特色社会主义道路前进　为全面建成小康社会而奋斗——在中国共产党第十八次全国代表大会上的报告》，人民出版社 2012 年版，第 36 页。

② 胡锦涛：《坚定不移沿着中国特色社会主义道路前进　为全面建成小康社会而奋斗——在中国共产党第十八次全国代表大会上的报告》，人民出版社 2012 年版，第 36-37 页。

③ 习近平：《促进我国社会保障事业高质量发展、可持续发展》，载《求是》2022 年第 8 期。

2. 统一性和规范性

习近平总书记总结了我国社会保障制度建设的成就及其发挥的重要功能。他指出，我国以社会保险为主体，包括社会救助、社会福利、社会优抚等制度在内，功能完备的社会保障体系基本建成，是世界上规模最大的社会保障体系。这为人民创造美好生活奠定了坚实基础，为打赢脱贫攻坚战提供了坚强支撑，为如期全面建成小康社会、实现第一个百年奋斗目标提供了有利条件。

习近平对我国社会保障制度体系的发展和完善提出具体要求：第一，建设中国特色社会保障体系；第二，科学谋划"一四五"乃至更长时期社会保障事业；第三，深化社会保障制度改革；第四，推进社会保障法治化；第五，加强社会保障精细化管理等。习近平总书记强调指出，"要坚持制度的统一性和规范性。我国社会保障体系建立之初，我们鼓励各地大胆创新、不断探索。现在，随着我国社会保障体系不断发展，社会保障体系建设要坚持国家顶层设计，做到全国一盘棋"①。

第二节　中国特色社会保障制度的目标

一、保障和改善民生

1. 现代化建设的需要

保障和改善民生是社会保障制度建设和发展的重要目标。改革开放以来，随着经济社会的发展，中国共产党越来越重视保障和改善民生，逐步建立起保障和改善民生的思想理论体系。

早在改革开放初期，邓小平就重视和强调改善民生。他指出，我们搞四个现代化，因为经验不足，会面临多方面的困难。如改造一个企业就要减人，减下的人怎么安置，这也是困难。又如我们要建立退休制度，这是很正确的，但是也会有很多人思想抵触，这也是很大的困难。②

2. 党的工作的重要目标

江泽民十分重视保障和改善民生。他强调指出，改革开放的重要目的是改善人民生活。加快改革开放和经济发展，目的都是满足人民日益增长的物质文化需要。随着生产发展和社会财富的增加，城乡居民的实际收入、消费水平和生活质量要有明显提高。衣食住行尤其是居住条件，应有较多改善。文化生活更加丰富，体育、卫生事业进一步发

① 习近平：《促进我国社会保障事业高质量发展、可持续发展》，载《求是》2022年第8期。
② 邓小平：《邓小平文选（第二卷）》，人民出版社1994年版，第230页。

展，人民健康水平继续提高。[①] 江泽民指出，“一定要使群众得到应该得到的、看得见的物质利益，而且随着经济的发展，要使群众得到的、看得见的物质利益不断有所增加。这样才能保证群众始终安居乐业，始终真心诚意地拥护改革开放和现代化建设。……我们完全拥有解决部分群众生活困难问题的条件和能力。如果不能做好这方面的工作，是无法向党、向人民交代的”[②]。

3. 以人为本和改善民生

胡锦涛系统地论述了以人为本和改善民生的关系。他指出，必须坚持以人为本，坚持发展为了人民，发展依靠人民，发展成果由人民共享。不断实现好、维护好、发展好最广大人民的根本利益。我们党领导人民进行改革开放和社会主义现代化建设的根本目的，就是要通过发展社会生产力，不断提高人民物质文化生活水平，促进人的全面发展。坚持把广大人民的根本利益作为一切工作的根本出发点和落脚点，把改善人民生活作为经济社会发展的目的和归宿。[③] 以人为本，体现了马克思主义历史唯物论的基本原理，体现了我们党全心全意为人民服务的根本宗旨和我们推动经济社会发展的根本目的。必须加快推进以改善民生为重点的社会建设，努力形成社会和谐人人有责、和谐社会人人共生的生动局面，努力使全体人民学有所教、劳有所得、病有所医、老有所养、住有所居。[④]

4. 民生是“指南针”

保障和改善民生是习近平总书记强调的重要社会保障制度目标。习近平总书记指出：“做好经济社会发展工作，民生是‘指南针’。要全面把握发展和民生相互牵动、互为条件的关系，通过持续发展强化保障和改善民生的物质基础，通过不断保障和改善民生创造更多有效需求。”[⑤] “让老百姓过上好日子是我们一切工作的出发点和落脚点。”“多做一些雪中送炭、急人之困的工作，少做些锦上添花、花上垒花的虚功。”[⑥] 要确立“守住底线、突出重点、完善制度、引导舆论”的工作思路。习近平总书记还指出，抓民生要抓住人民最关心最直接最现实的利益问题，抓住最需要关心的人群，一件事情接着一件事情办、一年接着一年干，锲而不舍向前走。要多谋民生之利，多解民生之忧，在学有所教、劳有所得、病有所医、老有所养、住有所居上持续取得新进展。[⑦]

---

① 中共中央文献研究室：《十四大以来重要文献选编（上）》，人民出版社1996年版，第32页。

② 中共中央文献研究室：《江泽民论有中国特色社会主义》，中央文献出版社2002年版，第112-113页。

③ 胡锦涛：《胡锦涛文选（第二卷）》，人民出版社2016年版，第365-366页。

④ 胡锦涛：《胡锦涛文选（第三卷）》，人民出版社2016年版，第4-5页。

⑤ 习近平：《习近平论扶贫工作——十八大以来重要论述摘编》，载《党建》2015年第12期。

⑥ 习近平：《习近平总书记系列重要讲话读本》，人民出版社2014年版，第109-111页。

⑦ 习近平：《习近平总书记系列重要讲话读本》，人民出版社2014年版，第112-113页。

保障和改善民生既要关注最广大人民的根本利益和要求，也要关注和着力改善特定人群的特殊困难，通过弥补民生中的短板人群和短板领域，实现保障和改善民生的全民性和公平性。习近平总书记指出："保障改善民生，要更加注重对特定人群特殊困难的精准帮扶。要在经济发展基础上持续改善民生，特别是要提高教育、医疗等基本公共服务数量和质量，推进教育公平。要实施精准帮扶，把钱花在对特定人群特殊困难的针对性帮扶上，使他们有现实获得感，使他们及其后代发展能力得到有效提升。"[①] 要重点保障低收入群众的基本生活，做好高校大学生生活困难补助，注重稳定和扩大就业，加强城乡社会保障体系建设。[②] 发展的目的是造福人民。要让发展更加平衡，让发展机会更加均等、发展成果人人共享，就要完善发展理念和模式，提升发展公平性、有效性、协同性。[③]

改革开放以来，中国共产党关于保障和改善民生的一系列重要认识，为中国社会保障制度的建设和发展指明基本的目标，进而成为推进中国社会保障制度发展的重要理论基础和动力。

二、全面建成小康社会

1. "小康之家"

邓小平早在1979年就提出了小康社会的目标："我们要实现的四个现代化，是中国式的四个现代化。我们的四个现代化的概念，不是像你们那样的现代化的概念，而是'小康之家'。到本世纪末，中国的四个现代化即使达到了某种目标，我们的国民生产总值人均水平也还是很低的。要达到第三世界中比较富裕一点的国家的水平，比如国民生产总值人均一千美元，也还得付出很大的努力。就算达到那样的水平，同西方来比，也还是落后的。所以，我只能说，中国到那时也还是一个小康的状态。"[④]

2. 全面建设小康社会

江泽民对小康社会建设进行了一系列的论述。他指出："提高人民生活水平，是改革开放和发展经济的根本目的。在经济发展的基础上，使全国人民过上小康生活，并逐步向更高的水平前进。努力增加城乡居民实际收入，拓宽消费领域，引导合理消费。在改善物质生活的同时，充实精神生活，美化生活环境，提高生活质量。特别要改善居住、卫生、交通和通信条件，扩大服务性消费。逐步增加公共设施和社会福利设施。提高教育和医疗保健水平。实行保障城镇困难居民基本生活的政策。国家从多方面采取措施，加大扶贫攻坚力度，到本世纪末基本解决农村贫困人口的温饱问题。"[⑤] "全国实现

---

① 习近平：《习近平总书记重要讲话文章选编》，中央文献出版社2016年版，第308页。

② 习近平：《习近平谈治国理政》，外文出版社2014年版，第112页。

③ 习近平：《共担时代责任，共促全球发展》，载《人民日报》，2017-01-18。

④ 邓小平：《邓小平文选（第二卷）》，人民出版社1994年版，第237页。

⑤ 中共中央文献研究室：《十五大以来重要文献选编（上）》，人民出版社2000年版，第29-30页。

小康，重点和难点都在农村。农村实现小康，关键是要增加农民收入。要从调整优化结构、增加农业投入、扩大以工代赈、促进农产品流通等方面采取综合措施，开辟农民增收的新途径和新领域。”①

江泽民指出，“必须不断提高人民生活水平。这是我们全部工作的根本出发点，也是处理好改革、发展、稳定关系的结合点。‘十五’计划是我国人民生活总体上进入小康阶段的第一个五年计划，要按照全面建设小康社会的要求，把提高人民收入水平和生活质量摆到重要位置。在加快经济发展的基础上不断满足人们日益增长的物质文化生活的需要，特别是要很好地解决农民收入、就业、社会保障等群众普遍关心的问题。要使人民得到实惠，感到有奔头”②；“要尽快地使全国人民都过上殷实的小康生活，并不断向更高水平前进。坚持贯彻党的富民政策，在发展经济的基础上，努力增加城乡居民的收入，不断改善人们的吃、穿、住、行、用的条件，完善社会保障体系，改进医疗卫生条件，提高生活质量。通过一部分人、一部分地区先富起来，先富带动后富，逐步实现全体人民共同富裕”③。在党的十六大上，江泽民发表了《全面建设小康社会开创中国特色社会主义事业新局面》的重要讲话，系统阐述了全面建设小康社会的目标，其中与人民生活和社会保障直接相关的目标是城镇人口的比重较大幅度提高，工农差别、城乡差别和地区差别扩大的趋势逐步扭转。社会保障体系比较健全，社会就业比较充分，家庭财产普遍增加，人民过上更加富足的生活。社会秩序良好，人民安居乐业。④

3. 全面建成小康社会

胡锦涛也对小康社会建设进行了论述。他在党的十八大报告中明确提出了全面建成小康社会的奋斗目标：人民生活水平全面提高；基本公共服务均等化总体实现；就业更加充分；收入分配差距缩小，中等收入群体持续扩大，扶贫对象大幅减少；社会保障全民覆盖，人人享有基本医疗卫生服务，住房保障体系基本形成，社会和谐稳定。⑤

习近平总书记关于全面建成小康社会的论述，为中国社会保障制度的发展和完善确立了重要目标。他指出，党的十八大根据国内外形势新变化，顺应我国经济社会新发展和广大人民群众新期待，对全面建设小康社会目标进行了充实和完善，提出了更具明确政策导向、更加针对发展难题、更好顺应人民意愿的新要求。⑥“我们已经确定了今后的奋斗目标，这就是到中国共产党成立 100 年时全面建成小康社会。”⑦

---

① 中共中央文献研究室：《江泽民论有中国特色社会主义》，中央文献出版社 2002 年版，第 112 页。

② 中共中央文献研究室：《江泽民论有中国特色社会主义》，中央文献出版社 2002 年版，第 113 页。

③ 江泽民：《论“三个代表”》，人民出版社 2002 年版，第 179 页。

④ 江泽民：《江泽民文选（第三卷）》，人民出版社 2006 年版，第 543-544 页。

⑤ 胡锦涛：《胡锦涛文选（第三卷）》，人民出版社 2016 年版，第 626 页。

⑥ 习近平：《习近平谈治国理政》，外文出版社 2014 年版，第 12 页。

⑦ 习近平：《习近平谈治国理政》，外文出版社 2014 年版，第 44 页。

全面建成小康社会既是一种社会发展水平，也是一种社会发展状态。习近平总书记指出，全面建成小康社会，强调的不仅是“小康”，而且更重要的也是更难做到的是“全面”。“小康”讲的是发展水平，“全面”讲的是发展的平衡性、协调性、可持续性。如果到2020年我们在总量和速度上完成了目标，但发展不平衡、不协调、不可持续问题更加严重，短板更加突出，就算不上真正实现了目标，即使最后宣布实现了，也无法得到人民群众和国际社会认可。全面小康，覆盖的人口要全面，是惠及全体人民的小康。全面建成小康社会突出的短板主要在民生领域，发展不全面的问题很大程度上也表现在不同社会群体的民生保障方面。

习近平总书记指出，在全面建成小康社会的道路上，农村贫困人口脱贫是最突出的短板。虽然全面小康不是人人同样的小康，但如果现有的农村贫困人口生活水平没有明显提高，全面小康也不能让人信服。“十三五”规划把农村贫困人口脱贫作为全面建成小康社会的基本标志，强调实施精准扶贫、精准脱贫，以更大决心、更精准思路、更有力措施，采取超常举措，实施脱贫攻坚工程，确保我国现行标准下农村贫困人口实现脱贫、贫困县全部摘帽、解决区域性整体贫困。[①] 必须紧紧扭住全面建成小康社会存在的短板，在补齐短板上多用力。农村贫困人口脱贫，就是一个突出短板。我们不能一边宣布全面建成了小康社会，另一边还有几千万人口的生活水平处在扶贫标准线以下，这既影响人民群众对全面建成小康社会的满意度，也影响国际社会对我国全面建成小康社会的认可度。[②]

针对其他低收入群体如何实现小康，习近平总书记特别指出，针对城镇低保人口，要通过完善各项保障制度来保障基本生活；针对老年人，要增加养老服务供给、增强医疗服务的便利性；针对在城镇务工的农民工，要让他们逐步公平享受当地基本公共服务；针对在特大城市就业的大学毕业生等其他常住人口，要让他们有适宜的居住条件；针对城镇登记失业人员，要让他们有一门专业技能，实现稳定就业和稳定收入。

全面建成小康社会不仅要实现人口全覆盖和群体间的协调、平衡，而且要实现区域全覆盖，尤其是城乡之间的协调和平衡发展。习近平总书记指出，“全面小康，覆盖的区域要全面，是城乡区域共同的小康。努力缩小城乡区域发展差距，是全面建成小康社会的一项重要任务……城乡区域之间生活成本特别是居住成本很不一样，光看收入也不能准确反映问题”[③]。

“全面建成小康社会，不是一个‘数字游戏’或‘速度游戏’，而是一个实实在在的目标。在保持经济增长的同时，更重要的是落实以人民为中心的发展思想，想群众之所想、急群众之所急、解群众之所困，在学有所教、劳有所得、病有所医、老有所养、住有所居上持续取得新进展。……如果只实现了增长目标，而解决好人民群众普

---

① 《习近平总书记重要讲话文章选编》，中央文献出版社2016年版，第272-273页。

② 习近平：《关于〈中共中央关于制定国民经济和社会发展第十三个五年规划的建议〉的说明》，载《人民日报》，2015-11-04。

③ 中共中央文献研究室：《十八大以来重要文献选编（中）》，中央文献出版社2016年版，第833页。

遍关心的突出问题没有进展，即使到时候我们宣布全面建成了小康社会，人民群众也不会认同。”[①]

全面建成小康社会是中国共产党提出的第一个“百年”奋斗目标，这一目标既是中国经济社会发展的指引，也是中国社会保障制度发展和完善必须服务的方向。全面建成小康社会需要建立和完善社会保障制度，社会保障制度的发展和完善必须服务和满足全面建成小康社会的需要。

三、满足人民美好生活的需要

1. 第二个百年奋斗目标

实现中华民族伟大复兴的中国梦是中国经济社会发展的第二个百年奋斗目标，把中国建设成为民主文明和谐的社会主义现代化国家，努力实现中华民族伟大复兴的中国梦是较之于全面建成小康社会更高的目标，实现这一崇高的目标同样需要更加完善的社会保障制度，中国社会保障制度的发展和完善必须服务于实现中华民族伟大复兴的中国梦的目标。习近平总书记全面系统地论述了中国梦的内涵和地位。习近平总书记指出，“在新的历史时期，中国梦的本质是国家富强、民族振兴、人民幸福。我们的奋斗目标是……到本世纪中叶，建成富强民主文明和谐的社会主义现代化国家，实现中华民族伟大复兴的中国梦”[②]。

中国梦不是抽象的而是具体的，中国梦的实现必须造福于全体人民，必须依靠全体人民的共同奋斗。习近平总书记指出：中国梦是民族的梦，也是每个中国人的梦。生活在我们伟大祖国和伟大时代的中国人民，共同享有人生出彩的机会，共同享有梦想成真的机会，共同享有同祖国和时代一起成长与进步的机会。中国梦归根到底是人民的梦，必须紧紧依靠人民来实现，必须不断为人民造福。要随时随刻倾听人民呼声、回应人民期待，保证人民平等参与、平等发展权利，维护社会公平正义，在学有所教、劳有所得、病有所医、老有所养、住有所居上持续取得新进展，不断实现好、维护好、发展好最广大人民根本利益，使发展成果更多更公平惠及全体人民。在经济社会不断发展的基础上，朝着共同富裕方向稳步前进。[③]

必须坚持崇尚劳动、造福劳动者。劳动是财富的源泉，也是幸福的源泉。发展中的各种难题，只有通过诚实劳动才能破解；必须牢固树立劳动最光荣、劳动最崇高、劳动最伟大、劳动最美丽的观念，让全体人民通过劳动创造更加美好的生活。要维护和发展劳动者的利益，保障劳动者的权利。要坚持社会公平正义，排除阻碍劳动者参与发展、分享发展成果的障碍，努力让劳动者实现体面劳动、全面发展。[④]

---

① 中共中央文献研究室：《习近平关于社会主义经济建设论述摘编》，中央文献出版社2017年版，第47页。

② 《习近平谈治国理政》，外文出版社2014年版，第56页。

③ 《习近平谈治国理政》，外文出版社2014年版，第39-41页。

④ 《习近平谈治国理政》，外文出版社2014年版，第46页。

2. 满足人民对美好生活的向往

习近平进一步明确提出，要把不断满足人民对美好生活的向往作为党的奋斗目标。"我们的人民热爱生活，期盼有更好的教育、更稳定的工作、更满意的收入、更可靠的社会保障、更高水平的医疗卫生服务、更舒适的居住条件、更优美的环境，期盼孩子们能成长得更好、工作得更好、生活得更好。人民对美好生活的向往，就是我们的奋斗目标。"① 在党的十九大报告中，习近平指出，带领人民创造美好生活，是我们党始终不渝的奋斗目标。必须始终把人民利益摆在至高无上的地位，让改革发展成果更多更公平惠及全体人民，朝着实现全体人民共同富裕不断迈进。保障和改善民生要抓住人民最关心最直接最现实的利益问题，既尽力而为，又量力而行，一件事情接着一件事情办，一年接着一年干。坚持人人尽责、人人享有，坚守底线、突出重点、完善制度、引导预期，完善公共服务体系，保障群众基本生活，不断满足人民日益增长的美好生活需要，不断促进社会公平正义，形成有效的社会治理、良好的社会秩序，使人民获得感、幸福感、安全感更加充实、更有保障、更可持续。必须坚持人民主体地位，坚持立党为公、执政为民，践行全心全意为人民服务的根本宗旨，把党的群众路线贯彻到治国理政全部活动之中，把人民对美好生活的向往作为奋斗目标，依靠人民创造历史伟业。②

习近平指出，增进民生福祉是发展的根本目的。必须多谋民生之利、多解民生之忧，在发展中补齐民生短板、促进社会公平正义，在幼有所育、学有所教、劳有所得、病有所医、老有所养、住有所居、弱有所扶上不断取得新进展，深入开展脱贫攻坚，保证全体人民在共建共享发展中有更多获得感，不断促进人的全面发展、全体人民共同富裕。建设平安中国，加强和创新社会治理，维护社会和谐稳定，确保国家长治久安、人民安居乐业。③

3. 建设社会主义现代化强国

习近平总书记进一步指出，中国特色社会主义进入新时代，这个新时代，是决胜全面建成小康社会进而全面建设社会主义现代化强国的时代，是全国各族人民团结奋斗、不断创造美好生活、逐步实现全体人民共同富裕的时代。中国特色社会主义进入新时代，我国社会主要矛盾已经转化为人民日益增长的美好生活需要和不平衡不充分的发展之间的矛盾。我国稳定解决了十几亿人的温饱问题，人民美好生活需要日益广泛，不仅对物质文化生活提出了更高要求，而且在民主、法治、公平、正义、安全、环境等方面

---

① 《习近平谈治国理政》，外文出版社 2014 年版，第 4 页。

② 习近平：《决胜全面建成小康社会 夺取新时代中国特色社会主义伟大胜利——在中国共产党第十九次全国代表大会上的报告》，载《求是》2017 年第 21 期。

③ 习近平：《决胜全面建成小康社会 夺取新时代中国特色社会主义伟大胜利——在中国共产党第十九次全国代表大会上的报告》，载《求是》2017 年第 21 期。

的要求日益增长。同时，我国社会生产力水平总体上显著提高，社会生产能力在很多方面进入世界前列，更加突出的问题是发展不平衡不充分，这已经成为满足人民日益增长的美好生活需要的主要制约因素。①

以习近平同志为核心的党中央还明确提出了中国特色社会主义新时代的两个重要发展阶段。从十九大到二十大，是“两个一百年”奋斗目标的历史交汇期。我们既要全面建成小康社会、实现第一个百年奋斗目标，又要乘势而上开启全面建设社会主义现代化国家新征程，向第二个百年奋斗目标进军。综合分析国际国内形势和我国发展条件，从二〇二〇年到本世纪中叶可以分两个阶段来安排。第一个阶段，从二〇二〇年到二〇三五年，在全面建成小康社会的基础上，再奋斗十五年，基本实现社会主义现代化。到那时，我国经济实力、科技实力将大幅跃升，跻身创新型国家前列；人民平等参与、平等发展权利得到充分保障，法治国家、法治政府、法治社会基本建成，各方面制度更加完善，国家治理体系和治理能力现代化基本实现；社会文明程度达到新的高度，国家文化软实力显著增强，中华文化影响更加广泛深入；人民生活更为宽裕，中等收入群体比例明显提高，城乡区域发展差距和居民生活水平差距显著缩小，基本公共服务均等化基本实现，全体人民共同富裕迈出坚实步伐；现代社会治理格局基本形成，社会充满活力又和谐有序；生态环境根本好转，美丽中国目标基本实现。第二个阶段，从二〇三五年到本世纪中叶，在基本实现现代化的基础上，再奋斗十五年，把我国建成富强民主文明和谐美丽的社会主义现代化强国。到那时，我国物质文明、政治文明、精神文明、社会文明、生态文明将全面提升，实现国家治理体系和治理能力现代化，成为综合国力和国际影响力领先的国家，全体人民共同富裕基本实现，我国人民将享有更加幸福安康的生活，中华民族将以更加昂扬的姿态屹立于世界民族之林。②

实现中华民族伟大复兴的中国梦和不断满足人民美好生活的需要，是中国共产党的奋斗目标，中国特色社会保障制度的发展和完善则是全面建成小康社会，实现中华民族伟大复兴的中国梦和不断满足人民美好生活的需要的重要制度保障。

综上所述，改革开放以来，伴随着对中国特色社会主义建设的认识的发展，结合中国特色社会保障制度建设和发展的现实，中国共产党对社会保障制度目标的认识不断发展和深化，提出了保障和改善民生，实现共享发展，全面建成小康社会，进而不断满足人民美好生活的需要等一系列目标。中国共产党对中国特色社会保障制度目标的认识，构成中国特色社会主义理论的重要组成部分，也是中国共产党对马克思主义社会保障理论的重要贡献，这些认识直接影响和推动了中国特色社会保障制度体系建设和完善。

---

① 习近平：《决胜全面建成小康社会 夺取新时代中国特色社会主义伟大胜利——在中国共产党第十九次全国代表大会上的报告》，载《求是》2017 年第 21 期。

② 习近平：《决胜全面建成小康社会 夺取新时代中国特色社会主义伟大胜利——在中国共产党第十九次全国代表大会上的报告》，载《求是》2017 年第 21 期。

第三节　中国特色社会保障制度的理念

一、就业是民生之本的理念

1. 就业是民生之本

就业是最好的社会保障，是民生的根本。改革开放以来，随着经济体制改革的不断深入，就业问题成为影响民生与社会稳定的重要问题，中国共产党在经济社会发展的实践中，不断提升关于促进就业与失业保障的认识，逐步确立就业是民生之本的社会保障基本理念。

江泽民十分关心经济体制改革中的下岗职工基本生活保障与再就业问题。他指出，“企业富余人员的分流和破产企业职工再就业的问题，政府和企业要通过开辟再就业渠道，比如兴办第三产业等办法，尽可能予以妥善解决，而不能简单地把这些人推向社会。还要转变就业观念，建立、完善劳动力市场，形成人员合理流动的机制”①；“人民生活问题的另一个重点是要关心城镇低收入居民生活。改善这部分人的生活，根本途径是发展经济，扩大就业。各级政府要大力开展就业工作，积极发展多种所有制经济，扶持中小企业，鼓励兴办第三产业，把发展劳动密集型和技术密集型产业结合起来，创造更多的就业岗位。加强职业培训，尽力帮助需要就业的失业者获得工作机会”②；“多渠道扩大就业，是增加城乡居民收入的重要途径。我国人口多，就业始终是个大问题。随着产业结构升级和国有企业改革深化，就业矛盾比较突出。这个问题解决不好，将对人民生活和社会稳定产生直接影响。要把扩大就业作为重要的工作目标。要大力发展多种所有制经济，努力扩大就业门路。开展多种形式的职业培训，提高劳动技能，促进再就业。引导下岗失业人员转变就业观念。鼓励自谋职业和多种形式就业”③。

江泽民指出，“积极拓展就业渠道，增加城乡就业，要处理好以下几个关系：一是结构调整与扩大就业的关系。生产力水平的多层次性和所有制结构的多样性，是我国社会主义初级阶段的重要特征。在强调科技进步、提高产业科技含量的同时，要积极支持和引导劳动密集型产业发展；在努力增强国有经济竞争力的同时，要大力发展多种所有制经济，充分发挥中小企业和非公有制经济在吸纳劳动力就业方面的重要作用。二是深化改革与扩大就业的关系。在推进国有企业减员增效的同时，要切实搞好再就业工程，

---

① 中共中央文献研究室：《十四大以来重要文献选编（中）》，人民出版社 1997 年版，第 1375 页。

② 中共中央文献研究室：《江泽民论有中国特色社会主义》，中央文献出版社 2002 年版，第 112 页。

③ 江泽民：《论“三个代表”》，人民出版社 2002 年版，第 90 页。

转变择业观念，认真落实扩大城镇就业的各项优惠政策，为增加就业创造更加宽松的体制政策环境和社会环境。三是城乡经济协调发展与扩大就业的关系。积极稳步发展小城镇，把小城镇发展同乡镇企业的改造提高结合起来，以城镇化促进农村富余劳动力的转移，实现城乡劳动力资源的合理配置”①。

搞好国有企业下岗职工的基本生活保障和再就业工程，任务是非常艰巨的。这项工作不仅是重大的经济问题，也是重大的政治问题；不仅是现实的紧迫问题，也是长远的战略问题。国有企业下岗职工的基本生活保障和再就业工作，事关职工群众的切身利益，事关经济发展、社会稳定和国家长治久安的大局。对国有企业职工下岗分流和再就业要把握好宏观调控力度。我国的社会保障制度还不完善，劳动力市场发育还不成熟，城镇就业压力大。如果国有企业下岗职工一个时期内过于集中，就会造成严重的社会问题。加强对下岗分流的宏观调控，关键是要从大局出发，突出重点，量力而行。要坚持减员增效同促进再就业相结合、职工下岗分流同社会承受能力相适应的原则，制订切实可行的计划，有步骤地分期分批地加以安排和实施。②

江泽民明确提出就业是民生之本。他指出，一是要结合本地区经济社会发展的需要和下岗失业人员的特点，有组织地开发一批适合下岗失业人员从事的就业岗位。要千方百计帮助下岗失业人员获得一份工作。社区就业潜力很大，应该把充分开发社区服务业的就业岗位作为一个重点。二是要有针对性地开展面向下岗失业人员的职业介绍和职业指导。解决就业困难群众的再就业问题，必须提供更有针对性的就业服务，进一步把工作做细做实。三是要充分重视职业培训在促进再就业工作中的重要作用。要提高再就业培训的针对性、实用性和有效性。适应就业市场的需求和变化，帮助下岗职工通过培训掌握再就业的技能和本领，形成以培训促进创业、以创业促进就业的良性机制。四是要积极开展再就业援助。政府的资金和政策要集中用于帮助最困难的群众实现再就业，并采取提供就业援助、社会保险补贴和岗位补贴等更加优惠的扶持政策。对下岗失业人员的职业介绍和再就业培训等服务都要免费。下岗失业人员自谋职业、服务型企业批量招收下岗失业人员、国有企业通过主辅分离分流安置富余职工等，都应在税费政策上给予支持。五是要继续巩固“两个确保”，搞好“三条保障线”的衔接，切实做到应保尽保。各级政府和企业要继续运用现有各类渠道筹措资金，加大对生活困难的下岗失业人员的扶持力度，确保他们的基本生活。③

2. 实现体面劳动

胡锦涛同样强调就业是民生之本，关注和重视就业和再就业工作。他指出，要始终把就业、再就业工作作为一件关系全局的大事来抓，认真落实中央关于促进就业、再就业的政策措施，切实解决存在的突出问题，切实取得实实在在的效果。发展是促进就

① 劳动和社会保障部、中共中央文献研究室：《新时期劳动和社会保障重要文献选编》，中国劳动社会保障出版社2002年版，第562-563页。

② 中共中央文献研究室：《十五大以来重要文献选编（上）》，人民出版社2000年版，第359-361页。

③ 《江泽民文选（第三卷）》，人民出版社2006年版，第508-509页。

业、再就业的根本途径。要通过发展社区服务业、劳动密集型产业、中小企业、公益性事业等就业容量大的行业和企业，培养新的就业增长点，实现发展经济和扩大就业的良性互动。要加强就业技能培训，切实提高劳动者就业技能和竞争能力。要进一步做好就业再就业服务工作，大力改善公共职业介绍服务的设施和手段，建立健全再就业援助制度，规范劳动力市场秩序，为出境或业再就业创造良好环境。①

胡锦涛系统论述了促进就业和再就业的途径。第一，要把就业再就业工作放在更加突出的位置，扩大就业的根本出路在于发展经济，经济增长是带动就业增长的火车头。我国基本国情和经济社会发展水平决定了我们应把创造更多就业机会作为重要发展目标，并积极体现到制定经济社会发展计划和产业政策、财税政策、投资政策、金融货币政策等宏观经济政策上来。第二，加大结构调整力度，注重发展就业容量大的产业和企业。要加大产业结构、所有制结构、企业结构调整力度，通过结构调整增加就业岗位。一方面，我们要积极发展资本密集型产业和高新技术产业，提高产业科技含量，提高我国经济国际竞争力。另一方面，我们要注重发展劳动密集型产业，更充分地发挥其在吸纳劳动力就业方面的重要作用。第三，继续深化国有企业改革，采取多种方式分流富余人员。实行主辅分离、辅业改制，应成为今后国有企业分流富余人员的重要形式。第四，加强人力资源能力建设，不断提高劳动者创业和就业能力。解决就业问题不应是一个被动安置现有劳动人口的过程，而应是一个通过人力资源能力建设，提高人口素质，促进经济加快发展的过程，是一个努力把我国人力资源优势转化为经济社会发展优势的过程。第五，提高对外开放水平，通过扩大国际交换发挥我国劳动力资源优势，争取把更多就业岗位配置到我国来。②

胡锦涛在党的十七大报告中进一步指出，就业是民生之本。要坚持实施积极的就业政策，加强政府引导，完善市场就业机制，扩大就业规模，改善就业结构。完善支持自主创业自谋职业政策，加强就业观念教育，使更多劳动者成为创业者。健全面向全体劳动者的职业教育培训制度，加强农村富余劳动力转移就业培训。建立统一规范的人力资源市场，形成城乡劳动者平等就业的制度。完善面向所有困难群众的就业援助制度，及时帮助零就业家庭解决就业困难。积极做好高校毕业生就业工作。③

胡锦涛十分强调要让劳动者实现体面劳动。他指出，要切实实施积极的就业政策，创造更多就业岗位，促进充分就业，改善就业环境，提高就业质量，不断增加劳动者特别是一线劳动者劳动报酬。要切实完善社会保障体系，健全就业帮扶、生活救助、医疗互助、法律援助等帮扶制度，着重解决困难劳动群众生产生活问题，在经济发展的基础上不断提高广大劳动群众生活水平和质量，使他们不断享受到改革发展成果。要切实发展和谐劳动关系，建立健全劳动关系协调机制，完善劳动保护机制，让广大劳动群众实现体面劳动。④

① 《胡锦涛文选（第二卷）》，人民出版社 2016 年版，第 181-182 页。
② 《胡锦涛文选（第二卷）》，人民出版社 2016 年版，第 78-82 页。
③ 《胡锦涛文选（第二卷）》，人民出版社 2016 年版，第 643 页。
④ 《胡锦涛文选（第三卷）》，人民出版社 2016 年版，第 369-370 页。

3. 就业是最大的民生

习近平总书记明确提出必须崇尚劳动、造福劳动者，并进一步指出，劳动是财富的源泉，也是幸福的源泉。发展中的各种难题，只有通过诚实劳动才能破解；必须牢固树立劳动最光荣、劳动最崇高、劳动最伟大、劳动最美丽的观念，让全体人民通过劳动创造更加美好的生活。要维护和发展劳动者的利益，保障劳动者的权利。要坚持社会公平正义，排除阻碍劳动者参与发展、分享发展成果的障碍，努力让劳动者实现体面劳动、全面发展。①

在党的十九大报告中，习近平总书记进一步指出，就业是最大的民生。要坚持就业优先战略和积极就业政策，实现更高质量和更充分就业。大规模开展职业技能培训，注重解决结构性就业矛盾，鼓励创业带动就业。提供全方位公共就业服务，促进高校毕业生等青年群体、农民工多渠道就业创业。破除妨碍劳动力、人才社会性流动的体制机制弊端，使人人都有通过辛勤劳动实现自身发展的机会。完善政府、工会、企业共同参与的协商协调机制，构建和谐劳动关系。②

就业既是民生之本，也是社会保障制度建设和发展的基础。改革开放以来，中国共产党逐步提出一系列关于促进就业、保障失业人员基本生活、实现劳动者体面劳动的思想，最终形成就业是民生之本的思想理论，这一思想和认识成为中国社会保障制度发展的基本理念。

二、促进社会公平正义的理念

1. 中国特色社会主义的内在要求

促进社会公平正义是社会保障制度的另一重要理念。社会保障制度通过保障和改善民生、促进社会公平正义，进而实现社会团结、稳定与和谐。改革开放以来，中国共产党逐步认识到促进社会公平正义对于保障和改善民生、维护社会和谐稳定的重要意义，并系统提出了关于促进社会公平正义的思想理论。

胡锦涛不仅提出了社会公平正义的重要性，而且提出了公平正义的保障体系。他指出，维护和实现社会公平正义，涉及最广大人民根本利益，是我们党坚持立党为公、执政为民的必然要求，也是我国社会主义制度的本质要求。只有确实维护和实现社会公平正义，人们的心情才能舒畅，各方面社会关系才能协调，人们的积极性、主动性、创造性才能充分发挥出来。要坚持把广大人民根本利益作为制定和贯彻党的方针政策的基本着眼点，正确反映和兼顾不同地区、不同部门、不同方面的群众利益，在促进发展的同时，把维护社会公平放到更加突出的位置，综合运用多种手段，依法逐步建立以权利公平、机会公平、规则公平、分配公平为主要内容的社会公平保障体系，使全体人民共享

① 《习近平谈治国理政》，外文出版社 2014 年版，第 46 页。

② 习近平：《决胜全面建成小康社会 夺取新时代中国特色社会主义伟大胜利——在中国共产党第十九次全国代表大会上的报告》，载《求是》2017 年第 21 期。

改革发展成果，使全体人民朝着共同富裕的方向稳步前进。要坚持在全国人民根本利益一致的基础上，妥善协调各种具体利益关系和内部矛盾，正确处理个人利益和集体利益、局部利益和整体利益、当前利益和长远利益的关系。要高度重视收入分配问题，更好处理按劳分配为主体和实行多种分配方式的关系，同时也要在经济发展的基础上，通过改革税收制度，增加公共支出，加大转移支付等措施，合理调整国民收入分配格局，逐步解决区域发展差距和居民收入分配差距过大问题。要进一步完善社会保障体系，逐步扩大社会保障覆盖面，切实保障各方面困难群众基本生活，让他们感受到社会主义大家庭的温暖。要从法律上、制度上、政策上努力营造公平的社会环境，从收入分配、利益调节、社会保障、公民权利保障、政府施政、执法司法等方面采取切实措施，逐步做到保证社会成员都能够接受教育，都能够进行劳动创造，都能够平等参与市场竞争，参与社会生活，都能够依靠法律和制度来维护自己的正当权益。[①]

胡锦涛在党的十八大报告中进一步指出，必须坚持维护社会公平正义。公平正义是中国特色社会主义的内在要求。要在全体人民共同奋斗、经济社会发展的基础上，加紧建设对保障社会公平正义具有重大作用的制度，逐步建立以权利公平、机会公平、规则公平为主要内容的社会公平保障体系，努力营造公平的社会环境，保证人民平等参与、平等发展权利。[②]

2. 建立社会公平保障体系

习近平总书记十分强调社会公平正义理念在社会保障制度乃至经济社会发展中的地位。关于社会公平正义的本质内涵，他指出："公平正义是中国特色社会主义的内在要求。"[③] 关于促进社会公平正义的必要性，习近平总书记指出，改革开放以来，我国经济社会发展取得巨大成就，为促进社会公平正义提供了坚实物质基础和有利条件。同时，在我国现有发展水平上，社会上还存在大量有违公平正义的现象。特别是随着我国经济社会发展水平和人民生活水平不断提高，人民群众的公平意识、民主意识、权利意识不断增强，对社会不公问题反映越来越强烈。这个问题不抓紧解决，不仅会影响人民群众对改革开放的信心，而且会影响社会的和谐稳定。[④]

关于社会公平正义在全面深化改革中的地位，习近平总书记指出，全面深化改革必须以促进社会公平正义、增进人民福祉为出发点和落脚点。这是坚持我们党全心全意为人民服务根本宗旨的必然要求。必须着眼创造更加公平正义的社会环境，不断克服各种有违公平正义的现象，使改革发展成果更多更公平地惠及全体人民。如果不能给老百姓带来实实在在的利益，如果不能创造更加公平的社会环境，甚至导致更多不公平，改革就失去意义，也不可能持续。[⑤]

关于促进社会公平正义的决定性要素，习近平总书记指出，实现社会公平正义是由

① 《胡锦涛文选（第二卷）》，人民出版社 2016 年版，第 291-292 页。
② 《胡锦涛文选（第三卷）》，人民出版社 2016 年版，第 623-624 页。
③ 《习近平谈治国理政》，外文出版社 2014 年版，第 13 页。
④ 《习近平总书记重要讲话文章选编》，中央文献出版社 2016 年版，第 96 页。
⑤ 《习近平总书记重要讲话文章选编》，中央文献出版社 2016 年版，第 97 页。

多种因素决定的，最主要的还是经济社会发展水平。在不同发展水平上，在不同历史时期，不同思想认识的人、不同阶层的人，对社会公平正义的认识和诉求也会不同。我们讲促进社会公平正义，就要从最广大人民根本利益出发，多从社会发展水平、从社会大局、从全体人民的角度看待和处理这个问题。我国现阶段存在的有违公平正义的现象，许多是发展中的问题，是能够通过不断发展，通过制度安排、法律规范、政策支持加以解决的。我们必须紧紧抓住经济建设这个中心，推动经济持续健康发展，进一步把"蛋糕"做大，为保障社会公平正义奠定更加坚实的物质基础。我们要在不断发展的基础上尽量把促进社会公平正义的事情做好，既尽力而为又量力而行，努力使全体人民在学有所教、劳有所得、病有所医、老有所养、住有所居上持续取得新进展。①

关于社会公平正义的重要保证，习近平总书记指出，制度是社会公平正义的重要保证。我们要通过创新制度安排，努力克服人为因素造成的有违公平正义的现象，保证人民平等参与、平等发展权利。要把促进社会公平正义、增进人民福祉作为一面镜子，审视我们各方面的体制机制和政策规定。哪里有不符合促进社会公平正义的问题，哪里就需要改革；哪个领域哪个环节问题突出，哪个领域哪个环节就是改革的重点。对由于制度安排不健全造成的有违公平正义的问题要抓紧解决，使我们的制度安排更好体现社会主义公平正义原则，更加有利于实现好、维护好、发展好最广大人民的根本利益。要加紧建设对保障社会公平正义具有重大作用的制度，逐步建立以权利公平、机会公平、规则公平为主要内容的社会公平保障体系。②

改革开放以来，中国共产党关于社会公平正义的一系列思想理论的提出，确立了中国社会保障制度建设和发展的另一基本理念，成为中国社会保障制度建设和发展的重要理论基础。

三、共享发展的理念

1. 社会主义的原则之一是共同富裕

基于中国共产党的基本宗旨和社会主义制度的本质特征，中国共产党根据改革开放以来的经济社会发展变化，逐步确立了共享发展的理念。这一理念既是中国经济与社会发展五大基本理念之一，也是中国社会保障制度发展的基本理念。

邓小平在提出让一部分人先富起来的同时，也明确提出社会主义的原则之一是共同致富。他指出，"要允许一部分地区、一部分企业、一部分工人农民，由于辛勤努力成绩大而收入先多一些，生活先好起来；一部分人生活先好起来，就必然产生极大的示范力量，影响左邻右舍，带动其他地区、其他单位的人们向他们学习。这样，就会使整个国民经济不断地波浪式地向前发展，使全国各族人民都能比较快地富裕起来"③；"各项工作都要有助于建设有中国特色的社会主义，都要以是否有助于人民的富裕幸福，是否

① 《习近平总书记重要讲话文章选编》，中央文献出版社 2016 年版，第 97 页。
② 《习近平总书记重要讲话文章选编》，中央文献出版社 2016 年版，第 96、98 页。
③ 《邓小平文选（第二卷）》，人民出版社 1994 年版，第 152 页。

有助于国家的兴旺发达，作为衡量做得对或不对的标准”[①]。邓小平进一步指出，“社会主义财富属于人民，社会主义的致富是全民共同致富。社会主义原则，第一是发展生产，第二是共同致富。我们允许一部分人先好起来，一部分地区先好起来，目的是更快地实现共同富裕。正因为如此，所以我们的政策是不使社会导致两极分化，就是说，不会导致富的越富，贫的越贫”[②]；“坚持社会主义的发展方向，就要肯定社会主义的根本任务是发展生产力，逐步摆脱贫困，使国家富强起来，使人民生活得到改善。没有贫穷的社会主义。社会主义的特点不是穷，而是富，但这种富是人民共同富裕”[③]。

2. 共同享受经济社会发展成果

江泽民也十分强调共同富裕。他指出，“实现共同富裕是社会主义的根本原则和本质特征，绝不能动摇。要用历史的、辩证的观点，认识和处理地区差距问题。一是要看到各个地区发展不平衡是一个长期的历史的现象。二是要高度重视和采取有效措施正确解决地区差距问题。三是解决地区差距问题需要一个过程。应当把缩小地区差距作为一条长期坚持的重要方针”[④]；“在整个改革开放和现代化建设的过程中，都要努力使工人、农民、知识分子和其他群众共同享受到经济社会发展的成果。改革越深化，越要正确认识和处理各种利益关系，把个人利益与集体利益、局部利益与整体利益、当前利益与长远利益正确地统一和结合起来，把最广大人民群众的切身利益实现好、维护好、发展好……我们党领导人民进行改革开放和现代化建设的根本目的，就是要通过发展社会生产力，努力满足人民群众日益增长的物质文化需要。因此，在整个现代化建设的过程中，都必须努力使广大工人、农民、知识分子和其他群众共同享受到经济社会发展的成果，使他们不断得到看得见的物质文化利益，从而使他们愈来愈深刻地认识到实行改革开放和实现社会主义现代化是祖国的富强之道，也是自己的富裕之道”[⑤]。

3. 发展成果由人民共享

胡锦涛在党的十七大报告中也明确提出共同富裕的思想理念，并指出，要始终把实现好、维护好、发展好最广大人民的根本利益，作为党和国家一切工作的出发点和落脚点，尊重人民主体地位，发挥人民首创精神，保障人民各项权益，走共同富裕道路，促进人的全面发展，做到发展为了人民，发展依靠人民，发展成果由人民共享。[⑥] 我们推动科学发展，根本目的就是要坚持尊重社会发展规律和尊重人民历史主体地位的一致性，坚持为崇高理想奋斗和为最广大人民谋利益的一致性，坚持完成党的各项工作和实现人民利益的一致性，坚持保障人民权益和促进人的全面发展的一致性，做到发展为了

---

① 《邓小平文选（第三卷）》，人民出版社1993年版，第23页。

② 《邓小平文选（第三卷）》，人民出版社1993年版，第172页。

③ 《邓小平文选（第三卷）》，人民出版社1993年版，第264-265页。

④ 《江泽民文选（第一卷）》，人民出版社2006年版，第466页。

⑤ 中共中央文献研究室：《江泽民论有中国特色社会主义》，中央文献出版社2002年版，第111页。

⑥ 《胡锦涛文选（第二卷）》，人民出版社2016年版，第624页。

人民、发展依靠人民、发展成果由人民共享。[1] 共同富裕是中国特色社会主义的根本原则。要坚持社会主义基本经济制度和分配制度，调整国民收入分配格局，加大再分配调节力度，着力解决收入分配差距较大问题，使发展成果更多更公平惠及全体人民，朝着共同富裕方向稳步前进。[2]

胡锦涛指出，要实现共同富裕，必须切实改善困难人群的生活。要坚定不移走共同富裕道路，使发展成果更好地惠及全体人民。要着力抓好就业这个民生之本，把促进充分就业作为经济社会发展的优先目标，坚持更加积极的就业政策，完善城乡公共就业服务体系，重点做好高校毕业生、农村转移劳动力、城镇就业困难人员、退役军人就业工作，加强劳动执法，保障劳动者权益，构建和谐劳动关系。要合理调整收入分配，初次分配和再分配都要处理好效率和公平的关系，再分配更加注重公平，提高居民收入在国民收入分配中的比重，提高劳动报酬在初次分配中的比重，逐步提高最低工资标准，保障职工工资正常增长和支付，规范分配秩序，努力缩小城乡、区域、行业和社会成员之间收入差距。要加快推进覆盖城乡居民的社会保障体系建设，推动非公有制经济组织从业人员、灵活就业人员、农民工和被征地农民参加保险，扩大新型农村社会养老保险试点范围，建立健全企业退休人员基本养老金、城乡居民低保标准正常调整机制，抓紧织牢社会安全网。要加快医疗卫生事业改革发展，扎实推进医药卫生体制重点改革，优先满足群众基本医疗卫生需求，加强公共卫生服务体系建设，保证新增医疗卫生资源重点向农村和城市社区倾斜，健全覆盖城乡居民的基本医疗保障体系，提高医疗服务质量和效率，为群众提供安全、有效、方便、价廉的医疗卫生服务。要加快推进住房保障体系建设，加大保障性安居工程建设力度，加快棚户区和农村危房改造，大力发展公共租赁住房，增加中低收入居民住房供给，缓解群众在居住方面遇到的困难。要继续推进扶贫开发，加强未成年人保护，发展妇女儿童事业，培育壮大老龄服务事业和产业，健全残疾人服务体系，健全农村留守儿童、留守妇女、留守老人关爱服务体系。[3]

4. 坚持以人民为中心

习近平总书记全面系统论述了共享发展的理念。关于共享理念的本质，他指出，“共享理念实质就是坚持以人民为中心的发展思想，体现的是逐步实现共同富裕的要求”。共享发展理念的内涵主要有四个方面。一是，共享是全民共享。这是就共享的覆盖面而言的。共享发展是人人享有、各得其所，不是少数人共享、一部分人共享。二是，共享是全面共享。这是就共享的内容而言的。共享发展就要共享国家经济、政治、文化、社会、生态各方面建设成果，全面保障人民在各方面的合法权益。三是，共享是共建共享。这是就共享的实现途径而言的。共建才能共享，共建的过程也是共享的过程。要充分发扬民主，广泛汇聚民智，最大激发民力，形成人人参与、人人尽力、人人都有成就感的生动局面。四是，共享是渐进共享。这是就共享发展的推进进程而言

---

① 《胡锦涛文选（第三卷）》，人民出版社2016年版，第96-97页。

② 《胡锦涛文选（第三卷）》，人民出版社2016年版，第624页。

③ 《胡锦涛文选（第三卷）》，人民出版社2016年版，第506-507页。

的。共享发展必将有一个从低级到高级、从不均衡到均衡的过程，即使达到很高的水平也会有差别。我们要立足国情、立足经济社会发展水平来思考设计共享政策。这四个方面是相互贯通的，要整体理解和把握。[①]

关于实现共享发展理念的途径，习近平总书记指出，一是充分调动人民群众的积极性、主动性、创造性，举全民之力推进中国特色社会主义事业，不断把“蛋糕”做大；二是把不断做大的“蛋糕”分好，让社会主义制度的优越性得到更充分体现，让人民群众有更多获得感。要扩大中等收入阶层，逐步形成橄榄型分配格局。特别要加大对困难群众的帮扶力度，坚决打赢农村贫困人口脱贫攻坚战。落实共享发展是一门大学问，要做好从顶层设计到“最后一公里”落地的工作，在实践中不断取得新成效。[②]

关于共享发展理念的重要意义，习近平总书记指出，“让广大人民群众共享改革发展成果，是社会主义的本质要求，是社会主义制度优越性的集中体现，是我们党坚持全心全意为人民服务根本宗旨的重要体现。这方面问题解决好了，全体人民推动发展的积极性、主动性、创造性就能充分调动起来，国家发展也才能具有最深厚的伟力。我国经济发展的‘蛋糕’不断做大，但分配不公问题比较突出，收入差距、城乡区域公共服务水平差距较大。在共享改革发展成果上，无论是实际情况还是制度设计，都还有不完善的地方。为此，我们必须坚持发展为了人民、发展依靠人民、发展成果由人民共享，作出更有效的制度安排，使全体人民朝着共同富裕方向稳步前进”[③]。

关于共享发展与实现中华民族伟大复兴的中国梦的关系，习近平总书记指出，生活在我们伟大祖国和伟大时代的中国人民，共同享有人生出彩的机会，共同享有梦想成真的机会，共同享有同祖国和时代一起成长与进步的机会。中国梦归根到底是人民的梦，必须紧紧依靠人民来实现，必须不断为人民造福。我们要随时随刻倾听人民呼声、回应人民期待，保证人民平等参与、平等发展权利，维护社会公平正义，在学有所教、劳有所得、病有所医、老有所养、住有所居上持续取得新进展，不断实现好、维护好、发展好最广大人民根本利益，使发展成果更多更公平惠及全体人民，在经济社会不断发展的基础上，朝着共同富裕方向稳步前进。[④]

社会保障制度的基本功能是保障人民能够分享经济社会发展成果。共享发展理念是新时代中国经济社会发展的五大理念之一，也必然是新时代中国社会保障制度发展和完善的重要理念之一。只有实现共享发展，才能保证和改善民生，才能真正促进社会公平正义，提升和增进人民福祉，才能使社会保障制度发挥更大的积极作用。

综上所述，改革开放以来，中国共产党对社会保障理念的认识经历了一个逐步发展和完善的过程，从就业是民生之本的理念，发展到促进社会公平正义的理念，再进一步发展到实现共享发展的理念这一发展和完善的过程，既是中国共产党对中国特色社会保

---

① 《习近平总书记重要讲话文章选编》，中央文献出版社 2016 年版，第 402-403 页。

② 《习近平总书记重要讲话文章选编》，中央文献出版社 2016 年版，第 404 页。

③ 中共中央文献研究室 《十八大以来重要文献选编（中）》，中央文献出版社 2016 年版，第 827 页。

④ 《习近平谈治国理政》，外文出版社 2014 年版，第 39-41 页。

障制度基本功能与本质属性的认识过程，也是中国共产党对符合中国国情的社会保障理论的探索过程。社会保障是中国特色社会主义制度的重要构成部分，中国特色社会保障制度理论是中国共产党对马克思主义社会保障理论的重要贡献，并直接影响和推动了中国特色社会保障制度体系的建设和完善。

第四节　中国特色社会保障制度的发展道路

一、社会保障制度的中国特色

1. 要努力保障工人的福利

改革开放以来，伴随着经济社会的发展变化，中国共产党逐步探索建设中国特色社会保障制度的道路，比较系统地提出了有关中国特色社会保障制度建设的思想理论体系。邓小平在改革开放初期就十分关注社会保障制度建设，他在 1978 年就指出，“工会要努力保障工人的福利。我们的国家还很落后，工人的福利不可能在短期间有很大的增长，而只能在生产增长特别是劳动生产率增长的基础上逐步增长。但是，这决不能成为企业领导不关心工人福利的借口，尤其不能成为工会组织不关心工人福利的借口。在目前的条件下，企业领导在这方面还是有大量的工作应该做，工会组织有更大量的工作应该做。工会组织要督促和帮助企业行政和地方行政在可能的范围内，努力改善工人的劳动条件、居住条件、饮食条件和卫生条件，同时要在工人中间积极开展各种形式的互助活动”[①]。邓小平还指出，“在人事制度方面，可以考虑把退休制度建立起来。全国各个部门和单位设立专门机构，管理退休的、当顾问的人，负责他们的政治待遇、生活福利方面的事情。把退休人员的问题处理好，便于我们选拔人才。这需要做很多的工作，但是不做不行”[②]。

2. 社会主义市场经济的重要内容

江泽民比较系统地论述了建设中国特色社会保障制度的必要性与现实意义。他指出，建立社会保障制度是深化企业改革的重要条件。要按照国家、企业、职工共同承担的精神，抓紧建立健全待业、养老、医疗和工伤等社会保障制度。[③] 加快建立多层次的社会保障体系，特别是抓紧建立和完善养老、失业、医疗保险制度。这对于深化企业改革，保持社会稳定，顺利建立社会主义市场经济体制，具有重大意义。[④] 在党的十五大

① 《邓小平文选（第二卷）》，人民出版社 1994 年版，第 137-138 页。

② 《邓小平文选（第二卷）》，人民出版社 1994 年版，第 197 页。

③ 《江泽民文选（第一卷）》，人民出版社 2006 年版，第 298 页。

④ 中共中央文献研究室：《十四大以来重要文献选编（中）》，人民出版社 1997 年版，第 1375 页。

报告中，江泽民明确提出，建立社会保障体系，实行社会统筹和个人账户相结合的养老、医疗保险制度，完善失业保险和社会救济制度，提供最基本的社会保障。[①] 建立城市居民基本生活保障制度和企业职工基本养老保险制度，是建立健全社会保障体系的重大举措，是一项根本性的制度建设。[②] 社会保障工作直接关系到坚持党的全心全意为人民服务的宗旨，关系到维护人民群众的切身利益，关系到保证改革开放和经济建设稳定发展的大局。一定要把中央对国有企业下岗职工的基本生活保障、城市居民的最低生活保障，以及一部分遇到困难的离退休人员的生活保障的政策和要求，坚决落实好，切不可疏忽大意。[③]

江泽民指出，“建立和完善社会保障体系，是建立社会主义市场经济体制的重要内容，是顺利推进企业改革和结构调整的必要条件。继续加强以失业、养老和医疗为重点的社会保障体系建设，逐步扩大覆盖面，提高社会保障程度。要多方面筹集资金，在企业改革和重组过程中，统筹考虑补充社会保障资金，财政也要打足预算。当前特别要抓好社会保障资金的落实和养老金的发放，做到制度建设到位，资金到账，保障到人。同时要建立健全城镇居民最低生活保障制度，这是保持社会稳定的一项重要措施，必须认真加以落实”[④]；“建立健全同经济发展水平相适应的社会保障体系，是社会稳定和国家长治久安的重要保证。坚持社会统筹和个人账户相结合，完善城镇职工基本养老保险制度和基本医疗保险制度。健全失业保险制度和城市居民最低生活保障制度。多渠道筹集和积累社会保障基金。各地要根据实际情况合理确定社会保障的标准和水平。发展城乡社会救济和社会福利事业。有条件的地方，探索建立农村养老、医疗保险和最低生活保障制度”[⑤]。

3. 建立覆盖城乡的社会保障体系

胡锦涛十分重视中国特色社会保障制度建设的必要性和重要意义。他指出：“加快社会保障体系建设，是解决群众生产生活问题的重要环节，也是维护社会稳定的重要举措。要确保企业离退休人员基本养老金按时足额发放。做好国有企业下岗职工基本生活保障和失业保险并轨的工作，完善企业退休人员社会化管理服务体系。要推进医疗改革，健全多层次医疗保险制度，扩大医疗保险覆盖面。要继续做好城市居民最低生活保障工作，做到应保尽保。要切实保障农村五保户基本生活，逐步建立农村最

① 中共中央文献研究室：《十五大以来重要文献选编（上）》，人民出版社 2000 年版，第 24 页。

② 劳动和社会保障部、中共中央文献研究室：《新时期劳动和社会保障重要文献选编》，中国劳动社会保障出版社 2002 年版，第 1502 页。

③ 劳动和社会保障部、中共中央文献研究室：《新时期劳动和社会保障重要文献选编》，中国劳动社会保障出版社 2002 年版，第 354 页。

④ 中共中央文献研究室：《江泽民论有中国特色社会主义》，中央文献出版社 2002 年版，第 87 页。

⑤ 《江泽民文选（第三卷）》，人民出版社 2006 年版，第 550 页。

低生活保障制度。要多渠道筹集社会保障资金，强化社会保障费用征缴，进一步提高保障能力。”①

胡锦涛在党的十七大报告中明确提出，“加快建立覆盖城乡居民的社会保障体系，保障人民基本生活。社会保障是社会安定的重要保证。要以社会保险、社会救助、社会福利为基础，以基本养老、基本医疗、最低生活保障制度为重点，以慈善事业、商业保险为补充，加快完善社会保障体系。促进企业、机关、事业单位基本养老保险制度改革，探索建立农村养老保险制度。全面推进城镇职工基本医疗保险、城镇居民基本医疗保险、新型农村合作医疗制度建设，完善城乡居民最低生活保障制度，逐步提高保障水平。完善失业、工伤、生育保险制度。提高统筹层次，制定全国统一的社会保险关系转续方法。采取多种方式充实社会保障基金，加强基金监管，实现保值增值。健全社会救助体系。做好优抚安置工作。……健全廉租住房制度，加快解决城市低收入家庭住房困难”②；“要加快建立覆盖城乡居民的社会保障体系。这是坚持立党为公、执政为民的具体体现，是推动科学发展、促进社会和谐的重要工作，是保增长、保民生、保稳定的重要任务，也是保持国家长治久安的重要条件。……把加快完善社会保障体系作为实现好、维护好、发展好最广大人民根本利益的重要工作扎实推进，努力使全体人民学有所教、劳有所得、病有所医、老有所养、住有所居，不断促进社会和谐”③。

胡锦涛还对加快建立覆盖城乡居民的社会保障体系做出了具体系统的论述，指出：“要把人人享有基本生活保障作为优先目标，坚持效率和公平、统一性和灵活性相结合，立足当前、着眼长远，统筹城乡、整体设计，分步实施、配套推进，积极而为、量力而行，逐步将各类人员纳入社会保障覆盖范围，实现城乡统筹和应保尽保。对城镇职工基本养老保险、基本医疗保险、新型农村合作医疗、城乡最低生活保障、医疗救助以及失业、工伤、生育保险等已有的各项保障制度，要不断完善政策，扩大覆盖面。特别是要适应统筹城乡发展新形势要求，抓住社会保障制度薄弱环节加以推进。要开展新型农村养老保险制度试点，总结经验，逐步推开；制定实施适合农民工收入低、流动性强特点的参加养老保险办法，切实维护他们的社会保障权益；着力推进城镇非公有制经济组织从业人员和灵活就业人员参加养老保险；加快解决关闭破产企业、困难企业职工和退休人员医疗保障问题；切实落实被征地农民社会保障政策；逐步扩大最低生活保障制度和医疗救助制度保障范围。要完善失业保险制度，保障失业人员基本生活，发挥失业保险基金预防失业、促进就业作用。要完善城乡社会救助制度，逐步提高城乡低保、农村五保、医疗救助等待遇水平，切实保障农村贫困家庭、城镇困难家庭、离退休职工、在校贫困大学生的基本生活。要促进社会福利事业、慈善事业、残疾人事业发展，支持志愿者公益行动，鼓励社区群众和邻里互助。要增加保障性住房供给，健全廉租住房制度，加快解决城市低收入家庭住房困难。”④

① 《胡锦涛文选（第二卷）》，人民出版社2016年版，第182页。

② 《胡锦涛文选（第二卷）》，人民出版社2016年版，第643-644页。

③ 《胡锦涛文选（第三卷）》，人民出版社2016年版，第211-212页。

④ 《胡锦涛文选（第三卷）》，人民出版社2016年版，第212-213页。

4. 坚持在发展中保障和改善民生

在党的十九大报告中，习近平总书记系统论述了新时代中国特色社会保障制度建设的新方向。他指出，要“加强社会保障体系建设。按照兜底线、织密网、建机制的要求，全面建成覆盖全民、城乡统筹、权责清晰、保障适度、可持续的多层次社会保障体系。全面实施全民参保计划。完善城镇职工基本养老保险和城乡居民基本养老保险制度，尽快实现养老保险全国统筹。完善统一的城乡居民基本医疗保险制度和大病保险制度。完善失业、工伤保险制度。建立全国统一的社会保险公共服务平台。统筹城乡社会救助体系，完善最低生活保障制度。坚持男女平等基本国策，保障妇女儿童合法权益。……实施健康中国战略。人民健康是民族昌盛和国家富强的重要标志。要完善国民健康政策，为人民群众提供全方位全周期健康服务。深化医药卫生体制改革，全面建立中国特色基本医疗卫生制度、医疗保障制度和优质高效的医疗卫生服务体系，健全现代医院管理制度。加强基层医疗卫生服务体系和全科医生队伍建设。全面取消以药养医，健全药品供应保障制度。……积极应对人口老龄化，构建养老、孝老、敬老政策体系和社会环境，推进医养结合，加快老龄事业和产业发展”①。

改革开放以来，中国共产党关于建立和完善中国特色社会保障制度的必要性及其重大意义的论述，成为指导中国社会保障制度建设和发展的思想理论基础，极大地推动了中国社会保障制度体系的建设、发展和逐步完善。

二、社会保障制度的统筹发展

1. 全国实现小康的重点在农村

改革开放以来，随着中国城乡经济社会的发展变化，中国共产党逐步认识到统筹城乡经济社会发展的重要性，逐步强调社会保障制度及公共服务的城乡统筹发展。江泽民指出，“全国实现小康，重点和难点都在农村。农村实现小康，关键是要增加农民收入。要从调整优化结构、增加农业投入、扩大以工代赈、促进农产品流通等方面采取综合措施，开辟农民增收的新途径新领域”②。对民族地区以及革命老根据地、边疆地区和贫困地区，国家要采取有效政策加以扶持，经济比较发达地区要采取多种形式帮助它们加快发展。③

胡锦涛指出，“要进一步加强统筹城乡发展工作。没有农民的小康就没有全国人民的小康，没有农村的现代化就没有全国的现代化。……建立健全农村社会化服务体系和支持保护体系。要继续加强扶贫开发工作，提高扶贫开发成效，加快贫困地区脱贫步

① 习近平：《决胜全面建成小康社会 夺取新时代中国特色社会主义伟大胜利——在中国共产党第十九次全国代表大会上的报告》，载《求是》2017 年第 21 期。

② 《江泽民文选（第二卷）》，人民出版社 2006 年版，第 441-442 页。

③ 《江泽民文选（第一卷）》，人民出版社 2006 年版，第 235 页。

伐。……要把改善农民群众生产生活条件，提高他们生活水平作为一件大事来抓”[①]；“要加大农村扶贫开发力度，因地制宜实行整村推进的扶贫开发方式，继续对缺乏生存条件地区的贫困人口实行易地扶贫，对丧失劳动能力的贫困人口实行救助制度”[②]；“在我们这样一个农民占多数人口的国家里，没有农村的和谐，就不可能有整个社会的和谐。要坚持以解决好农民群众最关心最直接最现实的利益问题为着力点，促进农村和谐社会建设。一是要保障农村困难群众基本生活。要逐步加大公共财政对农村社会保障制度建设的投入。有条件的地方，要探索建立同农村经济发展水平相适应、同其他保障措施相配套的农村社会养老保险制度，探索建立农村最低生活保障制度，尤其要做好农村五保户供养、特困户生活救助工作，切实解决好偏远山区和受灾地区农民群众温饱问题。二是要发展农村卫生事业。农村看病难、看病贵、因病致贫、因病返贫现象相当突出。广大农民群众迫切要求改变这种状况。各级政府都要增加对农村卫生事业的投入，加快推进新型农村合作医疗制度试点工作，加强以乡镇卫生院为重点的农村卫生基础设施建设，健全农村三级医疗卫生服务和医疗救助体系……让患病农民都能看得起病、得到治疗”[③]。

2. 推进民族地区的民生与社会保障建设

胡锦涛十分重视民族地区的社会保障与民生发展。他指出，“要加大对民族地区公共卫生体系和基本医疗服务的资金投入和技术支持，加强民族地区公共卫生设施建设，建立健全农村卫生服务体系、新型农村合作医疗制度、医疗救助制度。要突出抓好民族地区扶贫开发工作，坚持开发式扶贫，加大国家扶贫资金对民族地区贫困县的支持力度，切实解决好民族地区困难群众生产生活问题”[④]。

关于西藏的社会保障与民生发展。胡锦涛指出：“要坚持发展为了人民、发展依靠人民、发展成果由人民共享，切实把保障和改善民生作为西藏经济社会发展的出发点和落脚点，提高各族群众生活水平和质量，把更多关怀和温暖送给广大农牧民和困难群众，着重解决他们迫切需要解决的问题特别是农牧区条件艰苦、农牧民增收困难等问题。……要继续把西藏作为特殊集中连片贫困区域，加大中央扶贫资金投入力度，重点向农牧区、地方病病区、边境地区倾斜，引导社会资源投入扶贫开发事业，让贫困群众衣食有着落、生活有保障。”[⑤]

关于新疆的社会保障与民生发展。胡锦涛指出：“要建设覆盖城乡居民的社会保障体系和社会救助体系，完善城镇基本养老保险、基本医疗保险、失业保险、工伤保险、生育保险制度，提高居民最低生活保障标准，加强社会保障和社会救助服务设施建设，发展社会福利和社会救助事业。着力保障和改善民生，加快提高城乡居民生活水平。要提高城乡居民最低生活保障标准、孤儿和流浪儿童养育标准、农村五保供养标准，完善

---

① 《胡锦涛文选（第二卷）》，人民出版社2016年版，第68-69页。

② 《胡锦涛文选（第二卷）》，人民出版社2016年版，第416页。

③ 《胡锦涛文选（第二卷）》，人民出版社2016年版，第419-420页。

④ 《胡锦涛文选（第二卷）》，人民出版社2016年版，第318页。

⑤ 《胡锦涛文选（第三卷）》，人民出版社2016年版，第316页。

对承担守边任务边民的补助制度。要加大扶贫开发力度，扶持人口较少民族发展，继续把困难地区作为扶贫开发的重点区域，实施连片扶贫开发，对农村低收入人口全面实施扶贫政策，到2020年基本消除绝对贫困现象。[①]

关于西部地区的社会保障与民生发展。胡锦涛指出："坚持为民谋利，进一步保障和改善民生。西部地区与东部地区的发展差距突出表现在基本公共服务水平上。要把保障和改善民生作为西部大开发的首要目标，加大政策支持力度，加快社会建设，建立覆盖城乡居民的公共服务体系。……要贯彻广覆盖、保基本、多层次、可持续的基本方针，加大社会保障投入，完善覆盖城乡居民的社会保障体系，提高最低生活保障标准，加大保障性安居工程实施力度。要推进医药卫生体制改革，加强公共卫生服务体系建设，促进基本公共卫生服务均等化，加快健全城乡基本医疗保障体系，完善城乡医疗救助制度，提高医疗卫生服务能力。……要大力扶持贫困地区特别是民族地区贫困地方加快发展，全力实施集中连片特殊困难地区扶贫开发攻坚工程，加快脱贫致富步伐，基本消除绝对贫困现象。"[②]

3 全面建成小康社会的重要任务

习近平总书记十分重视社会保障制度的城乡统筹发展。他指出，城乡发展不平衡不协调，是我国经济社会发展存在的突出矛盾，是全面建成小康社会、加快推进社会主义现代化必须解决的重大问题。改革开放以来，我国农村面貌发生了翻天覆地的变化。但是，城乡二元结构没有根本改变，城乡发展差距不断拉大趋势没有根本扭转。根本解决这些问题，必须推进城乡发展一体化。必须健全体制机制，形成以工促农、以城带乡、工农互惠、城乡一体的新型工农城乡关系，让广大农民平等参与现代化进程、共同分享现代化成果。推进城乡要素平等交换和公共资源均衡配置。主要是保障农民工同工同酬；保障农民公平分享土地增值收益；完善农业保险制度；鼓励社会资本投向农村建设，允许企业和社会组织在农村兴办各类事业；统筹城乡义务教育资源均衡配置，整合城乡居民基本养老保险制度、基本医疗保险制度，推进城乡最低生活保障制度统筹发展，稳步推进城镇基本公共服务常住人口全覆盖，把进城落户农民完全纳入城镇住房和社会保障体系。[③]

"要坚持以改革为动力，不断破解城乡二元结构。……要完善农村基础设施建设机制，推进城乡基础设施互联互通、共建共享，创新农村基础设施和公共服务设施决策、投入、建设、运行管护机制，积极引导社会资本参与农村公益性基础设施建设。要推动形成城乡基本公共服务均等化体制机制，特别是要加强农村留守儿童、妇女、老人关爱服务体系建设。要加快推进户籍制度改革，完善城乡劳动者平等就业制度，逐步让农业转移人口在城镇进得来、住得下、融得进、能就业、可创业，维护好农民工合法权益，

① 《胡锦涛文选（第三卷）》，人民出版社2016年版，第377-380页。

② 《胡锦涛文选（第三卷）》，人民出版社2016年版，第414-415页。

③ 习近平：《习近平谈治国理政》，外文出版社2014年版，第81-82页。

保障城乡劳动者平等就业权利。”①

习近平指出：“努力缩小城乡区域发展差距，是全面建成小康社会的一项重要任务。对这个问题，要辩证地看。城市和乡村、不同区域承担的主体功能不同。……我们说的缩小城乡区域发展差距，不能仅仅看作是缩小国内生产总值总量和增长速度的差距，而应该是缩小居民收入水平、基础设施通达水平、基本公共服务均等化水平、人民生活水平等方面的差距。此外，对城乡地区收入差距，也要全面认识。城乡区域之间生活成本特别是居住成本很不一样，光看收入也不能准确反映问题。”②

中国共产党关于统筹城乡经济社会发展尤其是统筹城乡社会保障制度发展的认识和思想，促进了中国城乡社会保障制度的协调发展，对中国社会保障制度的进一步完善尤其是社会保障制度的公平性产生了直接而又重大的推动作用。

三、社会保障制度的可持续发展

1. 在发展生产的基础上逐步改善人民生活

随着中国经济社会的发展变化和社会保障制度的逐步发展，如何实现社会保障制度在保障和改善基本民生的基础上能够可持续地发展，成为中国社会保障制度长远发展面临的重要问题。中国共产党逐步认识并提出了社会保障制度可持续发展的思想。邓小平早在 1978 年就已经指出，我们一定要坚持按劳分配的社会主义原则，按劳分配就是按劳动的数量和质量进行分配。③“‘四人帮’提倡什么穷社会主义、穷过渡、穷革命，我们反对那些荒谬反动的观点。但是，我们也反对现在要在中国实现所谓福利国家的观点，因为这不可能。我们只能在发展生产的基础上逐步改善生活。发展生产，而不改善生活，是不对的；同样，不发展生产，要改善生活，也是不对的，而且是不可能的。……逐步改善人民的生活，提高人民的收入，必须建立在发展生产的基础上。……解决这类问题，步子一定要稳，要对群众很好地进行引导，千万不能不负责任地许愿鼓动。”④

2. 首先保障人民群众的基本生活

江泽民指出，“建立社会保障体系要把握以下几个原则：一是从国情出发，与国民经济发展水平以及各方面承受能力相适应，首先保证人们基本生活的需要；二是坚持公平与效率相结合，权利与义务相对应，兼顾国家、企业、个人三者利益；三是要积极稳妥，注意新老体制的衔接和过渡，避免出现大的波动”⑤。

---

① 中共中央文献研究室：《习近平关于社会主义经济建设论述摘编》，中央文献出版社 2017 年版，第 189-190 页。

② 中共中央文献研究室：《十八大以来重要文献选编（中）》，中央文献出版社 2016 年版，第 833 页。

③ 《邓小平文选（第二卷）》，人民出版社 1994 年版，第 101 页。

④ 《邓小平文选（第二卷）》，人民出版社 1994 年版，第 257-258 页。

⑤ 江泽民：《论“三个代表”》，人民出版社 2002 年版，第 91 页。

胡锦涛十分强调社会保障制度的可持续发展，他在党的十八大报告中指出："要坚持全覆盖、保基本、多层次、可持续方针，以增强公平性、适应流动性、保证可持续性为重点，全面建成覆盖城乡居民的社会保障体系。"[①]"要坚持广覆盖、保基本、多层次、可持续方针，以社会保险、社会救助、社会福利为基础，以基本养老、基本医疗、最低生活保障制度为重点，以慈善事业、商业保险为补充，统筹协调做好各项工作，实现社会保障事业可持续发展。"[②]

3. 实现社会保障事业可持续发展

习近平总书记非常关注社会保障制度的可持续发展，并从多个方面对这一问题进行了系统具体的论述。

关于社会保障发展与经济发展的关系。他指出，"要处理好发展经济和保障民生的关系，既要在经济发展的基础上不断加大保障民生力度，也不要脱离财力作难以兑现的承诺。要重点加强基本公共服务，特别是要加大对革命老区、民族地区、边疆地区、贫困地区基本公共服务的支持力度，加强对特定人群特殊困难的帮扶，在此基础上做好教育、就业、收入分配、社会保障、医疗卫生等各领域民生工作。要坚持量入为出，积极调整财政支出结构。前一阶段，根据财政收入增长很快的形势作了一些承诺，现在看来要从可持续性角度研究一下，该适度降低的要下决心降低。"[③]

关于社会保障水平的合理性。他指出，"群众对生活的期待是不断提升的，需求是多样化、多层次的，而我国仍处于并将长期处于社会主义初级阶段，改善民生不能脱离这个最大的实际提出过高目标，只能根据经济发展和财力状况逐步提高人民生活水平，做那些现实条件下可以做到的事情。决不能开空头支票，也要防止把胃口吊得过高，否则，结果只会适得其反，就有可能落入'中等收入陷阱'"[④]；"民粹主义是造成'中等收入陷阱'的根源。它有两个突出特点：一是政治上搞盲目民主化，意见纷杂，无法集中力量办事；二是过度福利化，用过度承诺讨好民众，结果导致效率低下、增长停滞、通货膨胀，收入分配最终反而恶化。我们要坚持从实际出发，收入提高必须建立在劳动生产率提高的基础上，福利水平提高必须建立在经济和财力可持续增长的基础上"[⑤]。

关于住房保障体系的可持续。他指出，"加快推进住房保障和供应体系建设，是满足群众基本住房需求、实现全体人民住有所居目标的重要任务，是促进社会公平正义、保证人民群众共享改革发展成果的必然要求。……住房问题既是民生问题也是发展问题，关系千家万户切身利益，关系人民安居乐业，关系经济社会发展全局，关系社会和谐稳定。……加快推进住房保障和供应体系建设，要处理好政府提供公共服务和市场化

① 胡锦涛：《坚定不移沿着中国特色社会主义道路前进　为全面建成小康社会而奋斗——在中国共产党第十八次全国代表大会上的报告》，人民出版社 2012 年版，第 36 页。

② 《胡锦涛文选（第三卷）》，人民出版社 2016 年版，第 212 页。

③ 《习近平总书记重要讲话文章选编》，中央文献出版社 2016 年版，第 274-275 页。

④ 《习近平总书记系列重要讲话读本（2016 年版）》，人民出版社 2016 年版，第 214 页。

⑤ 《习近平总书记重要讲话文章选编》，中央文献出版社 2016 年版，第 325 页。

的关系、住房发展的经济功能和社会功能的关系、需要和可能的关系、住房保障和防止福利陷阱的关系。只有坚持市场化改革方向，才能充分激发市场活力，满足多层次住房需求。同时，总有一部分群众由于劳动技能不适应、就业不充分、收入水平低等原因而面临住房困难，政府必须‘补好位’，为困难群众提供基本住房保障。从我国国情看，总的方向是构建以政府为主提供基本保障、以市场为主满足多层次需求的住房供应体系”①；“要明确深化住房制度改革方向，以满足新市民住房需求为主要出发点，以建立购租并举的住房制度为主要方向。对暂时买不起房的居民特别是非户籍人口，要支持他们先租房子住，对其中难以承受市场化房租、符合条件的困难家庭，政府给予货币化的租金补助，把公租房扩大到非户籍人口，实现公租房货币化”②。

关于养老保险制度的可持续。他指出，“构建公平、可持续的养老保险制度至关重要。要完善个人账户，坚持精算平衡，增强社保缴费激励，提高收付透明度，提高统筹层次，有序推进基本养老保险制度改革”③。

关于最低工资和社会保险费率的合理性。他指出，“最低工资标准提高幅度要把握分寸，防止工资上涨超过劳动生产率提高。降低社会保险费，目前一些企业的‘五险一金’相当于职工工资的百分之四十左右，大大超过一些发达国家水平，要研究精简归并‘五险一金’，当前可适当降低企业住房公积金缴付比例，需要时再回归常态”④。

习近平还十分重视老龄事业与养老服务的发展。他指出，“要着力完善老龄政策制度。……搞好顶层设计，不断完善老年人家庭赡养和扶养、社会救助、社会福利、社会优待、宜居环境、社会参与等政策，增强政策制度的针对性、协调性、系统性。……统筹好生育、就业、退休、养老等政策。要完善养老和医疗保险制度，落实支持养老服务业发展、促进医疗卫生和养老服务融合发展的政策措施。要建立老年人状况统计调查和发布制度、相关保险和福利及救助相衔接的长期照护保障制度、老年人监护制度、养老机构分类管理制度，制定家庭养老支持政策、农村留守老人关爱服务政策、扶助老年人慈善支持政策、为老服务人才激励政策，促进各种政策制度衔接，增强政策合力。要积极发展养老服务业……构建居家为基础、社区为依托、机构为补充、医养相结合的养老服务体系，更好满足老年人养老服务需求”。⑤ 中国共产党关于社会保障制度可持续发展的思想，既是中国社会保障制度建设和发展的理论基础，也为中国社会保障制度未来的建设和发展指明了方向。

综上所述，改革开放以来，伴随着对中国特色社会主义建设认识的发展，中国共产党对中国特色社会保障制度发展道路的认识不断发展和深化，不仅提出了建设中国特色社会保障制度的必要性，而且提出了社会保障制度的城乡统筹发展和社会保障制度的可持续发展等重要思想理论。中国共产党对中国特色社会保障制度发展道路的认识，构成

---

① 《习近平谈治国理政》，外文出版社 2014 年版，第 192-193 页。

② 《习近平总书记重要讲话文章选编》，中央文献出版社 2016 年版，第 317 页。

③ 《习近平总书记重要讲话文章选编》，中央文献出版社 2016 年版，第 322 页。

④ 《习近平总书记重要讲话文章选编》，中央文献出版社 2016 年版，第 316 页。

⑤ 中共中央文献研究室：《习近平关于社会主义社会建设论述摘编》，中央文献出版社 2017 年版，第 92 页。

中国特色社会主义理论的重要组成部分，也是中国共产党对马克思主义社会保障理论的重要贡献。

第五节　中国特色反贫困思想

一、从“救济式扶贫”到“开发式扶贫”

1. 国家长治久安的政治问题

江泽民高度重视解决贫困人口生活问题的重要性。他指出，“解决农村贫困人口的温饱问题……关系到整个国家经济和社会的协调发展和长期稳定，关系到社会主义的优越性和党在人民群众中的威信。这不仅是个经济问题，也是一个政治问题”①。他进一步指出，加快贫困地区的发展步伐，不仅是一个经济问题，而且是关系国家长治久安的政治问题，是治国安邦的一件大事。②

江泽民系统论述了扶贫开发具有的重大经济意义和政治意义。他指出：“第一，我们党和国家开展扶贫开发，努力解决贫困人口的生产和生活问题，是我国社会主义制度优越性的一个重要体现，极大地坚定了全国各族人民建设有中国特色社会主义的信心。第二……扶贫开发取得的成就，不仅是对世界人权事业的重要贡献，也为我们开展国际人权斗争、反对西方反华势力干涉我国内政创造了有利条件。第三，扶贫开发取得的成就，为保持国民经济的协调发展，促进民族团结、保持边疆安定和社会稳定作出了贡献。第四，扶贫开发取得的伟大成就和积累的宝贵经验……为我们进行爱国主义、集体主义、社会主义教育和基本国情教育增添了丰富生动的教材，应充分运用它来激励全国各族人民继续为推进改革和建设而不懈奋斗。”③

2. 救济式扶贫转向开发式扶贫

江泽民明确强调扶贫工作必须从救济式扶贫转向开发式扶贫，并且要实施政府扶贫与社会扶贫相结合的方针。他指出，“改革开放以来，我国扶贫工作在思路上的一个重大转变，就是由传统的救济式扶贫转向开发式扶贫。走开发式扶贫的路子，增强自我发展能力，才能稳定地走上脱贫致富的道路。……帮助贫困地区人民摆脱贫穷，不仅是党和政府的任务，也是全社会的共同责任。我们是社会主义国家，有这个优势；我们中华民族，有扶贫济困的传统美德；现在城市和一部分发达地区已经初步富裕起来了，也有

① 中共中央文献研究室：《江泽民论有中国特色社会主义》，中央文献出版社2002年版，第136页。

② 中共中央文献研究室：《十四大以来重要文献选编（下）》，人民出版社1999年版，第2030-2031页。

③ 中共中央文献研究室：《江泽民论有中国特色社会主义》，中央文献出版社2002年版，第139-140页。

这个条件。要发挥我们党和社会主义制度的政治优势，把政府扶贫同全社会扶贫结合起来，这应当作为今后扶贫工作中的一条重要方针”①。江泽民还强调开发式扶贫中的机制建设。他指出，要进一步统一思想，下定决心；坚持开发式扶贫方针，增强贫困地区自我发展能力；更广泛更深入地动员全社会力量参与扶贫；依靠贫困地区干部群众，坚持不懈地苦干实干；进一步加强扶贫工作的领导，层层实行责任制。②

3. 社会主义初级阶段的重要任务

江泽民对扶贫开发的不断深入进行了系统论述。他指出，基本解决农村贫困人口的温饱问题这项任务完成以后，扶贫开发仍然不能放松，要继续抓下去。当然，这是在更进一个层次上的扶贫开发。继续开展扶贫开发，要首先解决剩余贫困人口的温饱问题，巩固扶贫成果，使已经解决温饱的人口向小康迈进，同时在稳定解决温饱的基础上，全面推进贫困地区经济社会发展。

江泽民还强调扶贫开发必须纳入整体经济社会发展战略与共同富裕的民生目标一起考虑。他指出，扶贫开发这项工作，必须同我们对 21 世纪整个经济发展战略的考虑结合起来，同加快中西部地区建设、缩小东西部地区发展差距，实现共同富裕的目标结合起来。到 20 世纪末，“农村虽然可以基本解决贫困人口的温饱问题，但标准还很低，而且很不稳定。许多地方还没有从根本上改变落后的生产条件，一遇自然灾害，一部分人仍可能饱而复饥，温而复寒。改变这些地方长期形成的生产力不发达状况，还要进行长期努力，不可能一蹴而就。从这个意义上讲，扶贫开发是贯穿整个社会主义初级阶段的一项重要任务……扶贫开发还要继续深化，并不断向更高的水平推进”。③

4. 自我发展能力的提升

江泽民十分强调扶贫开发中贫困地区与人口自我发展能力的提升。他指出：“解决中国的所有问题，最根本的要靠发展。解决贫困地区的问题，最根本的也要靠发展。坚持开发式扶贫的方针……要努力改善贫困地区的生产条件、生活条件和生态条件，提高群众的科技文化素质，充分利用当地自然资源和劳动力资源，发挥比较优势，促进生产的发展，促进群众生活的改善，并逐步增强自我积累和自我发展的能力。……最重要的就是要不断增强贫困地区自我发展的能力。这是开发式扶贫的真谛所在。”④

显然，江泽民的论述十分重视扶贫开发的重大政治意义，将其提升到治国安邦、长治久安、民族团结和人权发展的政治高度。扶贫开发的基本目标是解决农村贫困人口的温饱问题，进而使得解决温饱的人口能够向小康生活迈进，并在稳定解决温饱的基础上，推进贫困地区经济社会发展。扶贫开发的主要方针是政府扶贫与社会扶

① 中共中央文献研究室：《江泽民论有中国特色社会主义》，中央文献出版社 2002 年版，第 136-137 页。

② 《江泽民文选（第一卷）》，人民出版社 2006 年版，第 547-562 页。

③ 中共中央文献研究室：《十五大以来重要文献选编（中）》，人民出版社 2000 年版，第 854 页。

④ 中共中央文献研究室：《江泽民论有中国特色社会主义》，中央文献出版社 2002 年版，第 140-141 页。

贫相结合。从救济式扶贫到开发式扶贫的思路转变，是中国共产党顺应改革开放后中国经济社会发展变化，结合贫困自身的发展变化，对我国预防和减少贫困问题认识的重要发展和变化，对于推进当时的扶贫事业的发展、改善贫困群体的基本生活产生了积极作用和影响，也为中国共产党在后来的发展阶段对扶贫开发的认识的发展奠定了基础。

二、从“扶贫攻坚”到“大扶贫格局”

1.“两不愁”“三保障”“四大突破”

胡锦涛鲜明地提出了扶贫开发的总体目标和需要重点突破的任务。他指出，“深入推进扶贫开发的总体目标是：稳定实现扶贫对象不愁吃、不愁穿，保障其义务教育、基本医疗和住房。贫困地区农民人均纯收入增长幅度高于全国平均水平，基本公共服务主要领域指标接近全国平均水平，扭转发展差距扩大趋势”。[①] 胡锦涛还指出，为了实现上述目标，扶贫工作具体要在以下五个方面有大的突破。“一是生产条件有大改变。贫困地区基本农田、农田水利等基础设施明显改善，人均基本口粮田得以保障，农户特色增收项目得到落实，特色优势产业快速发展，特色支柱产业体系初步形成。二是生活条件有大改善。贫困地区农村饮水安全保障程度和自来水普及率进一步提高，全面解决无电行政村和无电人口用电问题；实现具备条件行政村通沥青（水泥）路，实现村村通班车；扩大农村危房改造规模，群众居住条件得到显著改善。三是社会事业有大发展。贫困地区基本普及学前教育，义务教育水平进一步提高，普及高中阶段教育；县乡村三级医疗卫生服务网基本健全，县级医院医疗能力和水平明显提高，新型农村合作医疗参加率稳定在百分之九十以上，贫困地区群众获得公共卫生和基本医疗服务更加均等……四是社会保障水平有大提高。农村最低生活保障制度、五保供养制度、临时救助制度进一步完善，实现新型农村社会养老保险制度全覆盖，农村社会保障和服务水平进一步提升。五是生态环境有很大改观。”[②]

2. 主要途径、基本手段与主要机制

胡锦涛论述了扶贫开发的主要途径和基本手段。他指出，“做好新阶段扶贫开发工作，要坚持开发式扶贫方针，同时实行扶贫开发和农村最低生活保障制度有效衔接，把扶贫开发作为脱贫致富的主要途径，把社会保障作为解决温饱问题的基本手段；坚持统筹城乡发展，坚持扶贫开发与推进城镇化、建设社会主义新农村相结合，与生态环境保护相结合，促进经济社会发展与人口资源环境相协调”。[③]

胡锦涛系统论述了扶贫开发中的机制建设。他指出，在扶贫开发工作中要着重把握好以下几点。

① 《胡锦涛文选（第三卷）》，人民出版社 2016 年版，第 568 页。
② 《胡锦涛文选（第三卷）》，人民出版社 2016 年版，第 568 页。
③ 《胡锦涛文选（第三卷）》，人民出版社 2016 年版，第 569 页。

第一，坚持政府主导、分级负责。要坚持中央统筹、省负总责、县抓落实的扶贫开发管理体制，实行扶贫开发目标责任制和考核评价制度，实行党政一把手负总责的扶贫开发工作责任制，建立片为重点、工作到村、扶贫到户的工作机制。要把扶贫开发纳入经济社会发展战略及总体规划，确保扶贫开发资金稳定增长，充分发挥政府投入在扶贫开发中的主体和主导作用。①

第二，坚持突出重点、分类指导。要从实际出发推进扶贫开发。中央将加大对扶贫开发的支持力度，重点支持革命老区、民族地区、边疆地区特别是集中连片特殊困难地区。中西部地区扶贫要把巩固温饱成果、加快脱贫致富作为主要任务，着力解决制约发展的主要瓶颈问题。东部有条件地区要提高扶贫开发水平，探索减少相对贫困、实现共同富裕的有效途径。对致贫原因不同的贫困群众，要采取更有针对性的扶持措施。②

第三，坚持全社会参与、合力推进。扶贫开发是全党全社会的共同责任。要形成扶贫开发工作强大合力。各部门各地区要按照中央颁发的《中国农村扶贫开发纲要（2011—2020 年）》确定的任务，各司其职、各负其责，密切配合、通力协作，把支持贫困地区发展纳入本部门本地区工作，积极完成所承担的扶贫开发任务。要充分发挥社会力量在扶贫开发中的重要作用，广泛动员社会各界参与扶贫开发。③

第四，坚持尊重扶贫对象主体地位、激发贫困地区内在活力。要充分发挥贫困地区和扶贫对象主动性和创造性，积极推行参与式扶贫，提高扶贫对象自我管理水平和发展能力，帮助他们立足自身实现脱贫致富。④

3. “扶贫攻坚”与“大扶贫格局”

胡锦涛非常强调在集中连片贫困地区实施扶贫攻坚。他指出：要着力推进集中连片特殊困难地区扶贫攻坚，这是新阶段我国扶贫开发工作重点。“中央把集中连片特殊困难地区作为新阶段扶贫开发工作重点，是根据我国国情和新阶段扶贫开发面临的形势作出的重大决策，主要是考虑到这些地区生态环境脆弱，生存条件恶劣，自然灾害频繁发生，基础设施和社会事业发展明显滞后，贫困程度深，改变落后面貌必须举全国之力打一场攻坚战。……着力解决制约发展的瓶颈问题，促进基本公共服务均等化，从根本上改变集中连片特殊困难地区面貌。”⑤

胡锦涛明确提出实施专项扶贫、行业扶贫与社会扶贫相结合的大扶贫格局。他指出，要“着力巩固和发展专项扶贫、行业扶贫、社会扶贫的大扶贫格局。……专项扶贫要按照省负总责、县抓落实、工作到村、扶贫到户的要求，组织实施好易地扶贫搬迁、

① 《胡锦涛文选（第三卷）》，人民出版社 2016 年版，第 569 页。
② 《胡锦涛文选（第三卷）》，人民出版社 2016 年版，第 569 页。
③ 《胡锦涛文选（第三卷）》，人民出版社 2016 年版，第 570 页。
④ 《胡锦涛文选（第三卷）》，人民出版社 2016 年版，第 570 页。
⑤ 《胡锦涛文选（第三卷）》，人民出版社 2016 年版，第 571 页。

整村推进、以工代赈、产业扶贫、就业促进、扶贫试点、革命老区建设等重要工程。行业扶贫要密切结合各行业业务职能，把改善贫困地区发展环境和条件作为本行业发展规划的重要内容，在资金、项目等方面向贫困地区倾斜，扶持发展特色产业，开展科技扶贫，完善基础设施，发展教育文化事业，改善公共卫生和人口服务管理，完善社会保障制度，重视能源保障和生态环境保护……社会扶贫要加强定点扶贫，推进东西部扶贫协作，发挥军队和武警部队作用，动员企业和社会各界参与扶贫。中央和国家机关各部门各单位、人民团体、参照公务员法管理的事业单位和国有大型骨干企业、国有控股金融机构、国家重点科研院校、军队和武警部队要积极参加定点扶贫，承担相应的定点扶贫任务。要支持各民主党派中央、全国工商联参与定点扶贫工作，积极鼓励、引导、支持、帮助各类非公有制企业、社会组织承担定点扶贫任务。要鼓励和引导企业、社会组织和个人通过多种方式参与扶贫开发，积极倡导扶贫志愿者行动”。[①]

4. 完善政策保障体系

胡锦涛还强调建立和完善扶贫开发政策保障体系的重要性。他指出，“政策是贫困地区加快发展和扶贫对象脱贫致富的重要保障。要完善扶持贫困地区发展各项政策措施，形成有利于贫困地区和扶贫对象加快发展的扶贫战略和政策体系。要逐步增加中央和地方扶贫开发投入，加大中央和省级财政对贫困地区的一般性转移支付力度，加大中央集中彩票公益金支持扶贫开发事业的力度，中央财政扶贫资金的新增部分主要用于集中连片特殊困难地区，加大贫困地区基础设施建设、生态环境保护、民生工程等投入力度。要加强贫困地区金融服务体系和能力建设，尽快实现贫困地区金融机构空白乡镇金融服务全覆盖，鼓励保险机构在贫困地区建立基层服务网点，鼓励和支持贫困地区县域银行业金融机构将新增可贷资金主要留在当地使用，继续完善国家扶贫贴息贷款政策，鼓励开展小额信用贷款，努力满足扶贫对象发展生产的资金需求”。[②]

可见，胡锦涛对扶贫开发的重要论述中关于扶贫开发的目标更加明确，这就是“两不愁”“三保障”“四大突破”。扶贫工作的重点更加突出，这就是在集中连片特殊困难地区着力实施扶贫攻坚。扶贫开发的原则更加明确，这就是完善和推进专项扶贫、行业扶贫与社会扶贫的“大扶贫格局”。扶贫开发的途径与手段更加综合，这就是扶贫开发与社会保障相结合，扶贫开发是脱贫致富的主要途径，社会保障是解决温饱问题的基本手段。“扶贫攻坚”到“大扶贫格局”思想的提出，反映出党在扶贫工作方面既突出重点，着力推进集中连片特殊困难地区扶贫攻坚，更关注扶贫工作体制机制建设，发展专项扶贫、行业扶贫、社会扶贫的大扶贫格局，这是党关于扶贫问题认识的重要发展，不仅极大地推动了扶贫事业尤其是集中连片地区扶贫事业的发展，也为十八大以后党所提出的“精准扶贫”和“精准脱贫”思想和战略奠定了基础。

---

① 《胡锦涛文选（第三卷）》，人民出版社 2016 年版，第 571-572 页。

② 《胡锦涛文选（第三卷）》，人民出版社 2016 年版，第 572-573 页。

三、从“精准扶贫”到“精准脱贫”

1. “两不愁”“三保障”“两确保”

以习近平同志为核心的党中央提出了精准扶贫、精准脱贫的新战略。习近平总书记的系列重要讲话，就精准扶贫、精准脱贫的一系列重大问题进行了全面系统的论述。关于精准扶贫与精准脱贫的重大意义与目标任务。习近平总书记指出，消除贫困是全面建成小康社会的要求，“消除贫困、改善民生、实现共同富裕，是社会主义的本质要求。对困难群众，我们要格外关注、格外关爱、格外关心，千方百计帮助他们排忧解难，把群众的安危冷暖时刻放在心上，把党和政府的温暖送到千家万户”；他还指出，“全面建成小康社会，最艰巨最繁重的任务在农村、特别是在贫困地区。没有农村的小康，特别是没有贫困地区的小康，就没有全面建成小康社会”。[①]

习近平总书记明确提出这一时期脱贫攻坚的目标。他指出，“到 2020 年稳定实现扶贫对象不愁吃、不愁穿，保障其义务教育、基本医疗、住房……要加大投入力度，把集中连片特殊困难地区作为主战场，把稳定解决扶贫对象温饱、尽快实现脱贫致富作为首要任务”。[②] 这一时期脱贫攻坚的目标集中到一点，就是到 2020 年实现“两个确保”：确保农村贫困人口实现脱贫，确保贫困县全部脱贫摘帽。[③]

2. “六个精准”与“四个一批”

关于提升扶贫与脱贫的精准度，习近平总书记指出，“扶贫开发贵在精准，重在精准，成败之举在于精准。各地都要在扶持对象精准、项目安排精准、资金使用精准、措施到户精准、因村派人（第一书记）精准、脱贫成效精准上想办法、出实招、见真效。要坚持因人因地施策，因贫困原因施策，因贫困类型施策，区别不同情况，做到对症下药、精准滴灌、靶向治疗……要因地制宜研究实施‘四个一批’的扶贫攻坚行动计划，即通过扶持生产和就业发展一批，通过移民搬迁安置一批，通过低保政策兜底一批，通过医疗救助扶持一批，实现贫困人口精准脱贫”。[④]

关于精准脱贫的主要途径，习近平总书记指出：一要紧紧扭住发展这个促使贫困地区脱贫致富的第一要务，立足资源、市场、人文旅游等优势，因地制宜找准发展路子，既不能一味等靠、无所作为，也不能“捡进篮子都是菜”，因发展心切而违背规律、盲目蛮干，甚至搞劳民伤财的“形象工程”“政绩工程”。二要紧紧扭住包括就业、教育、医疗、文化、住房在内的农村公共服务体系建设这个基本保障，编织一张兜住困难群众基本生活的安全网，坚决守住底线。三要紧紧扭住教育这个脱贫致富的根本之策，再穷

---

① 《习近平谈治国理政》，外文出版社 2014 年版，第 189 页。

② 《习近平论扶贫工作——十八大以来重要论述摘编》，载《党建》2015 年第 12 期。

③ 《习近平总书记重要讲话文章选编》，中央文献出版社 2016 年版，第 283 页。

④ 《习近平论扶贫工作——十八大以来重要论述摘编》，载《党建》2015 年第 12 期。

不能穷教育，再穷不能穷孩子，务必把义务教育搞好，确保贫困家庭的孩子也能受到良好的教育，不要让孩子们输在起跑线上。[①]

3. 体制机制建设与“五个一批”

关于建立效果良好的脱贫攻坚机制。习近平总书记指出，脱贫攻坚要取得实实在在的效果，关键是要找准路子、构建好的体制机制。第一，要解决好“扶持谁”的问题。扶贫必先识贫。建档立卡在一定程度上摸清了贫困人口底数，但这项工作要进一步做实做细，确保把真正的贫困人口弄清楚。只有这样，才能做到扶真贫、真扶贫。[②] 第二，要解决好“谁来扶”的问题。推进脱贫攻坚，关键是责任落实到人。要加快形成中央统筹、省（自治区、直辖市）负总责、市（地）县抓落实的扶贫开发工作机制，做到分工明确、责任清晰、任务到人、考核到位，既各司其职、各尽其责，又协调运转、协同发力。[③] 第三，要解决好“怎么扶”的问题。开对了“药方子”才能拔掉“穷根子”。要按照贫困地区和贫困人口的具体情况，实施“五个一批”工程，即一是发展生产脱贫一批，二是异地搬迁脱贫一批，三是生态补偿脱贫一批，四是发展教育脱贫一批，五是社会保障兜底一批。[④] 第四，要解决好“如何退”的问题。精准扶贫是为了精准脱贫，目的和手段关系要弄清楚。要加快建立反映客观实际的贫困县、贫困户退出机制，努力做到精准脱贫。[⑤]

4. 社会保障的兜底作用

习近平总书记还系统论述了社会保障制度在扶贫攻坚与精准脱贫中的兜底作用。他指出，“难免还有这样的贫困人口，要由社会保障来兜底。这就涉及农村扶贫标准和农村低保标准相衔接的问题。目前，农村扶贫标准由国家统一确定，而农村低保标准则由地方确定，相当多地方两个标准有一定差距。要统筹协调农村扶贫标准和农村低保标准，按照国家扶贫标准综合确定各地农村低保的最低指导标准，低保标准低的地区要逐步提高到国家扶贫标准，实现‘两线合一’，发挥低保线兜底作用。还要加大其他形式的社会救助力度，对因灾等造成的临时贫困群众要及时给予救助，加强农村最低生活保障和城乡居民养老保险、五保供养等社会救助制度的统筹衔接”。[⑥] 习近平总书记还十分重视通过医疗保障在防止和解决因病致贫、因病返贫中的作用。他指出，“要大力加强医疗保险和医疗救助。……要建立健全医疗保险和医疗救助制度，对因病致贫或返贫的群众给予及时有效救助。新型农村合作医疗和大病保险政策要对贫困人口倾斜，门诊统筹要率先覆盖所有贫困地区，财政对贫困人口参保的个人缴费部分要给予补贴。要加大

---

① 《习近平论扶贫工作——十八大以来重要论述摘编》，载《党建》2015 年第 12 期。

② 《习近平总书记重要讲话文章选编》，中央文献出版社 2016 年版，第 287 页。

③ 《习近平总书记重要讲话文章选编》，中央文献出版社 2016 年版，第 288-289 页。

④ 《习近平总书记重要讲话文章选编》，中央文献出版社 2016 年版，第 290-291 页。

⑤ 《习近平总书记重要讲话文章选编》，中央文献出版社 2016 年版，第 292-294 页。

⑥ 《习近平总书记重要讲话文章选编》，中央文献出版社 2016 年版，第 292 页。

医疗救助、临时救助、慈善救助等帮扶力度，把贫困人口全部纳入重特大疾病救助范围，保障贫困人口大病得到医治”①。

5.“实事求是”与“社会合力”

习近平总书记系统论述了推进深度贫困地区脱贫攻坚的艰巨性和需要坚持的实事求是的原则。他指出，深度贫困地区是脱贫攻坚的坚中之坚。推进深度贫困地区脱贫攻坚，需要找准导致深度贫困的主要原因，采取有针对性的脱贫攻坚举措。要加快推进深度贫困地区脱贫攻坚，以解决突出制约问题为重点，以重大扶贫工程和到村到户帮扶措施为抓手，以补短板为突破口，强化支撑保障体系，加大政策倾斜力度，确保深度贫困地区和贫困群众同全国人民一道进入全面小康社会。同时，我们要以唯物主义的态度对待这个问题，我们今天的努力是要使深度贫困地区的群众实现“两不愁”“三保障”，使这些地区基本公共服务主要领域指标接近全国平均水平。在这个问题上，我们要实事求是，不要好高骛远，不要吊高各方面胃口。②

关于强化脱贫攻坚中的社会合力。习近平总书记指出，“扶贫开发是全党全社会的共同责任，要动员和凝聚全社会力量广泛参与。要坚持专项扶贫、行业扶贫、社会扶贫等多方力量、多种举措有机结合和互为支撑的‘三位一体’大扶贫格局，健全东西部协作、党政机关定点扶贫机制，广泛调动社会各界参与扶贫开发积极性。要加大中央和省级财政扶贫投入，坚持政府投入在扶贫开发中的主体和主导作用，增加金融资金对扶贫开发的投放，吸引社会资金参与扶贫开发。要积极开辟扶贫开发新的资金渠道，多渠道增加扶贫开发资金”。③

在党的十九大报告中，习近平总书记进一步指出，坚决打赢脱贫攻坚战。让贫困人口和贫困地区同全国一道进入全面小康社会是我们党的庄严承诺。要动员全党全国全社会力量，坚持精准扶贫、精准脱贫，坚持中央统筹、省负总责、市县抓落实的工作机制，强化党政一把手负总责的责任制，坚持大扶贫格局，注重扶贫同扶志、扶智相结合，深入实施东西部扶贫协作，重点攻克深度贫困地区脱贫任务，确保我国现行标准下农村贫困人口实现脱贫，贫困县全部摘帽，解决区域性整体贫困，做到脱真贫、真脱贫。④

习近平总书记关于精准扶贫和精准脱贫的重要论述，将精准脱贫的重要性提升到全面建成小康社会与社会主义的本质要求的高度。精准脱贫的目标从“两不愁”“三保障”发展到“两不愁”“三保障”“两确保”。精准脱贫的途径更加系统，这就是“六个精准”和从“四个一批”发展到“五个一批”。精准脱贫的机制更加明确，这就是“扶持谁”“谁来扶”“怎么扶”“如何退”。这些论述进一步明确了新时代中国脱贫攻坚工作的目标任务、途径手段和体制机制，是新时代中国扶贫开发工作新的战略部署，为新时代精准扶贫和精准脱贫指出了新方向，提出了新要求。

---

① 《习近平总书记重要讲话文章选编》，中央文献出版社2016年版，第293页。

② 习近平：《在深度贫困地区脱贫攻坚座谈会上的讲话》，载《求是》2017年第17期。

③ 《习近平论扶贫工作——十八大以来重要论述摘编》，载《党建》2015年第12期。

④ 习近平：《决胜全面建成小康社会 夺取新时代中国特色社会主义伟大胜利——在中国共产党第十九次全国代表大会上的报告》，载《求是》2017年第21期。

思　考　题

1. 如何理解中国特色社会保障制度的主要功能？
2. 如何理解中国特色社会保障制度的基本理念？
3. 如何理解中国特色社会保障制度的基本目标？
4. 如何理解中国特色社会保障制度的发展道路？
5. 如何理解中国特色反贫困思想？

参考文献

[1] 马克思恩格斯全集（第二卷）[M]. 北京：人民出版社，1957.
[2] 马克思恩格斯全集（第六卷）[M]. 北京：人民出版社，1961.
[3] 马克思恩格斯全集（第十卷）[M]. 北京：人民出版社，1998.
[4] 马克思恩格斯全集（第二十五卷）[M]. 北京：人民出版社，2001.
[5] 马克思恩格斯全集（第二十六卷）[M]. 北京：人民出版社，2014.
[6] 马克思恩格斯全集（第二十九卷）[M]. 北京：人民出版社，2020.
[7] 马克思恩格斯全集（第四十二卷）[M]. 北京：人民出版社，2016.
[8] 马克思恩格斯全集（第四十四卷）[M]. 北京：人民出版社，2001.
[9] 马克思恩格斯全集（第四十六卷）[M]. 北京：人民出版社，2003.
[10] 马克思恩格斯文集（第一卷）[M]. 北京：人民出版社，2009.
[11] 马克思恩格斯选集（第一、二卷）[M]. 北京：人民出版社，2012.
[12] 列宁全集（第四、六卷）[M]. 北京：人民出版社，2013.
[13] 列宁全集（第二十一、二十二、三十六、四十一卷） [M]. 北京：人民出版社，2017.
[14] 列宁选集（第四卷）[M]. 北京：人民出版社，1972.
[15] 毛泽东选集 [M]. 北京：人民出版社，1991.
[16] 毛泽东文集（第一卷）[M]. 北京：人民出版社，1993.
[17] 邓小平. 邓小平文选（第三卷）[M]. 北京：人民出版社，1993.
[18] 江泽民. 江泽民文选 [M]. 北京：人民出版社，2006.
[19] 江泽民. 论“三个代表”[M]. 北京：人民出版社，2002.
[20] 胡锦涛. 胡锦涛文选 [M]. 北京：人民出版社，2016.
[21] 胡锦涛. 坚定不移沿着中国特色社会主义道路前进 为全面建成小康社会而奋斗——在中国共产党第十八次全国代表大会上的报告 [M]. 北京：人民出版社，2012.
[22] 习近平. 习近平谈治国理政 [M]. 北京：外文出版社，2014.
[23] 习近平. 习近平谈治国理政：第二卷 [M]. 北京：外文出版社，2017.
[24] 习近平. 习近平总书记系列重要讲话读本 [M]. 北京：人民出版社，2014.
[25] 习近平. 决胜全面建成小康社会 夺取新时代中国特色社会主义伟大胜利 [M]. 北京：人民出版社，2017.

[26] 习近平．习近平总书记重要讲话文章选编［M］．北京：中央文献出版社，2016.
[27] 习近平．习近平总书记系列重要讲话读本（2016年版）［M］．北京：人民出版社，2016.
[28] 中共中央文献研究室．十四大以来重要文献选编（上）［M］．北京：人民出版社，1996.
[29] 中共中央文献研究室．十五大以来重要文献选编（上）［M］．北京：人民出版社，2000.
[30] 中共中央文献研究室．十六大以来重要文献选编（上）［M］．北京：中央文献出版社，2005.
[31] 中共中央文献研究室．十八大以来重要文献选编（中）［M］．北京：中央文献出版社，2016.
[32] 中共中央文献研究室．江泽民论有中国特色社会主义［M］．北京：中央文献出版社，2002.
[33] 中共中央文献研究室．习近平关于全面建成小康社会论述摘编［M］．北京：中央文献出版社，2016.
[34] 中共中央文献研究室．习近平关于社会主义经济建设论述摘编［M］．北京：中央文献出版社，2017.
[35] 中共中央文献研究室．习近平关于社会主义社会建设论述摘编［M］．北京：中央文献出版社，2017.
[36] 中共中央党史和文献研究院．习近平扶贫论述摘编［M］．北京：中央文献出版社，2018.
[37] 中共中央党史和文献研究院．十九大以来重要文献选编（上）［M］．北京：中央文献出版社，2019.
[38] 孙中山．三民主义［M］．北京：东方出版社，2014.
[39] 阿奎那．阿奎那政治著作选［M］．马清槐，译．北京：商务印书馆，1963.
[40] 艾哈德．大众的福利［M］．丁安新，译．武汉：武汉大学出版社，1995.
[41] 埃利亚斯．文明的进程：文明的社会起源和心理起源的研究（第一卷）［M］．袁志英，译．北京：生活·读书·新知三联书店，1998.
[42] 安德里亚．基督城［M］．黄宗汉，译．北京：商务印书馆，1991.
[43] 奥古斯丁．忏悔录［M］．周士良，译．北京：商务印书馆，1963.
[44] 奥肯．平等与效率——重大的抉择［M］．王奔洲，等译．北京：华夏出版社，1987.
[45] 巴斯夏．和谐经济论［M］．王家宝，等译．北京：中国社会科学出版社，1995.
[46] 比尔．英国社会主义史［M］．北京：商务印书馆，1959.
[47] 庇古．福利经济学（上卷）［M］．朱泱，张胜纪，吴良健，译．北京：商务印书馆，2006.
[48] 边沁．政府片论［M］．沈叔平，等译．北京：商务印书馆，1995.
[49] 边沁．道德与立法原理导论［M］．时殷宏，译．北京：商务印书馆，2000.
[50] 柏拉图．理想国［M］．郭斌和，张竹明，译．北京：商务印书馆，1986.

［51］伯恩斯，拉尔夫．世界文明史［M］．罗经国，沈寿源，袁士槟，等译．北京：商务印书馆，1987.
［52］布莱尔．新英国：我对一个年轻国家的展望［M］．曹振寰，等译．北京：世界知识出版社，1998.
［53］布朗基．布朗基文选［M］．皇甫庆莲，译．北京：商务印书馆，1979.
［54］德萨米．公有法典［M］．黄建华，姜亚洲，译．北京：商务印书馆，1982.
［55］笛福．笛福文选［M］．徐式谷，译．北京：商务印书馆，1960.
［56］费希特．论学者的使命［M］．北京：商务印书馆，1984.
［57］傅立叶．傅立叶选集（第一卷）［M］．2版．赵俊欣，吴模信，徐知勉，等译．北京：商务印书馆，1979.
［58］傅立叶．傅立叶选集（第二卷）［M］．2版．赵俊欣，吴模信，徐知勉，等译．北京：商务印书馆，1981.
［59］弗里德曼．资本主义与自由［M］．张瑞玉，译．北京：商务印书馆，1986.
［60］哈伊．意大利文艺复兴的历史背景［M］．上海：上海三联书店，1988.
［61］哈耶克．通往奴役之路［M］．王明毅，冯兴元，等译．北京：中国社会科学出版社，1997.
［62］哈耶克．自由秩序原理［M］．邓正来，译．北京：生活·读书·新知三联书店，1997.
［63］赫伊津哈．中世纪的衰落［M］．刘军，舒炜，吕滇雯，等译．北京：中国美术出版社，1997.
［64］洪堡．论国家的作用［M］．林荣远，冯兴元，译．北京：中国社会科学出版社，1998.
［65］霍布豪斯．自由主义［M］．朱曾汶，译．北京：商务印书馆，1996.
［66］霍布森．帝国主义［M］．纪明，译．上海：上海人民出版社，1960.
［67］吉登斯．第三条道路：社会民主主义的复兴［M］．郑戈，译．北京：北京大学出版社，2000.
［68］杰文斯．政治经济学理论［M］．郭大力，译．北京：商务印书馆，1984.
［69］加林．意大利人文主义［M］．李玉成，译．北京：生活·读书·新知三联书店，1998.
［70］加图．农业志［M］．马香雪，王阁森，译．北京：商务印书馆，2011.
［71］凯恩斯．就业利息和货币通论［M］．2版．徐毓枬，译．北京：商务印书馆，1983.
［72］柯尔．费边社会主义［M］．夏遇南，吴澜，译．北京：商务印书馆，1984.
［73］康帕内拉．太阳城［M］．2版．陈大维，黎思复，黎廷弼，译．北京：商务印书馆，1980.
［74］李嘉图．政治经济学及赋税原理［M］．郭大力，王亚南，译．北京：商务印书馆，1962.
［75］李特尔．福利经济学评述［M］．陈彪如，译．北京：商务印书馆，1965.
［76］洛克．政府论（下篇）［M］．叶启芳，瞿菊农，译．北京：商务印书馆，1964.

[77] 罗尔斯．正义论 [M]．何怀宏，何包钢，廖申白，译．北京：中国社会科学出版社，2009.
[78] 卢梭．社会契约论 [M]. 2版．何兆武，译．北京：商务印书馆，1980.
[79] 马尔萨斯．人口原理 [M]. 朱泱，胡企林，朱和中，译．北京：商务印书馆，1992.
[80] 马布利．马布利选集 [M]. 何清新，译．北京：商务印书馆，1960.
[81] 马歇尔．经济学原理（上卷）[M]. 朱志泰，译．北京：商务印书馆，1964.
[82] 迈尔．社会民主主义导论 [M]. 殷叙彝，译．北京：中央编译出版社，1996.
[83] 孟德斯鸠．论法的精神（上册）[M]. 张雁深，译．北京：商务印书馆，1995.
[84] 穆勒．政治经济学原理（下篇）[M]. 胡企林，朱泱，译．北京：商务印书馆，1991.
[85] 莫尔．乌托邦 [M]. 2版．戴镏龄，译．北京：商务印书馆，1982.
[86] 诺齐克．无政府、国家与乌托邦 [M]. 何怀宏，等译．北京：中国社会科学出版社，1991.
[87] 欧文．欧文选集（第一卷）[M]. 2版．柯象峰，何光来，秦果显，译．北京：商务印书馆，1979.
[88] 珀普克．知识、自由与秩序——哈耶克思想论集 [M]. 黄冰源，赵莹，冯兴元，等译．北京：中国社会科学出版社，2001.
[89] 桑巴特．现代资本主义 [M]. 李季，译．北京：商务印书馆，1958.
[90] 圣西门．圣西门选集（第一卷）[M]. 2版．王燕生，徐仲年，徐基恩，等译．北京：商务印书馆，1979.
[91] 圣西门．圣西门选集（第二卷）[M]. 2版．董果良，译．北京：商务印书馆，1982.
[92] 圣西门．圣西门选集（第三卷）[M]. 2版．董果良，赵鸣远，译．北京：商务印书馆，1985.
[93] 斯宾塞．社会静力学 [M]. 张雄武，译．北京：商务印书馆，1996.
[94] 斯宾诺莎．神学政治论 [M]. 温锡增，译．北京：商务印书馆，1963.
[95] 斯密．国民财富的性质和原因的研究 [M]. 郭大力，王亚南，译．北京：商务印书馆，1972.
[96] 斯密．道德情操论 [M]. 蒋自强，钦北愚，朱钟棣，等译．北京：商务印书馆，1997.
[97] 斯坦利·L. 布鲁．经济思想史（原书第6版）[M]. 焦国华，韩红，译．北京：机械工业出版社，2003.
[98] 托克维尔．论济贫法 [M]. 吕鑫，编译．北京：清华大学出版社，2023.
[99] 魏特林．和谐与自由的保证 [M]. 孙则明，译．北京：商务印书馆，1960.
[100] 温斯坦莱．温斯坦莱文选 [M]. 任国栋，译．北京：商务印书馆，1965.
[101] 肖伯纳．费边论丛 [M]. 袁绩藩，朱应庚，赵宗煜，译．北京：生活·读书·新知三联书店，1958.
[102] 西斯蒙第．政治经济学新原理 [M]. 何钦，译．北京：商务印书馆，1964.
[103] 西斯蒙第．政治经济学研究（第一卷）[M]. 胡尧步，李直，李玉民，译. 北京：商务印书馆，1989.
[104] 亚里士多德．政治学 [M]. 吴寿彭，译．北京：商务印书馆，1965.

[105] 泽瓦埃斯．一八七一年后的法国社会主义［M］．中共中央马克思恩格斯列宁斯大林著作编译局，国际共运史研究室，译．北京：生活·读书·新知三联书店，1983.
[106] 安东尼·阿巴拉斯特．西方自由主义的兴衰［M］．曹海军，等译．长春：吉林人民出版社，2004.
[107] 陈红霞．社会福利思想［M］．北京：社会科学文献出版社，2001.
[108] 丁冰．当代西方经济学流派［M］．北京：北京经济学院出版社，1993.
[109] 北京大学哲学系外国哲学史教研室．古希腊罗马哲学［M］．北京：商务印书馆，1961.
[110] 北京大学哲学系外国哲学史教研室．西方哲学原著导读［M］．北京：商务印书馆，1981.
[111] 侯均生．西方社会思想史［M］．天津：南开大学出版社，2007.
[112] 金重远．战后西欧社会党［M］．上海：上海人民出版社，1997.
[113] 厉以宁，吴易风，李懿．西方福利经济学述评［M］．北京：商务印书馆，1984.
[114] 帕尔默，科尔顿．近现代世界史［M］．孙福生，周颖如，周鸿临，等译．北京：商务印书馆，1992.
[115] 浦兴祖，洪涛．西方政治学说史［M］．上海：复旦大学出版社，1999.
[116] 钱宁．现代社会福利思想［M］．北京：高等教育出版社，2006.
[117] 全增嘏．西方哲学史［M］．上海：上海人民出版社，1983.
[118] 汤在新．近代西方经济学史［M］．上海：上海人民出版社，1990.
[119] 王子今，刘悦斌，常宗虎．中国社会福利史［M］．北京：中国社会出版社，2002.
[120] 魏原杰，吴申元．中国保险百科全书［M］．北京：中国发展出版社，1992.
[121] 吴兢．贞观政要［M］．北京：中华书局，2009.
[122] 应克复．西方民主史［M］．北京：中国社会科学出版社，1997.
[123] 于海．西方社会思想史［M］．上海：复旦大学出版社，2004.
[124] 张椿年．从信仰到理性——意大利人文主义研究［M］．杭州：浙江人民出版社，1993.
[125] 张传有．西方社会思想的历史进程［M］．武汉：武汉大学出版社，1997.
[126] 张绥．基督教会史［M］．上海：上海三联书店，1992.
[127] 赵敦华．基督教哲学 1500 年［M］．北京：人民出版社，1994.
[128] 周辅成．西方伦理学名著选辑［M］．北京：商务印书馆，1964.
[129] 周茂荣，丁安新，马颖．德国社会市场经济与中国经济改革［M］．武汉：武汉大学出版社，1999.